Diez años
en Araucanía

Este volumen corresponde al libro X de la
Biblioteca del Bicentenario.

CIP - BIBLIOTECA NACIONAL DE CHILE

918.355   Verniory, Gustave. 1865-1949
V537   Diez años en Araucanía, 1889-1899 / Gustave Verniory ; [noticia biográfica
del autor por Madeleine Massion-Verniory ; traducción de Eduardo Humeres ;
Encuentro con Gustave Verniory de Jorge Teillier].-- 2ª ed . -- Santiago, Chile :
Pehuén, 2001.
            492 p. : il. ; 21 cms. -- (Biblioteca del Bicentenario)

            Este libro se publica con el apoyo del Fondo Nacional de Fomento del
            Libro y la Lectura, 2000.
            ISBN: 956-16-0332-2

            1. ARAUCANIA (CHILE) -- DESCRIPCIONES Y VIAJES. 2. VERNIORY, GUSTAVE, 1865-
            1949. 3. FERROCARRILES -- CHILE -- ARAUCANIA.
            II. t. III. Ser.

Manuscrito conservado por sus herederos, Sres. Madelaine, Marie-Blanche, Maurice y Gabrielle
Verniory en Bélgica y cedido para su publicación en español al profesor Dr. Guy Santibáñez - H.

Nota biográfica del autor por Mme. Madeleine Massion-Verniory

© Pehuén Editores, 2001
    Brown Norte 417, Ñuñoa, Santiago de Chile
    Fono/Fax: (56-2) 2795 71 31
    editorial@pehuen.cl
    www.pehuen.cl

Inscripción N° 44.716
ISBN 978-956-16-0332-5

Primera Edición, Universidad de Chile, 1975
Segunda Edición, Pehuén Editores, julio de 2001
Sexta edición, octubre de 2013

Traducción
Eduardo Humeres

Diseño y diagramación
Claudio López O.

Impreso en los talleres de
Salesianos Impresores S.A.

IMPRESO EN CHILE / PRINTED IN CHILE

GUSTAVE VERNIORY

Diez años
en Araucanía
1889 - 1899

pehuén

GUSTAVE VERNIORY (1865-1949)

Nota preliminar

por

Guy Santibáñez - H

¡Tal vez sea interesante contar cómo encontré este libro!

La historia empieza en una tibia primavera toscana, cuando trabajaba en el Instituto de Fisiología en la Universidad de Pisa. Vino a visitarnos mi colega de Lovaina, el doctor Jean Massion. Un joven alto, delgaducho, de piernas largas, con dos ojos celestes, claros, grandes y preguntones.

Contrariamente a lo que estaba acostumbrado con mis amigos y conocidos, él sabía mucho sobre Chile. Cosas concretas como el nombre de ciudades, costumbres de los araucanos, la existencia de un ferrocarril muy largo que une la capital con la región central sur. ¡Un sinfín de cosas más!

Fue así como me enteré de que su abuelo, el ingeniero belga Gustave Verniory, había sido contratado en la segunda mitad del siglo pasado para construir el ferrocarril que debía cruzar la Frontera. Me contó además que este interesante abuelo había escrito un diario de vida, lo había copiado en un pequeño número de ejemplares que repartió entre los amigos interesados en viajes y aventuras.

Sin embargo no tuve contacto directo con el libro hasta algunos años más tarde, en 1963, en París. El doctor Massion me dio a leer el diario de viaje de su abuelo. Tres volúmenes en los cuales narraba su estada en Chile, el viaje de ida y el viaje de vuelta. Leí los tres tomos en un largo fin de semana que pasé encerrado en el hotelucho de la «rue du Dragon» donde vivía.

La lectura del libro me hizo olvidar el infernal rumor que provocaba el metro, me sacó de la calle del Dragón y me transportó bruscamente a las crestas blancas de los volcanes, a los espejuelos verdes de los lagos, a las araucarias y canelos de los bosques del sur y, sobre todo, me recordó a los humildes mapuches, a su dignidad tantas veces pisoteada pero aún viva, al amor de los araucanos —patrimonio de todo el pueblo de Chile— a la libertad y su infatigable lucha contra la acción de los opresores extranjeros y sus yanaconas.

Me sorprendió el vigor y la actualidad de muchas de sus observaciones. De la lectura del libro emergen algunos aspectos interesantes de la personalidad del autor: la simplicidad de vivir los contactos humanos aun con seres muy poco importantes, la curiosidad permanente que lo lleva a aprovechar cualquier oportunidad que le permita la exploración de algo novedoso, el saludable sentido del humor y especialmente la capacidad tan fina y penetrante, para observar lo que sucede a su alrededor.

El doctor Massion me aseguró que su abuelo contaba muchas cosas interesantes acerca de sus viajes, que atraían no sólo la atención de los nietos sino
de cuantos lo escuchaban. En este libro nos encontramos con un autor que es
un vagabundo curioso, insaciable en su necesidad de ver el mundo. Se sabe que
después de su aventura chilena participó como ingeniero en la construcción del
Canal de Suez.

Comprendí que este diario de Verniory tenía para mi pueblo un valor ines-
timable, y solicité al doctor Massion que accediera a confiarme los tres tomos
para ver si era posible su impresión. Así fue y algunos años más tarde, cuando
fue a visitarnos a nuestro laboratorio en Chile, tomó personalmente contacto
con la Comisión Central de Publicaciones de la Universidad de Chile, quien ha
tenido la responsabilidad con sus colaboradores de llevar a efecto la traducción
al castellano y la edición del libro.

Desde mi primer contacto con el doctor Massion y en el momento que
escribo estas líneas han pasado casi veinte años. Muchas primaveras toscanas
y varios tristes y fríos inviernos chilenos. Para mí como para muchos de mis
compatriotas han transcurrido tantas esperanzas y desfallecimientos en el curso
de estos años que había ya perdido la esperanza de ver este libro publicado.

Creo que esta obra de Verniory contribuye verdaderamente al conocimiento de algunos aspectos de la historia de nuestro país y por eso ahora exclamó:
¡Cuánto me alegro de haberlo encontrado!

G. Santibañez - H.
Freiheit am Spree, febrero 1976.

Noticia biográfica del autor

por

Madeleine Massion-Verniory

Gustave Verniory (1865-1949) nació en Las Ardenas, pintoresca región de Bélgica, cuyos bosques y prados influyeron desde su infancia en la formación de su amor por la naturaleza.

Después de asistir a la escuela de la aldea donde el «viejo maestro» inculcaba a los niños una sólida instrucción básica, fue enviado a completar sus estudios secundarios a Luxemburgo y a Tréveris en donde aprendió el alemán. Prosiguió sus estudios universitarios en Lieja y Bruselas donde obtuvo el título de ingeniero cuando recién tenía 23 años.

Siendo el hermano mayor de la familia y habiendo muerto su padre, necesitaba apremiantemente encontrar un empleo y ello era difícil pues Bélgica atravesaba por un período de crisis. Muchos jóvenes se expatriaban. Por aquellos días el gobierno chileno había emprendido la construcción de una vasta red ferroviaria y seleccionaba personal técnico en Europa. Por intermedio del señor Cousin, profesor de la Universidad de Lovaina, y, más tarde, profesor de la Universidad de Chile, en Santiago, Gustave Verniory fue contratado y viajó a Chile en enero de 1889.

Desde Santiago fue enviado a La Frontera y destinado a la construcción del ferrocarril de Victoria a Toltén. «La línea de Victoria a Osorno –anota en sus apuntes– atravesará medio a medio la Araucanía recientemente conquistada, uniendo de este modo la zona central de Chile con la aislada región de Valdivia». Decepcionado al comienzo por alejarse de Santiago, se sintió rápidamente conquistado por la vida libre y aventurera del pionero, en medio de una vegetación exuberante y silvestre por donde la vía férrea debía avanzar venciendo numerosos obstáculos naturales, incluyendo partes de una selva virgen que aún se hallaba en la plenitud de su esplendor. Allí aprendió a conocer al pueblo chileno, al que amó y de quien supo hacerse amar. De sus frecuentes contactos con las tribus araucanas, recogió numerosas observaciones, fotografías y objetos. Su actividad fue interrumpida por la revolución de 1891. Al ser derrocado el gobierno de Balmaceda, perdió su empleo pero fue contratado por una compañía que había obtenido la construcción de la línea del ferrocarril de Victoria a Temuco, inaugurada el 1° de enero de 1893.

Durante los dos años siguientes, Gustave Verniory emprendió diversas construcciones ahora como contratista: el puente de Lautaro, canales de riego en diversos fundos, estaciones y bodegas para los Ferrocarriles del Estado, finalmente se le encargó el tendido de la línea férrea de Temuco a Pitrufquén, trabajo que demoró cuatro años.

Entretanto, Chile se había visto sacudido por diversas crisis: grave situación económica y amenaza constante de una guerra con Argentina. Gustave Verniory, ya escarmentado por la Revolución de 1891, había decidido regresar a Europa en caso de guerra, contrariamente a su joven hermano Alfred quien había llegado a Chile en 1895, y lleno de entusiasmo deseaba alistarse en el ejército chileno. Gustave Verniory comenzaba también a sentir la nostalgia de su tierra natal y, en 1899, diez años después de su arribo, se alejó de Chile pero pensando regresar. Dejó allí a su hermano, quien murió de tifus en Santiago, en 1908. Al llegar a Bélgica, cedió a las instancias de su familia que lo apremiaba para que buscara una situación en Europa y se casara.

Por aquellos días, el barón Edouard Empain, empresario de espíritu dinámico y creativo, había organizado una serie de sociedades constructoras, que abarcaban desde el Metro de París hasta los tranvías en numerosas ciudades belgas y extranjeras.

Conoció al ingeniero Verniory en el momento en que se había comprometido a entregar a la circulación los transvías de Boulogne-sur-Mer en Francia, en una fecha límite que, dada la lentitud con que avanzaban los trabajos, amenazaba de ser ampliamente rebasada.

Empleado a prueba pero con plenos poderes, Verniory con su energía acostumbrada y la experiencia adquirida en Chile, impulsó la obra de tal manera que la inauguración tuvo lugar en la fecha fijada.

De allí en adelante el barón Edouard Empain puso en él su confianza total, y Verniory hizo una brillante carrera dentro de las diversas sociedades fundadas por este grupo belga.

Es así como llegó a ser el artesano responsable de la construcción de Helióplis, en Egipto, ciudad creada totalmente en pleno desierto, en las inmediaciones de El Cairo.

Establecido en Bruselas, casado y padre de familia, hacía frecuentes viajes de negocios, en particular a Egipto, adonde iba todos los años, pero nunca más regresó a Chile donde había pasado los más hermosos años de su juventud y cuyo recuerdo revivía en los interesantes relatos que él narraba con frecuencia y que sus niños escuchaban con entusiasmo.

Estos recuerdos, felizmente, los escribió basándose en sus numerosos y muy precisos apuntes personales, anotados por él a lo largo de toda su permanencia en Araucanía y, en sus cartas cuidadosamente conservadas por la familia.

Su afán de exactitud era tal que durante el transcurso de las festividades indígenas por él descritas, tomaba notas bajo su poncho, con un lápiz, siguiendo el orden de las ceremonias y sus rasgos más sobresalientes. Estos apuntes, que hemos visto con nuestros propios ojos, estaban escritos por todos lados, en cualquier sentido, algunas líneas montadas sobre otras. Sólo él pudo descifrar lo que había anotado a ciegas en el momento mismo de los hechos.

Junto a este afán de exactitud y precisión, otro de sus rasgos más característicos era su dinamismo y su capacidad de organización. Sus trabajos de ingeniería en Araucanía eran ejecutados con método y rapidez. Nunca prorrogó el plazo fijado para hacer entrega de las construcciones encomendadas, llegando en numerosas oportunidades hasta anticiparse a dichas fechas. Significaba una verdadera proeza para aquella época considerando el utillaje existente, las dificultades que presentaba el terreno y las fluctuaciones de la mano de obra que abandonaba estas construcciones durante ciertas épocas del año para poder dedicarse a los cultivos.

Supo manejar muy bien a aquellos fogosos *carrilanos*. Un día, habiéndose atrasado en llegar los salarios, decidieron marchar, agresivos, hasta Temuco. Verniory los aguardaba serenamente y sin armas. Les habló, les prometió doble ración de porotos e hizo calentar las locomotoras para que regresaran en plataformas por la vía férrea a sus faenas. Al partir gritaron «viva el ingeniero cuatro ojos» (su apodo) y él les respondió con un vibrante «Viva Chile» que fue repetido a lo largo de los tres trenes.

Jefe exigente pero justo, comprensivo y jamás arrogante, amaba y supo hacerse amar por estos impetuosos *rotos* cuyas cualidades él apreciaba y cuya confianza logró conquistar.

Esta misma confianza supo también inspirársela a numerosos caciques mapuches, entre los cuales se había hecho de amigos. Aprendió la lengua mapuche y como era invitado a sus fiestas y ceremonias, en las que recogía sus relatos y leyendas, pudo describir sus costumbres con gran fidelidad. Describía a los aborígenes con melancolía, como un pueblo llamado a desaparecer por lo menos en cuanto a su modo de vida.

Verniory unido a todo un período del desarrollo de las provincias del sur de Chile, fue a la vez uno de los artífices de este proceso y el observador admirativo de los progresos realizados durante los 10 años de su permanencia en Araucanía. Ciertamente lamentó la pérdida de aquella majestuosa belleza de la selva virgen, pero contribuyó, con la penetración de las vias férreas, a la construcción de puentes y canales de irrigación, a proporcionar condiciones de vida y de progreso a toda aquella región y a ponerla en contacto con el resto del mundo.

Su estada de 10 años en Araucanía tuvo como lugares principales a Victoria, Lautaro y Temuco. Pero sobre todo numerosos viajes a caballo, y campamentos a lo largo de las líneas en construcción. Fue el protagonista de diversas aventuras —algunas de las cuales por poco le costaron la vida—, pero narradas alegremente por él cuando habiéndose retirado de los negocios, pudo disfrutar del tiempo necesario para revivir su pasado.

A través de sus recuerdos, revive toda una etapa de la vida chilena de fines del siglo pasado, con la ardua lucha de la pacificación y el desarrollo de las provincias del sur.

Si pudiera hacer él mismo la presentación de sus relatos y observaciones no dejaría de concluir con un cordial «Viva Chile» y se sentiría feliz de poder regresar, en cierta forma, por medio de sus relatos, a ese país que amó.

Madeleine Massion-Verniory
Bruselas, octubre, 1966.

Encuentro con Gustave Verniory

por

Jorge Teillier

Termino de releer los originales de *Diez años en la Araucanía* de Gustave Verniory. Es un 23 de septiembre en mi pueblo natal Lautaro, en una mañana surcada de pitazos y resoplidos de trenes que pasan a media cuadra de mi casa por la vía cuya construcción dirigiera Verniory hasta su terminación en 1892. En medio de una lluviosa primavera en derrota salgo a caminar por las orillas del río Cautín hasta el barrio Cuyanquén –donde viviera Verniory– y luego vuelvo a la Plaza de Armas. Entro al edificio en donde en el siglo pasado estuvo la Casa Francesa ahora ocupado por un bar. Hay un grave y antiguo reloj de péndulo. Hay una victrola a cuerdas tocando el vals "Sobre las olas". Yo estoy acodado en el roído mesón leyendo *Les Regrets* de Joachim du Bellay frente a un vaso de rubia sidra y oigo a los clientes hablar, como en los tiempos de la fundación del pueblo, en alemán, mapuche, castellano. Los diarios dicen que se envía la muerte por correo a los diplomáticos israelíes, el justicialismo volverá a Argentina; frente a la plaza pasean las descendientes de los colonos, desfilan tractores rumanos, cosecheras John Deere y carretas que traen a las mapuches vestidas con sus chamantos rojinegros, y aunque se diga que el pasado no se puede reconstituir, de pronto en un tiempo se encuentran todos los tiempos y a mi lado siento la presencia de Gustave Verniory, como si hablara con él en una mañana de aperitivos primaverales de hace ochenta años en la Casa Francesa; tan vivo surge de su diario de vida llevado durante una década, en donde además emerge palpitante en cuerpo y alma la Frontera, región de la cual es fundador con la acción y la palabra.

Gustave Verniory, ingeniero civil de veinticuatro años de edad, se embarca desde la apacible Bruselas, Bélgica, hacia el país más largo del mundo. Aborda el 26 de enero de 1889 en Burdeos el vapor "Potosí" –nombre que augura futuras riquezas– y llegará a Angol, entonces capital de la Frontera Chilena, el 29 de marzo de 1889. Ha leído a Julio Verne, y en la larga travesía se identifica con el audaz capitán Hatteras. Sale de su patria en busca de mejores perspectivas económicas; se le ofrecían el Congo o Río de Janeiro, pero su madre teme la fiebre amarilla, y para tranquilizarla se decide por Chile, gracias a su antiguo profesor Louis Cousin, encargado de contratar ingenieros belgas. Viene contratado por tres años, con un sueldo que es un tercio de lo que gana un ingeniero jefe, pero equivalente al emolumento de un coronel. Viene por tres años, pero la Araucanía lo atrapará durante diez.

Verniory es un hombre de espíritu aventurero, pero a la vez es un ser de método y estudio. Llega a establecerse a un país desconocido, pero no se deja asaltar por la nostalgia del suyo: ha sido conquistado por el Nuevo Mundo. Quiere trabajar duramente, no descuida sus intereses, ahorra siempre, trata de hacer fortuna aun participando en negociados en donde están comprometidos por lo demás próceres de la Pacificación de la Araucanía. Estudia el lugar donde llega, aprende el idioma, e incluso se preocupa de aprender mapuche contratando un profesor, investiga sobre la fauna y la flora autóctona. Durante su viaje ya en Lisboa ha hecho alianza con una rosa que es un contraste con los países nórdicos; en Bahía piensa que de buena gana dejaría el barco para quedarse en una ciudad tan maravillosa. Escribe durante la travesía que soporta gallardamente, sin sentir el mareo: «Me he fortalecido mucho. Vivo en plena corriente de aire sin que ello me incomode en lo más mínimo; yo que era tan dado a las neuralgias. Comprendo ahora que la vida de Bruselas no me convenía. Mi aspecto se ha transformado; mi piel luce ahora un hermoso color entre ocre y ladrillo molido».

Le gustaría saber el nombre de todos los árboles desconocidos, prueba con gusto todas las comidas ajenas a su paladar europeo, dice que «la chirimoya es la fruta más deliciosa que yo haya probado jamás» y más tarde, ya instalado en la Frontera, asegura que las comidas de doña Peta, su buena cocinera de Lautaro, son incomparables, a partir de la cazuela.

«La administración chilena en su demora se la gana a cualquier país», escribe, pero al fin y al cabo tras las inevitables demoras burocráticas llega a la Araucanía —la zona situada entre el Bío Bío y el Toltén, por entonces— tras algunos meses de estadía en Santiago.

Va a trabajar en la Dirección de Obras Públicas, empeñada en construir el ferrocarril de Victoria a Toltén, bajo la dirección de su compatriota Luis de la Mahotière, que en un principio no lo mirará con buenos ojos.

La Frontera ya ha dejado de ser del dominio araucano, «el bastión de las águilas grises» como lo llamara la Mistral y ahora aparecen los pueblos de «campanas recién compradas» al decir de Neruda. Las vías fluviales, marítimas y camineras se tornaban insuficientes para el desarrollo económico de la Araucanía y era necesario el avance del ferrocarril, uno de cuyos pioneros es Verniory. El primer ferrocarril de San Rosendo a Angol llega a su término en 1876, siendo su contratista Juan Slater. Junto a los peones chilenos trabajaron 400 mapuches. El gran salto que une la zona central con la Frontera se da con la construcción del puente del Malleco, descrito por Verniory y terminado en 1890 siendo inaugurado por Balmaceda.

El pueblo araucano se había mantenido en virtual independencia hasta el 1° de enero de 1883 cuando las tropas chilenas llegan hasta el que fuera el fuerte de Villarrica. El mapuche en su "Malu mapu" (país de las lluvias) vivía en forma sedentaria, con un grado de civilización similar al del campesino de la zona central, como lo atestiguan viajeros como Reuel Smith, Domeyko o Treutler, habiéndose desviado su ímpetu guerrero hacia la pampa argentina, rica en ganado. Así, Calfucurá que llego a desafiar al gobierno de Buenos Aires dando batallas con un ejército de 3.500 lanzas, era originario de la Araucanía, así como su sucesor Namuncura, oriundo de las cercanías del Llaima.

El gobierno chileno decidió, incorporar la Araucanía a la nación después de 1860. Al tratar el problema araucano muchos planteaban la supresión del problema mediante la supresión del indio, acorde con la frase norteamericana de que «el indio bueno es el indio muerto», seguida también por los argentinos como Sarmiento; otros abogaban por la ocupación militar del territorio y la reducción por la fuerza, seguida por la incorporación a la nacionalidad —tesis triunfante— y otros pedían simplemente la desatención del problema. Los araucanos, padres de nuestra nacionalidad, según la retórica oficial venida de los tiempos de admiración a Ercilla, eran en la práctica tratados como ciudadanos de segundo orden. La ocupación de la Araucanía según Cornelio Saavedra, el jefe militar de la zona, debía costar sólo «mucho mosto y mucha música», pero también costó sangre en cantidades. Los araucanos no se resignaron a ser desposeídos, y prueba de ello son sus insurrecciones de 1881 y 1882. Al referirse a ellas vale la pena acordarse de que el presidente Domingo Santa María dijo: «Lo raro es que con estos abusos los indios no se hayan sublevado antes».

La Frontera es una región asombrosamente fértil, la tierra daba el triple de lo que se le pedía, al decir de Luis Durand, asombran las cosechas de trigo, los aserraderos no dan abasto. Se traen colonos del extranjero. En 1890, fecha en la cual Verniory se establece en la región, ya se encuentran 6.894 colonos, a partir de su llegada en septiembre de 1885 en Talcahuano. De ellos son 2.599 suizos, 1.593 franceses, 1.110 alemanes, 1.082 ingleses, 339 españoles, 65 rusos, 54 belgas, 48 italianos y 4 norteamericanos. Se les ha entregado para sus labores cuarenta hectáreas, implementos para labranzas, material para construir una habitación y semillas.

La superficie total de Malleco y Cautín era de 2.408.700 hectáreas, de las cuales se habían entregado a los colonos, indígenas y subastado un total de 752.616 (en Santiago se habían subastado 52.778). Los araucanos en suma recibieron un total de algo más de 300.000 hectáreas para ser repartidas entre 60.000 personas; hectáreas que muchas veces quedaron en el papel porque los indígenas fueron sometidos a un despojo sistemático, a partir de la acción de los «tinterillos» que los usurpaban con fraudes legales, hasta el sistema de «correr los cercos», vigente hasta hace pocos años en el sur.

Gustave Verniory llega a la Frontera, o nuestro «trópico frío» o nuestro pequeño Far West en una época crucial. Le toca enfrentarse con bandoleros, ve como los colonos aran a la luz de la luna, ve aparecer los primeros cardos y las primeras liebres de la región, intuye con claridad el espíritu democrático de Balmaceda e ingresa, en Lautaro, al ejército constitucional, halla que el mar chileno es el más hermoso del mundo, camina bajo techumbres interminables de bosques y vaticina que el descuido humano los hará desaparecer, le toca pescar cientos de peces en horas, vive dentro de una naturaleza paradisíaca, en suma, y el amor hacia ella lo hace convertirse en su cronista. Escribe con singular gracia y fluidez, su diario se lee como un libro de aventuras, y penetra en el espíritu de los hombres y de las cosas. Se ha transformado en un hombre del sur que desdeña la vida apacible de Europa o la burocrática de Santiago y conoce la región de una manera que asombra a sus amigos capitalinos que lo creen viviendo entre salvajes y desconocen la Frontera, mirándola como si fuera el centro de África o Australia.

Surgen de las páginas de Verniory la imagen humana y geográfica de los pueblos que recién nacen con una claridad y profundidad que enriquece nuestra literatura narrativa a la cual ingresa por derecho propio. Sólo poetas como Pablo Neruda, Juvencio Valle o Teófilo Cid en su *Camino del Ñielol* han encontrado la ruta para asomarse al brocal donde brotan las raíces del mundo que Verniory describe. Sí, Verniory, el pequeño *Ingeniero cuatro ojos* o *Don Hurtado* como lo llamaban sus trabajadores ferroviarios, es uno de los nuestros y nos ha entregado un libro de valor testimonial impar e imprescindible. Escuchémoslo.

A mon petit-fils
JEAN MASSION
Bon papa
Octobre, 1938

Capítulo I

Cómo partí para Chile

El 30 de julio de 1887 había obtenido mi diploma de ingeniero civil de la Escuela Politécnica de Bruselas. Entonces tenía 22 años y nueve meses.

Después de las vacaciones pasadas en el castillo de Wiltingen, sobre el Sarre, en Prusia, con mi amigo Jules Schaefer, entré a fines de octubre como voluntario al Ferrocarril Gran Central, en Walcourt primero, después en Lodelinsart, en el servicio de la Tracción. Mi porvenir parecía asegurado, me habían prometido un empleo fijo para después de los seis meses de estadía reglamentaria. El Gran Central consideraba la unión de algunas líneas pertenecientes a otras compañías privadas, pero el Estado, que proseguía su programa de monopolizar los ferrocarriles, se opuso en el último momento y el puesto que me habían prometido desapareció.

Cumplida mi estadía, me quedé en Lodelinsart, esperando que se produjera una vacante en el Gran Central y trabajé provisoriamente como ingeniero en la Cristalería Schmidt Hermanos, pero estaba como supernumerario. Luego me convencí de que no tenía nada que esperar de ese lado y regresé a Bruselas en busca de una posición social. El país atravesaba entonces por un período de crisis: la industria estaba en un profundo marasmo. Después de haber golpeado sin éxito numerosas puertas, resolví buscar fortuna en el extranjero.

Estaba a punto de partir para Argentina donde un conocido del tío Nicolás, el señor Fary, me ofrecía hospitalidad en una gran hacienda que poseía cerca de Santa Fe, cuando en la noche del 27 al 28 de agosto de 1888 mi padre falleció súbitamente de un ataque de apoplejía.

La necesidad de encontrar un empleo provechoso inmediatamente era más urgente que nunca.

Se me ofreció un puesto de ingeniero en la Compañía de Gas de Río de Janeiro. Cuando le hablé de esto a mi madre puso el grito en el cielo; los periódicos anunciaban que la fiebre amarilla reinaba en Río; ella jamás me permitiría ir.

Poco después tuve un compromiso para la isla de Mateba, en la desembocadura del Congo, donde la firma Deroubaix-Cederkoven de Amberes fabricaba aceite de palma. Las protestas de mamá fueron aún más vivas que las expresadas a propósito de Brasil; el clima del bajo Congo era de los más malsanos; dos de mis amigos, Magery y Dasselborne, partidos un año antes habían encontrado la muerte.

Otras combinaciones fracasaron y el año 1888 terminaba en la desesperación, cuando su último día vino a decidir mi suerte.

Algunos amigos me habían invitado a una cena de medianoche. Encontré ahí a Jules Berger, apodado Tapón, quien terminaba en Lovaina su último año de estudios.

El me comunicó que el gobierno chileno había decidido la construcción de una vasta red de ferrocarriles y reclutaba el personal técnico en Europa. El ministro plenipotenciario de Chile en París había encargado al señor Louis Cousin, profesor en Lovaina, contratar ingenieros belgas. Ya seis habían partido en noviembre: ellos eran Mauricio Dutillieux, Louis Delannoy, Mathias Treinen, Víctor Chabot, Jean Sarolea y Xavier Charmanne. El salario era de 15.000 francos; es verdad que todos tenían muchos años de práctica.

Al día siguiente, primero de enero, fui a visitar al señor Berger padre, administrador de Puentes y Caminos, que me dio una carta de presentación para el señor Cousin.

El 2, voy a Lovaina. El señor Cousin, que es gran amigo del señor Berger, me recibe muy amablemente. El no contrata más ingenieros, pero tiene que reclutar seis conductores de los cuales ya cinco están escogidos. El contrato es por tres años, viaje pagado en segunda clase, sueldo 5.000 francos. Uno de los contratados, Joseph Rigot, es ingeniero egresado de Gand; otros tres, Joseph Huart, Alfred Paye y Joseph Lefèvre, son conductores de Puentes y Caminos; el último, Edmond De Vriendt, es dibujante jefe de la administración de los Ferrocarriles del Estado.

Evidentemente, el sueldo es sólo la tercera parte del de los ingenieros que recién habían partido, pero 5.000 francos no son despreciables;

es lo que gana aquí un coronel. Siguiendo el ejemplo de Rigot, que también es ingeniero, firmo el contrato sin titubear y vuelvo a anunciar la buena nueva. Esta vez mamá, a quien no le había hablado de mis diligencias para evitarle una posible desilusión, está encantada. Chile está bien lejos, pero el país es sano y tres años se pasan rápidamente.

Recibo un anticipo de 700 francos pagaderos mensualmente sobre el sueldo del primer año. Entonces me ocupo activamente de mi equipo y de mis preparativos, porque la partida está fijada para el 23 de enero. Emprendo una gira de despedida de la familia.

Conocí a De Vriendt, el único de mis compañeros de viaje que vive en Bruselas. Es un hombre de unos cuarenta años con marcado acento marollense, sin gran instrucción, pero muy competente en su oficio. Se va a llevar un gran paquete con modelos, de puentes, aparatos de vías y otros planos destinados a la construcción de ferrocarriles. Su mujer le hace buena pareja. No tienen niños y por su especialidad él deberá quedarse en la oficina de la dirección general en Santiago; ella irá a encontrarlo a Chile en algunos meses más.

Pocos días antes de mi partida, recibo de un estudiante chileno de Lovaina, Ernesto Robinson Viaña, una epístola muy amable donde me habla con entusiasmo de su país y me desea un buen viaje. A Pedido del Sr. Cousin, me envía cartas de recomendación para su familia y diversos amigos en Santiago de Chile.

Miércoles 23 de enero de 1889

El miércoles 23 de enero de 1889, abracé por última vez a mamá, María, Jorge, Blanca y Alfredo. No quise que me acompañaran a la estación para evitar las despedidas desgarradoras en público. Tengo el corazón bien oprimido. ¿A quienes encontraré a mi regreso?

En la estación del Mediodía, numerosos amigos habían asistido para despedirme. Encontré a De Vriendt, quien también estaba acompañado de una veintena de personas.

En París paramos en el hotel de Gante y de Alemania, calle de la Michodière, donde nos esperaban nuestros cuatro compañeros de viaje llegados la víspera.

Jueves 24 de enero

En la mañana hicimos un paseo por París. Las elecciones legislativas debían celebrarse el domingo próximo, y la lucha era de un encarnizamiento inaudito entre el general Boulanger y su competidor Jacques, que tenía el apoyo del gobierno y a cuyo favor los fondos secretos se jugaban por entero. No creo haber visto jamás un derroche semejante de afiches.

Visitamos los pabellones de la exposición. La torre Eiffel pronto alcanzará toda su altura, pero está lejos de responder a la idea que me había formado. Es verdad que los materiales están amontonados en los accesos y es probable que cuando esté concluida, la impresión sea mejor. Lo que más me sorprendió fue la galería de máquinas; por ahora no muestra más que una armazón, pero ¡qué armazón!

En la tarde nos presentamos a la Legación de Chile. Don Carlos Antúnez, enviado extraordinario y ministro plenipotenciario de Chile en Francia, nos entrega, firmados por él, los contratos de enrolamiento que habíamos suscrito en Lovaina. Nos reembolsaron nuestros gastos de Bruselas a París, y nos dieron a cada uno un cupón del ferrocarril París-Burdeos, un pasaje para Valparaíso a bordo del "Potosí", y 325 francos para gastos menores de viaje.

En la noche, a las 21:40 horas, partimos para Burdeos. A las tres de la madrugada, pasando por Poitiers, me tomé un plato de sopa. A eso de las siete, desperté en Angulema soberbia ciudad, edificada en un valle en forma de embudo, enteramente rodeada de hermosas montañas. A partir de ahí, el pasaje no ofrecía nada de notable; en muchos parajes el parecido a nuestro Ardennes era notable, sin alcanzar, sin embargo, su aspecto pintoresco.

Viernes 25 de enero

Llegamos al hotel de Aquitania. Burdeos es una gran ciudad como cualquiera otra. Es notable la plaza de Quinconces por su extensión colosal. En general, fuera de los barrios modernos, parecidos a todos los barrios modernos, el pueblo es muy sucio. La limpieza no es la virtud dominante de los bordeleses. Lo más atrayente es su lenguaje. El acento gascón es delicioso; para De Vriendt no es así porque no comprende gran cosa del francés local. En cuanto al pueblo, habla un patois absolutamente incomprensible para mí.

El puerto de Burdeos es espléndido. El río Garona tiene un par de kilómetros de ancho, pero es poco profundo para que los grandes vapores puedan atracar, por eso debemos embarcarnos en Poulliac sobre el Gironda, bastante profundo para que los navíos de gran tonelaje puedan moverse con facilidad.

Volvimos a comer al hotel. La cocina es buena, pero el vino de mesa es detestable.

A propósito de vino comprobé que en este país se cultiva la viña tan bien en la planicie como en las lomas; en otras partes donde he visto viñedos, sobre el Morella, el Saar, el Rhin, utilizan solamente las alturas. Aseguran que el vino de planicie es superior al de las colinas, y que las viñas son menos atacadas por la terrible *filoxera*. Esta plaga tiende a desaparecer, y en algunos años los viñedos de Burdeos reconquistarán su antiguo esplendor.

En la tarde, después de un nuevo paseo por el pueblo, comimos en el hotel; hacía mucho frío, el comedor no estaba calefaccionado y fuimos a la mesa con sobretodo. Deben habernos creído originarios de países cálidos.

La velada la pasamos en el *Folies Bergères*. La sala se parecía a la del Alcázar de Bruselas. Había máximo 300 espectadores, pero ¡qué batahola! Para la jarana 300 bordeleses valen por varios millones de bruseleses. El programa es variado: equilibristas, payasos musicales, parte de un café concierto. Una dama gorda, escandalosamente pintada, cantaba con acento maroliense: «ah Mocheu, si tú no has visto la kermese de nuestra aldea». ¡No valía la pena venir desde Bruselas para eso!

Sábado 26 de enero
A las siete de la mañana estamos todos en pie.

Después de un desayuno copioso, hacemos cargar nuestro equipaje en el vaporcito que debe transportarnos al "Potosí". Nos embarcamos a la diez y bajamos el río Garona. El tiempo es muy frío, sin embargo, me quedo sobre el puente mirando el paisaje, por lo demás muy hermoso, al menos al principio del trayecto. Colinas cubiertas de viñedos y coronadas por elegantes villas en un lado, planicie boscosa por el otro. Pronto se pierde el encanto; el río se ensancha más y más; las colinas desaparecen; se perciben muy lejos las cañas que bordean las dos orillas.

Pasamos la confluencia del Garona y del Dordoña y entramos en el Gironda; su anchura es tan considerable que apenas se ven las orillas. Pasamos velozmente Pouillac; el "Potosí" está fondeado en la desembocadura del río.

Son las cuatro cuando llegamos al barco, subimos a bordo y tomamos posesión de nuestros camarotes. A las cinco anuncian la comida que engullo con gran apetito; después vuelvo a subir al puente.

La tierra comienza a desaparecer en el crepúsculo. Delante de nosotros, en el centro de una isla, se levanta el faro de Cordouan; a nuestra izquierda la punta de Graves; a nuestra derecha Royan; a lo lejos el océano que veo por primera vez. El embarque de los equipajes continúa. La noche se pone más fría; descendemos al salón. De Vriendt y yo festejamos nuestro embarque absorbiendo unas cuantas medias botellas de cerveza *Pale Ale*, que encontramos muy inferior al que bebíamos en Bruselas. Cosa curiosa, en Burdeos el vino era malo, en el "Potosí", navío inglés, el *Pale Ale* es lamentable; decididamente nadie es profeta en su tierra.

Domingo 27 de enero
Estuvimos en la cama mucho tiempo antes que el navío levara anclas.

Me ha parecido no estar en mi estado de ánimo habitual, pero no por eso he dejado de dormir bien. Despierto con la cabeza pesada y un poco de vértigo; debe ser el comienzo del mareo. Para escapar de él subo al puente donde el malestar se disipa casi completamente.

Aquí hay muchos enfermos. En los camarotes es peor; debo confesar que no me siento muy bien.

El espejito que me regaló Blanca me devuelve la imagen de una cabeza de desenterrado. Tiemblo por el momento en que el desayuno me obligue a descender al comedor.

Suenan las ocho, es la hora fatal.

Como hábil táctico, me coloco en la mesa lo más cerca posible de la puerta de salida, acomodándome así una retirada rápida y segura. Felizmente la precaución resulta inútil. Somos poco numerosos; algunos pasajeros se preparan una tajada de pan con mantequilla y vuelven a subir rápidamente; sólo los ingleses embarcados en el "Liverpool" muestran buen apetito. Por mi parte como muy tranquilamente; el *lunch* pasará aún mejor, la comida sumamente bien; decididamente resisto al mareo.

A todo esto estamos en el golfo de Gascuña que es reputado como uno de los malos pasos de la travesía; por suerte, el tiempo es muy bueno, el mar está en relativa calma, sin embargo, el balanceo es serio.

El balanceo es el movimiento alternativo de derecha a izquierda y de izquierda a derecha que sufre el navío cuando las olas lo toman de costado. María se formará una idea bien exacta si quiere figurarse vivir, comer y dormir en un columpio; todavía el movimiento del columpio es absolutamente dulce y regular, mientras que el balanceo, a ratos más fuerte, a ratos más suave, produce en el estómago pequeñas pero continuas sacudidas del más regocijante efecto.

En cuanto al cabeceo, es aún más divertido. Se llama así al balanceo longitudinal del barco, cuando sigue la dirección de las olas. La proa se hunde en el mar mientras se levanta la popa, después de lo cual ésta última se sumerge a su vez mientras se eleva la proa. Generalmente el estómago de los pasajeros imita este ejercicio. Siendo el navío mucho más largo que ancho, el movimiento de cabeceo es bastante pronunciado y por lo tanto más desagradable que el balanceo. Ahora combinemos los pasos y supongamos que el barco corta las olas oblicuamente. Resultado: balanceo y cabeceo combinados; es el tirabuzón, máxime deleite para los pasajeros sensibles.

Lunes 28 de enero - La Coruña

Me he levantado temprano esta mañana, a la vista de las costas de España.

En la noche, al doblar el cabo Ortegal, balanceo formidable; en el momento que subo al puente, el mar ha vuelto a la calma; el tiempo es frío; el día comienza a desputar; las costas se dibujan vagamente, a lo lejos brilla la luz del faro de La Coruña.

Llega el día, nos acercamos al puerto. La costa se distingue más y más; el faro se agranda; en los acantilados saltan las olas; sobre la cumbre, casas blancas con techos rojos; el espectáculo es maravilloso.

La rada está defendida por un fuerte construido en un islote, pero es un fuerte de cromolitografía, con almenas, troneras, barbacanas, cañones sobre los muros, pabellón flotando en lo alto de un mástil inmenso; todo en colores chillones. Hago un croquis, que no es por cierto una obra maestra, pero me parece que reproduce bastante bien el paisaje.

Rodeamos el fuerte y entramos a la rada. A un cañonazo del barco responde un cañonazo del fuerte. Lanzamos el ancla.

Una flotilla de barquitos nos rodea al instante; unas deben servir a los pasajeros que desean bajar a tierra, las otras están ocupadas por vendedores de naranjas, limones, sardinas, cigarros y cigarrillos. Compro cigarros y limones. Se me lanza de la barca una cuerda, al extremo de la cual está amarrada una cesta; deposito en ella el valor de mi compra, después devuelvo la cesta; la mercadería me llega por el mismo camino.

Una chalupa trae a bordo a los aduaneros y gendarmes españoles. Estos son los carabineros; su indumentaria no ofrece nada de interesante si no es por su quepi blanco de forma muy elegante; los fusiles que ellos llevan en bandolera no me parecen muy peligrosos; son viejos clarinetes que han debido servir en las guerras del Cid.

Los nuevos pasajeros llegan y trepan a bordo por una escala móvil sujeta al costado del barco. Pero ¡qué vestuario, Dios mío! Son en la mayoría pasajeros de tercera clase, por consiguiente gente del pueblo. Lo que se ve de chaquetas bordadas, fajas multicolores, sombreros fantásticos y capas de opera cómica, es inenarrable. Y yo que temía que España hubiera perdido toda su originalidad.

El conjunto de la rada presenta un golpe de vista maravilloso. Hemos entrado en ella por un paso demasiado estrecho, que parece haberse cerrado detrás de nosotros, de manera que nos sentimos en un inmenso lago rodeado de una cintura rocosa.

De un lado la ciudad de La Coruña despliega escalonadamente sobre una colina sus casas blancas con postigos verdes. Encima, muy en alto, se levantan las torres y las murallas de las fortificaciones.

Dibujo la parte más antigua. Los malecones, más modernos, no son menos pintorescos, pero la dificultad de un croquis es demasiado grande. Están bordeados de casas muy altas, de cinco a seis pisos, que descansan sobre arcadas de albañilería que las protegen contra las fuertes mareas; las ventanas están formadas por pequeños cristales cuadrados, que dan al malecón cierto parecido con la plaza del Ayuntamiento de Amberes. Todas las casas están pintadas de blanco; es fresco y coqueto como un decorado de ópera. Sin embargo, no se debería fiar de las apariencias, pues al decir de los pasajeros que han visitado la ciudad, existe una suciedad repugnante.

En la rada, hay varios grandes navíos anclados, la mayoría españoles; noto entre ellos un tres mástiles inglés y un carguero ruso.

Gozamos de un hermoso sol, pero el frío es demasiado penetrante; sobre el puente se impone el sobretodo.

A las seis levamos anclas. A medio día, las costas han desaparecido; a veces se las distingue en el horizonte.

En la tarde doblamos el cabo Finisterre; el balanceo vuelve a comenzar, pero decididamente, escaparé al mareo.

Al anochecer estamos a la vista del faro Carril. Las señales nos prohiben la entrada a la rada; paramos entonces y pasamos una buena noche al ancla.

Martes 29 de enero - Carril y Vigo

A las siete penetramos en el golfo de San Antonio. Panorama más agreste que el de La Coruña. El horizonte aparece dentado de picos elevados.

Sobre la ladera de una montaña, la ciudad de Carril. Siempre la mismas casas blancas con techos rojos y postigos verdes. El puerto es menos frecuentado que el de La Coruña; no veo en la rada sino dos vapores anclados.

Recibimos la visita de la aduana y de oficiales de salubridad.

Alrededor del barco la misma multitud de barquitas que en La Coruña.

El tiempo se descompone y la lluvia empieza a caer. A las nueve, partimos. El mar está agitado. Digno de señalarse es el faro de Noya sobre un amontonamiento de bloques de dimensiones colosales arrojados en confusión unos sobre otros; en derredor las olas saltan y vuelven a caer en un torrente de espuma.

Vigo no está lejos de Carril; llegamos allá a la una del día. El aspecto general, es muy semejante al de La Coruña. La ciudad vieja se esparce sobre la falda de una colina, la nueva se extiende en el llano. En el fondo de la rada yacen los famosos galeones de Vigo cargados de oro proveniente de América y hundidos en 1707 para escapar de la flota inglesa que acababa de derrotar a los navíos de guerra españoles que escoltaban el precioso envío.

A las tres levamos ancla. Apenas hemos salido de la rada cuando el viento comienza a soplar con violencia. Se entran los objetos que hay sobre el puente; se aseguran las ventanillas; vamos a danzar.

En efecto, la borrasca se desencadena en alta mar. El navío salta des-
ordenadamente; balanceo y cabeceo que toman proporciones fantásticas.
Los pasajeros se encierran en los camarotes.

Algunos, entre ellos el camarada Huart, nos quedamos sobre el puente cerca de la proa agarrados a las cuerdas. El espectáculo es feérico. Las
olas se elevan a alturas locas y barren el puente; estamos chorreando de
agua salada. Experimento un cierto malestar, pero resisto el mareo.

A la hora de comida, sobre 60 pasajeros, somos siete en la mesa.
Han colocado los marcos que sujetan los platos, vasos y botellas. No resulta demasiado divertido comer en estas condiciones. Un balanceo más
violento que los demás lanza la mitad de mi sopa sobre el mantel. Beber
también es un problema.

Admiro la facilidad, muy relativa por lo demás, con que los *stewards*
sirven la mesa. Se acercan, caminando como ebrios, detienen su marcha
cuando la inclinación es demasiado pronunciada, la reinician manteniendo los platos en equilibrio. Al presentarlos, logran sostenerlos horizontalmente, lo que me parece una hazaña.

La noche es atroz. El barco cruje por todas partes, las olas golpean
contra los costados con un ruido sordo y en los pasadizos las puertas
gimen. Desde las cabinas vecinas pueden escucharse hipos, lamentos
y con frecuencia gritos de terror cada vez que el barco, demasiado inclinado, tarda en enderezarse. En la nuestra, De Vriendt y Lefèvre se
han mareado. El segundo de ellos, que ocupa una litera sobre la mía, se
alivia sobre mi cobertor. Reina en nuestra jaula un olor nauseabundo.

Miércoles 30 de enero - Lisboa
A las cinco de la mañana me encuentro ya sobre el puente. El mar va
calmándose poco a poco; sin embargo aún nos balanceamos con bastante fuerza. En el desayuno hay poca gente en la mesa; los marcos siguen
colocados. Se nos informa que un pasajero de tercera clase ha desaparecido. Era un joven croata de 22 años. Me había llamado la atención en
el remolcador que nos transportaba a bordo desde Burdeos; hasta traté
de iniciar una conversación con él pero no comprendía ni el francés ni
el inglés ni el alemán. Piensan que debe haberse arrojado al mar voluntariamente. Oigo decir a un oficial: «buena suerte para las marsopas».
Será toda la oración fúnebre que este pobre diablo reciba.

El mar se vuelve cada vez más apacible. Brilla el sol.

Al mediodía llegamos a la vista de Lisboa.

La ciudad está construida en forma de anfiteatro sobre un cerro cuyo pie se baña en el mar, en la desembocadura del Tajo. Iluminada por este hermoso sol, Lisboa vista desde la rada, es admirable.

Arrendamos entre cuatro una barquita que nos transporta hasta el desembarcadero y vagamos por la ciudad; es magnífica, pero una gran ciudad recorrida en tan poco tiempo no deja sino recuerdos algo confusos. Me parece muy rica, muy ornamentada. Hay muchas plazas extensas, la mayoría embaldosadas con mosaicos tornasolados de un efecto muy curioso; son presidiarios los autores de este juego de paciencia. Observé numerosas fuentes, un obelisco muy alto, muchas estatuas entre las cuales la de Camoens, de Magallanes y de Vasco de Gama. El país debe ser muy rico en mármoles diversos porque se usan profusamente. No hay iglesias viejas, todas fueron destruidas en el terrible temblor de 1755.

Veo pocos caballos; los coches y tranvías son arrastrados por mulas. Los tranvías pertenecen a una sociedad belga; algunos, en las alturas, son tirados por cables.

Las casas tienen una arquitectura especial. Son muy altas con balcones en todos los pisos. Los techos están reemplazados por terrazas. Las fachadas tienen dibujos abigarrados, flores, rosetones, guirnaldas, juegos de líneas que las hace semejar a papel pintado. Por lo demás, el efecto resulta tan hermoso como original.

Visitamos el jardín botánico. Mientras en este momento el de Bruselas está frío y despojado, aquí está, aunque en pleno invierno, lleno de verdura y flores; robo un botón de rosas. De la altura donde se encuentra situado se goza de un panorama de la ciudad verdaderamente espléndido; quise procurarme una fotografía pero como me pedían tres mil reis, esto es, un poco más de 15 francos, no insistí.

En Lisboa todo es de precio excesivo. Tomamos un vaso de cerveza alemana que nos costó un franco por vaso y todavía no se trata sino de cuartos que en Bruselas cuestan veinte céntimos.

Deseamos también probar los vinos del país. Entramos en un café que está dividido en boxes como las tabernas inglesas, y pedimos la carta de los vinos. Es una larga lista de vinos cuyos nombres nos son descono-

cidos, indicamos uno al azar y pedimos media botella. Este vino, de cuerpo y muy azucarado, no nos agradó. Tomamos media botella de otro vino
que no nos parece más agradable y terminamos allí nuestra experiencia.

Un diario portugués que hay sobre la mesa nos hace saber el triunfo
estrepitoso de Boulanger en París. ¡Pobre Jacques!

A las siete encontramos en el malecón a nuestro barquero; media
hora más tarde estamos de nuevo a bordo del "Potosí". A las diez levamos
anclas.

¡Adiós Europa! En ruta para la gran travesía.

Viernes 1° de febrero

Mientras dormíamos tuvimos una buena escapada. ¡Hubo un incendio a bordo! Eran cerca de las dos de la mañana cuando un pasajero
medio asfixiado por el humo, dio la alarma. El fuego se había iniciado
entre los bagajes de los pasajeros de tercera clase, al fondo de la cala, bajo
el entrepuente, donde estos desgraciados viajan como en un corral. El
pánico fue terrible. Sorprendidos en pleno sueño, los infelices huyeron
hacia el puente. Muchos de entre ellos querían descender a viva fuerza
para poder salvar sus equipajes; tuvo que dominarnos una guardia de
marineros armados.

No lo cuento como testigo, pues a pesar del alboroto, nadie despertó
en nuestro camarote, situado al otro extremo del barco. Sólo a la mañana
siguiente, cuando ya el peligro había desaparecido, venimos a enterarnos
del peligro que habíamos corrido.

En este momento se retiran los escombros, maletas y baúles a medio
calcinar o estropeados por el agua. Reina una desolación general. Muchos
pasajeros de tercera clase no tienen más que lo que llevan puesto. Se ini-
cia de inmediato una colecta en su favor. Atribuyen el origen del siniestro
a un paquete de fósforos que un español llevaba en su maleta y que habría
tomado fuego debido al terrible calor que reina en la cala.

El océano está absolutamente calmado. Hace un tiempo espléndido.
Bandadas de gaviotas revolotean alrededor de los mástiles; las marsopas
juguetean aflorando sobre el agua.

Domingo 3 de febrero
Hablamos del barco y de la vida a bordo.

El "Potosí", capitán Park, de la Pacific Steam Navegation Company, tiene 140 metros de largo, 12 de ancho y desplaza 4.267 toneladas; es el navío más grande de la compañía. Su máquina de 600 caballos, consume diariamente 60 toneladas de carbón.

Los camarotes de primera están al centro, los de segunda atrás, y los alojamientos de tercera, adelante.

Nos levantamos entre 6:30 y 7:00, uno después de otro, a causa del poco espacio de que disponemos. Nuestro camarote es una caja de dos metros de largo por 2,10 m. de ancho. Contiene cuatro literas superpuestas, dos por dos. Yo ocupo una de abajo, Lefèvre la de encima, al frente Huart y De Vriendt. Entre las camas hay un espacio libre donde está el lavatorio y una percha para la ropa. La cabina se alumbra durante el día por una ventanilla, y en la noche con electricidad.

En cuanto nos levantamos, tomamos nuestro baño. Exquisito este baño de agua de mar. De Vriendt quedó estupefacto el primer día al ver que en esa agua el jabón no daba espuma; es verdad que en cada sala de baño hay un balde de agua dulce para jabonarse.

Después tomamos una taza de café, nos hacemos una ligera *toilette* y subimos al puente en busca de un poco de apetito para el desayuno. Se sirve a las 8: huevos con tocino, jamón, carnes frías, pescado, frutas. Como bebidas, té o café a elegir. El sistema inglés tiene sus bondades.

Enseguida, comienza el trabajo sobre el puente; no se ve más que gramáticas españolas y manuales de conversación. Para practicar, hay que ir a la tercera clase. Además de los pasajeros embarcados en La Coruña, en Carril y en Vigo, hay a bordo 115 obreros españoles subidos en Burdeos, la mayoría albañiles, contratados por el gobierno chileno para los trabajos del puerto de Valparaíso y para la canalización del río Mapocho en Santiago.

Tengo también la ocasión de ejercitarme en otras lenguas. Hablo mucho inglés con los pasajeros y con el médico de a bordo a quien he conocido. Converso frecuentemente en alemán con suizos o con alemanes; a veces he debido servir de intérprete anglo-alemán entre un oficial y un pasajero.

Cuando el sol es demasiado fuerte, me refugio en el salón para estudiar y tomar notas.

A las 12:30 llaman para el almuerzo: sopa, cuatro platos de carne y legumbres, postre. Este es exquisito; el pastelero de a bordo es un ver-

dadero artista. Yo que detestaba la repostería, le he tomado verdadero
gusto. Ayer nos sirvieron un *pudding* de arroz que era un sueño. Como
bebida, agua; tenemos que pagar aparte el vino y la cerveza. Para terminar
un café.

Al salir del comedor, vamos a ver el cuadro donde se marca el punto
en que se encuentra el barco. En las últimas 24 horas, hemos recorrido
320 millas; siendo la milla marina de 1.852 metros, esto hace 594 kilómetros. Hay una verdadera bolsa de apuesta acerca de la cantidad de
millas que se recorrerán en las 24 horas siguientes; nosotros nos contentamos con jugarnos mutuamente el aperitivo.

En la tarde continúa el estudio, entremezclado de paseos o de juegos. A las 5, comida: carnes frías, pickles, postre y té.

En la noche atracciones diversas; nos acostamos temprano, por lo
demás.

Una vez a la semana bajamos a la sala de equipajes para sacar de las
maletas lo que necesitamos. He constatado que De Vriendt ha traído sus
patines. ¿Qué idea se ha formado él de Chile?

Martes 5 de febrero

Acabamos de pasar el Trópico de Cáncer; henos aquí en la zona tórrida.
Uno lo nota en el calor que se hace agobiador. En la tarde estudio todavía
el español.

Las noches son exquisitas. Se forman grupos en todas partes y cantan. Los alemanes gimen en coro con mucho sentimiento musical; cuando los ingleses cantan juntos uno espera verlos arrojar sus intestinos;
nuestros coros franceses son notables sobre todo por lo desafinados. La
palma la merecen sin duda los españoles. Cada noche, sobre el puente de
proa, cantan aires nacionales encantadores, y bailan con acompañamiento
de guitarras y castañuelas, jotas, seguidillas, aragonesas, agitándose como
diablos. Hay siempre una galería de pasajeros para aplaudirlos.

Estos españoles son verdaderamente simpáticos. No diré lo mismo
de los portugueses de 3ª clase subidos en Lisboa con destino al Brasil.
Contrariamente al dicho famoso, están muy lejos de ser siempre alegres.
Son de una suciedad extrema. Durante el día es frecuente verlos agazapa-
dos, en círculo, buscándose los piojos mutuamente.

Anoche hubo un gran concierto en los salones de primera clase a beneficio de los incendiados. Nosotros estábamos convidados, pero como no teniamos smoking, declinamos la invitación.

Mañana en la noche tendrán lugar diversos juegos atléticos, a beneficio de la misma obra; yo tomaré parte en salto largo y alto. Hemos formado un equipo de ocho para tirar de la cuerda; cuatro belgas, un francés, un suizo y dos alemanes. Está en juego una cuestión social e internacional pues el equipo contrario está formado integramente por ingleses de primera clase. *¡Great event!*

Jueves 7 de febrero
Nos hemos levantado a las cuatro para entrenarnos en el puente, iluminado con este objeto.

El día ha sido tórrido. Felizmente, en la tarde sopla una brisa refrescante.

Los concursos deportivos en el puente de primera han sido muy interesantes.

Hubo carreras de obstáculos, carreras en cuatro pies, pasando por largos tubos de ventilación de tela, un match de box, luchas a mano abierta, lanzamiento de pesos, saltos, etc. Yo me clasifiqué en salto largo, pero fui muy aventajado por mis oponentes en el salto alto. El tiro de la cuerda resultó duro, pero finalmente ganamos. Nuestros adversarios ingleses, buenos deportistas, nos felicitan y ofrecen refrescos, de los que tenemos gran necesidad.

No sé cuánto habrá dejado la fiesta de los damnificados, pero la suma debe ser apreciable, pues además de las colectas, hay numerosas e importantes apuestas, de las cuales la mitad correspondía a la obra.

Resultan originales semejantes ejercicios en los trópicos; es cierto que es mañana cuando cruzaremos el Ecuador; estamos pues, todavía en invierno.

Viernes 8 de febrero
Hace menos calor que ayer; una brisa bastante fuerte refresca la atmósfera.

Muchos peces voladores a nuestro alrededor; uno ha caído sobre el puente. Estos peces son del tamaño de una trucha; están provistos de aletas muy largas que semejan alas, y sirven para su oficio. Volando brillan al sol como flechas de plata.

Nos cruzamos con un gran vapor italiano en viaje hacia Europa.
Cambio de saludos.

A mediodía franqueamos el Ecuador, pero en los barcos ingleses no
se practica la famosa ceremonia del bautismo de la línea; así que sin ad-
vertirlo pasamos al hemisferio sur.

¿Es que este cambio se les ha subido a la cabeza? El hecho es que los
numerosos españoles de tercera clase acaban de amotinarse. Desde hace
largo tiempo se habían quejado al comandante de la comida desabrida a
la inglesa que se les servía. A mediodía todas las gamelas han volado al
mar y los pasajeros han hecho un alboroto fantástico. Una guardia de
marineros ha tenido que intervenir y poco ha faltado para que se llegara
a una batalla en regla. Finalmente se ha logrado un acuerdo: los víveres
le serán entregados en crudo y los cocineros que ellos mismos elijan los
prepararán a su gusto en una cocina puesta a su disposición.

Sábado 9 de febrero
Acabamos de pasar a la vista de la isla Francisco de Noronha. Mañana
estaremos en Pernambuco.

¡Qué hermosas son las noches de los trópicos! ¡Qué delicia sabo-
rearlas apaciblemente recostados sobre el puente, acariciado por una
suave brisa, mecido por el tenue balanceo del navío! Las estrellas parecen más cercanas y brillan con un esplendor tan diferente del de nuestros
climas fríos. Ahora puedo contemplar la Cruz del Sur y muchas otras
constelaciones nuevas, invisibles en nuestro hemisferio norte.

Puedo seguir admirándolas al dormirme, pues desde hace tiempo
nuestra cabina se ha vuelto insoportable y desde las diez de la noche hasta
las cinco de la mañana duermo de un tirón, tendido sobre el puente, con la
cabeza apoyada sobre mi cobertor de viaje, llevando por toda vestimenta un
par de calcetines, un pantalón, mi cinturón y una camisa; llevo ésta ampliamente abierta exponiendo mi pecho al dulce roce de la brisa.

Me he fortalecido mucho. Vivo en plena corriente de aire sin que ello
me incomode en lo más mínimo; yo que era tan dado a las neuralgias.
Comprendo ahora, que la vida de Bruselas no me convenía. Mi aspecto
se ha transformado; mi piel luce ahora un hermoso color entre ocre y
ladrillo molido.

Domingo 10 de febrero - Pernambuco

Desde Lisboa hemos navegado en un verdadero lago. Esta noche, quizás debido a la proximidad de la costa, hemos vuelto a balancearnos aunque el tiempo continúa hermoso.

El "Potosí" ancla en pleno mar, a dos kilómetros de Pernambuco. La entrada al puerto es difícil y peligrosa. El paso está cerrado por una línea de arrecifes que corre paralelamente a la costa y sólo deja una pequeña abertura. Pernambuco se llama también Recife.

Alquilamos entre veinte pasajeros una barca grande. El mar está muy agitado; tan pronto nos separamos del costado del navío nuestra barca se balancea de manera alarmante. Viéndonos sacudidos con tanta energía, otros pasajeros que habían proyectado visitar la ciudad, renunciaron a ello. Cometen un profundo error pues ésta es extraordinariamente notable y además, será la primera vez que pisemos tierra americana.

Por lo demás, no es sino un mal momento, pues tan pronto como se franquean los arrecifes, entramos en una rada muy tranquila y al cabo de una hora llegamos al desembarcadero.

Otra barca aborda al mismo tiempo que nosotros; lleva una familia brasileña que ha hecho el viaje en primera clase. La esperan amigos en el malecón. En medio de una charladuría loca, todos se abrazan de la manera más cómica del mundo. Se lanzan los unos en los brazos de los otros como si fueran a luchar, se frotan recíprocamente las mejillas, una contra otra, a la manera de los curas, dándose pequeños golpes en la espalda. Parece que es una moda general en toda América del Sur.

Pernambuco, que puede contar unos cien mil habitantes, está situado en la desembocadura de dos ríos, que forman islas planas y arenosas. Más allá, sobre la tierra firme, se eleva el barrio de Boa Vista que es la parte más elegante de la ciudad.

Las construcciones son absolutamente semejantes a las de Lisboa; las mismas fachadas de colores vivos y abigarradas. En este sentido, la ciudad deja ver su origen portugués. Pero la población es lo que llama la atención; uno se creería más bien en Africa que en América. Los negros puros son muy numerosos; la mayor parte de los habitantes son mulatos, color chocolate; algunas caras parecen de origen indígena por su color amarillo rojizo; los blancos puros son escasos.

Resulta cómico ver a los soldados negros o mulatos con uniforme negro y quepis redondo, en todo similar al de nuestra infantería belga. Enviamos un telegrama a M. Cousin para que se lo comunique a nuestras familias. Dice así: Llegados, y la dirección, Cousin, Lovaina Bélgica. Lo cual nos cuesta 21.000 reis en moneda brasileña, esto es, 62 francos.

Un franco equivale a 340 reis más o menos; un reis a un tercio de céntimo. Almorzamos magníficamente, cuatro personas en un buen restaurant y la cuenta fue de 6.800 reis.

La vuelta al "Potosí" se hace en las mismas condiciones que el viaje de la mañana, salvo que el mar está ahora mucho peor. Sólo por medio de prodigios de acrobacia logramos saltar sin accidentes de la barca a la escala del navío.

Lunes 11 de febrero

El mar está francamente malo. A los inconvenientes del balanceo y el cabeceo, se agrega el calor; el interior del barco es insoportable.

Sobre el puente, los enfermos son numerosos; se ven escenas lamentables.

Martes 12 de febrero - Bahía

Cuando anclamos frente a Bahía, el mar está en completa calma. El trayecto en barca se hace sin incidentes.

Bahía es una gran ciudad de casi 200.000 almas, más curiosa aún que Pernambuco. Es la segunda ciudad del Brasil; fue la capital hasta hace un poco más de un siglo. Es también la primera plaza fuerte y el primer puerto militar del país.

Hay en realidad dos ciudades: la ciudad baja, que es el puerto y el barrio comercial, y la ciudad alta aristocrática sobre una planicie elevada con pendiente muy escarpada. Las dos ciudades se comunican por escalas, ascensores y algunas calles de enorme pendiente.

Las calles estrechas y sucias de la ciudad baja son muy animadas; en ellas veo circular un tranvía a vapor. Visitamos una iglesia antigua cuyas piedras se nos dice que han sido traídas talladas desde Europa. La ciudad alta forma contraste con la que se extiende a sus pies, por sus calles anchas y bien pavimentadas, bordeadas de casas siempre en el estilo de Lisboa. Hay hermosas tiendas. La animación está lejos de alcanzar la de la ciudad baja. Vemos circular numerosos oficiales y soldados y muchos eclesiásticos y monjes; deben abundar los conventos. Las razas están mezcladas, pero aún más que en Pernambuco domina la población negra. Aquí reina una singular mezcla de progreso y atraso; parecen confundidas las épocas. Así he podido admirar, al lado de coches muy modernos, carrozas con dorados refulgentes, muy siglo XVIII, arrastradas por seis, ocho mulas; cosa más extravagante aún, me he cruzado con un palanquín balanceado por dos negros, dentro del cual se arrellanaba una blanca.

Visitamos la catedral de los jesuitas, de una ornamentación fabulosamente rica; los revestimentos de madera están incrustados de nácar, el coro y las capillas están decorados con una magnificencia excesiva.

Del *passeiro publico* o jardín público, paseo muy hermoso, la vista domina la bahía de Todos los Santos que es inmensa y sembrada de islas, algunas guarnecidas de fuertes.

Llegamos hasta barrios en que se sitúan villas encantadoras en medio de una vegetación feérica. Comprendo entonces la nostalgia de los países cálidos que se apodera en Europa de aquellos que han vivido algunos años en los trópicos. El tío Eugenio sabe algo al respecto. Pienso en él mientras como bananas, este fruto misterioso del que él hablaba tanto y que me era desconocido. Es muy agradable, aunque a la vez un poco desabrido y demasiado perfumado. Prefiero mucho la piña, y aun la refrescante sandía. Por una moneda de cobre de 40 reis, es decir, dos centavos, se tiene aquí una piña. Se puede decir que los cocos no valen nada. Las naranjas son exquisitas; los que sólo las han comido en Bélgica no conocen su gusto. He saboreado también otras frutas que tienen nombres portugueses que no he podido traducir por falta de diccionario.

En Bahía me daban ganas de plantar al "Potosí" y quedarme en Brasil. ¡Ay de mi! Tengo que decir adiós a este país encantador y volver a bordo.

Viernes 15 de febrero - Río de Janeiro
Después de dos días y tres noches de navegación sobre un océano manso, llegamos en la mañana a Río de Janeiro.

El panorama es uno de los más hermosos que se pueden ver en el mundo. La bahía inmensa está rodeada de montañas de contornos extraños, cubiertas de una vegetación exuberante; emergen rocas del mar,

como el famoso Pan de Azúcar a la entrada de la bahía. La gran capital
brilla al sol, coronada por innumerables cúpulas y campanarios.

Qué placer pensamos tener al visitarla en detalle, pues vamos a pasar
dos días al ancla, porque el "Potosí" debe completar su carga de carbón.
Esperamos con impaciencia que las formalidades de la libre plática se
terminen.

He revestido una tenida de circunstancia: pantalón blanco, camisa
de color, ancha faja de seda roja bajo la cual oculto mi revólver, vestón
negro y gorra de tela con cubrenuca flotante. Es un conjunto bastante
acertado.

¡Ay de nosotros! El comandante se opone a nuestra bajada a tierra.
La fiebre amarilla hace estragos terribles en la ciudad; se cuentan cien
a ciento cincuenta muertes por día. La perspectiva de pasar 36 horas a
bordo, bajo el polvo de carbón que va a invadirlo todo, ante el paraíso
entrevisto, nos desespera.

Un grupo de pasajeros parlamenta con el capitán, quien al fin cede
y nos permite desembarcar, con la condición formal de no pasar la noche en tierra. Muchos pasajeros, entre otros belgas, han renunciado a la
excursión.

Entre quince arrendamos una barca. En el malecón nos separamos y
nos citamos para las siete de la tarde.

Con un francés y un suizo-alemán, recorremos la ciudad. Nuestro
primer cuidado es comprar cigarrillos de alcanfor en una farmacia; según
se dice, son preservativos contra el vómito.

Río es una gran capital, rica en apariencia pero me parece que faltan
monumentos interesantes. La estrecha calle Cuvidor, principal arteria comercial, presenta tiendas elegantes.

Por el momento la ciudad ofrece poca animación. Estamos en pleno
verano; el emperador don Pedro II y su corte están en Petrópolis, su residencia estival. La gente rica se ha ido al campo huyendo del calor y de
la epidemia.

La ciudad sería enteramente europea si no fuera por los negros y
mulatos, cuya tez varía entre la tinta china y el café con leche. Nuestro
callejeo resulta macabro pues cruzamos numerosos entierros. Un cofre
montado sobre ruedas, adornado con una cruz blanca sobre fondo negro,
arrastrado por una mula y seguido de un policía negro.

Resulta de una simplicidad patriarcal, pero no tiene nada de gracioso el oficio de policía en Río.

Como no había nada allí para alegrarnos, después de un rápido almuerzo en el restaurante francés "Eldorado", tomamos el tranvía para el jardín botánico, situado a cinco kilómetros de la ciudad, al abrigo de los microbios. Este trayecto nos permite admirar los alrededores de Río; en ciertos momentos podemos disfrutar de una vista maravillosa sobre la bahía sembrada de islas. El jardín botánico se extiende al pie del monte Corcovado, de formas curiosamente recortadas. Delante de la verja, a la entrada del parque, una anciana negra mendiga limosnas fumando flemáticamente su corta pipa.

¡Qué maravilla es este jardin! Hay una avenida de palmeras de medio kilómetro de longitud con troncos prodigiosamente elevados, derechos y lisos, coronados por racimos de hojas que semejan un encaje verde. Hay estanques cubiertos de gigantescos nenúfares, largas y misteriosas arcadas de bambúes con el follaje finamente recortado, cactus y plantas suculentas de todas formas, flores multicolores. Tornasolados picaflores revolotean de una planta a otra. ¡Es asombroso!

Por desgracia nuestros conocimientos de botánica son muy débiles; nos vemos reducidos a extasiarnos frente a los árboles más soberbios y gigantescos, las plantas más admirables, los frutos más extraordinarios, sin tan siquiera poder darles un nombre.

Como recuerdo me corto un bastón de bambú de gran belleza; felizmente la policía, sin duda demasiado ocupada en la ciudad por sus numerosas víctimas, brilla por su ausencia.

Así como el joven francés resulta ser un compañero encantador, el suizo en cambio es un verdadero posma. Sus intensos temores y sus reflexiones pesimistas a propósito de cada cosa, arruinan todo agrado. El francés, vivo de nacimiento, va a librarnos de su presencia.

Se nos informó que la fiebre amarilla comienza, a menudo, por un calambre en la pantorrilla. En un momento dado, el francés se deja caer sobre un banco lanzando un ay de dolor: es el terrible calambre. Sin el menor respeto humano, el suizo pone pies en polvorosa y desaparece. El francés se levanta riendo; como no me había comunicado el secreto de la comedia, he tenido por cierto, un momento de emoción.

Al dejar el jardín botánico, entramos en un restaurante, "Ao chalet campestre", y pedimos un grog frío al cognac, excelente salvaguardia contra la fiebre amarilla.

Trabamos conocimiento con un grupo de caballeros y damas que se encuentran en la mesa vecina, brindamos y comemos juntos. Sobre la mesa hay una rabanera que contiene unas pequeñas vainas verdes, de las que mi compañero francés se sirve una porción que ataca vigorosamente. Son minúsculos pimientos del país que le queman, literalmente, la boca. ¡Estallido de risa general con su horrible gesto! Su desventura me evita ser víctima de la misma experiencia,

A las 7 habíamos olvidado completamente a nuestro lanchero. A las 9, con un calor de fundir el acero, bailábamos voluptuosas habaneras, en mangas de camisa, bajo las palmeras gigantes. A las 11, un brasileño riquísimo, el conde Joaquín E. Reis, nos ofrecía champagne frappé, lujo real en este país.

Deseaban retenernos en tierra, pero estamos ya en grave falta, y pedimos volver a bordo. Don Joaquín hace enganchar y nos conduce él mismo al puerto.

Pero, ¿cómo llegar al "Potosí"? Hay una centena de barcas y numerosos boteros durmiendo al aire libre, pero aquellos a quienes despertamos rehúsan por pereza conducirnos.

Solos habríamos tenido muchas dificultades, pero por suerte los brasileños son gente de energía. De repente, nuestro amigo, que hacía un rato discutía en portugués con dos negros, ante nuestra gran estupefacción, los apalea con su bastón. Los dos negros saltan a una barca, los seguimos. El brasileño les da un puñado de papel moneda, después dirigiéndose a mí:

—¿Tiene Ud. un revólver?

—Sí.

—Entonces ármelo y si uno de estos perros se mueve, vuélele la cabeza. Yo respondo de todo. Mañana los visitaré a bordo. Buenas noches.

Así se efectuó, a las dos de la mañana, regresamos al "Potosí".

Nuestros marineros, dos soberbios representantes de la raza negra, todo lo que hay de más negro, fueron dulces como corderos. Hay que creer que estaban pagados demás pues se reían con sus dientes blancos como si encontrará excelente la broma.

Faltaba subir a bordo. Una gran chalana carbonera estaba atracada al "Potosí"; una cadena de negros, débilmente alumbrada por antorchas, entraba el carbón por una tronera del barco. Subimos a la chalana y sin que nadie se fijara en nosotros, penetramos al navío. Después de haber subido muchas escaleras, y recorrido una serie de pasillos, volvemos a nuestros camarotes sin que nadie nos haga observaciones. Es inútil decir que lance un suspiro de alivio al deslizarme entre mis sábanas.

Sábado 16 de febrero

Fiel a su promesa, don Joaquín ha venido en la mañana a visitarnos. Nos traía toda una colección de libros franceses para hacer agradables los ratos de ocio del viaje. Aceptó un whisky con soda y partió colmado de agradecimientos y olvidando su quitasol.

A mediodía dejábamos la rada, llevando de Río de Janeiro un recuerdo imborrable.

Domingo 17 de febrero

Franqueamos el Trópico de Capricornio. Aunque volvemos a entrar teóricamente en la zona templada, el calor es aplastante. Me refresco leyendo las aventuras del capitán Hatteras en el Polo Norte, de Julio Verne, recuerdo de don Joaquín.

Miércoles 20 de febrero - La Isla de Las Flores

Estamos a la vista de Montevideo, que se percibe en la lejanía, pues el "Potosí" ha arrojado el ancla a una gran distancia delante de la Isla de Las Flores. Aquí deben desembarcar la multitud de pasajeros con destino a Buenos Aires.

Debido a nuestra escala en Río deberán sufrir una cuarentena de ocho días en la Isla de Las Flores, llamada así por ironía sin duda, pues las flores y aun cualquier vegetación son totalmente desconocidas. Llegar a la isla no es operación fácil. El mar está agitado y entre el barco y la isla hay una violenta corriente. Un bote tripulado por marineros boga hacia tierra desenrollando un cable. Atraca difícilmente después de haber derivado una centena de metros. El cable se trae de vuelta al barco sólidamente amarrado en tierra y tendido en seguida, por el cabrestante de a bordo. Las barcas que llevan a los viajeros y sus bagajes están sujetas por cuerdas y una polea al cable. El embarque es penoso; las mujeres se lamentan, los hombres gruñen y juran. Finalmente todo pasa sin accidentes.

En la tarde, el "Potosí" leva ancla. Pasando delante del inmenso estuario del Río de la Plata, continuamos nuestra ruta hacia el sur.

Lunes 25 de febrero

Mañana llegaremos al Estrecho de Magallanes. Desde que dejamos Montevideo, hace 5 días, el mar ha estado tranquilo. Los grandes calores han pasado.

Habiendo desembarcado en la Isla de Las Flores las tres cuarta partes de los pasajeros estamos muy cómodos a bordo, pero la vida se ha puesto muy triste.

Martes 26 de febrero - El Estrecho de Magallanes

Después de un mes de navegación, acabamos de doblar el cabo de las Vírgenes y de penetrar en el famoso Estrecho de Magallanes. De ordinario la travesía de este largo pasadizo es peligrosa a causa de las intensas neblinas que allí reinan, pero felizmente gozamos de un lindo sol que aunque calienta poco, alumbra bien. En este momento el termómetro marca al aire libre 6°; es cierto que estamos en verano y que el tiempo es espléndido.

A la derecha está la Patagonia, a la izquierda la Tierra del Fuego. A la entrada el canal es de más o menos 20 kilómetros de ancho; pronto parece cerrarse. El "Potosí", virando bruscamente, penetra en un canal relativamente estrecho donde podemos contemplar de cerca los acantilados de ambos lados. Algunas horas más tarde desembocamos de nuevo en una parte ancha.

Nos cruzamos con piraguas primitivas hechas de troncos de árbol ahuecados, tripuladas por indios patagones dedicados a la pesca. Contrariamente a la opinión que los ha hecho gigantes, son de talla corriente; su piel es de color cobrizo. A pesar del frío, tienen por toda vestimenta un calzón de cuero. Los acompañan mujeres de las cuales algunas llevan niños en bandolera sujetos por correas.

Navegamos todo el día lentamente para llegar en la tarde a Punta Arenas, es decir, a más o menos un tercio del estrecho que tiene una longitud de 600 kilómetros.

Miércoles 27 de febrero
Esta mañana despierto con un ruido desacostumbrado, el ladrido de un perro.

Estamos anclados frente a Punta Arenas, la ciudad más meridional del globo.

No descendemos a tierra y nos contentamos con mirar de lejos la pequeña ciudad que, si no fuera por su situación excepcional, no presentaría gran interés.

Punta Arenas es un conjunto de casas de madera de un piso, distribuidas en tablero de ajedrez sobre una lengua de arena, rodeada de colinas bajas cubiertas de vegetación achaparrada. Es el único puerto libre de Chile.

Existe en los alrededores una mina de carbón o más bien de lignita; también criaderos de ovejas.

Lo que hay de más interesante son los indios fueguinos, que en sus canoas de corteza rodean el vapor, ofreciendo en venta pieles de guanaco, plumas de avestruz y mariscos. Son hombres más bien grandes de color café claro, con largos cabellos revueltos y de fisonomía bestial.

Están cubiertos de una especie de gran capa de piel de guanaco. Aunque el frío sea vivo, muchos la han depositado en la canoa y se presentan absolutamente desnudos. Los marineros les arrojan latas de conservas vacías y bidones de petróleo, que ellos recogen con entusiasmo.

Partimos a las diez. Hacia el mediodía, se nos muestra el sitio de Puerto del Hambre, que debe su triste nombre a una historia trágica. A fines del siglo XVI, los españoles habían fundado allí una colonia. Cuatro años más tarde, un corsario inglés recogía quince hombres y tres mujeres; era todo lo que quedaba de los 400 colonos; los otros habían muerto de hambre. Aun los rescatados estaban en tal estado de agotamiento que de ellos vivió uno sólo.

Después doblamos el cabo Forward, que es la punta más meridional del continente americano. Su cima tiene la forma de una cuña redondeada y emerge casi verticalmente del mar; más allá se levantan elevados picos cubiertos de nieve.

Al frente, la costa de Tierra del Fuego, es aún más accidentada; en la lejanía, se ven las cimas nevadas de los volcanes Sarmiento y Darwin.

La temperatura es muy baja. Desde el puente, envueltos en cobertores y mantas, admiramos las dos riberas formadas por rocas a pico, a veces tan cercanas una de otra que nos parece navegar en un canal. De tiempo en tiempo los bordes se separan y nos encontramos en un vasto lago donde juegan enormes peces de los cuales ignoro los nombres; reconozco solamente al narval por su largo cuerno y a las inevitables marsopas. Sobre la costa se divisan focas.

Frente al cabo Forward termina la Tierra del Fuego. Tenemos ahora a la izquierda una sucesión de grandes islas salvajes y desoladas. Una de ellas tiene el característico nombre de Isla de la Desolación.

Jueves 28 de febrero

Durante la noche hemos salido del Estrecho y entrado en el océano Pacífico, que no merece verdaderamente su nombre; nos balanceamos y cabeceamos en extremo. Ahora remontamos hacia el norte.

Hemos visto dos ballenas, encuentro muy frecuente en estas regiones.

Domingo 3 de marzo - Coronel

Después de nuestra salida del Estrecho, hemos bailado durante tres días una zarabanda infernal. Solamente esta noche se ha calmado el océano. Pasando entre el cabo Lavapie y la gran isla Santa María, entramos en la inmensa bahía de Arauco.

En la tarde desembarcamos en Coronel y pisamos por primera vez suelo chileno. La primera cosa que llama mi atención es un mendigo a caballo; con enormes espuelas en los pies, envuelto en su gran poncho deshilachado y fumando un cigarrillo.

La ciudad tiene cierta importancia. Hay minas de carbón en los alrededores. Como todas las ciudades chilenas, tiene la forma de un tablero de ajedrez, con largas calles rectas y paralelas cortadas por otras perpendiculares. Las casas son de un piso, de ladrillos y cubiertas de tejas o de planchas onduladas.

Hoy día es domingo y la banda militar da un concierto en la gran plaza. Nosotros pensamos que esta será la ocasión de oír aires exóticos y originales. Por desgracia, se nos ofrece un *potpourri* de la "Mascota" y "Volviendo de la revista", la última novedad de Europa.

Lunes 4 de marzo - Talcahuano
Después de haber pasado frente a la desembocadura del majestuoso río Bío-Bío, penetramos en la bahía de Talcahuano, pasando entre la tierra y la isla Quiriquina.

Talcahuano, cuyo nombre en lengua indigena significa «Rayo del Cielo», es un puerto importante, donde el "Potosí" pasará todo el día descargando mercaderías de Europa.

La ciudad, construida en parte sobre una estrecha banda de tierra y trepada enseguida sobre las colinas, no tiene nada de particularmente interesante.

Miércoles 6 de marzo - Valparaíso
El "Potosí" ancla en la bahía de Valparaíso a un kilómetro de la costa. Hemos llegado al término de nuestra travesía. Hemos recorrido desde el Gironda 8.911 millas marinas que equivalen a 16.503 kilómetros.

Con pena dejaré el querido "Potosí", a bordo del cual he pasado 41 días, que, aparte de algunos momentos a veces muy duros, me han parecido llenos de encanto.

La rada tiene la forma de un semicírculo rodeado por la gran ciudad comercial. No sé por qué la han llamado Valparaíso «Valle del Paraíso». Ignoro si merece ser comparada al paraíso, pero en todo caso no veo el valle. Aparte de una ancha faja que corre a lo largo de los malecones, la ciudad se asienta en una serie de colinas y de quebradas.

Una barca nos deposita sobre un muelle de madera cerca de la Aduana. La revisión pasa sin incidentes; los aduaneros chilenos son conciliadores.

Después de depositar nuestro equipaje en el hotel, visitamos la ciudad. Esta ofrece un aspecto enteramente europeo; la animación es grande. El elemento británico parece tener aquí una gran influencia; observo numerosos y ricos almacenes ingleses, especialmente grandes librerías y farmacias.

En una plaza se levanta un imponente monumento a Arturo Prat, uno de los héroes de la Guerra del Pacífico, en que Chile triunfó sobre Perú y Bolivia.

Jueves 7 de marzo - De Valparaíso a Santiago
Después de una mala noche, debida a la intervención de innumerables zancudos, tomamos en la mañana el expreso a Santiago.

Pasamos por Viña del Mar, la playa más aristocrática de Chile, rodeada de palmeras y eucaliptos, enseguida por Limache, la tierra de los vinos de marca y de vastas haciendas donde se hacen grandes crianzas de ganado.

Después de haber franqueado un túnel de dos kilómetros, llegamos a Quillota, estación importante. Sobre el andén hormiguea una multitud de tipos locales que venden diarios, bebidas, tintas y objetos del país. Compramos chirimoyas, que es la fruta más deliciosa que yo haya probado jamás.

A partir de aquí la vía se extiende a lo largo del río Aconcagua, torrente impetuoso que baja de la cordillera de los Andes.

Al pasar frente a Ocoa, vemos grandes plantaciones de palmeras, de las cuales se extrae una miel de palma exquisita.

Henos aquí en Llay-Llay, a medio camino del trayecto. Larga detención para almorzar.

Al penetrar en el restaurante, oímos al jefe, detrás del mesón, que reprende a los mozos en español, acentuando sus observaciones con sonoros ¡*Godferdom*! De Vriendt se precipita, y una animada conversación en flamenco se entabla entre ellos.

El buen hombre es natural de Molenbeak, náufrago en Chile, que no ha llegado a deshacerse ni del acento ni del juramento de su país natal. Aquí se le conoce bajo el nombre de señor Godferdom. No hay para qué decir que gracias a este encuentro poco corriente, hemos sido servidos como príncipes.

De Llay-Llay parte el ferrocarril trasandino a la Argentina, actualmente en construcción.

Dejando el valle del Aconcagua, el tren aborda la parte montañosa, un cordón lateral de los Andes. Curvas muy pronunciadas, túnel de Los Loros, viaducto atrevido de Los Maquis sobre una profunda quebrada. La línea continúa subiendo. Después de un nuevo túnel, se llega al punto culminante, la Cumbre de Montenegro (750 m.), después se desciende hacia Santiago. Se distingue a la distancia la cima nevada del volcán Aconcagua, el gigante de los Andes (6.834 m.).

Jamás habría creído que se pudiera ser sacudido en forma semejante en ferrocarril. Llegamos molidos a Santiago.

Hace exactamente un mes y medio que salimos de Bruselas.

Capítulo II

1. Primera estadía en Santiago

NOS HEMOS ALOJADO EN EL HOTEL del Comercio, propietario Pedro David Tapia. El precio de la pensión es de dos pesos por día. El peso vale actualmente tres francos oro.

Ocupo en el primer piso una gran habitación, abierta a un ancho balcón, que da al patio interior, muy hermoso, con sus macizos de flores y el chorro de agua que surge de una fuente al centro.

En la mañana siguiente, nos presentamos en la Dirección General de Obras Públicas, lo que marca el principio de nuestra entrada en funciones. Yo había esperado quedar en Santiago, pero nos dicen que los puestos disponibles han sido ocupados por nuestros predecesores, y que nuestras destinaciones nos serán indicadas posteriormente. Se nos deja en entera libertad mientras esperemos.

En la tarde vamos a inscribirnos en la Legación, donde el encargado de negocios de Bélgica, M. Adolphe Carión, nos acoge muy amablemente y nos promete devolver la visita mañana en el hotel.

Provisto de la carta que me ha proporcionado Ernesto Robinson Viaña, el estudiante de Lovaina, me presento donde su padre, don Francisco Robinson. Este habita una magnífica casa en la calle Ejército Libertador. Se me recibe con los brazos abiertos. Dos jóvenes muy agradables y de gran familia, don Luis Altamirano y don Carlos García de la Huerta, amigos de mi introductor de Lovaina, ambos funcionarios del Ministerio de Justicia, se ponen a mi entera disposición, con aquella amabilidad tan particular de los chilenos. Hablan muy correctamente el francés, me van a servir de cicerones, y gracias a ellos voy a poder visitar con detalle la capital chilena, que es verdaderamente tan simpática como hermosa. Cuenta con monumentos notables: La Casa de Moneda, residencia del presidente de la República, don José Manuel Balmaceda; el Congreso Nacional, donde funcionan la Cámara de Diputados y el Senado; el Arzobispado, la Intendencia, la Universidad, el Correo, el Teatro Municipal y muchos otros.

En el barrio del centro, las tiendas son tan lujosas como las de Bruselas. Se encuentran numerosos pasajes cubiertos, bordeados de tiendas, entre los cuales están el portal McClure y la galería San Carlos. Las calles son todas rectas y de una longitud increíble; las surcan brillantes carruajes. En suma, Santiago da la impresión de una gran capital.

La Plaza de Armas, con su hermosa fuente central y sus senderos floridos, es el paseo favorito de los santiaguinos.

En uno de sus costados se levanta la Catedral, cuya torre ha quedado torcida a consecuencia de un terremoto. La avenida de las Delicias, una magnífica calle ancha plantada de árboles, atraviesa la ciudad en una longitud de cuatro kilómetros. Tiene cien metros de ancho. Filas de árboles la dividen en alamedas muy frecuentadas por los paseantes. El agua clara corre a torrentes en las acequias profundas hechas de albañilería. Hay numerosas estatuas ecuestres, entre las cuales está la de Pedro de Valdivia, fundador de la ciudad, en 1541; la de los héroes de la guerra de la Independencia, O'Higgins, San Martín, Carrera, etc.

En uno de los extremos de la avenida de las Delicias se levanta el cerro Santa Lucía, colina abrupta y rocosa, de la que se ha hecho una maravilla. En su cumbre se goza de un panorama espléndido de la ciudad. La cordillera de los Andes, con sus crestas cubiertas de nieve, parece muy próxima; dominada por el Juncal (6.157 m.); el S. Francisco (5.575 m.); el Plomo (5.779 m.); el volcán Tupungato (6.434 m.), que es el más alto de los Andes después del Aconcagua; el volcán San José (6.096 m.)*. Es un espectáculo verdaderamente imponente y grandioso.

El río Mapocho baña uno de los costados de la ciudad. En este período de verano, no lleva sino un hilo de agua, pero en el invierno se transforma en un gran torrente. En agosto último, se ha llevado un puente de mampostería** que había resistido sus asaltos desde hacía más de un siglo. Están ocupados en canalizar el río, y a este trabajo están destinados los albañiles españoles que venían en el "Potosí".

---

* En realidad las cumbres que se divisan son el Plomo, el Bismark, el San Francisco y la Paloma, cuya altura media es de 5.000 metros.

** Puente de Cal y Canto. Nota del Traductor.

Faltan por citar todavía el parque Cousiño, plantado de árboles enormes, con jardines y senderos caprichosos, y la Quinta Normal, especie de jardín botánico, que contiene diversas instalaciones científica. Las calles de Santiago están recorridas por tranvías tirados por caballos. El servicio de cobradoras se efectúa por mujeres que usan sombreros *canotiers* de hule negro. Son de físico más bien ingrato. Es regla general que en cuanto es contratada una cobradora buenamoza, ésta desaparece muy pronto.

En general, el tipo femenino es maravilloso. En la mañana todas las mujeres, de cualquier clase social a que pertenezcan, no salen sino cubiertas de un manto negro que envuelve sus cabezas, dejando ver sólo la cara, de tez mate y de ojos negros brillantes y profundos. Es la única *toilette* femenina que se admite en las iglesias.

El domingo he asistido a la misa de diez en la Catedral. En la inmensa nave no hay una sola silla ni un banco. Los hombres están de pie. Las mujeres, todas de negro, sentadas a la oriental sobre pequeños tapices que ellas llevan.

Carlos García y Luis Altamirano me han presentado al Club de Gimnasia, uno de los círculos aristocráticos de Santiago, donde ahora tengo libre entrada. Pronto me he hecho de algunos amigos chilenos, que aprovechan la circunstancia para sacar a relucir las briznas de francés que conocen. Yo reparto mi tiempo entre ellos y mis camaradas belgas.

Nos hemos inscrito en la Sociedad Belga de Beneficencia, que está presidida por el ministro de Bélgica. Allí conocemos a los principales miembros de la colonia.

Estos son, primero, los ingenieros belgas que nos han precedido: Dutillieux, Delannoy, Chabot, Charmanne, Sarolea; en cuanto a Treinen, venido con ellos, es luxemburgués; en seguida Rafael Pottier, que es director de Trabajos Hidráulicos; Joseph Amerlinck, ingeniero y profesor de la Universidad; Constant Ortmans, un vervietense, que ha creado una importante hilandería de lana, Eugenio Horcq, comerciante; Mathieu David, quien tiene un depósito de armas de la fábrica de Herstal, y algunos señores de menor importancia.

Las distracciones no me faltan.

Una noche me invitan a comer a casa de la familia Robinson Viaña, donde encuentro una numerosa concurrencia.

Estoy muy molesto por mi falta de conocimiento del español. Yo que al desembarcar estaba orgulloso de los progresos que creía haber realizado en este idioma a bordo. Felizmente, algunos de los invitados hablan más o menos el francés.

Entre plato y plato mujeres y hombres fuman cigarrillos; al lado de cada invitado hay, colocada en el suelo, ¡una escupidera!

Después de comida se hace música: piano, arpa y guitarra.

El domingo siguiente, estamos invitados, los seis belgas recién llegados a un *garden-party* en la casa de campo de Constant Ortmans, a diez o doce kilómetros de la ciudad.

El señor Ortmans ha puesto caballos a nuestra disposición. Es la primera vez que yo y mis amigos usamos este medio de locomoción. Advertimos que nuestra cabalgata produce, a su paso, una suave hilaridad entre la población, pero el trayecto se cumple sin tropiezo.

La tarde se pasa jugando a los bolos, tomando un excelente vino del país, saboreando duraznos, granadas, higos, que cogemos del árbol, y... bacalao seco, que se tiene en gran estima como excitante de la sed.

Visitamos la fábrica de géneros del señor Ortmans bajo la dirección del capataz belga, señor Troisgros, vervetiense como su patrón. Como es domingo, no se trabaja.

En la noche comemos en la quinta con otros invitados.

El señor Ortmans, que está en Chile desde hace muchos años, se ha casado con una viuda chilena, que le ha aportado como dote, además de una fortuna considerable, cuatro hijas del más puro tipo chileno, realmente preciosas con sus grandes ojos negros de azabache.

La mayor, Josefina, debe tener de 18 a 19 años. Es encantadora, pero la palma le pertenece sin discusión a la segunda, Carmencita, que es exquisita; las dos más jóvenes son todavia niñas de menos de quince primaveras.

Después de comida se hace música. Las dos jóvenes cantan aires chilenos: El lirio, Los ojos negros, y otros acompañándose del arpa y la guitarra. Estos aires, nuevos para nosotros, son encantadores, pero como todas las chilenas, nuestras dos artistas los cantan con una voz de falsete demasiado aguda. Después de lo cual, fumando, sin distinción de sexos, cantidades locas de cigarrillos de tabaco grueso liado en hojas de maíz, bailamos hasta la una de la mañana. Es aquí donde me he iniciado en los misterios de la "cueca", danza nacional chilena, de la cual tendré a menudo ocasión de hablar.

El regreso se efectúa en una noche muy clara. Los mozos que nos han acompañado, son gratificados generosamente, y se llevan los caballos.

Los días se sucedían en las delicias de Santiago, y yo comenzaba a pensar que me habían olvidado en la Dirección General de Obras Públicas, cuando una mañana, un mensajero ministerial me llevó la siguiente carta, escrita en francés:

Por orden del señor Director, tengo el honor de comunicarle que lo ha destinado a la comisión que, bajo las órdenes del señor Luis R. de la Mahotière, hace los estudios del ferrocarril de Victoria a Toltén. Adjunta encontrará una carta de presentación para el señor de la Mahotière. Ud. puede pasar el lunes 19 del corriente a la Dirección para recibir su orden de pasaje hasta Collipulli.

firmado, P. Huidobro H. Secretario.

Me veo pues enviado a 800 km. al sur, en plena Araucanía.

En el día indicado paso a la Dirección General; donde recibo las instrucciones siguientes:

El jueves 22 tomar el expreso de Santiago a Angol, al día siguiente el tren a Collipulli; dejar allí el equipaje en depósito, procurarme un caballo para llegar a Victoria, ponerme en busca del ingeniero jefe que, si no está en Victoria debe encontrarse en algún lugar de la línea; habiéndole encontrado, quedar a su disposición.

Me despido de todos mis conocidos. Ceno una vez más en casa de don Francisco Robinson. Se me compadece por haber sido mandado a un territorio salvaje, pero queda entendido que mis nuevos amigos harán gestiones en el Ministerio para que sea llamado de vuelta a la capital lo más pronto posible.

El coronel don Estanislao del Canto me da una carta de presentación para el señor Bonifacio Burgos y para el superior de un convento de franciscanos en Collipulli.

El jueves 22 de marzo, después de una estadía de quince días en Santiago, que se contará entre mis mejores recuerdos, parto para la Frontera.

Ya que he sido llamado a vivir en Araucanía, ha llegado el momento de hacer un breve resumen de la historia de este país y de las costumbres de sus habitantes.

2. La Araucanía

Cuando en el año 1540, Francisco Pizarro, virrey del Perú, envió a Pedro de Valdivia a la conquista de Chile, el país estaba poblado por una sola raza de indios, que se designaban a sí mismos con el nombre de "Mapuches" u "Hombres de la tierra" (mapu-tierra; che-hombre). El nombre de araucanos que les fue dado por los españoles, viene de una palabra peruana que significa "enemigos".

En 1541 Valdivia fundaba Santiago.

La conquista de Chile central hasta el río Maule, se hizo sin demasiadas dificultades. Los naturales del país habían estado antes sometidos a los incas, y sus costumbres se habían dulcificado relativamente; por lo demás las armas de fuego y los caballos de los españoles les inspiraban un gran terror.

Nombrado gobernador de Chile, Pedro de Valdivia franqueó el Maule, y a principios de 1550 llegaba al río Bío-Bío y fundaba la antigua ciudad de Concepción, en el lugar en que ahora se encuentra Penco.

Más allá del Bío-Bío, en la Araucanía propiamente dicha, iba a chocar con una raza guerrera que debía oponerle la resistencia más tenaz.

Estos conquistadores españoles eran hombres de una audacia y de una energía jamás vistas. Atravesando el río, penetrando atrevidamente en una región misteriosa donde las dificultades naturales se sumaban a la hostilidad de los indígenas.

Fue una epopeya sangrienta y gloriosa, que el poeta español Alonso de Ercilla, participante en la expedición, ha inmortalizado en su célebre *La Araucana*.

Utilizando las pistas indígenas, abriendo nuevas, franqueando a pie o a nado los innumerables ríos que encuentra, contorneando o atravesando selvas vírgenes, la valiente tropa de Pedro de Valdivia, sin cesar hostigada por los indios, atraviesa el país de parte a parte.

En la ribera del río Cautín, en el emplazamiento de la actual Carahue, Valdivia crea una ciudad que denomina Imperial en honor de Carlos V;

después llega al río Calle-Calle donde funda una segunda ciudad a la cual da su propio nombre, Valdivia. De allí envía a uno de sus lugartenientes a un punto donde se ha indicado que hay grandes yacimientos de oro a fundar la ciudad de Villarica.

Remontando hacia el norte en 1553, construye el fuerte de Purén, después en la región costera, los de Tucapel y de Arauco, y rodeando la cordillera de Nabuelbuta, funda la ciudad de Angol.

Allí se informa de que los indios se han tomado los fuertes de Tucapel y Arauco y han masacrado las guarniciones dejadas por él.

Atravesando la montaña, acude con un grupo de caballeros.

El primero de enero de 1554 choca, en los alrededores de Tucapel, con un gran jefe araucano, Lautaro, quien ha desplegado sus tropas con la habilidad de un general experimentado. A pesar de su gran inferioridad numérica, Valdivia acepta la batalla.

El combate es sangriento. Hecho prisionero, Valdivia con 52 de sus soldados perecen entre atroces tormentos.

Es reemplazado como gobernador por D. Garcia Hurtado de Mendoza, quien vuelve a emprender en 1557 la obra de conquista de su infortunado predecesor.

Lautaro muere en un combate; otro gran jefe, Caupolicán, toma su lugar.

Durante un encuentro cerca de San Pedro, en la ribera sur del Bío-Bío, es tomado prisionero un guerrero indígena llamado Galvarino. Hurtado le hace cortar las dos manos para que sirva de escarmiento. El indio soporta la mutilación con una serenidad imperturbable y vuelve donde los suyos para impulsarlos a la venganza.

Algunos días más tarde, Hurtado de Mendoza libraba una batalla no lejos de Arauco con el grueso de las tropas de Caupolicán, que tuvo que batirse en retirada. Entre los prisioneros se encontraba Galvarino que, aunque mutilado y no pudiendo tomar parte en la acción, estimulaba el ardor de sus compañeros. Murió en el garrote con los otros cautivos.

Prosiguiendo su marcha hacia el sur, Hurtado hace el trazado de la ciudad de Cañete, en el lugar aproximado donde lamentablemente había muerto Valdivia tres años antes. Poco después Caupolicán, hecho prisionero, fue empalado en la plaza de la nueva ciudad.

Ercilla cuenta que una de las mujeres de Caupolicán*, encontrándolo entre los cautivos, estalló en imprecaciones furibundas, reprochándole la cobardía de haberse dejado tomar vivo, y le arrojó a la cabeza un hijo que ella llevaba en brazos.

Al año siguiente (1558) Hurtado de Mendoza reconstruía Angol, que los araucanos habían destruido; enseguida, avanzando hacia el sur más allá de Valdivia, fundaba Osorno y descubría la isla de Chiloé.

* * *

A pesar de los ataques frecuentes que sus guarniciones debían rechazar, las ciudades fundadas por Pedro de Valdivia en el corazón de la Araucanía, se desarrollaban y prosperaban. Medio siglo después de su fundación, Imperial había llegado a ser la ciudad más floreciente de Chile después de Santiago. En 1600 estalló bruscamente una sublevación general de los indomables araucanos. Imperial, Angol y otras ciudades fueron destruidas totalmente.

Villarrica resistió, pero en 1662, en un ataque en masa los indios tomaron la ciudad, que fue arrasada, saqueada y quemada: todos los habitantes fueron masacrados.

No le quedaba a los españoles sino la región costera, al otro lado de la cordillera de Nahuelbuta, donde las poblaciones eran asaltadas y a veces destruidas, y al sur la ciudad de Valdivia, cuya proximidad del mar y sus poderosas fortificaciones protegían contra el salvajismo de los indios.

La Araucanía, es decir, la región comprendida entre las dos cordilleras y los ríos Bío-Bío y Calle-Calle había vuelto a caer en manos de sus antiguos poseedores. Durante más de dos siglos, permanecerá independiente.

* * *

Después de ocho años de lucha encarnizada contra sus opresores españoles, Chile proclamaba en 1818 su independencia; cosa curiosa, en el curso de esos años de guerra, los araucanos se aliaron con los españoles,

---

* Fresia. Nota del Traductor.

y pasando el río Bío-Bío, cometieron atrocidades sin número contra las poblaciones patriotas.

* * *

Huyendo de las persecuciones que siguieron a la abortada revolución de 1848 en Alemania, vienen a establecerse alemanes en Valdivia, ciudad que, gracias a su industria, adquiere pronto un brillante desarrollo.

* * *

La Araucanía entra en la historia en 1861.

Un aventurero francés, Antoine de Tounens, antiguo abogado de Perigueux, llega al país. Sabe explotar el odio de los indios contra los chilenos; persuade a los diversos caciques que compartían la autoridad de que sería ventajoso para ellos reunirse bajo un solo jefe. Finalmente se hace proclamar rey de la Araucanía bajo el nombre de Orelie-Antoine I.

Organiza un gobierno, nombra ministros indígenas, crea una orden de caballería y envía a París embajadores verdaderamente extraordinarios encargados de entablar negociaciones con el gobierno de Napoleón III, destinadas a colocar al nuevo reino bajo el protectorado francés.

Naturalmente Chile se alarma. Atraído a una celada, Orelie cae prisionero y es llevado a Santiago. A instancias del ministro de Francia, es libertado y regresa a su país natal.

Esta aventura abre los ojos a Chile sobre la necesidad de ocupar un territorio que corta al país en dos pedazos.

Es el coronel Cornelio Saavedra quien concibe el plan de la conquista. Crea primero la ciudad de Mulchén al sur del Bío-Bío; después, partiendo de Nacimiento a la cabeza de una división, remonta el río Vergara y en diciembre de 1862, en una excelente posición estratégica, echa las bases de la nueva ciudad de Angol, a poca distancia de la antigua ciudad destruida más de dos siglos y medio antes.

Para proteger la línea del río Malleco, se construyen los fuertes de Cancura, Collenco, Chihuague y Curaco. Estas operaciones son acompañadas de numerosos combates.

Poco a poco, los pioneros chilenos se establecen en la zona protegida que toma el nombre de "La Frontera".

En 1868 Saavedra reconstruye la ciudad de Cañete al oeste de la cadena de Nabuelbuta, y funda Collipulli sobre el Malleco. El final de 1868 y el principio de 1869 fueron marcados por grandes ataques de los indios que terminaron con su derrota.

Siguiendo al sur de Angol, Saavedra instala nuevos fuertes en Purén y Lumaco, en una región cubierta de pantanos que en los primeros tiempos de la conquista habían servido de refugio eficaz a los indígenas contra los intentos de la caballería española.

En 1870 el rey Orelie reaparece en Araucanía.

El año siguiente sus indios son derrotados y el soberano, definitivamente caído, vuelve a Francia, donde morirá en un hospicio algunos años más tarde.

Esta segunda tentativa de independencia, resuelve a Chile a asimilar lo más pronto posible la Araucanía.

En 1873 se comienza a vender públicamente grandes terrenos en la Frontera; se establecen allí haciendas bajo la protección de las guarniciones. Se crea la ciudad de Los Sauces a treinta kilómetros de Angol. El coronel Gregorio Urrutia, digno émulo de Cornelio Saavedra, continúa el avance en territorio indígena. En diciembre de 1878 funda la ciudad de Traiguén.

Pero en abril de 1879 Chile declara la guerra a Perú y Bolivia. Las tropas de líneas son retiradas de la Frontera donde no quedan sino destacamentos de caballería. La situación de los habitantes de la Frontera se hace precaria.

El comienzo del año 1881 muestra una sublevación general de las tribus araucanas. El asalto de Traiguén, las incursiones en los campos de Collipulli y de Arauco, coinciden con los ataques por sorpresas a los fuertes de la línea del Malleco.

Gran alarma en todo el país.

Felizmente la toma de Lima, que prácticamente pone fin a la guerra contra el Perú, deja disponibles a las tropas. Se decide ocupar definitivamente la región hasta el río Cautín.

Una división de las tres armas, bajo el mando superior del ministro de Guerra, don Manuel Recabarren, parte de Angol en febrero de 1881.

Mapuches, fines del siglo XIX

A la pasada, la expedición funda los fuertes de Quino, Quillén, Lautaro, Pillalelbún y hacia fines de mes, llega al lugar llamado Temuco, sobre el río Cautín. Este debía ser el punto de término para la expedición y el centro de las operaciones que iban a desarrollarse para la ocupación completa de la Araucanía.

Al mismo tiempo, el coronel Gregorio Urrutia creaba los fuertes de Cholchol y Carahue, éste sobre las ruinas de la antigua Imperial. Un destacamento partido de Valdivia, construía un fuerte en Villarrica, en el emplazamiento de la floreciente ciudad de antaño, y otros en Pucón y Palquín.

Empujados a las colinas de Ñielol, fueron masacrados por millares los guerreros araucanos. A partir de ese momento la Araucanía puede considerarse pacificada.

* * *

El 1º de enero de 1883, después de una lucha de tres siglos, la región comprendida entre el río Malleco al norte, y el río Toltén al sur, era incorporada a la República de Chile y formaba el "Territorio de Colonización", cuyo gobernador residía en Angol.

Después de que las tribus indígenas, aisladas unas de otras para impedir nuevas sublevaciones, fueron acorralados en los terrenos limitados llamados "reducciones", quedaba a disposición del gobierno más de dos millones de hectáreas de terreno extremadamente útil.

Algunas tierras fueron puestas en subasta pública; se crearon haciendas, pero la población de Chile era muy reducida para poblar esta vasta región. Se decidió recurrir a la colonización europea.

Se creó entonces en Europa una "Agencia General de Inmigración" y numerosas subagencias para reclutar agricultores y artesanos, y en Angol una "Inspección General de Colonización" con un personal de ingenieros y geómetras para delimitar las colonias y proceder a la instalación de los colonos en el terreno.

Cada inmigrante, además del viaje gratuito, recibe 40 hectáreas de terreno, más 20 hectáreas por hijo de más de 16 años, un par de bueyes con sus aparejos, un arado, diversos útiles, 300 tablas y clavos para construir el primer cobertizo; el primer año recibe ciertas mensualidades para cubrir sus necesidades. Después de cinco años de residencia y del reembolso sin intereses de los adelantos que se le han hecho, es propietario de sus tierras.

Desde fines de 1883, empezaron a desembarcar en Talcahuano los primeros colonos europeos que se dirigían a Victoria y Quecherehua, los dos principales centros de colonización.

Siguieron llegando de todas nacionalidades: alemanes, franceses, ingleses, suizos, belgas, españoles, italianos, rusos y diversos otros.

Unos reforzaron las dos primeras colonias, otros fueron instalados en Ercilla, Quillén, Lautaro, Temuco, Traiguén, Galvarino, Imperial, Contulmo y Purén. A mi llegada en marzo de 1889, había en las diversas colonias alrededor de 1.200 familias compuestas de 5.000 personas. Si se agregan los chilenos y los indios, se puede decir que la Araucanía se ha convertido en una verdadera torre de Babel.

Dos años antes, en febrero de 1887, el Territorio de Colonización se convirtió en las provincias de Malleco y Cautín.

A la cabeza de cada una de las provincias chilenas, hay un "intendente"; la provincia se divide en "departamentos", dirigidos, cuando no hay un intendente, por un "gobernador".

Tropas de Cornelio Saavedra en la Araucanía

Familia mapuche de Carilafquén

La nueva provincia de Malleco, capital Angol, cuenta con cuatro departamentos: Angol, Collipulli, Traiguén y Mariluán (Victoria). La de Cautín, capital Temuco, tiene sólo dos departamentos: Temuco e Imperial.

3. Los Araucanos

El indio araucano es de talla mediana, ancho de espaldas, robusto y al mismo tiempo flexible y ágil. La cara es notablemente redonda y a menudo hinchada, los pómulos salientes, boca grande, labios gruesos, nariz corta y un poco achatada, con las ventanillas amplias, los ojos negros de expresión viva, la piel color moreno claro, el aspecto es duro, frío, serio y sombrío. Rara vez se ríe el indio. Los cabellos, que sujetan con un cordón o un pañuelo, son tupidos, negros y rudos, cortados en cola de caballo hasta los hombros, hacen el efecto de crines.

Aparte de una sospecha de bigote, no tienen barba. No se afeitan sino que se sacan los pelos con una pinza especial; a menudo se les ve a pleno sol prestarse mutuamente este servicio; es para ellos una distracción en su ociosidad.

Las mujeres se depilan cuidadosamente todo el cuerpo y eliminan las cejas; al contrario de los hombres, ellas tienen rasgos dulces. Algunas en su juventud son hermosas, pero sus cuerpos carecen totalmente de elegancia, los tobillos no se notan, el pie y la pierna forman un solo bloque.

Los cabellos son negros con reflejos azules como el ala del cuervo y para ellas son de primera importancia. Los peinan partidos al medio y caen en dos trenzas gruesas y largas, recubiertos a menudo de una cinta sobre la cual cosen hileras apretadas de pequeñas cuentas de plata semiesféricas.

Hombres y mujeres llevan camisas sin mangas, especie de saco con una abertura para pasar la cabeza.

El vestido consiste en un *chamal*, confeccionado con una tela de lana tosca, sujeto por un cinturón *(chamalhue)*. Las mujeres lo dejan caer como falda, los hombres pasan los extremos entre las piernas y los sujetan con el cinturón.

Cabeza, cuello, piernas y brazos los llevan desnudos. Jamás usan zapatos ni sombreros. En invierno los hombres usan un poncho y las mujeres una manta.

* * *

Las mujeres son locas por las joyas, todas de plata: diademas *(quetañi-chane)*, pesados collares de cuero cubiertos de cuentas de plata *(lieflie-flocato)*, brazaletes en los brazos y tobillos, pendientes macizos en las orejas *(chauiai)*, en el cuello collares de todo género *(trapelacucha)*. Para cerrar sus mantas emplean unas agujas gigantescas o placas redondas del tamaño de un platillo, o bien una esfera enorme con un pedúnculo de plata.

Todos estos adornos se fabrican fundiendo las monedas de plata que obtienen en su comercio con los chilenos, pues entre ellos no las utilizan, hacen sus transacciones por medio de trueque.

Los hombres adornan también con ornamentos de plata los correajes de sus caballos, sus lanzas, sus huascas, los mangos de sus cuchillos. Le atribuyen gran valor a estas baratijas. Son para ellos títulos de nobleza. Marcan el estado social, el rango o el grado de riqueza de aquel que los lleva, y por consiguiente son el derecho al respeto de sus semejantes. Sólo la tentación del alcohol puede llevarlos a deshacerse de ellos; yo usaré este procedimiento poco moral para procurármelos.

* * *

En guerra, los araucanos son intrépidos, sanguinarios y crueles. En tiempos de paz, por el contrario, son generosos y hospitalarios. Tienen muy buena memoria y no olvidan jamás un favor ni menos una injuria. Su ignorancia es profunda; no saben ni siquiera su edad.

Los hombres son muy indolentes, son las mujeres las que ejecutan los trabajos duros.

Hombres y mujeres son de una gran limpieza corporal, excelentes nadadores. Se bañan en todo tiempo.

Son ladrones innatos. Para ellos robar la propiedad ajena es un arte que tienen en gran estima. Pero es una deshonra ser descubierto infraganti.

Un indio que deseaba demostrarme su agradecimiento por un servicio prestado, me enseñó la manera de robar los corderos en un corral: se parte el extremo de un coligüe sólido, se le hunde en el vellón del animal, haciéndolo girar; se le podrá levantar y pasar por encima del cercado sin que lance un grito. Para los chanchos, hay que tomarlos de la cola.

El vicio capital de los indios es la borrachera. Todo es ocasión de absorber alcohol hasta rodar por el suelo.

* * *

El indio mapuche no tiene el concepto de la propiedad individual de la tierra; cada uno ocupa el terreno que desea.

Siendo la desconfianza el fondo del carácter del indio, cada familia está aislada en su ruca.

La ruca es una vasta choza de forma rectangular, formada de pértigas de madera enterradas en el suelo y recubiertas de una paja especial; el costado que da al este queda abierto.

Para la construcción de una nueva ruca se convoca a toda la tribu; en dos días de trabajo, está terminada; esto es seguido, naturalmente, por una orgía general.

El interior de la ruca está dividido por tabiques de coligüe en compartimientos, de los cuales, cada uno está ocupado por una de las mujeres del amo y sus niños. Al centro de cada una arde sin cesar un fogón. Por eso los indios se preguntan "¿cuántos fuegos tienes tú?" En lugar de "¿cuántas mujeres tienes tú?"

* * *

El araucano es polígamo. La primera mujer conserva en la ruca el respeto de las demás.

Las mujeres son compradas a sus padres. La que es estéril puede ser devuelta al padre, quien reembolsa el valor pagado.

La mujer es la propiedad absoluta del hombre; ella constituye un capital. Cultiva la tierra y hace la cosecha; hila la lana y teje los vestidos; prepara los alimentos, las bebidas; acompaña al marido a la caza y a la guerra, llevando las provisiones.

El padre que tiene más hijas es el más rico, porque las venderá.

El marido puede revender a su mujer. El hijo mayor hereda las mujeres de su padre, pero ellas pueden rescatarse reembolsando el precio en que han sido compradas.

El matrimonio comporta dos actos: primero el rapto de la joven, que se efectúa por el novio y sus amigos; segundo, tres días más tarde, el pago a los parientes por la novia, sin incluir los regalos que se le hacen a ella misma.

El rapto es habitualmente simulado, habiéndose hecho de antemano un acuerdo al respecto. Sin embargo, no siempre es así. En caso de un rechazo de los padres, hay efectivamente un rapto.

Después de haber espiado a veces durante varios días un momento favorable, el pretendiente rechazado coge su presa y la lleva en rápido galope al bosque. Después de los tres días sacramentales, vuelve y hace los regalos acostumbrados; todos se inclinan ante el hecho consumado.

* * *

Después del nacimiento del niño, que se produce sin dolor y a menudo sin ayuda, la madre va a bañarlo al río y se baña ella misma.

He visto un día a una india conduciendo a su ganado, llevando bajo un brazo un cordero recién nacido y en el otro un niño que acababa de echar al mundo en pleno campo.

Los niños son objeto de atentos cuidados. Son atados a una especie de cuna portátil, el *copulhue*, que sus madres llevan a la espalda como un cesto, mantenida por una correa que pasa por la frente. Se les puede depositar paradas en el suelo, apoyadas a un árbol o colgarlas de una rama.

Hasta cerca de los seis años, niños y niñas corren libremente desnudos.

* * *

La organización social de los mapuches se reduce a la familia y a la tribu.

La calidad de jefe o de *ulmen* que los españoles designan con el nombre de cacique, palabra importada de las Antillas, pertenece por derecho a aquel que, por su influencia, su riqueza, o su valor, es el primero de su pueblo y dispone de un número más o menos grande de guerreros (mocetones) que en tiempos de paz guardan los ganados.

La dependencia del mocetón no es absoluta, ya que puede cambiar de tribu o, si ha adquirido riquezas e influencia, puede llegar a cacique a su

Joven madre mapuche con su hijo en la cuna portátil

vez. No es pues un régimen electivo o hereditario para la transmisión del poder. El indio no respeta una autoridad sino en la medida en que ésta, sepa hacer sobresalir su fuerza y mantener su prestigio.

La autoridad del ulmen o cacique es reducida; no existen contribuciones ni administración de justicia. Los robos, heridas y asesinatos se reducen a la actividad particular del ofendido o de sus parientes. Es el cacique el que defiende en los parlamentos generales los intereses de su tribu. Estos parlamentos tienen lugar al aire libre, en un lugar determinado de antemano. Comienzan con toda la dignidad y el aparato requerido en semejantes casos, pero pronto degeneran en fiesta acompañada de danzas, libaciones copiosas y terminan a menudo en riñas terribles y sangrientas.

✻ ✻ ✻

En caso de guerra contra el extranjero, las tribus se reúnen. El ulmén que toma la iniciativa envía mensajeros a los otros caciques.

Los mensajeros llevan una cuerda con nudos, el *kipu*, con tantos nudos como días faltan para la reunión; ellos caminan escondiéndose cuidadosamente, y cada día deshacen uno de los nudos.

La reunión se efectúa generalmente durante la luna llena, en un llano. El ulmen que ha convocado ocupa el centro del círculo y habla primero. Uno de sus efectos oratorios consiste en una interrupción de tiempo en tiempo, que es una especie de interrogación al auditorio, que responde: *¡Veillechi! ¡Veillechi!* (así es).

Los otros ulmenes hablan enseguida, reforzando el discurso del primero. De vez en cuando los guerreros hacen un ruido sordo en signo de afirmación, apoyándose a dos manos sobre el asta de sus lanzas, golpeando el suelo a un mismo tiempo, con los pies juntos.

Entonces se mata el cordero; se le arranca el corazón, y mientras todavía palpita, los caciques, uno tras otro, lo muerden y ensangrientan en él sus armas.

Se designa entonces al *toqui* o jefe supremo que ejercerá el mando en la guerra, y se fija el día y el lugar de la movilización general. El toqui distribuye a los ulmen kipus con un número de nudos correspondientes al número de noches que pasarán antes del gran día. Como todas las reuniones de los indios, la asamblea se clausura con una orgía general.

Los guerreros combaten a caballo o a pie. Los de caballería van armados con una lanza de coligüe, especie de bambú, de cinco a seis metros de largo terminada por una punta de fierro. La infantería emplea la "macana", arma terrible, maza de guerra de dos a tres metros, hecha de un tronco nudoso de avellano, que se maneja a dos manos. Emplean también la honda, de la cual se sirven con una habilidad y seguridad asombrosas. Jamás usan arma de fuego.

Muy artificiosos, se disimulan hasta el momento del ataque, despúes combaten en grandes pelotones.

* * *

Los indios son muy supersticiosos.

Antes de toda expedición, consultan el vuelo de ciertas aves, la correrías de los zorros y otros augurios. Dos pájaros, propios de este país, les inspiran a este respecto una profunda confianza. Primero es el "ñanco"*, ave de rapiña de plumaje oscuro, a la que atribuyen el conocimiento del porvenir. La confirmación o la abstención de un *malón* o expedición guerrera, depende a menudo de la orden o la supuesta prohibición del "ñanco", según sean interpretados sus movimientos.

El segundo es el *chucao*, avecilla que acompaña constantemente a quien se aventura en los bosques, donde sigue sus pasos saltando de rama en rama entre el espeso follaje. Los araucanos sacan de la variedad de su canto los indicios favorables o funestos. Favorables, cuando el pájaro canta hacia la derecha imitando la risa humana; funesto, cuando canta a la izquierda en un tono lloroso.

* * *

Los araucanos no tienen religión propia. No tienen templos ni sacerdotes, a menos que se consideren como tales a las machis, de las que hablaremos más adelante.

---

* Peuco. Nota del Traductor.

Sin embargo, como en la naturaleza existen fenómenos a los que no pueden encontrar explicación, admiten un poder sobrenatural.

Este poder pertenece al *pillán*, que no es un Dios creador y gobernador del universo. Es un ser vago que representa más bien el símbolo indefinido de todo lo que inspira terror en el orden natural. El no se ocupa de los hombres; no hay para qué dirigirle oraciones.

Existe también un espíritu del mal, el *huecuvu*, que tampoco tiene una personalidad bien definida. Es un ser múltiple y misterioso que habita los volcanes y es autor de todas las desgracia que afligen a los hombres. El huecuvu es en resumen la fuerza sobrenatural que causa el mal, todo lo que es inexplicable: los accidentes, la falta de lluvia, la pérdida de las cosechas, la escasez de la caza, todo esto es obra del huecuvu. También es la causa de las enfermedades, es decir del veneno oculto al cual los indios las atribuyen; los animales que veremos extraer a las machis del cuerpo de los enfermos, son huecuvus.

Los mapuches están persuadidos de que la muerte no es el término de la existencia y de la personalidad individual. Esta creencia no es, hablando propiamente, la de la inmortalidad del alma, sino una vaga noción de un porvenir diferente.

La nueva vía no se abre por un juicio sobre la conducta del difunto y no implica ninguna idea de castigo o recompensa. Cualesquiera que hayan sido en la tierra las virtudes o los crímenes del difunto, él continuará viviendo en el más allá en las mismas condiciones de clase en que vivía aquí abajo.

Los jefes de tribu, los ricos, continuan durante cierto tiempo residiendo en los alrededores de su habitación terrestre, tomando la forma de un pájaro o de un moscardón. Esta es la razón por la que, antes de toda libación, el mapuche jamás deja de lanzar al aire algunas gotas del líquido para calmar la sed de los espíritus.

En cuanto a la generalidad de los indios de clase pobre, éstos van más allá de los mares a una región fría y escasa de alimentos, pero donde, sin embargo, tienen una vida soportable.

Los guerreros valientes que han sucumbido en la lucha, son transportados a las nubes, donde continuarán combatiendo en medio de las tempestades. Así en los días borrascosos se puede ver a los indios apasionarse por el conflicto de las nubes, donde su imaginación los hace reconocer a sus antepasados.

* * *

Según sus ideas, nadie puede morir sino de vejez o en el combate; la enfermedad es siempre el resultado de un sortilegio. Para descubrir la causa del mal y remediarlo, se recurre a las *machis* que se comunican con el mundo sobrenatural y tienen poder sobre los espíritus malignos.

El machi, personaje muy considerado y temido, puede ser un hombre, pero más frecuentemente es una mujer. Si es hombre, se viste como mujer y lleva los cabellos y las uñas muy largas; llamado a la cabecera de un enfermo, el machi comienza por plantar en el suelo una rama de canelo, el árbol sagrado, enseguida procede a sus exorcismos.

Si el caso es benigno, aplica emplastos o remedios insuflando el humo de su corta pipa, *quitra*, en las narices del paciente, y emitiendo palabras cabalísticas con una voz cavernosa, sorda, lejana, con crescendos repentinos.

Si el caso es grave, es que el misterioso veneno del sortilegio está anclado profundamente en el cuerpo; es necesario entonces para expulsarlo emplear los grandes medios.

Después de las invocaciones rituales al canelo, el machi degüella un cordero, y clava el corazón palpitante en una de las ramas. Después arroja al fuego un puñado de ciertas hierbas que provoca en la choza una humareda espesa. Salta y se agita como si fuera presa de una fuerza interior irresistible. Al son de cantos tristes y quejumbrosos de las mujeres presentes, se acerca al paciente, continuando sus contorsiones. Con un cuchillo hace el simulacro de abrir el cuerpo, y de repente aparece en su mano, salido de las entrañas o de la parte enferma, el huecuvu o veneno que el enemigo oculto había introducido por sortilegio; ya sea un sapo, un lagarto, un gusano, una araña, hasta una culebra; puede ser también un pedazo de madera o una piedra. El enfermo que se cree desembarazado del animal o de la sustancia extraña que tenía en el cuerpo, se siente aliviado de inmediato.

El hechicero lleva corriendo el huecuvu para arrojarlo al río o enterrarlo lejos.

Otras veces, el machi lanza un gran grito, declarando haber visto arrancar al huecuvu.

Inmediatamente, los guerreros presentes toman sus lanzas, saltan a caballo y corren en la dirección que se les ha indicado, en medio de su "chivateo" o grito de guerra; no abandonarán la persecución del espiritu hasta una gran distancia.

Si a pesar de todo sobreviene la muerte, el machi explica que se le ha llamado muy tarde, que el veneno estaba demasiado extendido y que ningún poder en el mundo habría podido combatirlo. El enfermo, por consiguiente, ha sucumbido a un maleficio lanzado por un desconocido. ¿Se desea vengar la muerte? Para esto sería necesario conocer al autor del maleficio. Se dirigen de nuevo al machi.

Después de haber recibido los regalos de caballos, ganado, joyas de plata, etc., pues el machi, más practico que nuestros médicos, se hace pagar por anticipado, procede a efectuar una pesquisa informándose de los nombres de los amigos y enemigos del difunto.

Se entrega en seguida a invocaciones cabalísticas, a contorsiones epilépticas, y en medio de su delirio, pronuncia el nombre de una o varias personas, a menudo el de uno de sus enemigos personales. Antes era la sentencia de muerte para esos desgraciados: los pretendidos culpables perecían en la hoguera en presencia de la tribu entera.

Después de la ocupación chilena, estas bárbaras ejecuciones han terminado. Pero no por ser ahora menos solemne ha dejado la venganza de ser generalmente eficaz.

* * *

Abstracción hecha de sus prácticas de magia, los machis tienen ciertos conocimientos médicos. Saben reducir una luxación y soldar las fracturas de los huesos; practican sangrías y abren los tumores.

El país es muy rico en plantas medicinales: el calle-calle, proporciona un purgante enérgico; la tisana de culén calma los cólicos; las hojas de boldo curan las enfermedades del hígado; la pomada de hojas de laurel y la tintura de litre y de maitén se emplean contra las erupciones cutáneas; una infusión de la corteza y las hojas del canelo es un remedio soberano

Cacique mapuche, fines del siglo XIX

contra la sarna; la cachanlagua de gusto amargo, que los cerveceros chilenos usan en lugar de hoblón, es a la vez sudorífico, tónico, purgante y febrífugo; el natri tiene las propiedades de la quinina y baja la fiebre, especialmente en la tifoidea; el molle es una resina contra el reumatismo; las hojas secas y pulverizadas del maqui cicatrizan las heridas; la raíz de la fresa sirve como colirio en las inflamaciones de los ojos; la caucha es un contraveneno para la picadura de la palu, la terrible araña venenosa de la Araucanía.

Ciertos machis de la Frontera son muy reputados como curanderos; enfermos chilenos vienen a veces de muy lejos a consultarlos sobre afecciones que han resistido al tratamiento de los médicos de las ciudades.

* * *

La ruca que habita un machi se reconoce por el *rehue* que se levanta en su acceso, sombreado por el follaje oloroso del canelo sagrado.

El rehue es un tronco de árbol de más o menos dos metros de alto, plantado en tierra con peldaños tallados sobre los cuales el machi puede mantenerse de pie.

Los machis también tienen poder sobre los elementos Tendremos ocasión de verlos actuar en el *villatún* o rogativa para pedir lluvias o el buen tiempo. Los veremos figurar también los entierros de los jefes.

En estas ceremonias, los machis se acompañan con un *rali cultrún* instrumento sagrado que sólo ellos pueden usar. Es un tambor (cultrún) formado por un recipiente de madera, redondo (rali) groseramente tallado con el hacha y ahuecado por medio del fuego en un bloque de madera; la cavidad está cubierta con cuero de caballo fuertemente estirado y sujeto por correas detrás de la vasija.

El instrumento se golpea con un solo palillo cuyo extremo está cubierto con una bola de lana. El cuero está ornado con un dibujo especial pintado con la primera sangre de una doncella; forma una cruz cuyos cuatro brazos están cortados en sus extremidades por semicírculos.

* * *

Cuando muere un indio pobre, el cadáver es conducido a un lugar alejado y es enterrado.

Los ricos reciben una sepultura más ostentosa. El cuerpo se encierra dentro de una caja de madera, o en un tronco de árbol ahuecado y es depositado en un claro de la selva sobre una especie de catafalco formado por fuertes postes. Sobre el ataúd se depositan las armas del difunto y sus mejores vestiduras; si se trata de una mujer, sus instrumentos de tejido. Se agregan alimentos y jarros de bebidas; bajo el andamiaje se enciende un fuego que servirá al muerto para calentarse en su futura existencia. La inhumación tendrá lugar al término de un año. De tiempo en tiempo se renuevan las provisiones y se vuelve a encender el fuego.

Esa era la costumbre cuando los indios eran los únicos amos en el país.

Ahora que han penetrado allí chilenos y colonos extranjeros, temen el robo de los objetos dedicados al servicio del muerto y los entierran inmediatamente con él.

Todas las ceremonias se desarrollan en medio de cantos monótonos y plañideros en los que se recuerdan los hechos del difunto. Se terminan con una borrachera que dura tres días.

Al cabo de un año, el muerto es nuevamente visitado por sus parientes y amigos. Se gira alrededor de su tumba cantando aún sus hazañas; se le cuenta con gran seriedad todo lo que ha ocurrido en la ruca desde que él la dejó. A partir de este momento, nadie vendrá más a la tumba; el espíritu del difunto ha abandonado el sitio donde yace su cuerpo.

Pero el recuerdo de los muertos se conserva entre los vivos. Como lo hemos dicho antes, los indios siguen con gran interés la marcha de las nubes los días de tempestad, porque allá arriba combaten los suyos. Estos combates imaginarios los apasionan a tal punto, que lanzan gritos para dar ánimo a sus amigos en los momentos críticos de la lucha, y para celebrar sus triunfos o lamentar su derrota, según la dirección que el viento de a las nubes.

Un entierro solemne exige provisiones y bebidas en abundancia; como el indio es esencialmente imprevisor, y la muerte puede sobrevenir en un periodo de escasez, será necesario esperar la próxima cosecha. Mientras tanto el cadáver previamente impregnado de sal, se conserva en la misma ruca, colocado a dos metros de altura, sobre una angarilla soportada por estacas. Debajo se mantiene un fuego de hierbas, cuyo humo impide la descomposición. El cuerpo se seca y se ahúma como un jamón de Ardenne esperando el momento en que puedan efectuarse decentemente los funerales.

Tendré ocasión más adelante de describir estos entierros por haberlos presenciado.

La lengua araucana (mapuche dungu) se caracteriza por la abundancia de vocales y la ausencia de consonantes fuertes y sonidos guturales; es por lo tanto un idioma dulce y musical.

En las ocasiones solemnes, en lugar del lenguaje corriente, los mapuches, oradores natos, emplean un estilo especial, más elevado, que ellos llaman "coyaghtun". Es un hablar sentencioso ornado de metáforas, lleno de exclamaciones que no tienen ningún sentido propio, y no sirven sino para adornar el discurso. Las mismas frases se repiten a menudo varias veces bajo diversas formas. La pronunciación tampoco es la corriente; la última sílaba de cada frase es fuertemente alargada en un tono cantante, seguida de una pausa; la frase siguiente comienza a tono muy alto y disminuye gradualmente. Daremos más adelante ejemplos de esta retórica indígena.

No hablaremos, por ahora, de ceremonias y fiestas indias, de sus danzas y de sus juegos, pues no han de faltar las ocasiones de describirlos más adelante.

Puente ferroviario sobre el río Tinguiririca.

4. Primer contacto con la Araucanía

29 de marzo de 1889

Volvamos a emprender la relación de mis aventuras personales.

El jueves 28 de marzo de 1889, a las seis de la mañana, yo tomaba el expreso de Santiago a Angol, a donde llegaba polvoriento y cansadísimo a las 8 del día siguiente, después de 14 horas en tren. De la estación voy en coche al hotel Central.

Las calles, sin pavimentar, están cubiertas de una capa de polvo de medio pie de espesor; en invierno se transforman en un espantoso lodazal y los viajeros son transportados en carretas arrastradas por bueyes.

No vi mucho de la ciudad porque a la mañana siguiente volvía a tomar el tren a Collipulli, cuyo nombre araucano se traduce por "colinas rojas".

Llego cerca de las once al hotel de la Frontera. Tengo la suerte de conocer a un alemán, Otto Reich, que va a ser una gran ayuda para mí. Es un hombre de una estatura verdaderamente colosal y de una corpulencia en proporción, establecido en Collipuli hace ocho años. Almorzando, me cuenta los hechos trágicos que marcaron los comienzos de su vida en la Frontera.

En aquella época, la ciudad contaba ya doce años de existencia, pero la población era todavía mínima. Un chileno de origen alemán, don José Bunster, había creado allí la primera industria de harina, de la cual Otto Reich acababa de asumir la dirección.

El regimiento de línea de guarnición en Collipulli había sido retirado, debido a la guerra con el Perú, y en el lugar no había otra protección que un destacamento de veinte hombres de caballería.

Una mañana de febrero de 1881, un mes después de la llegada de Otto Reich, fugitivos de los campos circundantes vienen a dar la alarma, los indios llegan, incendian las cosechas, asesinan a los colonos aislados.

Durante la noche han asaltado un fundo vecino, donde se encontraba el dueño, don Rodolfo Martínez, con algunos sirvientes, pero allí recibieron digna respuesta: descargas de balas de Winchester dejaron a muchos fuera de combate; se retiraron llevándose el ganado.

En Collipulli todos los hombres capaces, unos sesenta, entre los cuales se contaba Otto Reich, se arman y se juntan con los veinte soldados de caballería.

Pronto aparecen los indios en las colinas al sur de la ciudad. La pequeña tropa les sale al encuentro. Los indios bajan la ladera al galope, se lanzan al ataque en medio del espantoso "chivateo" (grito de guerra). Una ráfaga de balas detiene su arremetida, pero el combate se traba con furor. El puñado de defensores estaba en una situación crítica, cuando llega un refuerzo providencial: once soldados de caballería de la guarnición de Curaco. La lucha es sin cuartel. Los indios son arrasados por las balas. Pronto huyen dejando muchos cadáveres en el terreno. Se persigue a los sobrevivientes, entre los cuales se hace todavía una gran masacre. La ciudad está salvada.

En Collipuili es donde veo el primer indio, un pobre diablo vestido con "chamal", descalzo, la cabeza ceñida con un pañuelo. Francamente tiene el aire más inofensivo del mundo. ¿Es éste un digno representante de la raza feroz y belicosa que hace unos pocos años era dueña absoluta del vasto territorio de la Araucanía?

Otto Reich me hace los honores de Collipulli, que por lo demás no tiene nada de notable.

El río Malleco corre como torrente al pie de la ciudad en un valle ancho y profundo, donde se construye un puente para la prolongación del ferrocarril hacia el sur.

Este puente es una obra grandiosa. De 400 metros de largo, reposará sobre columnas metálicas, de las cuales una tiene cerca de cien metros de alto.

En este momento estas columnas están terminadas y se elevan como gigantescas candelas por encima del valle. El tablero metálico está en montaje sobre la planicie del costado norte de la ciudad; se calcula que podrá estar listo hacia el fin del año.

Más allá del futuro puente, el ferrocarril a Victoria está en construcción; los materiales son transportados en innumerables carretas de bueyes al otro lado del valle.

Me presento donde el señor Burgos con la carta que don Estanislao del Canto me ha dado para él en Santiago, pero está en este momento en su fundo con su familia.

Joven mapuche castigado en el cepo

Familia mapuche, fines del siglo XIX

Paso enseguida al convento de los franciscanos, donde el superior me acoge muy amablemente. El destino me hace encontrar allí al teniente coronel don Fidel Urrutia, que comanda un batallón de zapadores, ocupado en este momento en la construcción de un camino hacia la cordillera, más allá de Victoria.

Don Fidel Urrutia es el hermano menor del general Urrutia, uno de los recientes conquistadores de la Araucanía. El debe partir pasado mañana a Victoria y me propone acompañarlo, lo que acepto con agrado. Un caballo de tropa será puesto a mi disposición.

Paso la noche con mi nuevo amigo Otto Reich en un circo ambulante que ha venido a establecerse en una de las plazas. El espectáculo no ofrece nada de muy curioso pero termina con una buena cueca, endiablada, bailada en la pista por toda la compañía, lo que provoca un entusiasmo loco entre los asistentes. El público patalea, marca el compás golpeando las manos y estimula a los bailarines lanzando verdaderos aullidos de alegría.

* * *

En la mañana a las seis, don Fidel viene a buscarme al hotel.

Partimos, seguidos a distancia reglamentaria por los dos ordenanzas del Comandante.

El comandante Urrutia es un hombre de cincuenta años, bajo, rechoncho, moreno, los cabellos y la barba cortos, de color de azabache con algunos hilos de plata; de un ardor y una vivacidad asombrosos. No habla más que el español y con tal velocidad, que apenas comprendo algunas palabras.

Existe un camino o algo que pretende serlo, que une Collipulli con Victoria, pero el comandante quiere seguir más o menos el trazado del ferrocarril.

Descendemos al profundo valle del Malleco, atravesamos el río por un puente de madera, subimos por la otra ladera, después seguimos en fila india por un sendero a través de la selva que está hundido en muchas partes y lleno de zarzas. La prueba es dura para un jinete novicio y mis saltos súbitos y desordenados hacen reír al comandante, quien me da útiles consejos para mantenerme en la silla.

Al principio trataba de guiar mi caballo y lo hacía zigzaguear continuamente para evitar una zanja o un tronco de árbol caído; al final le suelto la rienda y lo dejo saltar a su gusto por encima de todo lo que se presente. Es un ejercicio muy cansador, porque a cada instante hay que agacharse sobre la silla para evitar ser golpeado por las ramas.

Vadeamos el rio Huequén, después atravesamos sobre puentes provisorios los ríos Dumo y Colo y a las once llegamos a Victoria, donde el comandante me deja.

Creía encontrar aquí el fin de mis tribulaciones.

Me dirijo directamente a la oficina de la "Comisión de Estudios de la Línea de Victoria a Toltén", título brillante que adorna el frente de una vasta cabaña de madera. Esta cabaña está dividida por un tabique en dos partes: en la de la derecha se venden abarrotes, quesos, paños, y muchas otras cosas; en la otra, está instalada la oficina. Desgraciadamente está cerrada y todo lo que la vendedora de quesos puede decirme, es que el ingeniero jefe, don Luis de la Mahotière, partió para Temuco hace quince días.

Esto me hace temblar, pues Temuco está a unos 70 kilómetros y el único medio de comunicación es el caballo, por el cual comienzo a sentir ojeriza.

Un telégrafo une a Victoria con Temuco. Envío un telegrama que se me devuelve con la indicación: «vuelto a partir en dirección a Victoria hace ocho días».

Mi perplejidad es grande. Después de reflexionar, me digo que lo mejor que puedo hacer es quedarme en Victoria esperando la llegada de mi ingeniero jefe.

Me instalo en el Gran Hotel Alemán, dirigido por un alemancito con cara de zorro, llamado Niedmann y su mujer, cuyo rostro enrojecido, acusa visiblemente sus hábitos de intemperancia.

El Gran Hotel Alemán es una casa de tablas de un piso. Cuenta con una cantina, un comedor, una cocina, un dormitorio para el patrón y un solo dormitorio para los huéspedes. Este cuenta con tres camas, una de las cuales será la mía. Es dura como una piedra, pero las pulgas son menos numerosas y menos voraces que en Santiago, y los zancudos, desconocidos aquí, me dejarán tranquilo.

Detalle de la construcción de una ruca

Eltrún. Cementerio mapuche. Río Quepe

Es un lugar bien curioso Victoria.

Hace ocho años, ni un solo blanco, fuera de los conquistadores españoles tres siglos antes, había pisado su suelo.

En marzo de 1881, don Gregorio Urrutia, entonces coronel, construía un fuerte sobre una colina que domina una gran extensión de la región, y al pie de la cual corre el río Traiguén. Era un excelente pacto estratégico de ataque y de defensa contra los indios, entonces en plena sublevación. Lima acababa de ser tomada por los chilenos y en conmemoración de este suceso el fuerte fue denominado Victoria.

Algunos ranchos de ramas se agruparon bajo su protección, y se creó cierto comercio para las necesidades de la guarnición.

Después de que los araucanos fueron casi aniquilados en las colinas cercanas a Ñielol, las casas de madera reemplazaron a los ranchos.

El comandante de la plaza, don Bernardo Muñoz Vargas, sargento mayor de guardias nacionales, que corresponde al grado de mayor belga o jefe de batallón francés, hizo desmontar la selva virgen hasta entonces, trazó el plan de la futura ciudad, abrió calles e hizo un puente de madera sobre el río Traiguén.

Dos años después, hace de esto seis años, llegaron los primeros colonos europeos, a los cuales se distribuyeron tierras en los alrededores. Al mismo tiempo, se establecieron comerciantes en el nuevo centro de población, realizando enormes utilidades con la venta a altos precios de los artículos de consumo, pues las comunicaciones con el norte eran difíciles, sin ferrocarril, y con caminos impracticables durante la estación invernal.

Alemanes de Valdivia vinieron a establecer un molino y una cervecería en las riberas del río Traiguén. Propietarios chilenos que habían adquirido en venta pública terrenos del Estado, explotaron las selvas, creando numerosos aserraderos. Muchos colonos europeos desmontaban sus tierras; la agricultura se desarrollada y en poco tiempo Victoria adquiría aspecto de ciudad.

Su emplazamiento estaba en plena selva. Se ven en las calles y en las plazas vestigios bajo la forma de enormes troncos de árboles cortados a un metro del suelo. Como monumentos se pueden señalar: la casa del subdelegado alcalde, quien tiene una tienda de zinc con mucha clientela;

Mujer mapuche cargando cántaros de agua

la del capitán de policía, delante de la cual montan guardia dos centinelas a caballo, sable en mano, fumando cigarrillos; la habitación del señor Letrange, un francés ingeniero del servicio de colonización. Es un chalet de madera, de aspecto muy agradable, de dos pisos, lujo desconocido, a muchas leguas a la redonda, lo que hace que los victorienses estén muy orgullosos de él.

El viajero puede, además, admirar la gran plaza, inmensa planicie que recorren continuamente jinetes europeos, chilenos, indios, lo que le da una gran animación y un aspecto muy pintoresco. Es en esta plaza donde se encuentran el Gran Hotel Alemán, y la principal tienda o almacén, la Casa Francesa, cuyo propietario es un vasco, Pedro Tihista.

Se puede dar la vuelta a la ciudad por las avenidas exteriores donde no hay todavía ninguna construcción, pero que tienen la particularidad de estar plantadas de árboles enormes sobre una anchura de varias leguas.

El plano de la ciudad está recortado por una serie de calles paralelas y otras perpendiculares, en "cuadras", es decir, bloques cuadrados de cien metros por lado, cada uno dividido en ocho "sitios" o parcelas de 25 m. por 50 m. Se dan gratuitamente, con la obligación de cerrarlos con tablas y de construir sus casa en un tiempo determinado.

El suelo de las calles es el terreno natural. Como en invierno las calzadas se convierten en verdaderos pantanos, se las ha bordeado de aceras elevadas de tierra apisonada, mantenidas por estacas profundamente enterradas en el suelo y revestidas de una pared de tablas. Especies de diques de tierra atraviesan aquí y allá la calzada, para permitir la pasada de una acera a otra durante la estación lluviosa. La población es cosmopolita. Se oye hablar en español, francés, alemán, inglés, italiano, irlandés, ruso, todas las lenguas imaginables.

Al día siguiente al de mi llegada visité a un belga, el abate Dachalet, llegado hace quince días. Lo encuentro ocupado en construir con varios obreros, en el terreno que se le ha concedido, una barraca de tablas que le servirá de capilla. Es el primer sacerdote que ha venido a instalarse en las nuevas colonias.

No creo que se quede mucho tiempo, pues parece muy desilusionado y descontento con su suerte.

Estaba ya tres días sin noticias de mi ingeniero jefe, cuando encuentro en el Gran Hotel Alemán a un ingeniero inglés del servicio de colonización,

Machi subida a un rehue junto a un canelo

Thomas Haywood, que llegaba de Temuco, en el camino había divisado el campamento del señor de la Mahotière, instalado a unos diez kilómetros más allá de esa ciudad.

Haywood debe regresar al día siguiente a Lautaro, aproximadamente a mitad de camino entre Victoria y Temuco. Tiene un caballo disponible para mí y me propone hacer la ruta juntos hasta su destino. De allí podré continuar bajo la conducción de uno de los dos mozos que lo acompañan. Acepto con reconocimiento y desde el alba nos ponemos en camino.

Debo hacer una figura muy ridícula a caballo. Estoy en traje de ciudad, sin polainas ni espuelas; mi sombrero hongo podrá hacer buena impresión en Santiago, pero aquí es francamente cómico. Llevo un cuello y dos puños, lujo desconocido en los caminos de Araucanía; es verdad que este cuello está terriblemente arrugado, pero es imposible cambiarme ropa, ya que el equipaje ha quedado en espera en Collipulli.

El camino no es sino una huella ensanchada que a veces atraviesa llanos, pero más a menudo serpentea en la selva.

Vadeamos varios ríos. En el río Quino existe un puente de madera, pero está en tal estado que es preferible pasar a su lado; en esta estación, por lo demás el agua llega apenas hasta la cincha del caballo.

El puente del río Quillén no es mejor; el vado es posible, pero peligroso a causa de los bloques de piedra redondeados y resbalosos que abundan en el fondo. Los tablones que antes formaban el piso del puente están desclavados y reposan simplemente sobre los postes, dejando entre si intervalos peligrosos; en ciertos puntos faltan enteramente y han sido reemplazados por palos redondos que los viajeros han cortado en la selva cercana, y han colocado simplemente atravesados. Los mozos van delante para arreglarlos lo mejor posible. Pasamos tirando nuestros caballos de las riendas.

Llegamos a Lautaro hacia las once y almorzamos abundantemente en el hotel Alemán, que es semejante al de Victoria, pero más mezquino. Thomas Haywood me deja y en la tarde parto en dirección a Temuco con uno de los mozos, Manuel, un gran mocetón barbudo, de aspecto patibulario pero que demostrará ser el mejor muchacho imaginable.

A medio camino, alerta repentina.

El sol pega fuerte; el gran revólver Bulldog que he traído de Europa, me pesaba demasiado en el bolsillo; se lo confié a Manuel, imaginándome ingenuamente que el país era ahora enteramente seguro.

Saliendo del bosque, desembocamos en una extensa planicie, el llano de Pillanlelbún. cuyo nombre indígena significa "valle del diablo". Manuel, que cabalgaba algunos pasos más atrás, me detiene bruscamente y entregándome el arma me dice una frase en la cual distingo la palabra "bandoleros",

Al otro lado del llano se divisa una tropa de más de veinte jinetes, vestidos de ponchos oscuros y con inmensos sombreros. No han podido vernos, pues estamos aún a cubierto bajo los últimos árboles. Echamos pie a tierra rápidamente, y tirando nuestros caballos, nos hundimos en la espesura.

Los jinetes pasan sin advertir nuestra presencia. Veo reír a Manuel con esa risa silenciosa que le es tan peculiar. De la explicación que me da, entiendo que se trata de una patrulla de policía rural, y que a su cabeza marchaba el famoso Trizano, comandante superior de ese cuerpo especial, quien es precisamente el terror de los bandidos.

Volvemos a tomar la ruta y cerca de las cuatro descubrimos, al fin, en un claro, un campamento con algunas tiendas. De una de ellas sale un caballero distinguido, de lentes, con una hermosa barba rubia, cuidadosamente cortada. Es mi ingeniero jefe, señor Luis Robert de la Mahotière. Es chileno de origen francés, y ha hecho sus estudios en la Escuela Superior de París.

En la Dirección de Obras Públicas, en Santiago, el secretario, señor Huidobro, me había asegurado que era un hombre encantador, con quien yo tendría agrado en vivir. Por desgracia, su opinión será cruelmente desmentida.

El señor de la Mahotière me recibe fríamente. Después de haber tomado conocimiento de mi carta de presentación, me pregunta, antes de nada, por mis instrumentos de topografía, Mi asombro es profundo.

—¿Cómo quiere usted —me dice— que yo lo ocupe en trabajos de trazado, si no tiene un taquímetro o un teodolito, un nivel, miras, jalones, una cadena, fichas, etc.?

—Pero —observo yo— es la Comisión la que debe poseer estos útiles, y no yo personalmente.

Mujer mapuche, fines del siglo XIX

—En absoluto. Es la regla aquí que cada ingeniero tenga sus instrumentos propios. Vuelva a Santiago y regrese aquí cuando los haya
conseguido.

Me muero de sed; no se me ofrece ni un vaso de agua, y aun menos
hospitalidad, de la cual tenía gran necesidad, pues estaba agotado. He
sabido más tarde que una de las carpas estaba disponible. Su ocupante
habitual, un ingeniero inglés, Enrique Evans, estaba ausente.

Vuelvo a montar a caballo penosamente, y emprendo el regreso a Lautaro,
maldiciendo a este jefe altanero y duro, con quien no simpatizaré jamás. En
el curso del viaje nos sorprende la noche; nos extraviamos en la selva.

Para colmo de males, comienza a llover y no tengo poncho para pro-
tegerme. Finalmente, Manuel descubre un rancho chileno ocupado por un
leñador y su mujer. Aquí por lo menos se nos acoje cordialmente.

El rancho es una miserable choza con paredes de ramas entrelazadas,
pero que está asegurada contra la lluvia por un techo de planchas de
zinc. Ningún mueble, fuera de una mesa, unas banquetas toscas, y en
un rincón, un conjunto de cueros de cordero, que sirven de cama a la
pareja.

Estamos hambrientos. Comemos vorazmente las tortillas, o pequeños
panes sin levadura, y el queso que se me ofrece, todo rociado con agua
fresca. Manuel desensilla los caballos; les pone las "maneas" en las patas
de adelante, y los deja buscar libremente su alimento en los alrededores.
Después, con los gruesos pellones que los caballos llevan debajo de la
silla, me arregla una cama sobre el suelo desnudo de la choza. La silla
debe servirme de almohada.

Antes de acostarnos tomamos el mate, que es el té favorito no solamente de los chilenos, sino de todos los americanos del sur. Se ponen algunas
hojas en pequeñas calabazas con azúcar y encima se echa agua hirviendo;
la infusión se bebe mediante una bombilla de metal. A la primera chupada
me quemo seriamente la boca, lo que produce alegría a los espectadores.

Yo estaba lejos de sentirme tranquilo. El chileno, lo mismo que Manuel, tenía cara de bandido. No entendía nada de su conversación, de la
que evidentemente yo era el objeto. Distinguía muchas veces la palabra
"caballero rico"; la pseudo-aventura de Pillanlelbún había atenuado mi
confianza en la seguridad del país.

Me tiendo en tierra sobre los pellones del caballo, la silla bajo mi cabeza. Manuel me ha prestado su poncho para cubrirme, pues la noche es muy fría. Un perro grande ha venido a acostarse junto a mí. Nos calentamos mutuamente. Duermo con un sueño agitado con el revólver al alcance de la mano bajo el poncho.

Afuera la lluvia continúa. Un chorro de agua empieza a pasar bajo mi cama. Quisiera cambiar de lugar, pero reina una profunda oscuridad, y a cada movimiento que hago, el perro gruñe sordamente.

Espero, sin moverme, el fin de esta interminable noche. Por fin llega el alba. Todo el mundo está en pie. Nada de *toilette*. Manuel va a ensillar los caballos. Se nos sirve mate y tortillas.

Al partir, quiero pagar a estas buenas gentes, que me han dado tanto susto, pero rehúsan toda remuneración. ¡Qué contraste con la acogida glacial del señor de la Mahotière! ¡Les agradezco cordialmente y les estrecho la mano!

El tiempo se ha puesto hermoso. Tomamos de nuevo el camino a Lautaro adonde llegamos cerca de las nueve. Debo tener un aspecto lamentable, del que mis futuros amigos de Lautaro se burlarán por mucho tiempo.

Nos alojamos en el hotel Alemán. Estoy horriblemente cansado y muy lastimado a causa del largo viaje a caballo. Tengo el trasero en carne viva. Me aplico compresas de aceite y debo pasar todo el día en cama, mientras Manuel limpia mi traje. Al día siguiente, mis llagas están lo suficientemente cicatrizadas como para volver a montar a caballo y después de una larga y penosa cabalgata entro por fin a Victoria, profundamente disgustado con los viajes en Araucanía.

El día siguiente, 1° de abril, es domingo. Lo dedico al reposo y a vagar por Victoria. He puesto mi ropa casi en orden, gracias a la escobilla de Manuel y a un cuello nuevo comprado en la Casa Francesa.

El abate Dachelet está ausente. Pienso hacer una visita al ingeniero Letrange, personaje que goza aquí de una reputación de gran originalidad. El dispone para la delimitación de los terrenos de colonización, de siete mozos que ha vestido de manera uniforme y dotado de cómicos sombreros con alas fantásticas. Los ha enseñado militarmente y cuando cabalga a la cabeza de su pequeña tropa formada en pelotón, produce gran sensación. Los franceses le han dado el sobrenombre de "el extraño ingeniero". Son las nueve cuando llego a su famoso chalet de dos pisos. Del interior parten detonaciones. Letrange no se ha levantado todavía y me recibe en su dormitorio. Lo encuentro en cama ocupado en disparar con el revólver a una araña enorme que se pasea por el cielo raso. ¡Decididamente su renombre de excentricidad está bien justificado!

Letrange es el tipo de francés charlatán, embustero, jactancioso, que pone su personalidad siempre adelante y despotrica contra cualquiera. No pienso trabar amistad con él.

Visito el cementerio, que es simplemente un claro sin cierros cercano a la ciudad. El espectáculo es macabro. Hubo recientemente una epidemia de viruela; los cuerpos fueron enterrados a poca profundidad y sin ataúdes. Los perros han desenterrado buen número de cadáveres, cuyas osamentas roídas siembran el suelo.

5. Regreso a Santiago

El lunes 2 de abril emprendo el viaje de regreso a la capital. Debe notarse que la distancia de Victoria a Santiago es aproximadamente la misma de la de Bruselas a los Pirineos.

Thomas Haywood ha dado orden a Manuel de quedarse a mi disposición hasta el momento que yo pueda pasarme sin sus servicios. Monto de nuevo el caballo de mi excelente amigo inglés y seguido del mozo parto a Collipulli. Esta vez seguiremos el camino público, que está más o menos en el mismo estado precario que el de Temuco.

A pesar de que el verano se acerca a su fin el sol calienta mucho.

Pasamos por la pequeña ciudad de Ercilla. Su fundación, al borde del río Huequén, se remonta a menos de cinco años. Ya tiene, sin embargo, buen aspecto. Sus habitantes son casi todos colonos europeos. En la Plaza de Armas se encuentra el cuartel de madera ocupado por la caballería, y también el hotel Francés donde bebo con voluptuosidad una deliciosa botella de cerveza rubia de la Cervecería Cousiño de Santiago.

En Collipulli encuentro a mi amigo Otto Reich.

Retiro mi baúl del depósito de la estación y lo hago transportar hasta el hotel lo que me permite, por fin, cambiar de ropa. Otto Reich, siempre amable se encarga de enviar mi equipaje a Victoria, en carreta.

A la mañana siguiente el tren me lleva a Angol, capital de la nueva provincia de Malleco. Ya he contado las vicisitudes de esta antigua ciudad, muchas veces abandonada y destruida, y hoy día floreciente. Desde hace diez años ella es la cabeza de la línea del sur, y por consiguiente, el almacén de todo un rico Hinterland. Esta situación privilegiada va a terminar, pues la prolongación del ferrocarril hasta Traiguén, acaba de entregarse a la explotación, y cuando la línea central, detenida ahora en Collipulli, sea prolongada por Victoria y Temuco a través de la Araucanía, Angol deberá decaer forzosamente.

El emplazamiento de Angol es una meseta rodeada por el norte y el este por un cordón de altas colinas, últimas ramificaciones de la cordillera de Nahuelbuta ("tigre grande"). La ciudad se encuentra dominada por la montaña de Rucapillán ("casa del diablo"), donde los españoles explotaban placeres de oro que no se han vuelto a encontrar.

El vagar por la ciudad no deja de tener interés. La plaza central es encantadora con sus avenidas bordeadas de numerosos árboles; en uno de sus costados hay una suntuosa iglesia; al frente, el cuartel de buena apariencia. La mayoría de las casas están construidas de ladrillos; muchas tienen dos y hasta tres pisos. La cocina del hotel Central es excelente y las piezas confortables.

Al otro lado del puente sobre el río Picoiquén, está el barrio industrial de Villa Alegre. Existe ahí un molino de primer orden, y una gran destilería pertenecientes al rico industrial José Bunster, curtiembres, talleres de construcción, y diversas fábricas.

A propósito de don José Bunster, me cuentan que él se jacta de que con el producto de sus destilerías ha hecho más por la pacificación (léase destrucción) de los indios, que todos los ejércitos chilenos.

Todo el día miércoles se pasa en el largo trayecto en el expreso, y en la tarde me encuentro en Santiago. No hace sino tres semanas desde que partí y me parece que han transcurrido meses desde entonces.

Esta vez me alojo en el hotel de Francia.

Encuentro a Dutillieux, Delanoy, Sarolen, Chabot; Charmanne está en Talagante, provincia de Santiago, y Treinen en La Calera, provincia de Valparaíso. En cuanto a mis compañeros de viaje, se han dispersado a través del país. De Vriendt está de planta en Santiago, Lefevre está en Ovalle, a 200 km, al norte. Huart, en Huasco, 400 km. más arriba; Rigot y Paye en Valdivia, 1.300 km. al sur. En la Dirección de Obras Públicas se me confirma que los ingenieros deben poseer personalmente sus instrumentos. Protesto con energía. En todas partes este material es provisto por la administración. No se me ha advertido al contratarme en Europa, donde me los habría podido procurar a mejor precio; el sueldo que se me ha fijado no me permite hacer un gasto de casi mil pesos. Los ingenieros que han llegado primero y que se han quedado en las oficinas no tienen que hacer semejante desembolso.

Mi argumentación termina por impresionar. Se examinará el asunto y esperaré en Santiago alguna solución.

Se me paga mi nota de gastos de viaje, pero es imposible pagarme mi sueldo, que está a cargo de la Tesorería de Collipulli.

Mi bolsa está casi vacía. Antes de partir le había pedido prestado a Delanoy 100 pesos; le pido además 150, pues tengo numerosas compras que hacer.

Compro en la fábrica de Constant Ortmans frazadas y un poncho; adquiero un colchón del país dividido en tres rectángulos de 8 a 10 centímetros de espesor, cosido en una tela que permite plegarlos en un paquete poco voluminoso.

Compro también sabanas, servilletas, un lavatorio y un jarro de fierro galvanizado, una lámpara a petróleo, velas, una silla de montar y sus accesorios, pantuflas, polvo insecticida, un sombrero para el campo con grandes alas, una valija, etc.

La vida se pasa tan agradablemente como en mi primera estadía. Como dos veces donde don Francisco Robinson; salgo a menudo con Luis Altamirmo y Carlos García. Cosa curiosa: lo que les digo de la Araucanía les es tan extraño y ajeno como si les hablara del centro de Africa o de Australia.

Frecuento también la colonia belga.

En una visita que hago a la Quinta Normal, de la cual Antonio Ista, un belga, es director, me peso en una balanza automática: mi peso es de 59,6 k.

Un día el señor Rafael Pottier, que es director del Departamento de Hidráulica, me hace llamar y me propone hacer por cuenta de una sociedad privada el trazado y el estudio de 35 kilómetros de ferrocarril. Mi sueldo sería 300 pesos al mes, más dos pesos para gastos de locomoción al día, esto es, un total de 360 pesos. Yo no dejaría el servicio del gobierno, que me concedería un permiso sin sueldo, de manera que a la expiración del plazo podría volver a tomar mi puesto en las condiciones de mi contrato. Mi sueldo de 5.000 francos corresponde a 417 francos al mes. El cambio es actualmente de 26 peniques. El peso vale 2 fr. 71.

Percibo normalmente alrededor de 150 pesos al mes. Si acepto, mis emolumentos sería más del doble.

La proposición es tentadora, pero tengo fuertes dudas. En Bélgica semejante obra sería confiada a varios ingenieros, o a un ingeniero ayudado por operadores ejercitados. Aquí tendría que trabajar yo solo con personal que no está al corriente, y yo mismo sin la práctica necesaria. No me atrevo a asumir una responsabilidad tan pesada. ¿Iría a un fracaso que arruinaría definitivamente mi carrera en Chile?

Al cabo de los tres días de reflexión que me han concedido, me decido por la negativa.

Desde mi partida de Bruselas estoy sin noticias de la familia. Esperaba recibirlas por el "Cotopaxi" de la P.S.N.C. aguardado en Valparaíso el 10 de abril; acabo de saber que ha naufragado en el Estrecho de Magallnes. Los pasajeros y la tripulación se han salvado, pero el barco se ha ido a pique con todo el cargamento, incluso la correspondencia.

Después de quince días de agradables vacaciones, recibo de la Dirección General noticias de que los instrumentos de topografía han sido enviados al señor de la Mahotière, y que debo volver a hacerme cargo de mi puesto.

Vuelvo a tomar el expreso del sur, esta vez hasta Traiguén, puesto que ha sido prolongada la línea hasta más allá de Angol.

Traiguén tiene diez años de existencia. En enero de 1879 el coronel don Gregorio Urrutia fundó la ciudad, que estuvo a punto de ser destruida. A causa de la guerra del Perú las tropas de línea habían sido retiradas, y no quedaba de guarnición sino un destacamento de caballería. Aprovechando los indios la oportunidad, sitiaron la plaza en enero de 1881. La guarnición resistió bien. A principios de febrero llegó a socorrerlos un batallón de 800 hombres de la guarnición de San Fernando, seguido por el cuerpo expedicionario comandado por el ministro de Guerra, don Manuel Recabarren, lo que, como ya hemos visto, trajo la pacificación de la

Araucanía. Después llegaron los colonos europeos y hacendados chilenos, y Traiguén progresó rápidamente. Hoy es una hermosa ciudad de 7 a 8 mil habitantes, construida enteramente de madera, pero con almacenes y casas de buena apariencia. La Plaza de Armas es un hermoso paseo, con sus jardines floridos y una bella fuente al centro rodeada de árboles.

Desde la creación de la provincia de Malleco, hace dos años, Traiguén ha llegado a ser cabeza de departamento. La Oficina Central de Colonización, establecida primero en Angol, acaba de ser trasladada allí.

Es la región del trigo. Se han creado varios molinos, con maquinarias provistas por la casa Goubet y Cía. de Lovaina. Las compras de trigo se concentran en grandes bodegas, principalmente de dos firmas inglesas, Williamson Balfour y Cía. y Duncan Fox y Cía. y por casas vascas, Darostegui, Goyenechea y otras.

En los alrededores se empieza a plantar viñedos. Han sido construidos dos puentes sobre el tormentoso río Traiguén, uno en el camino de Victoria y el otro en la ruta de Temuco.

Envío mi bagaje por carreta a Victoria. Alquilo en el hotel un caballo y un mozo para traerlo de vuelta, y después de una cabalgata de diez leguas llego a Victoria, que va a ser durante quince meses mi base de operaciones.

Construcción de un túnel ferroviario.

Capítulo III

QUINCE MESES EN VICTORIA
(Abril de 1889 Julio de 1890)

Voy a quedar definitivamente incorporado al ferrocarril de Victoria a Toltén. Demos algunas explicaciones respecto a esta línea.

Por iniciativa del presidente Balmaceda, Chile ha tratado con la "North and South American Construction Company" de New York, la construcción de diez líneas de ferrocarril de un largo total de 1.175 kilómetros por £ 3.542.000, a un precio medio de £ 3.150 ó 78.750 francos por kilómetro. Nueve de estas líneas son trozos más o menos importantes en el norte y el centro de Chile. La décima, de Victoria a Osorno, es la más importante, pues ella sola mide 403 kilómetros y entra en el total por la suma alzada de £ 1.865.000; su construcción debe estar terminada en un plazo de cinco años.

Al sur de Santiago corre un largo valle entre la cordillera de los Andes, al este, y la cordillera de la Costa al oeste. El gran ferrocarril central llega en el presente a Collipulli. De allí hasta Victoria, la construcción la hace directamente el gobierno por administración. La línea de Victoria a Osorno atravesará de parte a parte la Araucanía, recientemente conquistada, de manera de unir a Chile central con la provincia aislada de Valdivia, actualmente accesible sólo por mar. Su importancia no es sólo de orden económico, ya que ella pondrá en valor una inmensa y fértil región, abandonada hasta aquí a los autóctonos, sino también de orden estratégico, pues ella permitirá dominar rápidamente a los indios, si les diera la fantasía de sublevarse de nuevo, y de asegurar la defensa de los pasos de la cordillera en el sur, en el caso de una guerra, siempre posible, con la Argentina.

La parte norte de esta línea, de una longitud de cien kilómetros aproximadamente, está bajo la dirección de la "Comisión del Ferrocarril de Victoria a Toltén", a la cual yo pertenezco. Otra comisión gubernamental cuya sede está en Valdivia, concluye el estudio y controlará la construcción de la parte sur, que se hará remontando del sur hacia el norte. La comisión de Victoria a Toltén está bajo las órdenes del ingeniero jefe Luis Robert de la Mahotière. Los estudios están terminados hasta Temuco; una parte de la comisión prosigue el trazado entre Temuco y el río Toltén. La "North and South American Construction Co." ha confiado la ejecución de los trabajos de Victoria a Temuco a la subempresa Albarracín y Urrutia, en la cual están interesados el general don Gregorio Urrutia y su hermano el comandante don Fidel Urrutia.

Tres organismos tienen sus oficinas en Victoria. Primero, la comisión gubernamental, que debe implantar los diversos trabajos y controlar su ejecución; después, la dirección local de la "North and South American Construction Co.", con la cual la comisión trata directamente, y en fin, el estado mayor de la empresa Albarracín y Urrutia, que procede a la construcción efectiva.

El señor de la Mahotière ha venido a establecerse de firme en Victoria. Tiene como adjuntos directos a mí y a un contramaestre francés, señor Goujon; al otro extremo de la línea en Temuco, un ingeniero francés, señor Mayaud, está encargado de controlar la construcción; el resto de la comisión, bajo las órdenes de un ingeniero inglés, Mr. Evans, acampa más allá del río Cautín, y continúa sus estudios.

La dirección local de la North and South, comprende a un alemán, señor Thomann, que tiene el título de ingeniero de división, y a dos ingenieros norteamericanos, señores Dearborn y Drew Jones.

Los trabajos de la subempresa son dirigidos por un ingeniero escocés, señor Smylie Frame, de unos cincuenta años, muy competente en materia de construcción de ferrocarriles. El comandante Fidel Urrutia hace frecuentes apariciones en la línea.

* * *

Las oficinas de la Comisión están ahora instaladas en una gran casa de un piso, de tablas, naturalmente, cubierta por un techo de planchas de zinc, sólidamente construida y bien impermeable. Da a una calle próxima a la gran plaza.

El terreno en el cual está construida, mide 25 m de frente por 50 de fondo. La fachada de la casa mide 20 m.; a un lado está el portón que da acceso al patio en cuyo fondo se encuentran la habitaciones de la servidumbre y las caballerizas. La casa está dividida en dos por un pasillo. A la derecha está la oficina de los ingenieros, luego la del ingeniero jefe, seguida de la habitación del señor de la Mahotière. A la izquierda, adelante, está el dormitorio de Goujon, y después el mío. Detrás, dos habitaciones que provisoriamente sirven para guardar los instrumentos y el material de campaña. Mi habitación forma un cuadrado de más de cinco metros por lado; las paredes están empapeladas con papel floreado, lo que le da un aspecto muy alegre; el cielo está pintado de blanco.

Desgraciadamente, mi mobiliario hace una triste impresión en esta vasta pieza.

Encargué una cama de campo, formada por dos travesaños de madera unidos por largueros y recubierta de una faja de gruesa tela de buque, sobre

Construccion de túnel ferroviario en la Frontera

la cual se coloca mi delgado colchón. He comprado sábanas y frazadas, pero mis medios no me han permitido comprar ni almohadón ni almohada; provisoriamente los reemplazo con mi sobretodo enrollado. Mi gran baúl traído de Europa, ha sido transformado en armario. Una caja colocada verticalmente me sirve de mesa de noche, otras dos hacen el oficio de sillas y una cuarta, muy grande, que me ha dado el señor Pérez, desempeña la función de mesa escritorio. Mi lavatorio portátil, un brasero colocado en el suelo y algunos ganchos fijados en el muro completo el amoblado. Como alumbrado dispongo de una lámpara a petróleo y velas.

Como en la vida todo es relativo, considero mi habitación como de lo más confortable.

Comemos en el hotel Alemán. A las 7 de la mañana voy a tomar mi café con leche, pan con mantequilla y queso. A las 11 el almuerzo. Como en todos los restaurantes chilenos el menú a precio fijo es muy abundante: sopa, cuatro platos, huevos y café. Se puede empezar por el primer plato y terminar por el último; hay Gargantúas que hacen este *tour de force*, yo hago una selección. En la tarde, a las 6 y media, la comida: sopa, cinco platos, postre y café. Como bebida, vino o cerveza, pagado aparte, naturalmente. Faltan en absoluto las legumbres; los colonos recientemente instalados sólo se ocupan en desbrozar y aún no las cultivan. Aunque la papa sea originaria de Araucanía, aquí rinde poco, de tamaño mediano, se paga hasta cinco centavos por cada una; tampoco se come pescado. No hay comunicación con el mar y el pescado de río no es apreciado.

Una ventaja de Victoria es que no hay que gastar en vestuario; el lavado está fuera de precio, se suprime toda la ropa blanca.

Me he hecho cargo de mi servicio. Se compone de trabajos de oficina y de trabajos en el terreno. Para éstos es indispensable tener un caballo; para su compra el gobierno me otorga un crédito de 50 pesos. El señor de la Mahotière me ha cedido uno por 100 pesos, de los cuales la mitad es de cuenta mía.

Sospecho que él hace una buena utilidad, lo que cuadraría bien con su reputación de avaro, pero no me es posible discutir el precio; primero, para no envenenar mis relaciones ya poco amigables con mi jefe directo, y segundo, porque me es imposible cancelar la parte que me corresponde inmediatamente, pues no se me ha pagado aún ningún sueldo. Por lo demás, el animal es excelente, y si aquí es permitido a un caballero no usar cuello y tener las manos sucias, es indispensable, en cambio, que tenga una cabalgadura de bella estampa.

Goujon, dibujante de profesión, no abandona el escritorio. Es un parisiense muy pretencioso que no agrada a nadie, pero al señor de la Mahotière le cae muy en gracia. Estoy entonces solo para ocuparme del trabajo de campo: nivelaciones, estacado de los terraplenes y de las excavaciones, implantación de los puentes y acueductos, supervisión general de los trabajos de la empresa, mensuras y cálculos mensuales.

Las lluvias comienzan a ser frecuentes y las largas caminatas a lo largo de la línea son a menudo desagradables. Me he equipado de acuerdo con las circunstancias. He comprado, por 18 pesos, botas que llegan hasta los muslos, un largo poncho y un sombrero de fieltro con enormes alas, lo que me permite afrontar las intemperies.

Tengo derecho a un mozo por cuenta del gobierno. Thomas Haywood, el ingeniero inglés que me ayudó tan amablemente a mi llegada, ha dejado el país, de modo que yo he heredado a Manuel, que es verdaderamente la perla de los domésticos. La mantención de su caballo, como la del mío, corre a cargo de la comisión.

En resumen mi instalación está casi completa, y la vida que llevo en Victoria me agrada enormemente. Pero hay una sombra que oscurece el cuadro: la Tesorería de Collipulli no recibe todavía las instrucciones necesarias para el pago de mis sueldos, a pesar de los reclamos que he dirigido a la Dirección General de Santiago. Estoy acribillado de deudas.

Ya he pedido dinero a mis compatriotas de la capital; he tenido que pedir prestado al señor de la Mahotière. Felizmente los comerciantes y el dueño del hotel de Victoria me dan crédito.

* * *

El 8 de mayo recibo la primera carta de mamá, fechada el 10 de febrero. Ha demorado tres meses en llegarme por medio del Consulado de Bélgica en Valparaíso. Mamá había recibido, entonces, mis cartas de Vigo y de Lisboa. Como noticias generales, me informa de la trágica muerte del archiduque Rodolfo en Mayerling y una catástrofe ferroviaria en Greenendael, que ocasionó 30 muertos y numerosos heridos.

Dos días después recibí una carta del 10 de marzo; entre las dos ha debido extraviarse otra. Mamá se preocupa por mi salud; respuesta: «no me he sentido jamás tan bien como desde mi partida. Bruselas me mataba. He encontrado ahora la vida que conviene a mi temperamento. No hay naturalmente fotógrafo en Victoria, si no mi respuesta sería victoriosa. (Vaya, es casi un juego de palabras, no lo hice a propósito)».

Extractos de mi carta de 22 de mayo a mamá en respuesta a la suya de 24 de marzo:

«¡Una vez más me crees enfermo! Como repetir siempre lo mismo me resulta tedioso, prefiero no insistir.

Voy a contestar, más bien, a las numerosas preguntas que me haces:

1° Mi baúl soportó perfectamente la travesía; mis cosas llegaron un poco revueltas pero nada se estropeó ni quebró.

2° La ropa traída ha resultado absolutamente apropiada. Por el momento uso la de invierno; el resto me servirá cuando lleguen los calores de diciembre y de enero (gracioso, ¿eh, Alfredo?).

3° Precio de mi habitación: nada. El gobierno paga.

4° Costo de mi pensión: 25 más 12 de vino o cerveza, total 37 pesos.

5° ¿Qué si nada me hace falta? ¡Por Dios, sí! Me faltan muchas cosas, pero me las arreglo sin ellas. Es la solución más simple que he descubierto.

6° Mi botiquín está casi intacto. Sólo he consumido cuatro pastillas purgantes.

7° ¿Mis ocupaciones? Muy complejas y muy agradables en su variedad. La semana pasada hice una gira de inspección hasta el terminal de la línea. Esto significa que pasé cuatro días completos a caballo.

A propósito de caballo, debo decirte que me he convertido en un jinete casi experto, pero esto no fue logrado sin escollos. Mi primera etapa al llegar a Victoria fue de 160 kms. en dos días. Llegué con las nalgas en carne viva y completamente molido.

Por el momento, soy el amo absoluto en Victoria; el señor de la Mahotière ha ido a pasar un mes a Santiago y yo cumplo a conciencia mis funciones de ingeniero jefe interino, lo que quiere decir que no hago prácticamente nada. Distribuyo diariamente mi tiempo más o menos en la siguiente forma: por la mañana, conferencia de una media hora con los ingenieros del sindicato americano; distribución de las órdenes; vagas tareas de escritorio; paseo a pie, aperitivo y almuerzo. A las dos de la tarde, ronda de inspección a caballo hasta la hora de comida, a las 6. Después de comida, toco flauta, leo, escribo y fumo pipa, en mi pieza. En estas condiciones, la meningitis no es de temer.

Las lluvias han cesado. Hace aproximadmente 10 días que gozamos de un tiempo excepcional. Desgraciadamente los temporales no tardarán en llegar».

Junio de 1889
Me ha sucedido una aventura el domingo en la noche.

Estaba solo en la casa cuando oigo a los perros de don Celestino Pérez ladrar furiosamente en el sitio vecino. Tomando mi revolver salgo al patio. A pesar de que la noche era muy oscura, distingo dos sombras en la puerta de las caballerizas. Al ruido que yo hago, dos hombres escalan rápidamente la palizada del fondo. En el momento en que sus siluetas se destacan sobre la tapia, hago fuego dos veces; los hombres desaparecen al otro lado de la cerca.

Compruebo que habían tratado de forzar la entrada de las caballerizas. Se trata entonces de ladrones de caballos que creían que la casa estaba vacía. Vuelvo a acostarme muy impresionado porque es la primera vez que disparo sobre un ser humano.

Al día siguiente, muy temprano, voy a explorar el terreno vacío del otro lado de la palizada. He debido apuntar bien, pues encuentro rastros de sangre en el suelo. El asunto termina ahí, pues no he oído hablar más al respecto, fuera de que don Celestino pretende que los ladrones debían ser agentes de policía. Es posible, ya que según me dicen la policía local está formada por un montón de bandidos.

* * *

A pesar de mis reclamos por telegramas y cartas a la Dirección del Tesoro, mis sueldos no me son pagados. Comienzo a preocuparme. Mis amigos belgas de Santiago me aconsejan volver a la capital como protesta; pero esto no es posible en ausencia del señor de la Mahotière. Sus cartas me hacen saber que M. Cousin continúa sus contrataciones en Bélgica. Acaban de llegar: Amerlynck, ingeniero que ha trabajado en ferrocarriles en el Congo; Masure, arquitecto; Georges Michez, uno de mis compañeros de Bruselas, egresado de la Escuela Politécnica un año después que yo; Cuisinier, ingeniero de Lovaina; Lardinois, ingeniero de Gante; Emile Bodart, contratista de puentes y caminos de Gante.

* * *

Recibo varias cartas de la familia. En una de ellas viene el recorte de un artículo publicado en *La Chronique* de Bruselas, que relata en detalle nuestro viaje en el "Potosí". Me relata también diversos hechos ocurridos durante mi ausencia.

Alfredo me escribe que el general Boulanger, huyendo de París para no ser arrestado, se ha instalado en el hotel Mengelle de Bruselas. Los curiosos y mirones pasan el día estacionados frente al hotel esperando ver aparecer al general, pero pierden el tiempo, pues le está prohibido mostrarse en el balcón.

En mi respuesta a Alfredo le cuento de mis progresos en equitación y le describo algunos juegos de los jinetes chilenos. Fuera de las carreras, planas o de obstáculos, las topeaduras, consistentes en que dos jinetes toman distancia uno del otro, y después se lanzan en un galope infernal que termina en un choque de frente, en que los caballos se golpean tan fuerte en el pecho que a veces cae un jinete, los dos y a veces cae también uno de los caballos o los dos. Los miembros quebrados son cosa corriente. La vara es otro juego. La vara misma consiste en una fuerte barra de madera redonda puesta horizontalmente a una altura de un metro aproximadamente y sujeta por medio de estacas de madera firmemente plantadas en el suelo. Siempre existe una de estas varas situada delante de todo expendio de bebidas. Una fila de jinetes, juntos, bota con bota, los pechos de los caballos contra la vara. A un extremo de la vara, colocado perpendicularmente a los otros, un jinete trata de pasar entre la barra y la fila, barriendo a ésta. Esto da lugar a una lucha homérica, que a veces termina trágicamente. Otros juegos son "tirar el caballo", "la muralla", que consiste en lanzarse en una veloz carrera contra un muro, y cuando el caballo va a tocarlo con su nariz, se le hace detener, levantándolo sobre sus patas traseras, de manera que toque el muro con sus cascos delanteros.

Julio de 1889

Tengo ahora dos mozos para mi servicio particular: Manuel y Gutiérrez.

El primer día del mes recibo aviso de pasar a la Tesorería de Collipulli para cobrar, a cuenta de mis sueldos, 500 pesos.

Al día siguiente, a las seis de la mañana, me pongo en camino.

He aquí la escena: silbo; mis dos mozos acuden. Uno me pasa el poncho y el otro abrocha mis polainas y me coloca las espuelas. Después se precipitan para sujetarme, uno el caballo, y el otro el estribo. Una vez montado, de acuerdo con mi costumbre, saco un cigarrillo. Los dos mozos me ofrecen al mismo tiempo un fósforo. Después, mientras Gutiérrez vuelve a entrar a casa, Manuel salta a su silla, y galopa a veinte pasos atrás de mí, camino de Collipulli.

Como los caminos no son seguros, he conseguido prestada una carabina, de un alemán amigo mío.

Después de haber caminado un par de horas, Manuel se acerca a mí.

«–Señor –me dice– ¿ha notado usted que dos hombres nos siguen siempre a la misma distancia? Seguro, señor, que son bandoleros».

Me vuelvo y veo en efecto dos jinetes a unos 300 metros atrás. Están como nosotros, cubiertos de largos ponchos oscuros, pues está lloviendo.

–Vamos al paso –le digo a Manuel.

Nos ponemos al paso. Los dos perseguidores hacen lo mismo, aunque estamos en una llanura desnuda.

«Volvamos a galopar».

Los dos misteriosos personajes toman el mismo paso; la distancia sigue invariable. Esto comienza a ponerse inquietante.

Un kilómetro más allá el camino atraviesa un bosque. Si nuestros hombres tienen malas intenciones, es allí donde debe producirse el ataque. Sin afectación doy instrucciones a Manuel; le paso mi revólver y preparo la carabina. Acercándonos a la selva veo que los posibles bandidos apresuran sus caballos; la distancia se reduce a 200 metros. Un poco más allá del límite del bosque, me coloco a la izquierda detrás de un árbol, carabina en mano;

Manuel se oculta a la derecha, con el revólver. Cuando los perseguidores llegan a nuestro lado, se detienen estupefactos, amenazados por ambos lados. Quieren dar explicaciones, pero no es el momento de discutir; por lo demás no conozco todavía bien el español.

–Pasen adelante –grita Manuel–, y si uno de ustedes se da vuelta, nosotros disparamos.

Los jinetes clavan espuelas; los seguimos en igual marcha, armas en mano. Por dos o tres kilómetros es un galope desenfrenado bajo el follaje del bosque. Por fin salimos; en la llanura a alguna distancia, se divisa la ciudad de Ercilla. Nuestros hombres prosiguen su galope, y juzgamos inútil continuar dándoles caza. Visto el terror que han demostrado, comienzo a creer que hemos cometido un error.

Ercilla, como ya lo he dicho, es una pequeña ciudad reciente, poblada casi enteramente por colonos europeos. En la plaza, delante del cuartel de caballería, están amarrados los caballos de nuestros bandoleros; decididamente las cosas se echan a perder.

Al frente del cuartel está el hotel Francés. Dejando a Manuel en la puerta, entro en la cantina. Uno de nuestros dos hombres, que reconozco fácilmente por su gran poncho que chorrea todavía, y por su barba negra, está conversando con un oficial: el hotelero lo escucha con la boca abierta. Mi entrada causa sensación. Los dos chilenos me interpelan rudamente; el hotelero viene en mi ayuda.

El hombre de la barba negra es don Lizardo Oñate, juez de distrito en Lautaro. Partido antes del alba con un mozo, va a Collipulli para tomar el tren a Concepción. A la salida de Victoria, él ha visto a dos pacíficos jinetes cabalgando en la misma dirección y los ha seguido a poca distancia de manera de aprovechar su socorro en caso de un mal encuentro. Su estupefacción ha sido profunda al caer en la emboscada a la entrada de la selva; la cara patibularia de Manuel lo había espantado sobre todo, y no comprendía todavía como había escapado del peligro. Tan pronto como llegó a Ercilla se precipitó al cuartel; el brigadier de guardia le ha dicho que el oficial se encontraba en el hotel, a donde se dirigió inmediatamente. Por mi parte, con la intervención del hotelero que habla bien el español, cuento mi historia. El asunto termina alegremente. El oficial me condena a pagar dos botellas de vino blanco Urmeneta. Estoy muy espantado con mi error, pero el juez Oñate, hombre de mucha chispa, se ríe de buena gana. Los dos mozos reciben una buena ración de aguardiente; el hotelero está encantado del buen negocio.

El oficial, que me parece que ya ha tomado algunos vasos antes, se confunde en protestas de amistad. *All is well that ends well*, como dice Shakespeare.

Apretamos la mano al oficial y al hotelero y continuamos en grupo el camino a Collipulli. Al llegar al hotel convido a almorzar a Oñate y nos separamos como buenos amigos.

En la tarde paso a la Tesorería, donde cobro mis 500 pesos; envío a Santiago un cheque para cubrir mis deudas a los amigos belgas, después paso la tarde con mi amigo Otto Reich, que ríe a carcajadas cuando le cuento mi abracadabrante aventura.

De vuelta a Victoria, pago mis deudas. Devuelvo los anticipos hechos por el señor de la Mahotière, cancelo las cuentas del hotel Alemán, de la Casa Francesa de Pedro Tihista, de la tienda de don Celestino Pérez, y de otros proveedores que me dan crédito.

Me quedan cien pesos; me parece que nado en la abundancia. Renuevo mi provisión de tabaco, té, azúcar, cognac. El porvenir se tiñe de color de rosa. Compro también cinco sacos de cebada de 80 kilos a tres pesos cincuenta el saco, pero a cuenta del gobierno.

* * *

Es que yo tengo ahora, con los de los mozos, cinco caballos que alimentar. El primero mío, bautizado Friquet por Alfredo, acaba de sufrir un abceso en el hocico. He comprado otro, y como el servicio es duro en tiempo de invierno, he arrendado un tercero, todo por cuenta del Estado. Se alimentan de afrecho, paja picada, una ración diaria de cebada. El heno y la avena son desconocidos aquí.

Gozamos desde hace algún tiempo de un espectáculo grandioso. Hay en la cordillera, muy visibles desde aquí, varios volcanes, de los cuales uno, el Llaima, está en plena erupción. Todas las noches brilla en la lejanía como un faro gigantesco; de tiempo en tiempo, lanza un formidable chorro de fuego, acompañado de un ruido semejante a una descarga de artillería.

El señor de la Mahotière ha vuelto. Está muy satisfecho de mi interinato, y me demuestra mejor voluntad.

Ha pedido un aumento de sueldo para mí a la Dirección General, que según me dice, será aceptado, pero con cierto retardo pues el director general, don Domingo Victor Santa María, en conflicto con el presidente sobre la cuestión del Sindicato Americano, acaba de presentar su renuncia; está reemplazado por el señor Sotomayor, antiguo ministro de Hacienda, quien es, según parece, un hombre íntegro y enérgico.

* * *

Mamá se inquieta nuevamente por mi suerte. «En todas las cartas de De Vriendt a su esposa, me escribe ella, él se queja amargamente, y según lo que él dice, yo temo que tú seas muy desgraciado allá».

Para tranquilizarla, le esbozo la psicología de De Vriendt, «como vive en Santiago, hace largo tiempo que no lo veo. De acuerdo con lo que tú me dices de sus cartas a su señora, no parece muy encantado de Chile. Desde los primeros días de nuestra llegada, de alegre que era a la partida y durante el viaje, se había puesto desagradable e intratable. Es muy natural. Mira tú a un buen burgués de Bruselas, acostumbrado por 25 años a tomar todas las tardes el mismo número de *lambies** en la misma mesa del mismo cafetín, renovando la misma partida de cartas con los mismos compañeros; mira tú al mismo buen hombre transportado de golpe a un país nuevo, del cual no conoce la lengua, y cuyas costumbres están en las antípodas respecto a las que estaba acostumbrado. Joven, uno encuentra encanto en lo nuevo. Pero cuando se ha pasado la cuarentena, no es lo mismo. Esto ha sido tanto más duro para De Vriendt, que no sabrá jamás hablar el español, ya que es difícil gozar en un país del que se ignora el idioma. Es de un carácter que lo lleva a hacerse mala sangre por las cosas más insignificantes. En un país como éste hay que hacerse una filosofía paciente, resignada, dejando que las cosas sigan su curso sin admirarse jamás con las cosas sorprendentes con que uno se encuentra a cada paso en la vida chilena.

---

* Cerveza belga fuerte.

Para mí, que adoro lo nuevo, que he aprendido el español, que gozo con la vida aventurera conforme a mis gustos, no me queda sino felicitarme por mi contrato. El hecho de que él se queje del país no debe hacerte concluir que a mí me disguste.

En cuanto a la cocina chilena, que él critica amargamente, si tú hubieses probado una cazuela de ave, un valdiviano, un charquicán o un plato de bacalao a la vizcaína, ya no desearías otra cosa. Si de Vriendt prefiere las papas con arroz, el *waterzooi* o un *choessel*, es asunto privado entre él y su estómago».

Hay, sin embargo, que confesar que la vida en Araucanía en pleno invierno no es agradable. El "temporal norte" sopla a menudo tempestuosamente; llueve a torrentes; los caminos son abominables, la pasada de los ríos es, con frecuencia, peligrosa y, de tiempo en tiempo, debo hacer viajes de dos o tres días en la línea. No hace mucho frío. El termómetro casi nunca baja de los 10° centígrados sobre cero, pero la humedad constante de la atmósfera nos hiela. Es necesario vestirse aquí en el invierno tan abrigadamente como en nuestro país.

En Victoria, algunas calles son verdaderas barrancas. Para construir la ciudad se ha desmontado la selva virgen que cubría su emplazamiento, y en ciertos puntos aún no han sido recubiertas las excavaciones resultantes de la extracción de los troncos de los enormes árboles. Todavía quedan grandes hoyos escondidos bajo una capa de barro y agua donde los caballos se hunden hasta la silla. Sólo recordando su ubicación se les puede evitar, pero a veces me sucede de quedar atascado en el fango.

Se puede circular fácilmente por las aceras, que están más altas y mantenidas por estacas, sobre las cuales se han clavado tablas al costado de la calle, pero no se puede cruzar de una acera a otra sino en lugares especialmente destinados a este efecto.

Las noches son tristes. Las paso generalmente solo en mi pieza calentada por un brasero, fumando, leyendo, escribiendo o tocando la flauta.

Pero sucede que me invitan los vascos de la Casa Francesa a una "remolienda" en compañía del señor de la Mahotière, de Manuel Brunet, un comerciante catalán, y algunos otros. La escena se desarrolla en la sala de un cabaret muy primitivo, con suelo de tierra apisonada. Se comienza por tomar posesión del local expulsando a los clientes. En seguida, se cierra la única puerta que da directamente a la calle. A partir de ese momento estamos en nuestra casa. Se bebe, se fuma, se canta, se baila cueca. Una noche, cerca de las once, nos dio la fantasía de comer una cazuela, pero la patrona del café no tenía gallinero. Pedro Tihista, jefe de la Casa Francesa, abrió la puerta y disparó al aire varios tiros de revólver. Pronto el quepi de un agente de policía apareció tímidamente en la esquina de una calle lateral. Tihista gritó: «¡Eh, paco, ven acá! ¡Somos caballeros!». Tranquilizado el "paco", avanzó. Tihista puso en su mano una "chaucha" o moneda de veinte centavos, «Tú recibirás el doble si de aquí a un cuarto de hora nos traes dos pollos». Diez minutos más tarde el paco regreso con las aves pedidas.

Honni soit qui mal y pense.

* * *

El servicio de Correos de Victoria está organizado de una manera muy rudimentaria. La correspondencia se trae de Collipulli por un mensajero a caballo que llega los martes, jueves y sábados, y vuelve a partir los miércoles, viernes y domingos a la una. Cartas y periódicos son depositados en la oficina del Correo, barraca de madera donde la empleada tiene, al mismo tiempo, un negocio de abarrotes. No hay reparto a domicilio. Cada cual va a retirar su correspondencia. Naturalmente, muchas cartas, cuando no se han extraviado durante el trayecto, son retiradas por personas a las cuales no están destinadas. Yo mismo he retirado un gran paquete de periódicos ingleses, dirigidos a los oficiales del crucero "York" a Victoria (British Columbia). Es probable que en el apartado de Correos en Valparaíso el empleado, al leer la dirección: Victoria, envió el paquete al corazón de la Araucanía, en lugar de hacerlo remontar el Pacífico. Esos periódicos, entre los cuales algunos eran ilustrados, databan de hacía meses, sin dejar por ello de ser entretenidos para mí.

La receptora del Correo local no posee sino muy vagos conocimientos de geografía. Un día le llevé una carta dirigida a Bruselas (Bélgica). Considerando probablemente que la dirección era insuficiente, añadió de su puño y letra "Australia". Por suerte lo hizo en mi presencia, pues de otro modo mi carta habría corrido la misma suerte que los periódicos del "York".

No solamente en Victoria el correo deja que desear. Mi amigo Dutillieux me escribe desde Santiago: «Hacia fines de mayo recibí un paquete de periódicos belgas de comienzos de enero; el barco que los había tenido se devolvió a Europa y regresó. Pensé en un comienzo que el paquete podía haber quedado olvidado al fondo de alguna bodega, pero, al examinar los timbres, constaté que había llegado a Santiago el 14 de febrero. Mis periódicos habían pues dormido durante tres meses en un rincón de la oficina de Correos no obstante que la dirección era perfectamente clara. Como usted puede ver, no es necesario ir hasta la Araucanía para tener quejas en contra del Correo chileno».

Me anuncia la llegada de un nuevo contingente de belgas contratados por el señor Cousin: Lemaitre, de Courcelles, ingeniero de minas; De Groot, ingeniero de Lovaina; Arthur Julien, contratista de Puentes y Caminos; Dewindt, también contratista.

El cambio ha bajado. El peso vale 2,57.

Agosto de 1889
Resumo mi carta del 23 de agosto a mi hermano Alfredo (que en esa época se acercaba a los 14 años).

Le informo sobre mi caballo, que es motivo de su interés especial, que debo enseñarlo a trotar, pues mis largos viajes lo hacen aconsejable; los chilenos sólo usan el paso o el galope.

Respecto a los indios, que también le interesan mucho, le doy toda la información que aparece en otras partes de esta obra.

Le describo también en qué consiste el correo en Victoria, que a mi juicio sólo sirve para extraviar las cartas.

Sobre mis correrías ¡he aquí un ejemplo!

«A las siete, partimos para Lautaro, dos ingenieros americanos y yo, con dos mozos. Estamos al fin del invierno. Hace tres meses que llueve, así, es que los caminos están intransitables. En algunos puntos los caballos se hunden hasta el vientre, y como no se sabe lo que hay bajo el barro, es arriesgado caerse. Tú comprendes que en estas condiciones no se puede avanzar con rapidez.

Aun en verano los caminos son malos. Consisten solamente en una brecha a través de la selva. Los troncos, las raíces, las desigualdades del terreno, los hacen muy peligrosos. Como no están nivelados, presentan a veces subidas muy bruscas y descensos fantásticos. Felizmente los caballos del país tienen pies muy firmes; suben las rampas al galope. Las bajadas, por el contrario, las descienden con suma prudencia, dejándose a veces resbalar con las cuatro patas juntas. Por aquí y por allá el camino bordea barrancas donde una caída sería desastrosa.

Para aumentar el encanto de la ruta, de Victoria a Lautaro existe una infinidad de ríos: el Chicauco, Maitenco, Chanco, Quino, Salto, Púa, Rehuecollán, Perquenco, Quillén. Algunos se vadean, lo que no siempre es divertido; cuando los caballos conservan pie, uno se mantiene seco acostándose sobre la silla, pero cuando se pone a nadar, el jinete no puede dejar de sentir la humedad en su asiento; es un inconveniente al cual es necesario acostumbrarse. El Quino y el Quillén tienen puentes de madera en muy buen estado, pero el del Salto es una pesadilla. Para pasarlo, se echa pie a tierra. Así para las personas no ofrece peligro, pero para los caballos es otra cosa, de modo que es un alivio cuando se ha logrado llegar al otro extremo.

Atravesar el Chanco resulta pintoresco. Se pasa en balsa, cada pasajero por turno sin bajar del caballo; sería un bonito tema para un cuadro.

Pero volvamos al viaje.

A las seis somos acometidos por una terrible tempestad. Alcanzamos al galope la casa de un colono, donde nos refugiamos durante tres horas.

Gracias a las provisiones que llevamos hacemos un almuerzo principesco.

A la una, habiéndose calmado el viento norte, continuamos nuestra ruta bajo una lluvia torrencial. Para recuperar el tiempo perdido, en lugar de llegar por un atajo a la balsa del Chanco, pasamos el río a nado, operación que se efectúa sin accidentes. No más incidentes hasta Lautaro, donde llegamos a la caída de la noche.

Existe en Lautaro un bodegón que se decora con el nombre de hotel; es atendido por un matrimonio alemán; en un camaranchón adosado a la barraca hay dos camas llenas de pulgas que están a disposición de los viajeros al precio de un peso cincuenta por persona. Pero cuando, como en el caso nuestro, llegan tres personas, hay que jugarse las camas a la suerte por medio de las cartas; naturalmente, yo perdí. Por fortuna había allí un cofre. Agregando a éste una silla y cubriendo todo con un poncho, me confeccioné una cama que, sin ser más dura que las otras, tenía la ventaja de no contener otras pulgas que las que llevaba conmigo.

Al día siguiente el tiempo se ha puesto bueno. A las seis estamos a caballo; a las 8 llegábamos a una selva virgen que va a ser atravesada por la línea. No pudiendo seguir el trazado obstaculizado por troncos de árboles, visitamos los diversos talleres pasando por los senderos que los obreros han abierto en la espesura del bosque.

Es la primera vez que yo penetro en una selva enteramente virgen. ¡Qué esplendor! Más inteligentes que los árboles de nuestro país, éstos tienen la buena costumbre de conservar sus hojas en el invierno. Pero lo que debe ser una selva virgen en verano me cuesta todavía imaginarlo. De lejos parece una masa compacta de un verde oscuro; no hay la menor transición entre la pampa y la selva; uno se choca literalmente contra este bloque de verdura. La entrada del sendero, abierto hace quince días solamente, parece como un hoyo negro sobre el fondo verde. Apenas penetramos nos encontramos en una oscuridad a la cual no nos acostumbramos sino al cabo de algunos minutos. Como nosotros somos los primeros que entramos a caballo, los mozos van adelante, quitando a machetazos los obstáculos que molestarían demasiado nuestra marcha. Avanzamos lentamente, pues los caballos se atascan con los bambúes y las lianas que recubren el sendero.

Me pregunto si estoy soñando, si soy verdaderamente yo mismo quien se encuentra ante esta fabulosa vegetación. Jamás me imaginé estos árboles desconocidos, estas plantas trepadoras originarias del país cubiertas de flores deslumbrantes de color rojo, llamadas "copihues" y que sólo florecen en invierno; estos troncos muertos, mantenidos en pie por un entrelazamiento de lianas, que los amarran a los otros árboles. Estas masas compactas de "quilas", especie de bambúes muy altos, que se enredan unas con otras.

Resulta un espectáculo verdaderamente feérico. Toda esta verdura forma arcadas sobre nuestras cabezas. Nuestras voces resuenan allí como bajo una bóveda. Nos ponemos a cantar; las voces cobran una sonoridad asombrosa. Para demostrarnos que no somos los únicos desafinados, millares de loros nos responden con una algarabía ensordecedora. Es lástima que falten los monos.

Basta de lirismo. Volveremos a hablar de los bosques vírgenes en verano, cuando vaya a acampar al otro lado del río Cautín, esto es, más allá del último límite de la región ocupada por los blancos.

Después de recibir esta carta deberás escribirme a la casilla 85-Stgo. Dutillieux me las hará llegar de acuerdo a mis indicaciones».

✳ ✳ ✳

J. B. Chatrian me ha enviado una foto de grupo con mamá, María, Georges, Blanche y Alfred, tomada durante una visita que le hizo mi familia. Es el único retrato de mamá que poseo.

En cambio, yo les he enviado mi silueta recortada sobre papel por un artista ambulante, encontrado durante uno de mis viajes a Traiguén. La sombra ha salido muy parecida. En mi carta les hago notar que mi barba ya no es en forma de herradura sino en punta.

De Blanca, cuya pereza epistolar es legendaria, recibo un breve mensaje para mi cumpleaños. Me dice estar desolada porque una carta de doce páginas que me había escrito debe haberse perdido en el naufragio del "Cotopaxi". Le respondo: «Contrariamente a lo que piensas, tu famosa carta de doce páginas la he recibido con toda felicidad. He quedado realmente sorprendido de los progresos que has hecho en estilo y redacción. A este paso Madame de Sévigné será una verdulera al lado tuyo».

✳ ✳ ✳

El señor de la Mahotière, enfermo de cuidado, ha ido a instalarse donde su hermano Carlos, en Collipulli. No ha avisado a la Dirección General en Santiago, de manera que yo le envío la correspondencia oficial y los documentos a firmar. Esto causa el ir y venir continuo de un mozo, entre Victoria y Collipulli.

Los hermanos Mahotière son gemelos, nacidos en Chile de padres franceses. Han hecho juntos sus estudios en la Escuela Central de París.

Después, de regreso en Chile, han entrado al mismo tiempo al Servicio de la Dirección de Obras Públicas. Los dos son ingenieros jefes, uno de la línea Collipulli-Victoria, y el otro de la línea Victoria al Toltén. Ambos son solteros, aunque frisan en la cuarentena.

Su semejanza es asombrosa.

Ellos la acentúan todavía más vistiéndose de la misma manera, usando la misma forma de barba, los mismos lentes, la misma voz. La única diferencia consiste en que uno usa la raya del peinado a la derecha y el otro a la izquierda. Luis de la Mahotière cuenta con la mayor seriedad que un día alguien le preguntó amablemente:

—Perdón, señor, ¿es a usted o a su hermano a quien tengo el honor de hablar?

—Es a mi hermano.

—Oh, ¡mil excusas señor!

Con frecuencia Carlos y Luis almuerza en el hotel Alemán de Victoria. Cuando a fin de mes el hotelero Niedmann cobra los consumos, carga a la cuenta del uno lo que corresponde al otro, lo que es motivo de muy agrias discusiones mensuales.

Septiembre de 1889

Me he decidido a partir a Santiago tanto para conseguir el pago regular de mis sueldos como para gestionar el aumento que se me ha prometido y del cual estoy sin noticias. Al pasar por Collipulli cobro unos nuevos 200 pesos a cuenta.

Envío a mamá una carta desde Santiago el 15 de septiembre, escrita en un estilo lleno de entusiasmo y con la presunción de la juventud.

Le informo que los 5.000 francos, que parecían mucho en Europa, no son nada brillantes aquí. Debido a los gastos de instalación y a que debo vivir como "caballero", no puedo hacerme ilusiones sobre la fortuna que logre amasar en tres años. Felizmente no me agregué al coro de todos mis colegas belgas en sus reclamos para un aumento de sueldo. Pensé que si ellos tenían éxito en su gestión, yo estaría en su misma condición y en cambio si fracasaban, tendría la ventaja de no haberme comprometido. Esto es lo que ha pasado.

Mi ingeniero jefe ha estado ausente y después enfermo. Yo he estado todo ese tiempo a la cabeza de la línea. El trabajo marchaba sobre ruedas, aunque esto me significó mucho esfuerzo.

Surgieron entre tanto dificultades entre los contratistas y yo, siendo imposible ponernos de acuerdo. Después de muchas discusiones entre nosotros primero, entre la Dirección de Obras Públicas y la dirección de la empresa constructora después, se envió de Santiago un árbitro para poner fin al conflicto. El árbitro me dio la razón en todos los puntos. Esto no me reportaba ni un peso más. Un aumento de 50 pesos mensuales, que me había ofrecido mi jefe, no había seguido adelante por el cambio del director general.

Cansado de esperar y teniendo además necesidad de reposo, me otorgo un permiso, corro a Santiago, donde me alojo en el hotel Inglés, Plaza de Armas. Una vez llegado, no dejaba de tener alguna aprensión sobre la recepción que me haría don Benjamín Vivanco, director de la Sección Ferrocarriles, por haber venido sin el permiso necesario.

Al entrar lo saludo y le doy mi nombre y le indico mi posición como ingeniero de la comisión de Victoria al Toltén y antes de que le diga el objeto de mi visita, me dice que está encantado de conocerme y que iba a llamarme con un permiso de 15 días. Me felicita y me dice que soy uno de esos hombres de energía que desgraciadamente son raros, y que en la Frontera son muy necesarios. Agrega que después de mi permiso volveré para hacerme cargo del comando del campo de estudios de la ribera izquierda del Cautín, con el título de ingeniero segundo y con un sueldo de 3.600 pesos. Esto me da 300 pesos por mes, o sea al cambio actual el doble de lo que ganaba anteriormente.

Hace seis meses le había escrito a mamá que yo no era hombre para contentarme con 5.000 francos. Ahora le digo que tampoco me contento con el doble, lo que probaré en el futuro.

Mi estadía en la capital chilena fue como siempre muy agradable. No perdí allí, sin embargo, mi tiempo.

En Chile, país de desidia, todo se demora si el interesado no empuja personalmente sus asuntos. De la mañana a la noche corrí de oficina en oficina, hasta que a mi partida, el decreto confirmando mi nombramiento era enviado a la firma del Presidente de la República.

Mis gestiones fueron interrumpidas por las fiestas nacionales "el dieciocho", que se celebran con entusiasmo exuberante del 18 al 22 de septiembre. Significaron para mí una sucesión de comidas, teatros, placeres de toda especie. Dos veces comí donde la señora Robinson Viana, una vez de etiqueta y otra en la intimidad; como siempre, fui recibido con gran cordialidad.

Con Luis Altmirano y Carlos García, asistí tres días al Club Hípico. Pasé también agradables momentos con mis amigos belgas, sobre todo con Dutillieux y Delannoy. Tuve también la ocasión de hacer más amplio conocimiento con el ministro de Bélgica, señor Adolphe Carion, hombre encantador.

Desde Santiago envié a Bruselas dos álbumes con vistas de Chile.

* * *

Al regresar a Collipulli, el mozo que traía mi caballo desde Victoria, me entregó una carta escrita por María el 26 de julio, muy emocionada por una entrevista sostenida con la señora de De Vriendt.

Su marido le aconsejaba que no viniera a encontrarlo, diciendo que él era desgraciado en Chile, donde se debe luchar sin descanso contra las dificultades que siempre renacen, que a muchos de sus compañeros aún no les pagan, que él mismo sufre una enfermedad al corazón causado por las molestias, etc. Sabiendo cuanto se alarma mamá, María no le ha contado esta conversación.

Le contesto de Collipulli el 28 de septiembre, explicando que de De Vriendt es un caso especial, de carácter insoportable, que no sabe una palabra de castellano, que su edad de más de 45 años le hace más difícil amoldarse en un país extranjero.

Que las demoras en los pagos de los sueldos se había motivado por causas administrativas que estaban ya solucionadas, etc.

En Chile existe bandolerismo, pero en general son ataques a pobres colonos que no tienen como defenderse de diez o más salteadores. Pero en mi caso, no se atreverían a atacar a un ingeniero del gobierno. Saben que por diez hombres que hubieran participado en la agresión, se haría fusilar a una treintena, culpables o inocentes. Eso los hace reflexionar.

En toda la región existe una gran cantidad de personas, buena gente algunos, malos bichos de la peor especie otros, que se tirarían al fuego por el «señor ingeniero cuatro ojos». Estoy a veces orgulloso de la popularidad adquirida, tanto entre los blancos como entre los indios. No hay en toda la región una cabaña de colono, un rancho chileno o ruca de indio, donde mi llegada no sea saludada con una satisfacción que no es fingida. Así, puedo asegurar que no quisiera dejar este país de Araucanía. En Santiago M. Pottier me ha propuesto dejar el servicio de ferrocarriles y entrar con mi nuevo sueldo al servicio de hidráulica que él dirige, lo que me habría permitido vivir en la capital, pero yo he rehusado sin titubear un cambio que tantos otros habrían aceptado encantados. En resumen, jamás en toda mi vida he estado tan feliz como ahora, y si tuviera a la familia conmigo, no tendría nada más que desear.

Octubre de 1889

Llegando a Victoria, encuentro a mi ingeniero jefe bien restablecido y completamente olvidado de sus prevenciones en mi contra.

Ha recibido aviso de mi nombramiento y de mi designación para el campo de estudios de más allá del Cautín.

Me felicita por mi avance, pero me pide insistentemente que me quede en Victoria. Los trabajos de construcción se extienden cada vez más, y por otra parte Goujon, reconocido como una nulidad, acaba de ser devuelto a Santiago a disposición de la Dirección. El señor de la Mahotière ha pedido el envío de otro ingeniero, pero mientras espera su llegada, deberá soportar él solo todo el trabajo de la línea.

Accedo a sus deseos para quedar en buenas relaciones, viendo que más allá del Cautín estaré de todos modos bajo sus órdenes. El escribe a la Dirección General para modificar el plan primitivo; será M. Mayaud quien tomará la dirección del trazado.

Esto me conviene tanto más cuanto que he iniciado aquí algunas operaciones comerciales de las cuales espero un buen rendimiento.

He comprado trigo en verde, 180 fanegas (sacos de 80 kilos) a 1,20 pesos la fanega. Es cierto que el trigo recién sale del suelo, pero a tiempo de la cosecha, en febrero próximo, valdrá 3,50 a 4 pesos.

Envío el material de campamento y los instrumentos a Temuco, donde voy a llevar personalmente a M. Mayaud las instrucciones del ingeniero jefe, y me hospedo en el hotel Salaberry, que es sin duda el más confortable de la Frontera.

M. Mayaud es un ingeniero francés de más o menos 45 años; ha vivido largo tiempo en Argelia, y es casado con una señora argelina. Como una noche donde ellos, y puedo apreciar el talento especial de madame Mayaud para preparar la perdiz con repollo. M. Mayaud, mucho más especializado en estudios de ferrocarriles que en construcción, está encantado de tomar la dirección del campamento. Dejando a su señora en Temuco, va a establecer su campamento a 10 kilómetros más allá del río, en el lugar en que se detuvo el trazado al empezar la estación de las lluvias.

Tendrá bajo sus órdenes al ingeniero inglés Evans, y pronto su equipo será reforzado por la llegada de Emile Bodart.

* * *

He despedido a mi segundo mozo, Gutiérrez, que era un ocioso, y conservo a Manuel, que es la perla de los domésticos. He tomado a su mujer a mi servicio; ella se ocupará de mi ropa blanca y me hará el lavado, que afuera resulta muy caro. He comprado todo lo necesario a este efecto. Manuel gana 30 pesos del gobierno; yo añadiré 8 pesos de mi bolsillo por los servicios que me prestará su mujer.

14 de octubre de 1889
Festejo solo mi 24° cumpleaños. Es pavoroso lo rápido que uno envejece.

En mi carta a María del 21 de octubre, le cuento que aunque en Europa yo pasaba por muy desordenado, aquí en Chile, tal vez por contraste, me he convertido en muy ordenado, tanto que en mi oficina puedo encontrar cualquier documento u objeto sin titubear, a ojos cerrados.

* * *

He dejado el restaurante Alemán y como ahora mi pensión donde don Celestino Pérez. Como él habita la casa contigua a las oficinas, no tengo que salir a la calle, pues paso por los patios.

Don Celestino es soltero, pero tiene una cocinera, doña Peta, que es una artista culinaria de primer orden. Para satisfacer el gusto de su patrón, ella ha españolizado la cocina chilena poniéndole aceite y aceitunas a todos los guisos, lo que resulta una combinación deliciosa. Es un cambio agradable con respecto a la cocina alemana, de la cual estoy aburrido.

Somos tres pensionistas: Miguel Estol, uruguayo, o como se dice aquí "oriental", pues su país se llama "República Oriental del Uruguay", Manuel Vieytes, gallego, y yo.

Nuestro cuarteto es muy alegre, a menudo nos quedamos después de comida conversando, cantando con acompañamiento de guitarra, instrumento que don Celestino toca a la perfección. A veces recibimos la visita de un andaluz, Vicente Jiménez, que cultiva una hijuela a una legua de Victoria.

Esas noches son de verdadero agrado. Jiménez es de una exuberancia extraordinaria baila la jota, la aragonesa, la seguidilla y otras danzas españolas con un brío admirable. Su conversación está esmaltada de dichos y proverbios dignos de Sancho Panza. La exageración marsellesa no es sino una atenuación al lado de la de los andaluces. Ultimamente, durante una conversación que lo había hecho montar en cólera, oí exclamar a Jiménez:

«Hombre, si no te callas te doy un puntapié que te hará volar tan alto, que más sufrirás de hambre que de la caída» (y agregó una palabra muy gruesa).

Desgraciadamente, al volver tarde a su colonia, después de una de nuestras alegres veladas, fue asesinado, y su cadáver se encontró completamente desnudo al borde del camino.

* * *

Mi hermano Georges paso el último domingo de agosto en Blankenberghe, invitado por su jefe el señor Brunner. Era la primera vez que veía el mar. Me lo describe con un lirismo desbordante. Se siente extasiado ante los tonos cambiantes del agua, la playa de arena fina, el movimiento de las mareas, el ir y venir de las olas.

Mi respuesta:

«Te veo entusiasmado por el mar; pero si deseas conocerlo en toda su belleza y en toda su variedad, ya sea blanco, o azul, o verde botella como en el Atlántico, o amarillo ocre como en las costas del Brasil, o bien negro tinta como en el Estrecho de Magallanes; si deseas verlo calmo y deslumbrante bajo el sol de los trópicos, o bien fosforescente durante la noche; verlo morir sobre las playas de arena como en Blankenberghe, o lanzarse furiosamente al asalto de los acantilados más escarpados como en las costas de España; verlo, terrible, elevarse en enormes montañas para fundirse en un instante en abismos sin fondo, como en el océano Pacífico; para ver todo eso, ven cualquier día a visitarme a Chile. Tu entusiasmo entonces, no conocerá límites.

También esto es lirismo aunque no vale el tuyo. Cada cual hace lo que puede».

* * *

Un sueño. Carta a mamá, 29 de octubre

«Tuve anoche un sueño extraño. Figúrate que tú estabas en Victoria y debías, no sé porqué, ir a Traiguén que es un pueblo que dista unas nueve leguas de aquí. Como tú no podías montar sola a caballo, se había decidido que yo telegrafiaría allá para que enviaran un coche a Victoria, donde no los hay. De pronto me preguntabas: "¿Cuánto costará el coche?". "Quince pesos". Tú protestabas que era un gasto excesivo. Querías partir a pie. Como yo objetaba que no podías hacer tamaño viaje, me proponías de llevarte al anca de mi caballo. "No temas, anda", decías, "no me caeré. Te abrazaré bien fuerte". No lograba convencerte que dada mi situación, no podía viajar con mi madre al anca sin ponerme en ridículo. No querías ceder. La discusión degeneraba en disputa y Dios sabe a qué extremos hubiésemos llegado si el mozo no hubiese entrado trayendo los dos huevos a la copa de mi desayuno».

Mis pequeñas operaciones comerciales marchan bien. He vendido mi trigo en hierba con una utilidad de 200 pesos.

La empresa del ferrocarril está preocupada por sus mamposterías debido a la falta de arena conveniente en el lugar; hay que hacerla traer del norte, lo que resulta muy caro. En un paseo que yo hice algún tiempo atrás, descubrí un banco de arena magnífica al borde del río Deumo. Saqué muestras de acuerdo con las cuales la empresa me ha ofrecido 2 pesos por metro cúbico entregado en la línea.

Desde el día siguiente disponía de seis yuntas de bueyes, cinco arrendadas y una comprada por mí. He obtenido este mes una utilidad de 105 pesos, y espero sacar de mi arenal, que desgraciadamente se agotará pronto, 200 pesos más.

Estos extras me permiten enviar a la familia un nuevo cheque de £ 29.

Resumen de mi carta a Alfredo, 21 de octubre

Comienzo por contarle un accidente muy desagradable que me ha ocurrido. Estaba yo jugando palitroque, cuando al salir al patio un momento, un perro enorme súbitamente me atacó por detrás. Fuera de mi ropa destrozada sufrí una profunda herida en el muslo. Por suerte llevaba mi revólver al cinto, con el cual disparé un tiro a la cabeza que liquidó al feroz animal que parecía determinado a hacerme pedazos.

Le aconsejo que si piensa venir aquí en el futuro, no pierda su tiempo estudiando español, que lo aprenderá fácilmente en el país. Que estudie inglés, que le significará un verdadero capital en cualquier país extranjero.

La gimnasia es también de suma importancia, tanto como los conocimientos intelectuales, cuando se necesita trabajar en el extranjero.

Noviembre de 1889

El primer día del mes me toca conocer a Emile Bodart, enviado de Santiago a disposición de nuestro ingeniero jefe. Ha venido hasta Traiguén en tren y de allí en coche. El señor de la Mahotière lo acoge con la misma frialdad altanera que mostró a mi llegada. Felizmente, Bodart no estará en relación con él, pues está destinado a la subcomisión que prosigue el trazado más allá del Cautín, donde tendrá como jefe a M. Mayaud, quien tiene fama de exigir de su personal un trabajo agotador, pero sin dejar por ello de ser la mejor persona del mundo.

Bodart es ingeniero de Puentes y Caminos, originario de los alrededores de Virton. Me trae una flor que me envía su prima María Hobchette, con sus mejores recuerdos. Yo bailé mucho con ella, y le hice un poco la corte en el baile del ayuntamiento de Virton, durante mi visita de despedida a mi tío Nicolás. ¡Buena niña!

Pasamos la noche conversando de nuestro lejano país.

Al día siguiente Bodart debe estar en su campamento. Es tan poco jinete como era yo al principio, y mis recuerdos de mis primeras actuaciones ecuestres están aún demasiado vivas para que yo no trate de evitar a un compatriota simpático que se mortifique en la forma que me sucedió a mi. Decidimos que el viaje se haría en dos etapas y que yo lo acompañaría hasta Lautaro. Le presto un caballo, y acompañados de Manuel nos ponemos en camino a una marcha moderada.

Bodart se ha formado una idea terrible de los peligros de la Araucanía, tanto más cuanto que ha sido destinado a vivir en las selvas en pleno país indígena. Durante el viaje hago lo posible por darle tranquilidad: los indios son pacíficos y los animales feroces inexistentes, aparte del puma, que rara vez ataca al hombre. Un pequeño incidente, sin embargo, va a reanimar sus temores.

A mediodía comíamos nuestras provisiones sobre un poncho extendido en tierra. Nuestra conversación continuaba refiriéndose a los animales peligrosos, yo le decía que el único bicho que se debía temer era una pequeña araña venenosa, con la parte trasera roja, que los indios llaman "pallu" y los chilenos "poto colorado". Su picadura produce contracciones nerviosas muy violentas, acompañadas de dolores muy agudos y acarrea generalmente la muerte si no se tiene a mano un antídoto, el "cauchu", del que se aplica el jugo de las hojas sobre la picada. Su cocción se bebe.

En ese momento Manuel, que comía a pocos pasos de nosotros, oyendo las palabras "pallu" y "poto colorado", nos dice de repente: «Cuidado, allí hay una cerca de su poncho», y nos muestra al malvado bicho en el suelo al lado de nosotros. Bodart se pone en pie de un salto y termina su almuerzo sin volverse a sentar.

Esta araña pica raras veces, y solamente cuando cree ser atacada. Manuel nos cuenta que hace algunos años estaba ocupado en la siega, con su mujer. Estaban ambos acostados a la sombra durmiendo siesta, cuando de repente la mujer dio un fuerte grito. Como hacía mucho calor, ella tenía el busto casi desnudo, y una pallu acababa de picarla en el seno; inmediatamente comenzaron las convulsiones. Estaban lejos de todo socorro; entonces Manuel no titubeó. Con su cortaplumas procedió a la ablación del seno. Aunque hecha en condiciones eminentemente sépticas, la operación tuvo éxito y su mujer se repuso perfectamente.

Pasamos la noche en el hotel Alemán de Lautaro. Al día siguiente, confié Bodart a Manuel que debía acompañarlo hasta el campamento y regresé solo a Victoria.

* * *

Estamos en verano. El calor es fuerte, y la sed se hace sentir a menudo en las largas correrías por la línea. He ideado enterrar botellas de cerveza en algunos puntos bien localizados.

Hace poco, cabalgaba con Frame, el ingeniero de la empresa. La sed nos torturaba. Me puse a hablar del placer que se tendría al tomar un refresco, con tal fastidiosa insistencia, que mi compañero terminó por preguntarme si la sed me había trastornado. Llegados a la proximidad de uno de mis escondites, detuve mi caballo y declaré que no podría ir más lejos. «Anda, le dije a Manuel, a buscarnos cerveza». Con esto Frame creyó que me había vuelto loco. El objetaba que se necesitarían dos horas para que Manuel nos trajera las botellas, las que al llegar estarían intomables. Yo no quería oír nada. Frame me miraba con aire compasivo, cuando al cabo de pocos minutos, aparece Manuel trayendo dos botellas de una frescura deliciosa.

Mi éxito fue triunfal. Revelé mi truco a Frame, quien ahora lo aplica por su propia cuenta.

* * *

A un par de kilómetros de la línea habita un colono suizo, Währli; a veces doy una vuelta hasta su casa. Währli llegó hace cuatro o cinco años. Se le concedieron 40 hectáreas como a todos los colonos contratados en Europa, más 20 hectáreas por cada uno de sus cuatro hijos de 15 a 21 años que él traía, esto es un total de 120 hectáreas.

Son duros para el trabajo. El terreno está enteramente desmontado y rodeado de un tosco cercado de madera. Ha satisfecho todas las condiciones del contrato y obtendrá el título definitivo de la propiedad.

Su explotación es próspera y su casa confortable, rodeada de una sólida empalizada de estacas. El acceso está defendido por una media docena de perros feroces, que a cien metros de la casa atacan furiosamente a los caballos y de los cuales uno se libraría difícilmente si sus dueños no lo llamaran cuando han reconocido quién es.

Währli ha encontrado al fondo de la propiedad numerosos manzanos silvestres descendientes de aquellos que fueron traídos hace más de tres siglos por los primeros ocupantes españoles que, como ya lo hemos dicho, fueron aniquilados en la sublevación general de los indios araucanos. Estos árboles han degenerado; las manzanas son pequeñas y agrias pero dan una excelente sidra, con la cual me regalo en cada visita.

Uno de los hijos murió el año pasado; al fondo del jardín se encuentra su tumba, llena de flores y con una cruz muy alta.

Währli padre es un hombre de unos cincuenta años, un poco duro, pero acogedor, nos hemos hecho amigos. Conversamos en alemán, que él habla con ese abominable acento gutural de los suizos alemanes. Como es viudo la casa está dirigida por su hija Babette, bonita Gretchen de largas trenzas rubias. Ella es quien nos sirve la sidra que rocia mis largas conversaciones con su padre.

De todos los colonos que conozco es el que ha tenido más éxito, gracias a un trabajo encarnizado y a una perseverancia que no pudo ser desalentada por las enormes dificultades del principio.

* * *

He comprado en Traiguén una excelente carabina Winchester de 16 tiros y una formidable provisión de cartuchos. Gasto mucho en ejercitarme y poco a poco llego a ser buen tirador.

* * *

En Victoria he tomado un profesor de lengua mapuche. Es un joven indígena que conoce bastante el español. En el hecho, soy yo quien dirige los estudios, formando un vocabulario y haciendo preguntas que me permiten darme cuenta de la construcción especial de las frases araucanas. Pago a mi maestro una chaucha, veinte centavos por hora, más una botella de

aguardiente cada quinta lección. Esos días la alegría de mi profesor es
sin límites.

* * *

Hasta aquí, el envío de dinero a Europa era para mí un problema complicado. Me pagan en Collipulli, primer viaje; como no existe banco ni en
Collipulli ni en Victoria, nuevo viaje a Traiguén, donde se encuentra una
sucursal del banco de Valparaíso. Esta movilización me quitaba tiempo y
no dejaba de ser onerosa, pues era necesario alojar en el camino. Gracias
a don Celestino Pérez he encontrado una solución práctica. Le entrego el
equivalente de £ 39 y su corresponsal en Santiago, un comerciante español,
de nombre Pedro Molinos, se encarga de enviar el cheque.

Diciembre de 1889
Continúa la invasión de ingenieros belgas contratados por M. Cousin por
cuenta del gobierno. El "Aconcagua" acaba de traer cinco nuevos, de los
cuales dos son de Gante, dos de Lieja y uno de Lovaina.

El contrato de Goujon ha sido rescindido. Lo mismo ha sucedido
con los de Cuisinier y De Groot, que no han dado satisfacción. Son
devueltos a Europa con una indemnizacion correspondiente a tres meses
de sueldo.

Bodart me escribe de Temuco, donde ha venido a pasar el domingo.
Está instalado en el campamento a doce Kilómetros al sur del río Cautín.
La región le parece maravillosa; hay en la selva muchos leones (pumas),
zorros, gatos salvajes, pequeños venados (pudús), sin contar innumera-
bles torcazas y loros. A pesar de todo siente nostalgia y desea regresar a
Europa.

14 de diciembre de 1889
Las cartas de la familia me informan respecto al estado de salud y algunos
hechos interesantes para mí de la vida familiar.

En mis respuestas les relato con detalles mi vida y mis proyectos para
el futuro. Entre éstos se cuenta el de visitar a la familia cuando termine
mi contrato de tres años y haya reunido suficiente dinero.

Considero que después de unos seis meses de estadía allá, debería volver a trabajar aquí para reunir una cuantiosa fortuna y poder vivir tranquilamente en mi patria.

De una de mis respuestas, extracto lo siguiente:

«Mientras tanto, me he creado aquí una vida muy confortable, que no peca sino por la soledad a la que estoy condenado. Estamos en pleno verano, enero debe ser aun más caluroso. Soporto admirablemente el calor. Ayer, por ejemplo, tenía que fijar el emplazamiento de un acueducto, y como estaba muy lejos, llegué a las once, de manera que tuve que trabajar bajo un sol ardiente; me sentí cocido vivo. Lo molesto en estos casos es que se tiene sed, y los riachuelos que en invierno surcar la región, están secos. El único recurso es enviar un mozo a caballo a buscar en un despacho, a veces muy lejos, algunas botellas de cerveza, que trae envueltas en servilletas mojadas. Cuando llegan ¡qué voluptuosidad!».

«El trabajo en la línea está en todo su apogeo. Si esto puede interesarte, los terraplenes pasan ya de los 300.000 metros cúbicos. Se ocupan 1.800 obreros. Al fin del mes llegará la primera locomotora; en estos momentos estamos ocupados en colocar los primeros kilómetros de rieles. La implantación de mis innumerables puentes y acueductos, me da mucho quehacer y recién comienzo los estudios de una red de canales para la captación de las aguas en invierno, a todo lo largo de la línea».

«A menudo comparo los empleos en Europa a los de aquí. Allá rasguñaría el papel en las oficinas o me agotaría en el terreno por 200 francos al mes, acosado por toda una jerarquía de jefes, mientras que aquí, soy casi dueño absoluto de mis movimientos, y se me abre un brillante porvenir».

Un fotógrafo se encuentra de paso en Victoria. Gran acontecimiento. Me hago fotografiar a caballo, y envio una serie de copias a la familia. Esto conmoverá a toda la casa.

* * *

Don Nicasio de Toro, propietario de un gran fundo que dista algunas leguas de aquí, me invita a una cacería de leones.

El león de América o puma, llamado también jaguar, y en mapuche "luan", es una fiera muy peligrosa para los corderos y aun para los bueyes y los caballos, pero cuya caza no ofrece mucho más peligro que la del jabalí en nuestra tierra, sobre todo si uno está provisto de una excelente Winchester, como en mi caso. La víspera del día fijado estaba ocupado en limpiar mi carabina, cuando un mozo de don Nicasio vino a avisarme que el animal había sido muerto. Los pumas viven en las selvas vírgenes, de donde salen para asolar el ganado. En estos casos, se quedan mucho tiempo en una misma región; se les puede dar caza entonces, con muchas posibilidades de encontrarlos.

* * *

Las vacaciones de Navidad han sido ocasión de una interesarle excursión, en la que no debía faltar la aventura.

Como consecuencia de la conquista de la Araucanía, el Gobierno ha llegado a tener un territorio inmenso. Una parte ha sido dejada a las diversas tribus indígenas que viven libremente en lo que se llama "reducciones", pero aisladas unas de otras para evitar las sublevaciones generales. Otra parte ha sido repartida a la colonos europeos. Los ingenieros del servicio de colonización dividen las regiones disponibles en loteos de muchos cientos de hectáreas, que, a medida del avance del loteo, son puestos en venta pública en Santiago y adquiridos por chilenos ricos, deseosos de crear en Araucanía fondos valiosos, que no dejarán de tener un gran valor agrícola en el porvenir. No faltan llanuras cultivables, pero la mayor parte está cubierta de selvas cuya explotación, cuando hayan sido creados los medios de comunicación, será fructífera.

Los límites de las propiedades puestas en venta, están determinados por "fajas" o senderos abiertos en línea recta a través de la selva, sin tomar en cuenta los accidentes naturales del terreno. Los interesados compran generalmente basados en los planos, sin haber visitado el lugar.

En el último "remate" público, la firma Albarracín y Urrutia, adjudicatarios de la construcción del ferrocarril, ha comprado en esas condiciones seiscientas hectáreas de selva, en un lugar llamado Tolhuaca, por el nombre de un volcán que se levanta más lejos en la cordillera. Los adquirentes desean darse cuenta de la situación y del valor de su propiedad y deciden visitarla.

Una mañana, cerca de las seis, los participantes en la expedición se reúnen. Ellos son: don Tomás Albarracín, el comandante Fidel Urrutia, el ingeniero Frame, el mayor Errázuriz, dos caballeros chilenos y yo, más cinco mozos.

La caravana se pone en movimiento con los primeros rayos del sol; pronto el calor se hace tórrido. Hacia mediodía hacemos alto al lado de un riachuelo y almorzamos copiosamente; víveres y bebidas no faltan. En la noche acampamos en un gran claro; los mozos recogen leña seca y hacen una fogata que mantendrán por turno toda la noche para alejar a los pumas.

Cada uno elige su lugar para dormir y hace su cama a su manera. Se cortan ramas que se extienden en el suelo para evitar el contacto directo con éste. Se tienden encima los cobertores, que durante la marcha van bajo las sillas de los caballos. Se sacan las botas, se cubren las cabezas con un pañuelo para evitar el rocío de la mañana, y enseguida se enrolla cada cual en su poncho para dormir.

El señor Albarracín, que es un hombre de cierta edad, ha traído una piel de guanaco que le servirá de colchón. El mayor Errázuriz, habituado desde hace mucho tiempo a las noches al aire libre, ha colocado una rama a la altura de su cabeza en la que ha fijado una vela; saca del bolsillo un diario y fumando se pone a leer tan tranquilamente como si estuviera en su cama.

La noche está serena. Al nacer el alba, sentimos un frío intenso; tiritamos en un baño de rocío. Los mozos traen a cada uno un "tacho" de café con una fuerte dosis de aguardiente, que restaura nuestro aplomo.

Nos volvemos a poner en camino. Pronto sale el sol y comienza el calor. Guiados por el plano, llegamos a la entrada de la faja que forma uno de los límites de la propiedad. Es un sendero en línea recta de un metro y medio a dos metros de ancho. Penetramos en fila india, marchando con cuidado para evitar que los caballos se lastimen con las puntas en bisel de los tallos de bambú cortados casi a ras del suelo.

La selva es espléndida, pero menos que las del valle. Estamos a unos 800 metros de altura; falta el entrelazamiento de lianas, en cambio los árboles son soberbios. Los señores Albarracín y Urrutia se extasían de antemano ante la utilidad que obtendrán más tarde con su explotación. Es mediodía cuando llegamos al extremo de la faja, terminada en un barranco profundo, de paredes casi perpendiculares, al fondo del cual ruge un torrente que la tupida vegetación nos impide ver. Estamos en un pequeño claro. Se amarran los caballos sin desensillarlos, se les saca el freno para que puedan ramonear a su gusto, luego comemos.

En el momento en que vamos a tendernos en la hierba para una pequeña siesta, se escucha un grito: ¡Fuego!

Detrás de nosotros, en la faja, a lo lejos, se eleva una columna de humo. Un cigarrillo encendido botado con imprudencia debe haber provocado el incendio. La faja es nuestra vía para la retirada: necesitamos salir a toda prisa.

Gran alboroto. Se preparan con toda rapidez los caballos, y nuevamente en fila india emprendemos la marcha en sentido inverso, por el sendero.

Pronto llegamos al lugar donde ha comenzado el fuego; como el viento sopla en la dirección que llevamos, se ha propagado delante de nosotros. Las ramas secas han debido arder muy pronto; el suelo está cubierto de cenizas quemantes; la hierba está chamuscada a derecha e izquierda, pero la espesa selva está intacta. Los caballos avanzan levantando en alto las patas y relinchando. Una rama de enredadera seca se inflama de repente en el momento en que pasa Frame; llamea como un cohete y le chamusca la hermosa barba sal y pimienta de la que está tan orgulloso. Esta marcha peligrosa prosigue durante un cuarto de hora. El sendero desemboca en un vasto llano enteramente rodeado por la selva y cubierto de altas hierbas secas por el sol; aquí el fuego se ha extendido a los dos lados y ha ganado todo el ancho del llano. Delante de nosotros, se levanta una cortina de grandes llamas que el viento continúa empujando hacia adelante; no hay que titubear; hay que atravesar a toda costa y llegar antes que el fuego al lugar donde sigue la faja. Vuelan chispas por todos lados; la atmósfera es difícilmente respirable.

¡Adelante! truena el mayor Errázuriz. Todos se han echado el poncho sobre la cabeza para defenderse lo mejor posible; tendidos sobre los cuellos de los caballos, se les clavan las espuelas en los costados y se lanzan en un galope desenfrenado. ¡Bravo! Hemos pasado; nos encontramos en la hierba del llano, más allá de la cortina de fuego. Nos detenemos, nos sacudimos y apagamos las chispas que nos cubren y los comienzos de quemaduras de los ponchos y de los trajes. Por mi parte, salgo con algunos hoyos en mi poncho y una ligera quemadura en la mano izquierda. Otros han salido peor, felizmente nada grave.

Continuamos nuestra retirada por la faja, dejando seguir su obra al incendio detrás de nosotros. Los pobres caballos tiemblan todavía. El de Frame se ha puesto a cojear. Llegados al claro siguiente, comprobamos que tiene una pata muy hinchada. Ha debido lastimarse en una punta de bambú y la ceniza le ha envenenado la herida. Frame toma el caballo de uno de los mozos y entrega el suyo al mismo, quien se queda atrás para llevar al animal dañado. Acampamos en el mismo lugar de la víspera, pero esta noche falta el entusiasmo. En su precipitación, los mozos han abandonado una parte de las provisiones. Nos queda pan, charqui, cebollas y queso. Escaso festín, acompañado de agua del riachuelo, reforzada con el aguardiente que aún contiene nuestras cantimploras.

Se discute el acontecimiento. Unos pretenden que nos ha faltado sangre fría: el viento no empujaba el fuego en nuestra dirección. Habríamos hecho mejor manteniéndonos con nuestras provisiones hasta que se hubiera extinguido. A lo que otros responden que nosotros hemos constatado la dirección del viento demasiado tarde, que ésta, luego, pudo cambiar, que estábamos cogidos como en una ratonera entre el barranco infranqueable y la selva impenetrable. Que ésta podía quemarse entera y quemarnos como en una parrilla. En resumen, nos acostamos de muy mal humor. Algunos sufren quemaduras, aunque poco graves, no por ello menos dolorosas.

✳ ✳ ✳

He sido invitado a una cena de Año Nuevo por la colonia escocesa del río Dumo, a cuatro leguas de Victoria. Unas diez familias ocupan allí colonias adyacentes; en el centro del grupo los colonos han edificado una capilla presbiteriana, alrededor de la cual se han creado algunas tiendas.

Partimos de Victoria, seis invitados, entre nosotros el ingeniero Frame, escocés de los High Lands. Hay un claro de luna magnífico y podemos galopar a gusto.

Al salir de un bosque, descubrimos a 400 ó 500 metros adelante, un grupo de jinetes. Ellos nos han visto y se detienen en seco; nosotros hacemos lo mismo.

Aquí es bueno desconfiar de los encuentros nocturnos y esperamos carabina o revólver en mano.

Un hombre se separa del grupo y avanza hasta hacerse oír. Hace un llamado en mal castellano. Por el acento noto que es alemán. Le grito explicaciones en su lengua. Nada que temer por ningún lado; se trata de colonos alemanes invitados a la misma fiesta. Los alcanzamos, fraternizamos y proseguimos juntos el camino.

En la proximidad de la capilla se ha levantado una vasta ramada. La entrada está adornada con farolillos y guirnaldas multicolores de papel.

El interior ha sido arreglado con linternas venecianas, banderas, tapices, florones de cardo, el emblema escocés, con el lema latino: "Nemo me impune lacessit" (nadie me ataca impunemente).

Además de unos cuarenta hombres, mujeres y muchachas de la colonia, hay unos veinte invitados.

Recibimos una calurosa acogida; se procede a las presentaciones, y después sigue una corrida de whisky para todos.

Empieza el baile. La orquesta se compone de dos gaiteros, que sacan de sus gaitas aires de tono nasal sostenidos por un bajo continuo. Pronto el entusiasmo se hace general. Las provisiones son abundantes y variadas; el vino, la cerveza y el whisky corren a torrentes. La hospitalidad escocesa tan ponderada no es una palabra vana.

Algunos colonos se han puesto su traje nacional; nos dan el espectáculo de sus danzas escocesas más originales. También cantan canciones en gaélico, que entre nosotros sólo Frame es capaz de comprender, pero que dentro de su género melancólico, son verdaderamente emocionantes. Son las seis de la mañana cuando regresamos a Victoria.

A propósito de los cardos, los colonos escoceses han jugado una mala pasada a esta región, donde esta planta dañina era antes desconocida. Ellos trajeron semillas de su emblema nacional que ahora se ha propagado por todas partes con gran perjuicio de los colonos vecinos.

Enero de 1890

La "North and South American Construction Company" está herida en el ala; sus capitales parecen agotados. Su personal en Victoria se compone solamente de dos ingenieros yanquis, Dearborn y Drew Jones; ellos se quejan de que sus sueldos no les son pagados, sino con gran atraso, y están inquietos por su porvenir.

Dearborn tiene un hijo de nueve años, es un niño encantador que a veces nos acompaña montando un pony que conduce a la perfección. Este muchachito conoce ya bastante mundo. Nació en México; a los dos años fue a vivir a California; a los tres a Utah y después a Texas; a los cuatro años a Costa Rica, a los cinco a Panamá, a los seis al Perú y hace más de un año vive en Araucanía. En cuanto a Jones, es un verdadero cow-boy; ejecuta a caballo proezas de volteo prodigiosas y en el vasto corral de las oficinas de la compañía, nos da a veces espectáculos dignos de los mejores circos.

* * *

A principios del mes, el señor de la Mahotière me encarga llevar instrucciones a M. Mayaud al campamento del río Quepe, más allá de Temuco, entre el río Cautín y el río Toltén.

Singular clima el de la Araucanía. Mientras que en todo Chile central no cae una gota de agua de octubre a junio, sobrevienen aquí lluvias violentas en pleno corazón del verano. Yo había partido de Victoria con el mejor tiempo del mundo. Después de varias horas de cocerme al sol, llegué a Lautaro y me alojé en el primitivo hotel Alemán, del cual ya he hablado. En la noche un "temporal", tempestad del norte. El viento comienza a mugir; su soplo viene a acariciarme el rostro a través de los intersticios de las tablas. Pronto, goteras de lluvia que atraviesan la techumbre caen sobre mi cama, obligándome a arrastrarla a otro rincón de la pieza. Son los agrados de la vida de invierno que vuelven a comenzar cuando uno no está equipado para evitarlos. En la mañana, a pesar de que el camino se ha transformado en un barrial y de que los arroyos han crecido en forma desmedida con sólo una noche de lluvia, vuelvo a ponerme en marcha hacia Temuco, donde llego, empapado, cerca de las cuatro. Voy al hotel Central que dirige un vasco de nombre Salaberry. Allí por lo menos, el confort no deja nada que desear. Me meto en cama enteramente desnudo, mientras me secan mis ropas, y para calentarme bebo un enorme grog a la pimienta. Después del completo secado de la ropa y de una excelente comida, voy al club de los extranjeros a jugar una partida de billar.

Temuco no se parece a Victoria y menos aún a Lautaro. Aunque es la última ciudad en el sur, cuenta ya con unos 7.000 habitantes, y como es la cabecera de la provincia de Cautín, ha tomado ya el aspecto de una pequeña capital.

Al día siguiente, continúa la lluvia. Atravieso el puente carretero del Cautín, y hacia mediodía llego al campamento. Está instalado en un lugar muy pintoresco en la ribera del río Quepe. Ahí encuentro a M. Mayaud y a Emile Bodart, que ha terminado por acostumbrarse a su nueva vida, y al ingeniero americano Sweet; Evans está en Temuco; yo ocuparé su carpa. Duermo mecido por el rumor del río y el crepitar de los gruesos goterones de lluvia que rebotan sobre la tela.

Al regresar a Temuco, encuentro a la ciudad en gran conmoción. Bandidos armados, diez según unos, treinta según otros, asaltaron de noche la guardia de la prisión y libertaron a los detenidos. Un destacamento de caballería persigue a los bandoleros.

No lejos de Lautaro, cae el caballo de Manuel y lo arroja al suelo con un pie dislocado. Dejo a Manuel al borde del camino y voy a Lautaro, de donde traigo un médico suizo, el doctor Pillonel, quien por lo demás no es médico, sino simple oficial de Sanidad, es decir, está autorizado para ejercer la medicina sin haber obtenido su doctorado.

El practicante reduce la luxación; a Manuel se le pone sobre su caballo y se le conduce a Lautaro. Regreso solo a Victoria, desde donde envío a su mujer a buscarlo en carreta de bueyes.

*　*　*

La cosecha comienza; los obreros en masa abandonan la línea para ir a los campos. Acompaño al señor de la Mahotière en un recorrido por la línea, lo que no hace con frecuencia. Cuando llegamos a cierta trinchera, se acaba de producir un derrumbe. Sepultó a tres hombres que ya han sido rescatados. Uno ha muerto, los otros dos se hallan gravemente heridos. Sin ocuparse de las víctimas, mi ingeniero jefe, que decididamente tiene el corazón duro, se dirige al capataz:

—¡Cómo! ¿No ha podido usted tomar algunas precauciones, ahora que es tan difícil reclutar gente?

Hace un calor horrible. Recorriendo la línea, me viene la idea de ir a refrescarme donde mi viejo amigo el colono suizo.

El buen Währli me recibe con su cordialidad acostumbrada, pero le encuentro un aire sombrío que no es habitual en él. Como trae él mismo la sidra y los vasos, le pregunto si fraülein Babette está ausente. Me responde con un tono lúgubre:

—Babette ha muerto para mí. No la veré más.

Naturalmente, no insisto, pensando que la hermosa niña ha terminado mal.

Conversábamos de cualquier cosa cuando Währli vuelve por sí solo al tema. Me hace saber que su hija, mientras pasaba las fiestas de Navidad donde una familia suiza en Quino, se convirtió al catolicismo.

—La réproba se ha hecho papista —me dice—, yo la he maldito y la he echado. No volverá a poner los pies aquí.

Y estalla en sollozos.

Estimo inútil todo consuelo; me limito a expresarle cuánto siento su pena y me despido tristemente del anciano. Yo tampoco volveré a ver a la bella Gretchen de las largas y hermosas trenzas rubias.

* * *

Las noticias de Europa hablan mucho de la influenza, especie de gripe de forma desconocida hasta ahora, que causa numerosas víctimas y se propaga rápidamente de un país a otro.

Febrero de 1890

La Comisión se ha enriquecido con un nuevo ingeniero, Guillermo Fonck. Tiene unos treinta años. Nacido en Valdivia de padres alemanes, fue a Alemania a hacer sus estudios de ingenería. Es el hombre más agradable del mundo, y desde el primer contacto nos hemos convertido en verdaderos amigos.

En un lugar llamado Puente Cajón, entre Lautaro y Temuco, un contrafuerte de los cerros de Ñielol avanza en punta, no dejando sino una pasada estrecha entre la montaña y el río Cautín. Pasa por ahí un camino que va a ser destruido por la vía férrea. Se trata de hacer otro. Mientras Fonck asume el trabajo en Victoria, se me confía a mí esta misión. Esto no sería tan difícil, si no se hubiera querido aprovechar la ocasión para unir este punto al pueblo aislado de Ñielol, al otro lado del macizo, de manera de ponerlo en comunicación con Lautaro y Temuco. Esto no tiene nada que ver con el ferrocarril, pero mientras yo estaba allí se ha agregado esta nueva tarea.

Es sumamente difícil avanzar en la montaña desconocida cubierta de selvas vírgenes. He aquí como se procede: Se marca en una carta geográfica la dirección que se debe seguir para ir del punto de partida al punto de llegada, después, guiándose con la brújula se abre una pasada en línea recta. Cuando se encuentra un obstáculo infranqueable se hace un rodeo trazando una perpendicular, luego una paralela, después otra perpendicular del mismo largo que la anterior, en sentido inverso para tomar nuevamente el trazado más allá del obstáculo en la línea primitiva. De 200 en 200 metros se abren fajas perpendiculares a la línea principal, de un kilómetro a un lado y otro de ella para levantar la formación del terreno. Cuando la abertura esté terminada se podrá hacer el estudio del trazado definitivo en el escritorio.

En un principio, el trabajo era muy entretenido, pero pronto se hizo monótono y fastidioso. Todo va bien mientras el campamento pueda mantenerse a la orilla del bosque, pero cuando se ha avanzado varios kilómetros, se está obligado a transportarlo a un claro natural o artificial y entonces el reabastecimiento resulta difícil. Las mulas que traen las provisiones tienen que circular en la selva solamente de noche, pues desde que sale sol son acometidas por nubes de tábanos que las desesperan a tal punto que dan media vuelta y parten al galope hacia la salida del bosque.

No falta la caza en el bosque, pero solamente de plumas, torcazas, "cachañas", y numerosos volátiles más. Se puede, en muy escasas ocasiones, matar un "pudu", especie de pequeño corzo muy esquivo, de carne muy delicada. Hay también bastantes pumas; he divisado algunos sin poder darles caza, pues huyen rápidamente hacia la espesura del bosque, donde no se les puede perseguir.

Durante todo un mes llevé esta vida salvaje, y estaba ya en mi 24° kilómetro, cuando fui relevado por un ingeniero chileno. Le cedí el puesto sin lamentarlo.

Marzo de 1890

A mi regreso a Victoria, encuentro un paquete, de cartas de Europa. Mamá me cuenta la muerte del tío Gustavo. María me dice que ha sido la única de la familia atacada por la influenza, y ha estado seis días en cama.

Blanca cuenta una serie de siniestros:

Incendio del palacio de Lacken. La institutriz de la princesa Clementina, Mlle. de Rancourt, se ha quemado viva en su pieza, su cuerpo ha sido encontrado dos días más tarde. Por una rara coincidencia, el mismo día en Loo se quemaba el palacio del Rey de Holanda. Cuatro días más tarde, le tocó el turno al teatro de la Bourse; de ese magnífico edificio, quedaron solamente los cuatro muros.

También recibo noticias de Santiago:

El padre de Dutillieux ha muerto de influenza. La enfermedad ha llegado a Chile y hace estragos en Valparaíso y Santiago; hay millares de casos, felizmente inofensivos.

El señor Benjamín Vivanco ha renunciado como director del Departamento de Ferrocarriles. Lo reemplaza un señor Knudsen, chileno de origen danés.

* * *

Algunos días después de mi regreso, recibo una carta de mamá, fechada el 23 de enero.

«Justamente hoy hace un año que nos dejaste. ¡Cuánto desearía que hicieran tres para que tu regreso estuviera más próximo! Sería para mi una alegría tan grande volver a verte, que no me parece posible que pueda tener tanta felicidad».

Pobre mamá. Esta carta es la última que me escribirá.

* * *

El 20 de marzo recibo de la Dirección una carta invitándome a ir con urgencia a Santiago, sin ninguna explicación. ¿Para qué me pueden necesitar?

Parto enseguida, y al día subsiguiente me presento al Ministerio, donde se me anuncia que el señor Rafael Pottier desea hablarme.

Al entrar en su oficina, leo en su cara que tiene una mala noticia que darme. En efecto, me entrega una carta de María en que me comunica la muerte de nuestra querida mamá. Temiendo que el anuncio de esta catástrofe me sorprenda bruscamente en la soledad de la Araucanía, ha querido que me llegue a Santiago, donde estoy rodeado de amigos.

Mamá parecía curada de la influenza, cuando el mismo día en que me escribió su última carta se produjo una recaída que ocho días más tarde ocasionó el desenlace fatal. Murió en brazos de María, sin mayor sufrimiento.

El golpe ha sido terrible para mí, aunque un tanto atenuado por los testimonios de simpatía de mis amigos de Santiago. El abate Ciselet, a quien había encontrado en Victoria hace un año, ha dejado su colonia y es ahora capellán del hospital de San Francisco de Borja. Le he ordenado a él un servicio solemne a la memoria de mi madre. Se ha fijado como fecha el 5 de mayo. Yo la indico en los partes que envío a mis conocidos en Chile.

Al volver a Victoria el 27, encontré numerosas cartas de condolencia de la familia y de los amigos de Europa.

Yo estaba profundamente abatido; el único derivativo posible era ponerse otra vez a trabajar con ardor.

Abril de 1890

Estoy sumamente afectado por la muerte de mamá y tengo ideas negras, que combato con el trabajo.

Mi segundo invierno ha comenzado. Llueve abundantemente y las correrías por la línea se han vuelto cansadoras y desagradables. Voy a menudo a Lautaro y a Temuco.

Hago una visita al campamento de estudios, instalado algunos kilómetros más allá del río Quepe, en un claro del bosque. Dado lo avanzado de la estación, este campamento debería haberse mudado de aquí desde hace tiempo, pero M. Mayaud deseaba terminar ciertos trabajos en el terreno mismo. Llego al campamento en una tarde de lluvia torrencial. Ocupo la carpa y la cama de Evans quien todavía está ausente. Por la mañana tengo la desagradable sorpresa de encontrarme en plena inundación. Hay 20 centímetros de agua dentro de la carpa. Felizmente mi catre de campaña es alto y por la noche yo había dejado mi ropa sobre la cama. Me visto como mejor puedo, me pongo mis botas altas y salgo. El riachuelo próximo se ha desbordado y el claro está convertido en una laguna. Reina una gran conmoción en el campamento. Mayaud, Bodart y Sweet chapotean tanto como yo. Los mozos que dormían en el suelo en una gran carpa han debido refugiarse sobre troncos de árboles cortados, donde han pasado la mayor parte de la noche, calados hasta los huesos. Por suerte las provisiones, colocadas sobre una mesa en la carpa-cocina, se han salvado del desastre, lo mismo que los instrumentos. Imposible hacer fuego; abrimos las latas de *corn-beef* y comemos como podemos.

Es menester salir del atolladero.

Alejándose del riachuelo el terreno se eleva, y a 150 metros de allí está seco. Siempre chapoteando como patos en el pantano, retiramos los instrumentos, libretas y planos, los enseres, camas, etc.; felizmente ha dejado de llover.

Los mozos recuperan los caballos que, maneados pero dejados en libertad, han arrancado de la inundación. Mayaud, Bodart y yo tomamos el camino de Temuco. Sweet queda atrás con los mozos para levantar el campamento y llevar el material a Temuco, donde la subcomisión de estudios va a instalar sus cuarteles de invierno.

Mayo de 1890

El servicio a la memoria de mamá está fijado para el 5 de mayo en Santiago.

El jueves 1° de mayo parto de Victoria bajo una lluvia torrencial. Esperaba llegar el mismo día a Collipulli, pero los caminos son atroces; mi caballo termina por derrengarse y me veo forzado a detenerme en Ercilla. Es un pueblo que data de apenas cinco años, pero ha logrado un auge rápido porque está situado en un lugar encantador y rico, desde el punto de vista agrícola y de la explotación de bosques; cuenta ahora con 4.000 habitantes.

Llegando al hotel Francés, el mismo en el que durante el invierno pasado culminó mi bochornosa aventura con el juez Oñate, me encuentro con el señor Felipe Illufiz, que es uno de los empleados superiores del ferrocarril en construcción de Collipulli a Victoria. Es el día de su cumpleaños. Resulto así convidado a comer a su casa junto con numerosos otros invitados.

El festín de Baltazar debió ser bien poca cosa comparado con un banquete chileno. Lo que se bebe es realmente fenomenal.

Se empieza con una media docena de vermouths a guisa de aperitivo. Viene en seguida la cazuela, especie de caldo con trozos de pollo, zapallo, choclo, porotos verdes, aceitunas, todo aliñado con ají, que es una pimienta muy fuerte; se acompaña con un vino blanco de San Andrés, excelente por lo demás. Sigue una avalancha de platos rociados por un torrente de vinos Urmeneta, Panquehue, Subercascaux, los mejores de Chile. Los que beben los naturales del país es prodigioso. Una fiesta de la cual los invitados no salieran convertidos en cosacos, se consideraría como un aburrimiento mortal. Yo bebo, por cierto, moderadamente dentro de lo posible, tanto porque quiero conservar cierto prestigio, cuanto porque mi estómago, aunque bastante firme, no me permitiría seguir a los chilenos en sus pantagruélicas libaciones.

A la hora de los brindis, la fiesta se transforma en un aniego. Alguien bebe a la salud del dueño de casa, y cada uno bebe un vaso al seco. Digo al seco, porque lo contrario sería una falta al *"savoir vivre"*. El señor Illufiz, agradece, nuevo vaso. Continúa brindando a la salud del señor Verniory, que los honra con su asistencia a esta modesta reunión, este ilustre ingeniero, que aquí, que acá y que acullá. El ilustre ingeniero que etc., etc., toma su vaso y hace su pequeño discurso emocionado, en que expresa sus votos al dueño de casa y dice la impresión profunda que siente al participar en una fiesta tan brillante, junto a la élite de la población de la noble nación chilena. Aplausos atronadores y doble vaso.

Un invitado agradece al eminente ingeniero belga, y bebe por Bélgica, Verniory bebe por Chile. Un invitado bebe por su vecino de la derecha, y éste por el de su izquierda y así en menos de media hora una docena y media de *"toasts"*, lo fuerzan a uno a vaciar la misma cantidad de copas.

La llegada del café pone fin a estos desbordes de elocuencia, pero la calma no dura mucho rato, porque después del café llega el jerez, y los "toasts" recomienzan. Se vuelve a beber por todos los invitados, por la patria, por la terminación del ferrocarril, por el gobierno, por la oposición, y por fin se toma sin saber por qué.

Todo tiene su fin en este mundo. Se agotan las botellas de jerez y se pasa al salón. Las mujeres, que en la mesa habían estado sentadas una al lado de otra, y en las que nadie había fijado su atención, van a tomar su revancha. Es la hora de la cueca. Se afina el arpa y la guitarra y comienza el baile.

La cueca es la danza nacional chilena; es realmente una de las más graciosas y expresivas que uno pueda encontrar. Al principio un canto demasiado lento y triste, que los espectadores animan batiendo las manos y golpeando con los dedos de una manera muy original sobre las cajas del arpa y de la guitarra. Una sola pareja baila, cada uno separadamente, agitando con gracia un pañuelo sobre la cabeza.

El tema es de lo más pintoresco. Al principio, la dama gira lentamente en torno de la sala con movimientos coquetos y provocativos. El caballero es un torbellino alrededor de ella, implorando una mirada o una esperanza, que ella rehusa obstinadamente, lo que parece descorazonarlo. La danza se torna fría, indiferente. Entonces le corresponde a la dama enardecerse y animarse más y más hasta girar alrededor de él, altanero y despreciativo. La música se aviva, el caballero vuelve a excitarse y la danza termina en una reconciliación y una perfecta armonía entre ambos.

* * *

Llegando a Santiago, voy a ver al abate Ciselet. Todo está en regla para el servicio. Este tuvo lugar el 5 de mayo en la capilla de San Francisco de Borja en la Alameda. Tuve la satisfacción de ver allí reunidos a todos los miembros de la colectividad belga en Santiago, con el ministro de Bélgica, a la cabeza, también amigos de provincia venidos expresamente para la circunstancia, y muchos amigos chilenos.

El abate Ciselet ha rehusado aceptar ningún pago. A mi vuelta le enviaré desde Araucanía algunas joyas indígenas como recuerdo.

* * *

En 1889, mi sueldo me era pagado en Collipulli, lo que me ocasionaba viajes molestos y dispendiosos. Este año los pagos incumben a la Tesorería de Temuco, donde tengo que ir a menudo por mi servicio. En teoría es perfecto, pero hay que contar con las demoras de la administración chilena que en este aspecto se la gana a la de cualquier país. Desde el principio del año no he percibido ni un centavo, no habiendo recibido la Tesorería las instrucciones necesarias a pesar de los numerosos reclamos que he dirigido a Santiago.

He terminado por perder la paciencia, y he venido a instalarme en el hotel Central de Temuco, decidido a hacer la huelga hasta conseguir el pago de mis sueldos atrasados. Mi ingeniero jefe está de acuerdo conmigo, y mis vacaciones voluntarias tienen la ventaja de que percibo un viático suplementario de cinco pesos al día, ya que me encuentro fuera de mi residencia ordinara. Todos los días asedio las oficinas del tesorero; le enveneno literalmente la existencia, y él a su vez abruma al Ministerio con sus telegramas. Finalmente, el 31 de mayo, la llegada de los documentos necesarios pone fin a nuestras tribulaciones. Recibo de un golpe 1.500 pesos. En adelante se me pagará regularmente hasta el 31 de diciembre, fecha en que la molestia vuelve a comenzar, pues las ordenes de pago deben renovarse todos los años,

Continúa bajando el cambio. Hace un año, el peso valía más de tres francos; ahora no vale más de 2,50 francos, y es de temer que la baja se acentúe.

Es que hay dificultades en Santiago entre el presidente Balmaceda y las cámaras.

Don José Manuel Balmaceda se inició como Presidente de la República el 18 de septiembre de 1886, sucediendo al presidente Santa María; su mandato es de cinco años y terminará el 18 de septiembre de 1891. Las elecciones presidenciales deben tener lugar en junio del año próximo. Según los términos de la Constitución de 1833, el presidente que sale no es reelegible inmediatamente.

Balmaceda era el jefe del partido Liberal, que está en el poder desde hace más de veinte años. Existen otros dos partidos: Conservador y Nacional.

Muy autoritario, Balmaceda quería imponer como su sucesor en la presidencia a uno de sus amigos, don Enrique Sanfuentes, actualmente ministro de Obras Públicas, que es el ministerio más importante, dados los grandes trabajos en desarrollo. Pero Sanfuentes, no es popular en el partido Liberal; sus maneras de Delfín lo indisponen con los diputados y senadores. El partido Liberal está dividido, y su ala izquierda, los radicales, combaten al gobierno, que no tiene ya mayoría en el Congreso.

Estando cerrado el período de sesiones desde enero, Balmaceda ha aprovechado para cambiar el ministerio que contaba con la confianza del Congreso, por otro formado por amigos personales; pero las cámaras se reunirán de nuevo el mes próximo y se espera que se produzca algo desagradable.

Junio de 1890

¡Gran noticia! La "North and South American Construction Company" está en plena bancarrota. El Estado ejecutará por administración la construcción de las líneas. Se exceptúa la nuestra donde la subempresa Albarracín y Urrutia ha dado plena satisfacción, y continuará los trabajos bajo el control directo de la Comisión. Esta va a ser reorganizada sobre nuevas bases. El señor de la Mahotière ha partido a Santiago para conversar con la Dirección General.

* * *

Se me ha propuesto nuevamente entrar a una oficina de estudios técnicos en Santiago. He rehusado. Prefiero la vida libre de Araucanía; en la capital estaría forzosamente mezclado en intrigas de todo género. En las oficinas de la Dirección General los europeos tienen que luchar contra la mala voluntad y el odio disimulado de sus colegas chilenos, mientras que en la Comisión en que yo estoy, no hay un solo chileno auténtico.

* * *

La política interior está más y más turbia. Se ha abierto la temporada de sesiones del Congreso desde comienzos del mes. El ministerio balmacedista, no atreviéndose a presentarse ante las cámaras, ha renunciado a fines de mayo. El presidente, muy tenaz, ha formado otro, compuesto también de amigos personales, pero más atrevidos y más domesticados; se han presentado audazmente, declarando muy alto que sabían bien que no contaban con el apoyo parlamentario, pero que conservarían el poder mientras contara con la confianza del presidente. Las cámaras han respondido con la mayoría de tres cuartos, con un voto contra el Gobierno; sin embargo, el ministerio se ha mantenido.

¿A dónde va a conducir esto?

Hay que notar que aquí el presidente no puede disolver las cámaras.

Julio de 1890

El primero de julio el señor de la Mahotière ha regresado de Santiago con el programa de reorganización de la Comisión. La línea se ha dividido en tres secciones; a la cabeza de cada una hay un ingeniero jefe de sección. Guillermo Fonck ha sido nombrado jefe de la primera sección con residencia en Victoria, donde estará también el ingeniero jefe; yo seré jefe de la segunda sección, con sede en Lautaro; provisoriamente, M. Mayaud dirigirá la tercera sección y residirá en Temuco.

El 8 de julio envío mis pocos muebles en dos carretas, y como desde hace 15 días las lluvias no han sido muy abundantes y los ríos no están muy crecidos, llegan en buen estado. Al día subsiguiente, yo partía definitivamente para mi nueva residencia.

Una nueva era se va a abrir para mí.

El momento está bien elegido para decir adiós a Victoria. Reina allí una seria epidemia de viruela.

La inercia de las autoridades locales es increíble. En una calle que tomo ordinariamente para ir a la línea, yace un cadáver en un charco; sólo dos días más tarde ha sido retirado. Por precaución, me he hecho vacunar, pero no he tenido reacción.

* * *

La situación política ha llegado a ser de las más criticas. A fines de junio expiraba el plazo para la recaudación de impuestos del año; de acuerdo con la Constitución, era necesario una nueva ley para permitir al Gobierno recaudar los impuestos.

La Cámara ha rehusado votar esa ley.

Todos los servicios públicos se han desorganizado de golpe. A partir del 1° de julio se suspende la venta de estampillas de correo. Las cartas circulan libres de porte. La Administración de Aduanas no cobra ningún derecho, pero por decreto presidencial nadie puede retirar mercaderías de las bodegas sin depositar una suma igual al valor de los derechos. Como el Gobierno no podía percibir el impuesto de exportación del salitre, ha suspendido esto, lo que ha motivado serias asonadas en Iquique.

La situación se va agravando día a día. En Valparaíso, después de manifestaciones antigobiernistas, el populacho saquea algunos almacenes, lo que obliga a la tropa a intervenir; muchos muertos y 400 heridos quedan sobre el pavimento. En Santiago se teme una revolución. La tropa de ingenieros militares ocupada en la construcción de un puente en Victoria, es enviada allí.

Calle Ahumadaen 1890

Para hacer frente a los gastos del Estado, el Presidente ha retirado de los bancos 16.000.000 de pesos que el Gobierno tenía en depósito en ellos. De allí perturbación general; el peso cae a 2,42 francos. Esta anarquía dura hasta el 25 de julio. Balmaceda termina por aceptar la mediación del arzobispo de Santiago y organiza el gabinete Prado, compuesto de seis miembros, donde por primera vez desde hace veinte años, el partido Conservador obtiene una cartera. Las cámaras votan la ley financiera, y todo vuelve a ordenarse provisoriamente.

Capítulo IV

JEFE DE LA SEGUNDA SECCIÓN EN LAUTARO

1. Los cinco últimos meses de 1890

Julio de 1890

EL 10 DE JULIO INICIABA OFICIALMENTE en Lautaro mis nuevas funciones de ingeniero jefe de la sección.

Como ya lo he dicho, la comisión gubernamental bajo las órdenes del ingeniero jefe Luis Robert de la Mahotière, controla la línea en Victoria. El largo total es de alrededor de 105 kilómetros.

Esta línea consta en este momento de dos partes:

1ª La línea en construcción de Victoria a Temuco, de un largo de 65 kms. donde los trabajos son ejecutados por la empresa Albarracín y Urrutia.

2ª La parte Temuco-Toltén de 40 kms. más o menos, que está todavía en el trazado.

La línea de Victoria a Temuco está dividida en tres secciones, dirigidas cada una por un ingeniero jefe de sección. Estos residen en Victoria, Lautaro y Temuco, respectivamente.

1ª Sección, de Victoria hasta el río Perquenco, 20 kms. Jefe de Sección, Guillermo Fonck, en Victoria.

2ª Sección, del río Perquenco al río Curaco, 27 kms. Jefe de Sección, yo mismo, en Lautaro.

3ª Sección, del río Curaco a Temuco, 18 kms. Jefe de Sección, M. Mayaud, en Temuco.

La segunda sección es la más larga; es también la más importante. Primero un puente metálico de 30 m. sobre el río Perquenco (en indígena significa agua hedionda). Después, otro puente metálico de 210 m. que atraviesa el profundo valle del río Quillén. Sólo las albañilerías corresponden a la empresa; las partes de acero serán provistas y montadas por Creusot. Provisoriamente, construiremos puentes de madera.

A unos 300 m. al sur del puente, se ha proyectado construir una estación llamada Quillén, destinada a ser un incentivo para la creación de una nueva ciudad. Existe en la actualidad, a un par de kilómetros de este lugar, sobre el río Quillén, un caserío que lleva el mismo nombre.

Desde la futura estación de Quillén hasta Lautaro, la línea atraviesa la gran selva ex Virgen del Saco, extremadamente frondosa y cortada por numerosas quebradas, donde pululan los pumas.

A la entrada de la ciudad de Lautaro se edificará la estación.

Estando la localidad encajonada entre el río Cautín y uno de los contrafuertes de las montañas de Ñielol, la vía toma por dos kilómetros una larga calle ya construida, condición deplorable para la explotación futura, y que llegará a ser insoportable para los habitantes.

A pocos kilómetros de la ciudad, el trazado entra en una región baja cortada por numerosos riachuelos afluentes del Cautín, y que exigirán, además de numerosas alcantarillas, un puente metálico de 60 metros, llamado de Cuyanquén. Este trozo de la línea será extremadamente oneroso, y aún más, estará siempre expuesto a las crecidas del río Cautín, a pesar de los trabajos de defensa previstos.

En Cuyanquén (cuerno de la luna) una punta rocosa avanza casi hasta el río; la empresa ha instalado allí una gran cantera que produce excelente piedra para sus albañilerías.

Más allá de Cuyanquén se extiende el inmenso llano de Pillanlelbún, nombre que significa "llano del diablo".

La sección termina en el río Curaco (río pedregoso).

La tercera sección no presenta dificultades, fuera de un paso difícil en el lugar llamado Puente Cajón, donde una estribación de los montes Ñielol no deja sino una estrecha pasada. Es de ahí de donde parte el camino en la selva, del cual yo había comenzado la apertura a principios de año.

Para servir a la cantera de Cuyanquén, y al mismo tiempo para ejecutar el movimiento de tierras, se ha instalado una vía de 0,60 m. desde Quillén, en el lugar de la futura vía definitiva; está servida por una locomotora de 16 toneladas.

✳ ✳ ✳

Ya que estoy destinado a vivir muchos años en Lautaro, hagamos una descripción sumaria de la ciudad.

Esta forma una especie de rectángulo muy largo y relativamente estrecho. Al centro está situada una inmensa plaza pública de 200 metros de largo por 100 de ancho. En uno de sus costados transversales se levanta el cuartel, vasto caserón poco poblado en este momento; no contiene sino un destacamento de infantería y un pelotón de caballería, encargados de mantener el orden en la ciudad y sus alrededores. El cuartel está adosado al río Cautín. Es un río muy importante en tiempo de crecidas, pues sus orillas están distantes unos 300 a 400 metros, pero en tiempo normal tiene a lo más 100 metros de ancho. En tiempos de la conquista, hace unos diez años, se había colocado un puente colgante sobre el río, pero está inutilizado. Ahora se atraviesa en "lancha", que es una balsa unida por un cable de fierro a una polea que rueda sobre otro cable metálico tendido de una ribera a la otra.

En la plaza, además del hotel Alemán que sólo es una casucha, están las principales "tiendas" o almacenes, casi todos de extranjeros. La más importante es la Casa Francesa, su dueño es vasco; el almacén de Bautista Tihista, otro vasco, el de Ernesto Bergh, alemán; el de Hansen, danés, y la tienda de don Urbano Ortiz, chileno, que al mismo tiempo es subdelegado. En la misma plaza habita también don Lizardo Oñate, el juez que el año pasado fue víctima de mi cómico error en el camino de Collipulli.

Ya que trato de los habitantes, citaré a los que estoy llamado a frecuentar: Gustavo Melin, sueco, gerente de la bodega de "Williamson & Balfour", gran firma inglesa que compra trigo para exportación; el oficial de salud suizo, Pillonel, que ejerce la medicina cuando no está completamente borracho; Julio Mansoulet, otro suizo, antiguo preceptor, que tiene un despacho o pequeño almacén, al mismo tiempo que edita estudios regionales; Alexandre Adam, agregado al servicio de colonización; Ignacio Fuenzalida, joven doctor en derecho, que habita una gran hacienda creada por su padre a poca distancia de Lautaro.

La industria está representada por Julián Voigt, molinero alemán, el curtidor Baldomero Ewertz y el cervecero Ellwauger, los dos chilenos hijos de alemanes.

* * *

Al llegar a Lautaro mi primer interés fue el de instalar las oficinas de la segunda sección. Los créditos que se me han concedido me permiten hacer las cosas en grande. Arriendo por cuenta del gobierno una gran casa esquina construida recientemente para tienda; una vasta sala ocupa toda la extensión de la fachada; la divido con tabiques en tres oficinas: la primera para los empleados, la segunda para mis ayudantes y la del extremo para mí. Sobre una calle lateral se abre mi dormitorio. En la parte trasera, hacia el patio, están el comedor, el repostero, la cocina y un dormitorio que será para mi adjunto principal.

El patio está cerrado con palizadas; al fondo están las caballerizas y el alojamiento de los mozos.

Mi personal comprende un ingeniero segundo, Francisco Alvarez Riveros; un inspector de trabajos, Emilio Castañón, una telegrafista, dos escribientes y seis mozos.

Alvarez es un muchacho muy simpático con quien me entiendo muy bien, pagando entre ambos, instalamos nuestra cocina y nuestro comedor de manera de poder recibir dignamente a los amigos y a los huéspedes de paso.

He traído de Victoria a doña Peta, la antigua cocinera de don Celestino Pérez, cuyo talento culinario es extraordinario.

Frente a mi dormitorio, al otro lado de la calle lateral, he arrendado por mi cuenta una casita donde vive doña Peta.

Me he arreglado ahí una pieza privada muy confortable, Tebaidar sagrada donde me retiro solitariamente cuando deseo escapar de los importunos. En el terreno disponible detrás de la casita, en mis momentos de descanso, podré satisfacer mi pasión por la jardinería.

* * *

En el primer informe a mi ingeniero jefe, sugiero dos modificaciones importantes al trazado de la línea. La primera consistiría en rodear la ciudad de Lautaro a lo largo de las colinas a fin de evitar el paso de los trenes por la calle. La segunda sería una variante que suprimiría el puente metálico de Cuyanquén y pondría a la línea al resguardo de las crecidas del río Cautín. Se alejaría del trazado primitivo cuatro o cinco kilómetros al sur de Lautaro, subiría por una planicie boscosa, contornearía la punta rocosa de Cuyanquén y se juntaría al trazado actual un kilómetro más allá.

M. Louis Cousin, profesor de la Universidad de Lovaina, que ha contratado a nombre del gobierno de Chile tantos ingenieros y conductores belgas, acaba de llegar a Chile nombrado profesor de la Universidad de Chile.

La colectividad belga le ha ofrecido un banquete durante el cual se le ha entregado un bronce que representa a Caupolicán, uno de los jefes araucanos en tiempos de la conquista española. Me he adherido a esta manifestación, pero no he podido asistir a causa de la gran distancia de aquí a Santiago.

Agosto de 1890

El ingeniero jefe no ha aceptado mi sugerencia de desviar la línea de Lautaro, pero me autoriza para estudiar la variante de Cuyanquén. Se trata de un trabajo importante para el cual es indispensable un refuerzo de mi personal normal.

M. Mayaud, de Temuco, pone a mi disposición al conductor belga Emile Bodart para las nivelaciones, y una brigada de hombres habituados a los estudios en la selva bajo la dirección de un mayordomo, Jacinto Monte. Me envía también todo el material necesario: dos carpas cuadradas, una carpa comedor, hachas, machetes, miras, jalones, etc.

La tarea es muy ardua porque estamos en plena estación de las lluvias, la selva es extremadamente espesa, y se encuentran allí muchos pantanos. Sin embargo, el 25 de agosto yo terminaba mi polígono, que con gran alegría mía se cerraba con una exactitud perfecta, y comencé el trazado de las curvas.

A fines del mes, el señor de la Mahotière viene a inspeccionar el trabajo, del que se manifiesta muy satisfecho.

Septiembre de 1890

El trabajo de la variante continúa. Lo termino en la víspera del dieciocho, fiesta nacional, y devuelvo a Temuco el personal y los materiales que me había prestado M. Mayaud.

De regreso a la oficina de Lautaro, pongo a punto mi proyecto, y a fin de mes envío los planos y el presupuesto completo a M. de la Mahotière.

La estación de las lluvias ha pasado. M. Mayaud va a continuar el trazado de la línea más allá del Cautín. Tendrá bajo su órdenes al ingeniero inglés Enrique Evans y dos ingenieros americanos, Carlos Sweet y Guy Juse.

En Temuco ha sido reemplazado como jefe de la tercera sección M. Mayaud por Evaristo Sainte-Anne, personaje poco simpático que la Dirección General ha nombrado para este cargo a instancias del señor de la Mahotière. Dónde y cómo se han conocido, lo ignoro; pero el hecho es que Sainte-Anne ejerce sobre el ingeniero jefe una influencia absoluta. Ha venido del Canal de Panamá donde era contratista en maderaje y carpintería.

Fuera de esta especialidad, no tiene ninguna competencia técnica. En resumen, es un intrigante de la peor especie, que sabe Dios cómo ha logrado embrujar al señor de la Mahotière, a quien, como lo demostrará el porvenir, está llamado a traerle desgracias.

Bodart queda bajo sus órdenes en Temuco.

* * *

El 22 de septiembre Alvarez y yo damos una gran comida en honor de los dos jefes de la empresa, el general Urrutia y don Tomás Albarracín. El general don Gregorio Urrutia, uno de los héroes de la conquista de Araucanía, ahora en retiro, es un sexagenario muy alerta, muy jovial, pero que sufre de una sordera casi completa. En cuanto a don Tomás, ex ministro, puede tener 55 años; es alto, flaco, de aspecto glacial; su carácter forma un contraste absoluto con el de su socio.

El teniente coronel don Fidel Urrutia, hermano menor del general, asiste a nuestra comida.

* * *

La situación política interna se vuelve a poner tensa. Hemos visto que a fines de julio, como resultado de la mediación del arzobispo de Santiago y de la formación del gabinete Prado, donde entraba un miembro del partido Conservador, el Congreso había terminado por votar la ley de presupuestos. Pero una vez votada esta ley, Balmaceda volvió a seguir su política personal sin ocuparse de sus ministros. Con los intendentes de provincias, que son hechuras de él, prepara abiertamente la campaña electoral a favor del candidato oficial Sanfuentes.

Los seis ministros del gabinete Prado protestan. Piden el retiro de algunos intendentes. Balmaceda rehusa hacerlo. El ministerio renuncia. Balmaceda forma inmediatamente un ministerio con sus antiguos amigos. La primera medida del nuevo gabinete es cerrar el período de sesiones de la Cámara.

*　*　*

Recibo una carta de Alfredo fechada el 7 de agosto, día de la distribución de premios del Colegio St. Michel. Acaba de terminar brillantemente su tercer curso de latín, obteniendo varios premios.

Octubre de 1890

Libre ya de la variante de Cuyanquén, me dedico al estudio del gran puente de madera del Quillén.

El río Quillén tiene 40 metros de orilla a orilla y su valle es muy ancho y profundo. El puente metálico pedido a Creusot no estará listo hasta dos años más. Mientras tanto, se cruzará el valle sobre un puente provisorio que se construirá al lado de la vía definitiva.

El estudio comprende, antes que nada, un levantamiento del terreno. Quillén está a ocho kilómetros al norte de Lautaro. Con Alvarez partimos en la mañana llevando nuestros víveres para el día y regresamos todas las tardes. Como medio de locomoción utilizamos un "carro de empuje", vagoneta plana que corre sobre la vía estrecha de que ya he hablado. Un banquito colocado sobre la plataforma nos sirve de asiento. Dos mozos empujan la vagoneta; en las subidas ésta no va muy rápidamente, pero en las bajadas, los hombres saltan sobre la plataforma y volamos a una velocidad infernal.

Para manejar nuestras miras y jalones, la empresa nos presta operarios de la faena que posee allí.

La desviación provisoria se separará del trazado normal a 200 metros al norte del futuro puente metálico. Empieza en una fuerte gradiente de manera de reducir en lo posible la altura del puente de madera que, sin embargo, se elevará a más de 20 metros sobre el fondo del valle. El trabajo preliminar en el terreno nos tomará una buena quincena. Un incidente nos hará perder tres días.

Llegábamos al terreno un lunes por la mañana. El pago de los obreros debía haberse hecho el sábado precedente, pero el dinero de los bancos del norte no había llegado y naturalmente los peones se negaban a trabajar. Llegamos, sin embargo, a alistar algunos ofreciéndoles un peso a cada uno; pero cuando habíamos instalado nuestros instrumentos, la actitud de los huelguistas se puso tan amenazante, que juzgamos prudente abandonar el terreno. El pago se hizo al día siguiente, y no fue sino el jueves cuando pudimos continuar nuestro trabajo. Agréguese a esto, el trabajo de oficina, los planos, los cálculos, los metrajes, que nos tuvieron de cabeza el resto del mes. Finalmente, el 30, el proyecto fue enviado para la aprobación del ingeniero jefe.

* * *

En el curso del mes, el señor de la Mahotière regresa de Santiago a Lautaro, portador de la buena nueva de que mi proyecto de la variante de Cuyunquén ha sido aprobado por la Dirección General sin ninguna modificación.

Aprovecho la ocasión para hacerle observar que mi sueldo de 3.600 pesos es el de un ingeniero segundo, mientras que los jefes de sección ganan 4.200 pesos. Por consejo suyo, dirijo a la Dirección General una solicitud que él recomienda favorablemente.

* * *

Creusot ha terminado el gran puente de Collipulli sobre el río Malleco. Es una obra gigantesca sobre todo en cuanto a su altura. El tablero metálico de 408 metros de largo está sostenido por cuatro enormes pilares de acero que parten del fondo del valle, de los cuales uno tiene 93 metros y otro 100 metros de altura.

La línea de Collipulli a Victoria se ha inaugurado con gran pompa el 25 de octubre. Victoria se convierte en cabecera de la línea en lugar de Collipulli.

El presidente Balmaceda ha venido personalmente a celebrar este acontecimiento. Naturalmente, la ciudad está empavesada y adornada con arcos de ramaje verde; para el banquete no se había previsto sino 150 cubiertos, y el séquito del presidente contaba 150 personas. Todos los víveres de que podía disponer Victoria fueron literalmente saqueados, y sin embargo, numerosos invitados debieron apretarse el cinturón.

* * *

El 14 de octubre he cumplido 25 años. ¡Un cuarto de siglo! ¿La mitad de la vida, puede ser?

* * *

La situación política se pone más y más tensa. Las cámaras están en receso, pero la Constitución dispone que fuera de las sesiones del Congreso funcione la "Comisión Conservadora", compuesta de siete miembros de cada una de las dos cámaras. Esta comisión ha llegado a ser el hogar de la oposición. Reclama lo que es su derecho, la convocatoria de las cámaras, pues el presupuesto de gastos independientes del presupuesto de entradas, que fue tan penosamente arreglado en julio, debe ser votado antes del 1° de enero.

Balmaceda lo rehúsa. Marchamos hacia la dictadura.

Noviembre de 1890
Los planos del gran puente de madera de Quillén han sido entregados a Frame, el ingeniero principal de la empresa. La madera comienza a acumularse al pie de la obra arrastrada por numerosas yuntas de bueyes. Desde hace mucho tiempo, en previsión de esta obra gigantesca, una nube de leñadores ha caído sobre la selva circundante, echando abajo enormes robles y escuadrando los troncos a una sección de un pie cuadrado. Algunas de estas formidables vigas alcanzan 16 metros de largo. Los carpinteros y los peones se instalan en barracas construidas para ellos en el valle, en el que pronto reina una intensa animación.

* * *

El Presidente de Chile (1886-1891) José Manuel Balmaceda

Ahora que están terminados los estudios, Alvarez y yo no tenemos sino una labor de control que nos permite ocios. Los aprovechamos para cazar en compañía de los amigos de la Casa Francesa, que son Nemrods encarnizados. Poseen cuatro perros de caza con nombres aristocráticos: Duque, Barón, Marquesa, Condesa. Yo tengo una perra soberbia que muestra y recoge a la perfección. "Nelly" es un pointer de pura raza, cuyos padres fueron importados directamente de Inglaterra. Es blanca con las orejas café.

Mi perrera se ha aumentado además con un perro pastor nuevo que lleva el nombre de Satán. Es muy afectuoso y divertido. Si se le ordena "Satán, ríe", encoge los labios y muetra los dientes con un rictus que da la apariencia de risa.

Nos entregamos también a los placeres de la pesca en el río Cautín. Un día con Pedro Salaberry, obtuvimos más de 6.000 pescados ¡en menos de un cuarto de hora! Es cierto que eran pues minúsculos, que habían venido a caer en una zanja al lado de la orilla y estaban amontonados en una masa compacta, de donde los sacamos con una canasta de mimbre. Para evaluar esta pesca milagrosa, llenamos un balde de fierro galvanizado y contamos su contenido. Lo que multiplicado por el número de baldes nos dio la cifra indicada más arriba. Arrojados en aceite hirviendo, estos minúsculos pescados nos han provisto una fritura tan deliciosa como abundante.

* * *

Los pumas han vuelto a causar perjuicios en los ganados de don Nicasio de Toro, que nos invita a Alvarez y a mí a venir a cazarlos.

Partiendo en la mañana a caballo, llegamos a la hacienda cerca de las cuatro. Don Nicasio nos da una excelente comida, que uno no esperaría encontrar tan lejos de los centros habitados. La casa es muy confortable. En los alrededores se elevan grandes dependencias. La propiedad para crianza es grande, tiene más de 900 hectáreas de superficie.

Después de comida vamos a tomar nuestros puestos cerca de un vado en el río donde se ha comprobado que los pumas tienen la costumbre de venir a beber en la noche. Para atraerlos aún más, se ha amarrado a un poste un desgraciado cordero apretando fuertemente la cuerda a una de sus patas, para hacerlo balar.

Nos ponemos en acecho bajo refugios de ramas preparados de antemano, teniendo en cuenta la dirección de la brisa para no ser percibidos por las fieras. Cada uno de nosotros tiene una carabina Winchester cargada con 16 balas, un revólver y un sólido cuchillo. El silencio más absoluto es de rigor, y está estrictamente prohibido fumar. En compensación, cada uno está provisto de una calabaza de whisky para luchar contra el fresco de la noche. Hay un hermoso claro de luna, se ve casi como en pleno día.

Las horas transcurren lentamente; descansamos con el ojo alerta, el dedo en el gatillo; el pobre cordero bala sin parar, pero nada viene. Cerca de las cuatro de la mañana, estamos embotados por el frío. Don Nicasio da la señal de partida, y volvemos tambaleándonos un poco, pues nuestras calabazas están vacias. Nos acostamos, y dormimos hasta las once. Un copioso almuerzo nos hace olvidar nuestras tribulaciones. Don Nicasio nos propone volver a la emboscada en la noche, pero declinamos la invitación sin titubear y emprendemos el camino de regreso encantados de su recibimiento, pero profundamente desilusionados con la cacería del león.

* * *

Me he hecho amigo de Alexandre Adam. Es un bretón de aproximadamente mi misma edad, llegado a Chile hace tres o cuatro años con su padre y sus dos hermanos, en calidad de colonos. Su colonia está situada a dos kilómetros de Lautaro, al borde de la ruta de Temuco; el padre y los dos hermanos la explotan. En cuanto a Alexandre, que posee un diploma de geometra-agrimensor, ha estado algún tiempo al servicio de la oficina de Colonización; acaba de renunciar y actualmente edifica un molino muy importante en las cercanías de la casa paterna.

La construcción está revestida de tejuelas, es decir, pequeñas planchas de madera que se recubren en parte como las pizarras. Un día que fui a visitarlo, vi sobre la techumbre dos hombres ocupados en clavar las tejuelas, cantando una melodia parisiense. Les interrogo: los dos han venido a Chile como colonos, pero su ineptitud para el trabajo de la tierra les ha hecho abandonar pronto sus terrenos. En Francia, uno era empleado de notaría y el otro afinador de pianos.

Los agentes de emigración en Europa perciben una prima por colono reclutado, así poco les importa que sean o no aptos para cultivar la tierra. Son numerosos los que se desaniman desde el principio, y tratan de ganarse la vida de una u otra manera, como nuestros dos parisienses. Conozco un colono que era cochero de posta en Berlín, lo que no lo predisponía a desmontar selvas vírgenes. Sin embargo, con la tenacidad alemana, se ha puesto a desempeñar su nuevo oficio valientemente, y su explotación agrícola comienza a prosperar.

Ultimamente, al ir a visitarlo, tenía que atravesar un ancho riachuelo sobre el cual un tronco de árbol hacía las veces de puente. Había ya entrado en él, cuando en el extremo opuesto surgió un mastín mostrando unos colmillos poco atrayentes. Yo tenía en la mano un grueso bastón; para librarme del animal, le doy un fuerte golpe en el hocico. Con gran estupefacción veo que el animal da dos o tres vueltas sobre si mismo y cae muerto.

Yo no tenía ninguna intención asesina, pero no sabia entonces que un golpe violento en cierto punto delante del cráneo, es mortal para los perros. Ese día renuncié a mi visita, di media vuelta, dudando de la acogida que me esperaba donde el alemán.

✳ ✳ ✳

La casita que he arrendado por mi cuenta frente a la oficina, y que ha sido bautizada "La Quinta", comienza a merecer su nombre. Doña Peta cría en ella pollos, patos, pavos y chanchos.

Puedo también satisfacer allí mi amor por la jardinería. Como el terreno mide 25 metros de frente por 50 metros de fondo, lo que hace una superficie de doce y media áreas, he formado una huerta que los mozos han limpiado y cavado. He recibido de Europa semillas de Vilmorin, pero mis primeros ensayos han sido decepcionantes. El suelo, ocupado antes por la selva virgen, es un humus demasiado rico, y además yo había creído conveniente agregarle el estiércol de las caballerizas. Con la ayuda del clima, mis semillas se han entregado a fantasías descabelladas. Las verduras crecen rápidamente. Los rábanos lo hacen también a ojos vista, pero al mismo tiempo, se ponen duros como palos. El brote de los repollos fue triunfal, daban tallos de más de un metro de alto, rematados por un cogollo insignificante. Estos tallos eran tan gruesos y firmes que hice rebenques con ellos. He hecho traer arena para adelgazar la tierra y recolecto semillas nuevas que espero se comportarán menos locamente que las primeras.

* * *

Una epidemia de viruela se ha declarado en las faenas o campamentos de obreros, y hace numerosas víctimas. Los enfermos son aislados en barracas fuera del campamento, y son atendidos por "picados", es decir, obreros que han sufrido antes la enfermedad y que han quedado marcados pero inmunizados.

Durante una inspección visito el campamento de los enfermos. Todos se quejan de que casi se mueren de hambre. El jefe de la faena evita cuidadosamente todo contacto con los contagiados y se limita a enviarles raciones de pan y frejoles por intermedio de los picados; pero éstos tienen buen apetito y se apropian de la mayor parte. Doy una fuerte reprimenda al jefe negligente, y en mi próxima visita todo está en orden.

* * *

El aumento de sueldo que yo esperaba se ha retardado. El director de la sección de ferrocarriles de la Dirección General de Obras Públicas, señor Knudsen, había prometido formalmente ocuparse de ello, pero acaba de ser reemplazado por el señor Mujica, que no me conoce y deberá examinar mis antecedentes.

Diciembre de 1890

He estado a punto de ser víctima de un serio accidente. Había pasado el día trabajando solo en Quillén, habiéndose quedado Alvarez en la oficina en Lautaro. Se hacía de noche, una noche muy oscura, cuando tomé en el carro de empuje mi camino de regreso.

Entre Quillén y Lautaro, el tren que circula por la línea angosta había estado ocupado todo el día en efectuar movimientos de tierra. En la tarde debía volver a la faena de Lautaro, donde se alojan los obreros. Yo creía que la vía estaba libre cuando me senté en el banquito colocado sobre la plataforma. Al llegar a una bajada muy pronunciada, los obreros saltaron al carro que descendía a gran velocidad en la oscuridad de la noche. Bruscamente, se produjo el accidente, sin que me diera cuenta.

Anochecía cuando los peones iban a descargar el tren. El jefe de taller juzgó oportuno abandonarlo en la terraza hasta el día siguiente; soltando la locomotora regresó a Lautaro con todo su equipo amontonado sobre el tender.

En el momento del choque, mi vagoneta, más baja que el último carro, se metió debajo de éste. Mi cabeza chocó en la parte trasera del chasis y fui lanzado sin conocimiento sobre el terraplén, barriendo a los dos hombres sentados detrás de mí, que no sufrieron ningún daño. Ellos me tendieron sobre la hierba. Quedé inconsciente más de un cuarto de hora. Cuando volví en mí, estaba empapado de agua que los dos peones me arrojaban a la cara sin cesar, y que iban a sacar por turno en sus sombreros a un arroyuelo cercano.

Comencé por tocarme los miembros y estirarlos suavemente; gracias a Dios no tenía nada quebrado. Ayudado por mis dos hombres, llegué a ponerme de pie y a dar algunos pasos. Sentía la cabeza pesada y el cuerpo encorvado, pero me di cuenta de que había salido bien librado. Mis lentes, naturalmente, habían desaparecido.

Alumbrándose con fósforos, los dos obreros lograron sacar la vagoneta, que estaba intacta; la transportaron al otro lado del tren y la colocaron nuevamente en los rieles. Sostenido por mis compañeros, medio aturdido aún, tomé asiento sobre el banco que habían recogido.

La vía pasa frente a la oficina. Cuando llegamos, Alvarez, atraído por el ruido e inquieto por mi atraso, salió. Viéndome descender penosamente del carro sostenido por dos hombres, exclamó:

"¡Caramba, qué borrachera, querido amigo! ¿Cómo ha podido quedar en este estado?" Yo tenía el rostro cubierto de sangre.

Se hizo venir al doctor Pillonel, pero estaba tan borracho, que fue doña Peta quien me lavó y me vendó lo mejor que pudo.

En resumen, yo no tenía sino rasguños, pero la contusión era tan fuerte que durante quince días tuve la cara de color violeta.

* * *

Si "Nelly" y "Satán" son sinceros amigos míos, jamás he podido conquistar el afecto de "Fiero". Acaba de declararse en abierta rebeldía.

Mi comedor da directamente al patio. La puerta queda abierta, y cuando estoy en la mesa, los tres perros están autorizados a poner las patas delanteras en el umbral sin pasarlo. Si alguno trata de infringir la consigna, me basta agitar el látigo que tengo a mi lado para traerlo a la obediencia.

Un día "Fiero" se permite entrar violentamente en la sala. Tomo el látigo, él se pone a gruñir. Me levanto y lo golpeo fuertemente. Furioso el perro se lanza sobre mí. Erguido sobre sus patas traseras, es tan grande como yo. Lo cojo de la garganta. Se entabla una lucha cuerpo a cuerpo. Necesito toda mi fuerza para alejar de mi cara su hocico amenazante. Por un momento temo quedar con la peor parte. El animal enfurecido logra arrancarme la corbata. Siempre luchando, consigo arrastrarlo hasta la puerta, que felizmente está abierta. Arrojo a "Fiero" a la calle y cierro rápidamente. Estoy bañado en sudor, y me tiembla todo el cuerpo. He escapado bien.

Entré a buscar mi revólver con la intención de matar al rebelde, pero cuando volví se había calmado, y se arrastró a mis pies. Su arrepentimiento me emocionó y lo perdoné. Desde ese momento, se mostró mucho más dócil y más cariñoso que antes. Por lo demás, era tan hermoso que me hubiese apenado perderlo.

* * *

Cuando deseo escapar de las visitas tardías de los amigos, voy a dormir a mi pieza en la quinta.

La casa esquina próxima está habitada por un tal Contreras, que tiene un despacho donde vende de todo, incluso licores en el mostrador. Tiene una reputación de bandido bien establecida, pero hasta aquí la policía no lo ha molestado.

Existe aquí una cantidad de gente que, bajo la apariencia de un comercio cualquiera, oculta sus operaciones ilícitas. Aunque son bien conocidos como hombres sin escrúpulos, sea que la policía les teme o que se entiende con ellos, el hecho es que nadie los molesta.

Cerca de las tres de la mañana, al oír ruidos extraños en el sitio de Contreras, salí para darme cuenta de lo que podía pasar, mirando entre las tablas de la empalizada que lo separa del mío. A pesar de la profunda oscuridad, vi tres jinetes que traían media docena de animales que Contreras hacía entrar galopando, al fondo del patio. En seguida los cuatro hombres entraron a la casa por la puerta de atrás, probablemente para beber por la presa obtenida y arreglar sus cuentas. Poco después salían; los jinetes volvían a montar su caballo y desaparecían en la noche, mientras Contreras volvía a cerrar el portón del patio. Sin duda, yo acababa de asistir a la llegada de animales robados, posiblemente muy lejos de Lautaro.

A la mañana siguiente conté la aventura en la Casa Francesa. Nadie se admiró, es moneda corriente. Pero no sé cómo el eco de mi indiscreción llego a oídos de Contreras.

En el equipo de mozos hay cierto Esteban, a quien le gusta tomar un pisco de vez en cuando en el despacho de Contreras. En la tarde me aborda: «El señor Contreras —me dice— me ha encargado de darle sus saludos y de repetirle que es peligroso hablar mucho; me dijo que usted comprendería». Le di una chaucha a Esteban, recomendándole que tomara otro pisco, lo que no puede disgustarle, y que le presentara mis saludos al señor Contreras y le dijera que comprendí perfectamente su amenaza, pero que si tuviera la desgracia de encontrarse en mi camino, lo mataré de un balazo sin mayores explicaciones.

Contreras tomó las cosas en serio, pues en varias ocasiones lo vi dar media vuelta en la calle cuando estaba a punto de cruzarse conmigo.

* * *

Una partida de pesca con dinamita que hicimos en vísperas de Navidad terminó trágicamente.

Ya otras veces nos habíamos entregado a este peligroso deporte; era yo quien proporcionaba los explosivos sacados de los almacenes de la empresa.

Ese día con Vásquez y los amigos vascos de la Casa Francesa, Eugene Lacroix, Pedro Salaberry y Amadeo Iribarren nos habíamos reunido en la alta y escarpada ribera del Cautín. En tiempo de crecida, el río se extiende hasta los bordes, pero en este momento las aguas están bajas y dejan una playa de cinco o seis metros de ancho, cubierta de guijarros. La dificultad estaba en lanzar el cartucho al agua por encima de la playa. Por el costado de la ribera corre un sendero en zigzag que debía permitirnos descender a recoger los pescados flotantes en cuanto se produjera la explosión.

Utilizábamos para esta clase de pesca cartuchos de dinamita, pequeños cilindros de 12 centímetros de largo, que cortábamos en dos; se enterraba en la pasta blanda un detonador provisto de una mecha muy corta, para que la explosión siguiera muy de cerca a la caída del cartucho al agua.

Ese día Lacroix debía lanzar el explosivo. Su perra "Condesa" estaba a su lado. Se prendió la mecha, Lacroix lanzó rápidamente el cartucho que, en lugar de caer al río, cae en la playa con guijarros. Inmediatamente "Condesa" se lanza, baja a saltos el barranco, toma con el hocico el peligroso artefacto, y vuelve a trepar el sendero para llevárselo a su amo. Nos dispersamos en un abrir y cerrar de ojos. Lacroix escapa velozmente, en pocos saltos "Condesa" lo va a alcanzar, cuando se produce la explosión. El pobre animal tiene la cabeza deshecha; palpita todavía, y debemos acabarla a tiros de revólver.

* * *

La situación política interior de Chile ha llegado a ser muy alarmante. He aquí como la describo en una carta a María, fechada el 25 de diciembre de 1890.

«El conflicto de que te he hablado, entre las cámaras y el presidente, y que al principio parecía solucionado, se ha puesto más agudo que nunca. Dios sabe cómo terminará esto. Puede ser por una revolución.

En el mes de marzo tendrán lugar las elecciones generales, y un poco más tarde la elección presidencial. Si los ánimos están ya tan agitados, ¿cómo estarán entonces? Lo peor es que cuando los ánimos se enardecen, el cambio baja. Además, gracias a todas estas historias, mi aumento de sueldo no puede realizarse todavía.

Aquí en el sur, uno no se ocupa de política, pero sentimos en cambio el contragolpe de las dificultades en el norte. Parece que el presupuesto para 1891 no ha sido votado, de manera que el 1° de enero todos los servicios públicos serán paralizados. ¿Te figuras tú la situación de un país donde el personal de los ferrocarriles, el ejército, la marina, los funcionarios de toda especie, no se paguen más?

Sin embargo, no te asustes. Constitucionalmente no hay dinero, pero pasando por encima de la Constitución, el presidente dispondrá del tesoro público sin ocuparse de las cámaras. Será en el hecho la dictadura.

Estas son historias muy complicadas para tratar de explicártelas.

Es posible que se arreglen a tiro de fusil en Santiago. En todo caso la calma renacerá de una manera o de otra después de las elecciones, y de aquí a entonces siempre que constitucionalmente o no los fondos no falten, trataremos de tener paciencia hasta que llegue una solución».

2. *La revolución de 1891*

Enero de 1891

Con el Año Nuevo, entramos en plena dictadura. Según la Constitución, el Congreso debe votar cada año una ley que fija las fuerzas de mar y tierra, los sueldos de los empleados públicos, los gastos en general. Pero en diciembre ha rehusado votar el presupuesto. Era poner al presidente en la alternativa de retirarse o de violar la Constitución.

Sin dejarse intimidar, Balmaceda ha decretado por su propia autoridad el presupuesto del año. Inmediatamente la mayoría del Congreso lo declara fuera de la Presidencia; los presidentes de las dos cámaras y numerosos senadores y diputados se refugian en Valparaíso en los navíos de la escuadra que se "pronuncia" a favor de la oposición. La Comisión Conservadora se transforma en "Junta de Gobierno". Es la revolución abierta.

La flota insurgente comprende 22 barcos de guerra, entre los cuales dos acorazados, el "Blanco Encalada" y el "Almirante Cochrane", dos corbetas, "O'Higgins" y "Atlas", el crucero "Esmeralda", el monitor "Huáscar" y la cañonera "Magallanes". Esta flota está bajo las órdenes del capitán de navío Jorge Montt.

El 6 de enero la flota zarpa de Valparaíso y bloquea los puertos del norte de donde se exporta el nitrato, suprimiendo así el principal recurso del Tesoro chileno.

Balmaceda proclama el estado de sitio; se prohiben las reuniones; los diarios opositores se suprimen. Los efectivos del ejército se elevan a 30.000 hombres. Se despide a los oficiales dudosos. Se doblan los sueldos de los jefes y soldados. Se recoge el armamento y las municiones diseminadas en provincias: los intendentes civiles son reemplazados por coroneles.

La insurrección es apoyada por el partido Conservador, es decir, la Iglesia y las grandes fortunas, por el partido Independiente Nacional llamado Montt-Varista, y por los Radicales, que se han separado del partido Liberal y Balmacedista.

En Lautaro, tan lejos de la capital, no habíamos seguido el desarrollo de la lucha política. Estas noticias nos caen como un rayo.

Circulan los rumores más inquietantes: la flota habría desembarcado en Lebu, en Lota y en Imperial Bajo, y es el sur el que estaría llamado a ser el teatro de la guerra. Sabremos más tarde que efectivamente el crucero "Esmeralda" puso en tierra compañías de desembarque en los dos primeros puertos nombrados, y que se reembarcaron luego de haber arrebatado todo el aprovisionamiento de víveres y ganado que pudieron recoger.

Voy a Temuco donde la alarma es grande. El coronel don Alberto Gándara que acaba de asumir el puesto de intendente, se esfuerza en calmar a la población. Es un hombre encantador con el cual simpatizo desde la primera entrevista.

En vista del estado de sitio, todos los habitantes deben entregar las armas que poseen. Se me otorga en la Intendencia un permiso, válido por un año, para conservar revólver, carabina y escopeta.

Retiro del banco los fondos que tenía en depósito y vuelvo a Lautaro. ¿Pero, dónde ponerlos en seguridad? Me viene la idea de esconderlos bajo las oficinas.

Como en todas partes aquí la casa es de madera. Las grandes vigas de los cimientos reposan sobre troncos de árboles plantados en tierra. El patio de atrás es inclinado, y queda entre el suelo y el piso un hueco donde uno puede deslizarse arrastrándose entre los postes. Pongo mis billetes en una cajita de fierro estañado, ésta en otra más grande llena de arena, y ésta en una más grande llena de tierra. He alejado con cualquier pretexto al personal y a los mozos: estoy solo en la casa. He cerrado cuidadosamente las puertas de la habitación y los portones del patio.

Llevando mi caja me arrastro bajo la casa. Reina en este antro una semioscuridad. De repente una culebra me roza y desaparece detrás de los postes. Es inofensiva, pero me causa una impresión de la que demoro un rato en recuperarme. Llego por fin al punto elegido de antemano, exactamente debajo de mi dormitorio. Con una palita de mango corto cavo un hoyo muy profundo donde entierro mi tesoro, tapo cuidadosamente la excavación y salgo al patio. Estoy bañado en sudor; un gran vaso de whisky me devuelve mi aplomo.

El escondite ha sido cuidadosamente localizado. En caso de necesidad, puedo alcanzarlo rompiendo el piso de mi dormitorio, y lo encontraría fácilmente bajo los escombros, en caso de incendio.

* * *

Desde principios del mes, la pequeña guarnición de Lautaro fue llamada a unirse a su cuerpo, y como no existe policía urbana, nos encontramos en una situación crítica. Fuera de los bandidos que infestan los alrededores, tenemos que contar con los carrilanos, u obreros del ferrocarril, que comienzan a agitarse.

Tomamos precauciones. Las puertas de las oficinas están con barricadas interiores, las ventanas protegidas con sólidas tablas clavadas por dentro, los mozos están armados; cada noche organizamos patrullas alrededor de nuestro improvisado fuerte. Esto dura ocho días, al fin de los cuales Alvarez vuelve a Temuco donde yo lo había enviado a exponer la situación al intendente. Trae cincuenta hombres de infantería y unos treinta jinetes, todos a las órdenes de un capitán, que se convierte en comandante de la plaza.

Una vez instalada la tropa en el cuartel, renace la tranquilidad. Nuestras patrullas privadas son reemplazadas por patrullas militares. Centinelas vigilan los caminos que llegan a la ciudad, y uno puede nuevamente dormir tranquilo, tanto más que vamos a ser pronto desembarazados de los carrilanos por el reclutamiento.

En tiempo de paz el efectivo del ejército es de 4.000 hombres; acaba de ser elevado bruscamente a 30.000. Aquí ninguna ley obliga al servicio militar. El ejército está compuesto únicamente de voluntarios,

Los caballeros entran en él como oficiales, y los soldados se toman entre los *rotos*, la plebe de aquí. Entonces ahora hay que reclutarlos, y el modo de hacerlo es de lo más original.

Ya durante la guerra contra Perú y Bolivia se usaba el mismo sistema. Se cuenta que un capitán enviado en comisión de reclutamiento escribió a su comandante: "Yo le envío 150 voluntarios; en dos o tres días habré reunido una cantidad igual; sírvase entonces devolverme las esposas sin demora".

En Lautaro han principiado por tomar a todos los hombres válidos en las calles, sin ocuparse de saber si estaban cargados de familia, si eran propietarios de una casita, y si sólo una pequeña cosecha les permitía vivir. Naturalmente, nadie se atrevía a salir; el que se mostraba en la calle era tomado inmediatamente.

Como el procedimiento ya no rendía nada, los reclutadores comenzaron a entrar en las casas para reclutar a los hombres que pudieran encontrar. Los que escaparon huyeron a los bosques, de manera que en Lautaro, fuera de los notables, los extranjeros, mis mozos y los soldados, no se veía ni un solo representante del sexo fuerte.

Una mañana mi amigo Lacroix, de la Casa Francesa, viene a pedirme que intervenga a favor de Francisco Soto, llevado el día antes al cuartel. Me dice que es un buen hombre, casado y padre de seis niños que van a quedar en la miseria. Provisto del documento que me ha dado el intendente Gándara, en virtud del cual mis mozos escapan del servicio militar, me presento en el cuartel y pido que se ponga en libertad a Soto, que forma parte de mis servidores. El capitán lo hace llamar inmediatamente. Soto llega. Es un hombre barbudo que jamás he visto. Ojalá, pienso yo, que no eche todo a perder. Así, desde que aparece lo reto violentamente: "Imbécil, ¿por qué no has dicho que eres mi mozo? Otra vez voy a dejar que te lleven. Da las gracias al capitán que tiene la bondad de ponerte en libertad, y corre pronto a la oficina".

Asombrado, el hombre balbucea algunos agradecimientos y se apresura en desaparecer.

Una hermosa niña de quince a dieciséis años se presentó en mi casa al anochecer. «Soy –me dijo– la hija de Soto, a quien usted ha hecho liberar. Mi padre y mi madre me mandan a ponerme a su disposición».

¡Oh, candor del bajo pueblo chileno! Le doy algún dinero y la devuelvo donde sus padres, en medio de su gran asombro.

* * *

Mientras la ciudad se limpiaba así, las comisiones recorrían los campos aprehendiendo a todo hombre que trabajara en las tierras. Naturalmente que las faenas o campamentos de obreros del ferrocarril no fueron perdonados. En el momento menos pensado, los soldados hacían irrupción llevándose a todos cuantos podían alcanzar.

En la faena de Quino sucedió una escena trágica. Había allí unos 150 obreros. Una hermosa noche, cerca de las dos de la mañana, un capitán reclutador llega de improviso y rodea la faena con un cordón de soldados que, a una orden, se lanzan sobre el campamento aullando y descargando sus fusiles al aire. Los peones, despertados con sobresalto, se precipitan fuera de sus barracas, y son tomados inmediatamente. Algunos logran escapar y tratan de llegar al bosque, cuando una descarga derriba a dos. Yo los vi al día siguiente: uno estaba en camisa y tenía el cuerpo atravesado de parte a parte. El otro, que había dormido vestido, había recibido una bala en la espalda y respiraba todavía. Esta escena, que se parece a un ataque nocturno de los cafres a un Kraal, simplemente tiene por objeto contratar a los obreros para entrar "voluntariamente" al ejército.

En la cantera de Cuyanquén trabajan unos treinta hombres. Como está junto a una selva casi impenetrable para quien no la conoce a fondo, los obreros han discurrido tener siempre un centinela sobre una roca que domina el camino. En cuanto aparece una banda sospechosa, a la voz de alarma del centinela corren al bosque donde tienen un escondite preparado. Tres veces les han caído encima sin poder tomarlos.

Cosa curiosa, los militares improvisados de esta manera, una vez que tienen puesto el uniforme, no parecen lamentarlo. La despreocupación particular del roto chileno recupera pronto sus derechos y en muy poco tiempo llegan a ser excelentes soldados.

Al principio, como no se podía proporcionar uniformes completos a los nuevos reclutas, no había nada más divertido que verlos, andrajosos, con un kepí en la cabeza, un sable al costado o un fusil al hombro. Cierto es que los nuevos oficiales no presentaban mucho mejor figura. La mayoría tenía por uniforme lo que habían podido conseguir de vestimenta más o menos militar, y al costado un vulgar sable de caballería con vaina de latón.

Estos oficiales se reclutan entre los caballeros. Un abogado entra al ejército como capitán. Yo conozco un comisionista en mercaderías que habiendo sido unos pocos meses subteniente, al final de la guerra del Perú, fue nombrado de golpe teniente coronel. Estos puestos oficiales no son de desdeñar. Los sueldos han sido doblados y reciben una indemnización por entrar en campaña de acuerdo con el grado, de modo que un teniente-coronel puede ganar 7.000 pesos.

* * *

La policía rural del comandante Trizano hace una guerra sin cuartel a los bandidos. Ahora que no hay que contar con las formalidades judiciales, se mata sin piedad a todos los conocidos como malandrines.

Unos treinta bribones, tomados antes del primero de enero, esperaban ser juzgados en la prisión de Temuco. Se les hizo partir con una escolta de la policía rural con el pretexto de hacerlos juzgar en Concepción. Unas horas más tarde, algunas carretas traían sus cadáveres a Lautaro. En su informe, el teniente que comandaba la escolta declaró que en el curso del camino los presos se habían amotinado y habían muerto todos bajo las balas.

En cuanto a los ladrones vulgares, he aquí cómo los he visto tratar en Temuco bajo el régimen de la ley marcial.

En una hermosa tarde, dos ladrones, un indio y un chileno, fueron traidos con gran pompa a la plaza principal de la ciudad, llevando cada uno, en el pecho y en la espalda un gran cartel: ¡Ladrón! Se les hizo dar tres vueltas a la plaza con acompañamiento de clarines y tambores, mientras la banda de músicos de la guarnición tocaba un paso redoblado. Después se les hizo subir al quiosco que sirve para los conciertos en tiempos normales y se les tendió sobre el vientre después de haberles descubierto sus antípodas. La banda, formando un círculo alrededor del quiosco, toca un vals brillante. Dos cabos armados de varillas flexibles comienzan la fustigación bajo el ojo paternal de un oficial que cuenta los golpes. Los cabos trabajan vigorosamente, los dos maleantes aúllan desesperadamente, la música es encantadora, y el público, lleno de alegría, se entretiene enormemente. De pronto, el oficial hace un signo; los cabos se detienen, los extremos de sus varillas están ensangrentados; la música pasa de un vals a una polka, y en medio de la gritería, se transporta a los dos pacientes al cuartel.

* * *

Una noche, cerca de las once, leía tranquilamente en mi cama, cuando una detonación me hizo saltar. No es que los disparos sean raros en Lautaro. Uno cuenta una docena cada noche, por término medio, sin que a la mañana siguiente se recojan muertos ni heridos. En efecto, es una costumbre que cuando los perros ladran furiosamente o que se oye un ruido sospechoso afuera, se entreabre la ventana y se descarga un par de tiros al aire; los ladrones, si los hay, juzgan conveniente arrancar, y uno se vuelve a dormir con la conciencia tranquila.

Si entonces salté de la cama, fue porque la detonación salió de la misma esquina de la casa, y en vista del sonido particular, no provenía de un revólver sino de un arma de guerra.

Me puse apresuradamente un pantalón, las botas y un sobretodo, y después de echar un revólver en el bolsillo, apagué la vela, entreabrí la puerta de mi pieza que da directamente a la calle y traté de distinguir en la oscuridad lo que pasaba. No vi nada. Salí a la calle para dar una vuelta a la casa. En cuanto doblé la esquina, una mano cae sobre mi hombro y me gritan: «Alto». Heme en presencia de un demonio de soldado, uno de esos maleantes movilizados recientemente, por lo tanto no al corriente del servicio, y además ebrio como un regimiento de polacos, lo que lo hacía peligroso. ¿Cómo discutir con un hombre en semejante estado?

Y en la oscuridad se entabla el siguiente diálogo:

—¿Quién vive?

—Déjame tranquilo, animal, tú estás borracho.

—¿Quién es usted?

—Soy un caballero. Tú eres un borrachín, y vas a dejar tu fusil en tierra.

—Ah, con que así. Bien me parecía que tenías una cabeza de revolucionario y te la romperé de un balazo.

Rápidamente tomé el fusil al tiempo que llamaba a la guardia, pero el cuartel estaba muy lejos, y no venía nadie. El bruto, aunque muy ebrio, no dejaba de ser fuerte y no soltaba su arma; en un momento creí que me la iba a quitar de las manos. Nada habría ganado con ello, pues antes de que hubiera logrado apuntármela, le habría volado el cerebro con un balazo de revolver. Esto me habría mezclado en un lindo negocio, así que no deseaba recurrir a este medio sino en último extremo,

Mientras luchaba me hice dos reflexiones. Primero, si la guardia llega, puedo recibir un golpe de aquellos que vinieran a socorrerme, cuando vieran a un civil luchando con un militar. Me dije enseguida: «mi puerta ha quedado entreabierta a diez pasos de aquí»; en pocos segundos podría refugiarme en mi casa, pero puede ser que antes de llegar una bala me alcance al vuelo, o que me acribillen de balas a través de la puerta, o que traten de echarla abajo.

Una feliz inspiración me salvó. El arma era un fusil Grass; de un rodillazo levanté la aguja y el cartucho cayó a tierra. Solté el fusil, doblé la esquina y en pocos saltos llegué a mi puerta. Un detalle cómico es que en el momento en que me solté el borracho, al no encontrar resistencia, rodó de espaldas sobre la acera.

Una vez encerrado cuidadosamente en la casa, fui a la oficina donde hay una ventana que da sobre el lugar donde se había desarrollado el drama. Abrí el postigo y vi al borracho acuclillado, con el fusil entre las piernas buscando su cartucho a la luz de un fósforo. Nos reíamos con Alvarez, a quien había despertado, cuando oímos ruidos de cascos de caballos. Era una patrulla de tres jinetes, que viendo el estado del individuo, lo desarmaron y lo llevaron al cuartel.

                                    * * *

Oficialmente la construcción de la línea por la empresa Albarracín y Urrutia continúa, aunque en la práctica los trabajos sean casi nulos. Por un lado los Urrutia, que pertenecen al partido Montt-Varista se han puesto al lado de la oposición por el otro, don Tomás Albarracín es un balmacedista ardiente, de manera que su contrato con el gobierno se mantiene.

El general Gregorio Urrutia, el héroe de la conquista de Araucanía, ha logrado embarcarse en la escuadra, pero su hermano Fidel, de peor suerte, fue arrestado y puesto en la cárcel de Concepción.

Su señora, que quedó en Temuco, se encontró en una situación difícil; con el apoyo de Gándara he podido proporcionarle los medios para llegar a Concepción, donde estará en mayor seguridad.

En el momento del arresto de don Fidel Urrutia, yo tenía en mis caballerizas un caballo suyo. Para evitar que sea confiscado, me lo he atribuido, esperando poder entregarlo a su propietario. Es un magnífico animal de raza inglesa, mucho más grande que sus congéneres indígenas; cuando salgo en él llama la atención de todos.

No hay ningún cambio en lo que concierne a la comisión gubernamental del ferrocarril, yo conservo todo mi personal, incluyendo a los mozos, pero en el hecho no tenemos mucho que hacer. Se continuará pagándonos nuestros sueldos, pero personalmente experimento serias pérdidas. El peso de cinco francos, no vale sino 1,66 francos y continúa bajando. Mi aumento de sueldo ha quedado para las calendas griegas, y el dinero que adelanté para la compra en verde de la cosecha próxima se perderá en gran parte.

Febrero de 1891

Después de la agitación intensa del mes de enero, ha vuelto la calma a la región del sur. Estamos casi sin noticias de lo que pasa en el norte. Recibimos los diarios gubernamentales; los únicos que aparecen todavía; pero no informan nada. De creerlos, la tranquilidad más completa reina en Santiago.

Como no tengo nada que hacer, y mi estómago está un poco deteriorado, he resuelto hacerme una cura en los baños de Panimávida. He conseguido un certificado, constatando que sufro una gastritis aguda, de un médico de Temuco, amigo mío, el doctor Alliende, y la Dirección General me ha otorgado un permiso con goce de sueldo. He tenido que pedir un pasaporte en Temuco. He aquí mis señas como aparecen en él:

Nacionalidad	Belga
Edad	25 años
Profesión	Ingeniero jefe de sección
Estado civil	Soltero
Cabello	Castaño
Ojos	Azules
Nariz	Larga
Barba	Escasa
Boca	Fina

El 9 de febrero parto de Lautaro a caballo a la una de la madrugada, escoltado por dos carabineros que llevan mis valijas, y un mozo que lleva las carabinas de los carabineros y la mía.

Llegamos a Victoria cerca de las 5:30, despierto a Niedmann, propietario del hotel Alemán, que nos sirve el primer desayuno; a las 6:40 tomo el tren a Concepción. En el blando sillón del carro salón inicio un buen sueño, que durará hasta la llegada, a la una de la tarde.

Si en lugar de mezclar mis ronquidos a los de la locomotora hubiera continuado mirando por la ventanilla, habría podido ver lo que desde hace algún tiempo ya vengo notando en Lautaro: mujeres y niños perdidos en un mar de trigo, haciendo penosamente la cosecha, cuya mitad se perderá por falta de brazos.

En Concepción me alojo en el Gran Hotel Central, atendido por un francés, Louis Castaing.

Concepción es una hermosa ciudad de aspecto europeo, con calles anchas y bien pavimentadas, aceras de asfalto, grandes tiendas iluminadas con luz eléctrica, casi todas francesas, inglesas o alemanas. Por el momento, el comercio está paralizado. En las calles ya no hay esos camiones que en tiempo normal hacen recordar a Amberes. Frente a las puertas los empleados fuman cigarrillos. En las aceras unos pocos paseantes miran las vitrinas y se espantan por los precios indicados. Por otra parte, muchos militares, sonido de trompeta y redobles de tambores, y a pesar de todo este ruido, una impresión lúgubre. El público parece enervado. Todo este despliegue de fuerzas militares no puede agradar a los naturales de Concepción, que son casi todos del partido de la oposición.

Las ciudades de Valparaíso y Concepción, según creían los congresistas, iban a sublevarse como cajas de sorpresas al primer llamado de la revolución. Poco faltó para que así fuera, pero los revolucionarios tomaron mal sus medidas. La escuadra se "pronuncio" demasiado pronto, y antes de que los jefes de la oposición en Concepción tuvieran tiempo de organizar un pronunciamiento local, las guarniciones de Araucanía, alertadas, desembarcaban de los trenes en Concepción puesta ya en estado de sitio. Los grandes personajes de la oposición fueron detenidos y transportados a Santiago; las tropas que la escuadra habían desembarcado en Lebu se habían hecho a la mar nuevamente a la llegada de las tropas del gobierno; el golpe había fallado.

A la mañana siguiente tomo el expreso del norte. Hasta San Rosendo la línea bordea el río Bío-Bío. Es un río muy hermoso, de dos kilómetros de ancho y rodeado en sus dos orillas por colinas muy pintorescas. Su curso es de lo más caprichoso. La vía férrea, que sigue todos los meandros, no es sino una sucesión de curvas, de tal manera acentuadas que los grandes vagones americanos del expreso se balancean como barcos en el mar.

A partir de San Rosendo, la línea toma hacia el norte. El paisaje es poco variado: a la derecha, a lo lejos, la cordillera de los Andes; a la izquierda, la cordillera de la Costa, que parece una reducción de la primera: entre las dos, el gran valle central de Chile con sus inmensos campos de trigo y de maíz, sus árboles frutales, sus potreros sin fin donde pacen millares de animales vacunos, caballares y ovinos.

A la una desciendo en Linares.

Esta es la verdadera ciudad chilena; un polvo enceguecedor, carretas cargadas de melones, sandías, duraznos; huasos que pasan al galope, mujeres sentadas a la sombra fumando cigarrillos y hartándose de frutas, una batahola del demonio bajo un sol de fuego.

La ciudad, que en verdad no es más que un gran pueblo, es una sucesión de casas bajas, con ventanas enrejadas, construidas de adobes recubiertos de tierra apisonada, y con techos de tejas rojas. Las calles están pavimentadas con piedras, como es corriente en todas las ciudades antiguas chilenas.

No he tenido tiempo de visitar detenidamente Linares, pues el coche del establecimiento de Baños de Panimávida espera frente a la estación. Este me lleva pronto al galope de sus seis caballitos, en medio de una nube de polvo que oculta el paisaje y apenas me permite respirar. Después de dos horas de terribles sacudimientos, llegamos a nuestro destino.

Panimávida, balneario muy renombrado aquí, no responde en nada a la idea que yo me había formado. En medio de una gran llanura lindante con los contrafuertes de los Andes, se levantan varias construcciones de un piso, que parecen poner duro el lomo por temor de que la cordillera les caiga encima. Es como si estuvieran perdidas, aplastadas; la primera impresión no es nada agradable. Felizmente el patio interior la corrige un poco, está plantado con palmeras, naranjos, limoneros, olivos y granadas y una cantidad de otras plantas, tan desconocidas en Lautaro como en Bruselas.

Mi pieza da precisamente a este patio y es la única ventaja que le reconozco; es estrecha, mal amoblada, con una alfombra gastada y un sofá en ruinas. Es cierto que la sencillez de las instalaciones está compensada por lo elevado de los precios.

Apenas terminé de instalarme, fui a explorar el llano. Tiene el aspecto de una espumadera por la gran cantidad de pequeños hoyos que lo perforan y de los cuales se escapan vapores; como vegetación casi nada, fuera de cipreses. La llanura me hizo el efecto de un vasto cementerio cuyos habitantes usaran las aberturas para poder respirar más a gusto.

Esta idea macabra y cierto vientecillo fresco que soplaba de la cordillera, me hicieron regresar al establecimiento, donde una buena comida y un buen apetito, que desmentía el certificado del doctor Alliende, pronto cambiaron el curso de mis ideas,

Pero ¡ay! pocas horas después, apenas estuve en la cama, mandé a Panimávida a todos los demonios. ¡Oh, las pulgas, las pulgas! Cierto que en Lautaro también hay pulgas, pero al menos tienen un carácter más dulce y más reservado. Aquí se han lanzado sobre mi como si nunca hubieran gustado de un europeo delicado.

Mi primer cuidado de la mañana después de haber bebido mi primer vaso de agua fue comprar en la farmacia del establecimiento un frasco de polvos de Persia, insecticida por el que pagué muy caro. Es de preguntar si el pícaro del propietario cría pulgas para sembrarlas en nuestras camas y vender insecticida en su farmacia.

Este es el programa de la cura, tal como lo ha fijado el médico que he consultado:

Levantarse a las seis. Un vaso de agua en la fuente. Paseo. Segundo vaso. A las 7, ligero desayuno. De media en media hora nuevos vasos, seguidos de marchas forzadas. A las nueve y media, baño seguido de ducha. Último vaso de agua, después nueva marcha. A las 10:30, el almuerzo. Paseo, tarde en libertad absoluta, rociada de vasos de agua. A las 5:30, comida. Acostarse a las diez.

Con este régimen durante quince días espero restablecer mi estómago sobre un pedestal sólido, engordando también algunos kilos. A mi llegada pesaba 59 1/2 kilos.

Hay muy pocos bañistas este año. Los años anteriores en época semejante el establecimiento estaba repleto de gente; en este momento, gracias a la revolución, hay a lo más treinta pensionistas. Como la mayoría son enfermos del estómago, falta el entusiasmo.

Naturalmente las conversaciones giran sobre la revolución; las noticias son escasas y el interés comienza a calmarse. Al principio se discutía encarnizadamente sobre los acontecimientos y las posibilidades de éxito de los congresistas. Corrían los rumores más insensatos, las "bolas" como se dice aquí. De la mañana a la noche había discusiones apasionadas. Ahora se ha terminado por tener paciencia, y se espera el desenlace con calma. Hay que decir también que las discusiones se han terminado por falta de contradictores: todo el que expresaba opinión contraria al gobierno era enjaulado y enviado a Santiago, donde las cárceles deben estar repletas de presos políticos. Muchos opositores notables han juzgado prudente huir y esconderse en las haciendas; los que quedan, están forzados a guardar silencio. En ciertas ciudades, los de lengua muy larga, no solamente han sido arrestados, sino acariciados con 25 ó 50 bastonazos.

* * *

He cambiado de pieza, pero la nueva es tan poco lujosa como la primera. Las pulgas son menos abundantes, pero en cambio una legión de hormigas negras se pasea en el pavimento. No pican, pero es desagradable encontrarlas en la cama, a pesar de estar espolvoreada con polvos de Persia.

* * *

He conocido a don Adolfo Ibáñez, diputado balmacedista. Es un hombre de unos 40 años, de conversación muy interesante. Es un partidario exaltadisimo del gobierno y firmemente convencido del triunfo final. Se espera, me dice, la próxima llegada de dos torpederas de último modelo, la "Lynch" y la "Condell", que salen de astilleros ingleses; se ha enviado tripulación a Europa para traerlos a Chile, donde van a dar mucho que hacer a la escuadra insurgente.

Una noche, después de comida, don Adolfo me invita a beber champagne. Para evitar el escándalo en un establecimiento donde todo el mundo sigue un régimen estricto, se ha vaciado la botella en una tetera, y se nos sirve el líquido en tazas.

Don Adolfo a veces recibe noticias de Santiago por telegrama. Me cuenta que la escuadra ha bombardeado y reducido a cenizas la ciudad de Pisagua, al norte de Iquique. Una escuadra inglesa ha llegado como observadora en aguas chilenas.

* * *

La estadía en Panimávida es mortalmente aburrida. Al cabo de diez días regreso a Lautaro.

Marzo de 1891
Las noticias de la revolución nos llegan por pequeños retazos, y son malas para el gobierno,

Iquique, el puerto más importante del extremo norte, ha sido bombardeado por la flota. La población se ha sublevado y ha forzado a la guarnición a retirarse hacia el interior. Se ha librado una encarnizada batalla en Pozo Almonte; el coronel Soto, completamente derrotado, ha debido batirse en retirada, abandonando 1.200 cadáveres, un importante material, y la ciudad en ruinas,

Al día subsiguiente, los congresistas lo alcanzaron en Tarapacá. La lucha cuerpo a cuerpo fue de un salvajismo indecible; heridos y prisioneros fueron degollados; en la ciudad incendiada, mujeres, niños y viejos fueron masacrados. Los restos de las tropas balmacedistas se refugiaron en Bolivia.

Las provincias del extremo norte están perdidas para Balmaceda.

La ruda población de mineros ha sido enteramente ganada por la revolución que va a poder organizar un sólido ejército con el material de guerra perfeccionado que espera de Europa.

* * *

Mientras estos horribles acontecimientos suceden en el norte, nosotros vivimos apaciblemente en Lautaro.

La Tesorería de Temuco paga regularmente los sueldos. Alvarez y yo no tenemos prácticamente nada que hacer. Doña Peta continúa haciendo una excelente comida, aunque se ha hecho difícil aprovisionarse. De tiempo en tiempo tenemos invitados importantes que van o vuelven de Temuco, especialmente don Alberto Gándara que se aloja en nuestra casa cuando sus funciones de intendente lo llaman a Lautaro.

* * *

El 29 de marzo, día de Pascua, escribo a María una carta que transcribo en parte.

«Te escribo de la oficina cuya puerta, ampliamente abierta, da a la plaza. Son las tres y la animación es grande. Sin contar que es día de gran fiesta, es día de elecciones.

Bien, es muy curioso un día de fiesta en Lautaro. Grupos de jinetes chilenos surcan la inmensa plaza al galope, entregándose a algunos de esos juegos salvajes de los que ya te he hablado. Cientos de indios e indias beben, cantan y bailan. Los colonos franceses, alemanes, ingleses, suizos, españoles, italianos y rusos, han venido a la ciudad en sus caballitos que no saben manejar, y producen la alegría de los chilenos, que de tiempo en tiempo envían caballo y colono rodando al suelo de un caballazo. Es cómico ver a estos pobres diablos pegados a las casas para exponerse menos a los ataques. Muchos se han bajado del caballo a la entrada del pueblo y los conducen por la brida. En efecto, es peligroso pasear a caballo cuando la plaza está llena de huasos chilenos ebrios; para ellos estas luchas son un juego, pero para los jinetes menos firmes es un peligro real.

En el medio de la plaza se han levantado "ramadas". Son barracas de ramas, rodeadas de sólidas barras para que los caballos no puedan derribarlas; sirven también estas barras para jugar al juego de la "barra" descrito antes. En el interior de la ramada se beben torrentes de vino, cerveza y aguardiente, se toca la guitarra y el arpa, se bailan cuecas y en la noche se golpearán a muerte. En los días de fiesta es más prudente escribir a su hermana que asomar la nariz a la calle. Te he dicho que era día de elecciones. Se trata de elegir un diputado y un senador.

Apuesto que tienes la ingenuidad de creer que una elección es una reunión de ciudadanos libres llamados a elegir dentro de un cierto número de candidatos que representan los principios y opiniones que ellos profesan.

¡Oh candor!

Olvidas que estamos en revolución y que bajo pena de azotes, todo buen ciudadano no debe tener más que una opinión: la del gobierno.

Pero, dirás tú, el voto es secreto...

Seguramente el voto es secreto, pero déjame contarte una escena increíble a la que asistí esta mañana.

Han mandado de Temuco para hacer el escrutinio a un mayor, a un capitán y a un funcionario civil. Dentro de una hora, al cierre de las mesas electorales instaladas en Lautaro, se procederá a la apertura de las urnas. Pero, ¿sabes tú lo que saldrá de ella? 295 votos a favor del candidato balmacedista, los únicos que hay por lo demás, y 7 votos en blanco, esto es, una fulminante mayoría gubernamental.

Esta mañana a las nueve, es decir, una hora antes de la apertura de las mesas electorales, se efectuó en mi presencia, en el cuartel de Lautaro, el proceso verbal dando el resultado de las elecciones indicado más arriba, el que fue firmado por los tres interventores de Temuco, por el subdelegado y por un delegado de los electores. Un detalle que tal vez no creerás, pero que te garantizo como auténtico, es que este último mostró escrúpulos para firmar el acta de escrutinio, por lo que el mayor que presidía el acto lo amenazó con hacerle administrar allí mismo cien bastonazos. Esto decidió al subdelegado a estampar su firma. Último detalle; aunque hay 302 electores inscritos, habrá en realidad a lo más unos cien votantes. Ahora tú me dirás que los partidarios de la oposición van a reclamar, protestar, hacer anular la elección. Primero, no hay nadie que sea abiertamente del partido de la oposición, y en seguida, no hay nadie a quien reclamar.

Pero entonces, objetarás tú todavía, ¿para qué hacer elecciones?

Es bien simple. Mañana, todos los diarios —los del gobierno por cierto; los otros están suprimidos— van a proclamar un inmenso éxito para su partido. Un cablegrama sensacional anunciará la noticia al mundo entero, lo que fortificará el crédito del gobierno. En seguida todo el norte de Chile va a estar convencido de que el sur es partidario unánime del presidente. Dentro de un mes, los diputados y senadores elegidos hoy, estarán convencidos de que ellos son la fiel expresión de los sentimientos del pueblo chileno, el cual, en dos meses más, será de la misma opinión. De esta manera se obtendrá una gran ventaja que no existe entre nosotros: la unidad completa de criterios en el seno de la Cámara y del Senado. Y como estas dos asambleas se van a reunir como constituyentes, van a reformar la Constitución sin discusiones ociosas en el sentido de las ideas del presidente, que es lo más feliz que le pueda pasar a Chile. Por mi parte, sin aprobar enteramente los medios empleados, y sin desaprobarlos tampoco, por ser lo más práctico que he visto en su especie, aplaudo sin reservas el resultado».

Abril de 1891

El mes empieza mal. Un "adoquín" cae bruscamente en la laguna en que descansábamos. Se abre la era de las economías; se paralizan los trabajos de construcción de la línea.

La mayor parte de la comisión es despedida; en Victoria quedarán el señor de la Mahotière y el señor Fonck. En Lautaro, yo. En Temuco, St. Anne, Mayaud, Evans y Huse; Sweet y otros ingenieros, desaparecen. Yo quedo como jefe de sección, pero mi personal se reduce al inspector Castañón, un solo empleado de oficina y dos mozos.

Mi amigo Alvarez me deja; quedo solo en nuestra gran casa. Le compro en 50 pesos su parte de la instalación que habíamos hecho en común y que nos había costado 500. Bajo este aspecto hago un buen negocio.

El peso ha caído a 1,25 fr.; es necesario que reduzca mi presupuesto personal. Conservo a mi vieja cocinera doña Peta, pero a medio sueldo, con la sola obligación de prepararme el desayuno, y estar a mi disposición si algún amigo de paso me pide hospitalidad.

Como y almuerzo en la Casa Francesa sin pagar un centavo, pero esto no me cuesta menos de 30 pesos por mes, pues debo ofrecer de tiempo en tiempo una botella de licor fino o alguna golosina.

Estoy contento de haber encontrado pensión en estas condiciones, por ser exorbitante el precio de los produtos alimenticios. La carne de matadero es imposible de encontrar. Felizmente, los amigos de la Casa Francesa y yo mismo, tenemos gallineros bien provistos. Ellos están engordando tres cerdos, y yo tengo dos en mi "quinta" a los cuales alimenta doña Peta con parte de la comida destinada primitivamente a los mozos. Tengo además tres sacos de fréjoles, manteca, charqui (carne seca), una provisión de papas y lentejas. Un personaje chileno, a quien presté algún servicio, me ha enviado dos barricas de vino de 120 litros cada una. Por su lado los franceses tienen gran cantidad de conservas.

Lograremos así pasar el invierno sin sufrir hambre.

* * *

El 10 de abril, el coronel Gándara, intendente de la provincia, que se ha hecho muy amigo mío, me llama a Temuco para hacerme una proposición extraña.

—Ya que usted no tiene nada que hacer —me dice—, ¿por qué no entra al cuerpo de ingenieros militares? Mi autoridad me permite nombrarlo capitán fuera de los cuadros militares. Tendría un sueldo mensual de 300 pesos, más una indemnización de equipo de 250 pesos.

—Pero —objeté yo—, si bien es cierto que ha cesado todo el trabajo en la línea no por eso dejaré de percibir regularmente mi sueldo.

—Sea, pero la Tesorería los carga a la cuenta del Ministerio de Obras Públicas; su sueldo militar será pagado a cuenta del Ministerio de Guerra, y nada se opone a esto. Tengo aquí un destacamento de ingenieros militares, pero el teniente que los manda no tiene ningún conocimiento técnico; me falta un verdadero ingeniero, y es por eso que he pensado en usted...

—Pero no deseo firmar un compromiso. Los trabajos de la línea empezarán de nuevo cualquier día, y no quiero perder mi situación.

—Usted no firmará ningún compromiso, y podrá renunciar en el momento que desee.

—¿Y si se le ocurre a algún jefe la fantasía de enviarme al otro extremo del país?

—Es imposible. Usted dependerá solamente de mí y no saldrá jamás de la provincia. Está instalado en Lautaro, quédese ahí. Por lo demás es allí donde se van a ejecutar los principales trabajos; hay que transformar el cuartel en vista de la posible llegada de un regimiento, y poner en uso el puente colgante sobre el Cautín, que se encuentra inutilizado.

También deberá poner en marcha varios proyectos que le encargaré, y usted podrá estudiarlos sin moverse de donde está. Por lo demás, Temuco está a pocas horas a caballo de Lautaro, y si es necesario, podremos comunicarnos diariamente por telégrafo.

Comienzo a dejarme persuadir.

Le pregunto si podré cumplir con mis funciones en traje civil, pues no me agrada pavonearme en uniforme, ni menos causar la risa de mis amigos de Lautaro. Me asegura que, aunque será necesario tener el uniforme correspondiente a mi grado, no deberé usarlo sino en contadas ocasiones. Me informa también que el uniforme no me costará nada, pues podré retirarlo del depósito con sólo una orden de él para el jefe del almacén. Me ahorraré así el pago y podré echarme al bolsillo la suma correspondiente a la indemización de equipo.

¡Alea jacta est!

⁎ ⁎ ⁎

Paso al depósito; vuelvo al día siguiente y en la tarde me presento a la Intendencia en uniforme de capitán de ingenieros.

Este uniforme es muy sobrio, enteramente azul oscuro, casi negro. Sobre las mangas de la casaca, están cosidos los tres galones de mi nuevo grado. El quepi, también azul oscuro, está rodeado de dos galones de los cuales se separan otros tres por cada lado hacia arriba. En la frente una gran Z, insignia de los ingenieros (zapadores). Solamente los galones son de oro, la Z es de plata, porque no estoy comisionado regularmente, sino asimilado al grado. Un gran sable adornado con una soberbia dracma dorada cuelga a mi costado; éste también es regalo del intendente.

El coronel Gándara me presenta al teniente del destacamento de ingenieros. Es un hombre muy joven, de fisonomía simpática, que me pone buena cara. El coronel nos da sus instrucciones. Convenimos en que voy a estudiar, de acuerdo con sus ideas, las modificaciones a efectuarse en el cuartel de Lautaro, así como el arreglo del puente, y tan pronto como mis planos estén listos, el teniente me enviará los hombres necesarios para su ejecución.

Gándara me invita a comer y pasamos la velada rociando copiosamente mis galones nuevos.

Al día siguiente, regresé a Lautaro de paisano, el mozo llevaba mi uniforme cuidadosamente embalado y mi sable atravesado en su silla.

Algunos días más tarde llegaban quince hombres a las órdenes de un sargento primero, y comenzaban los trabajos. Al fin del mes Gándara vino a inspeccionarlos acompañado por el teniente. Fue la primera vez que aparecí en uniforme ante los estupefactos lautarinos. Mis buenos amigos de la Casa Francesa, a quienes nada había dicho de mi rápida promoción, estaban literalmente asombrados.

* * *

En Temuco, donde el intendente, he conocido al sargento-mayor de caballería Tulio Padilla. Ha venido en comisión de reclutamiento, pues los efectivos del ejército se han aumentado a 60.000 hombres. Gándara le ha dicho que no hay nadie más que reclutar en su provincia. Padilla parte con las manos vacías a Quillén.

* * *

Me informo que Fidel Urrutia, encarcelado en Concepción, se ha evadido. La señora Urrutia ha logrado sobornar a un empleado de la Intendencia que le ha entregado una orden de libertad con las firmas y sellos aparentemente auténticos. Tan pronto como estuvo libre, don Fidel se apresuró a desaparecer junto con su señora; felizmente ignoro el lugar donde se han refugiado.

* * *

Los diarios gubernamentales, tan avaros de noticias cuando la situación se diseñaba a favor de los insurgentes, muestran ahora gran alegría.

Las dos torpederas que se esperaban de Europa han llegado a aguas chilenas. Su primera hazaña ha sido atacar en la noche, por sorpresa, al acorazado insurgente "Blanco Encalada" y a la cañonera "Huáscar", al ancla en la bahía de Caldera. Alcanzado por un torpedo, el acorazado se va a pique con toda la tripulación, la cañonera escapa. Esto es un gran éxito para el gobierno, pues el "Blanco Encalada" es la mejor unidad de la escuadra. Los diarios expresan su esperanza de que las torpederas continúen sus hechos gloriosos, y que la oposición, privada de su flota, sea pronto reducida a la impotencia.

Mayo de 1891

Todo está tranquilo en Lautaro; no se oye hablar de bandidos en la región. En cuanto a lo que pueda pasar en el norte, no tenemos ninguna idea.

Estamos en la estación de las lluvias, pero no tengo que exponerme a las intemperies, como en los inviernos anteriores. Los arreglos del cuartel avanzan rápidamente; me limito a dirigirlos dando instrucciones al sargento que maneja a sus hombres a la baqueta. En cuanto al puente suspendido, es una pasada para peatones construido con cables en la época de la conquista por el general Urrutia para permitir a su infantería franquear el Cautín; está en un estado de gran destrucción que trato en lo posible de mejorar.

En la oficina me encargo de los estudios técnicos que me envía el intendente. Cada semana voy a verlo a Temuco, en esos días me pongo el uniforme.

No me faltan entretenciones; a menudo voy a conversar a la Casa Francesa, donde los negocios están en absoluta calma. Cuando tenemos la suerte de un día de buen tiempo, aprovechamos para cazar y proveer la cocina de perdices, torcazas, loros, patos y diversas aves acuáticas.

En verdad vivimos en la abundancia. Se han matado ya dos cerdos. Pedro Salaberry, uno de los socios de la Casa Francesa, es quien desempeña el oficio de salchichero, y hay que reconocer que es de primera clase. Nos ha fabricado morcillas y salchichas exquisitas; hemos comido patitas de chancho y chuletas asadas deliciosas. Tenemos tocino y jamones en el saladero; salchichones y embutidos cuelgan en la cocina esperando su turno para presentarse en la mesa; pero lo que considero su mayor triunfo son los chicharrones, cuya receta proviene de la cocina vasca. Consiste en los residuos de la grasa derretida, mezclados con higado de ave y trocitos de carne de perdiz, ganso y pato, todo rociado con manteca hirviendo y vaciado en seguida en jarros. Cuando se saca del molde, se tiene una especie de *pâte gras* excelente.

* * *

Una noche, cerca de las 9, salía de la Casa Francesa para regresar a mi vivienda. Hacía un tiempo atroz; había ráfagas de viento y la lluvia caía a torrentes. Recorrí casi a la carrera los 150 metros del trayecto y había llegado llave en mano a la puerta de mi pieza que se abre hacia una calle lateral. Empapado hasta los huesos, tenía prisa en ponerme bajo techo, cuando veo en el umbral un gran perro mostrando los dientes y gruñendo ferozmente. No era el momento de recurrir a la persuasión. Saco mi revólver y le disparo una bala. El animal da algunas vueltas sobre si mismo, cae de la acera y desaparece en un gran charco formado por la lluvia en la calle. Sin ocuparme más de él, entro en mi habitación, bebo un coñac para calentarme, y algunos minutos después gozaba del dulce calor de la cama.

Iba a dormirme cuando surge de la calle un lúgubre aullido que cesa un momento para volver más fuerte a intervalos regulares. Yo estaba enervado, este grito atroz renovado sin término me pone en un estado de sobreexcitación extrema. Imposible quedarme así. Me levanto, me visto y me pongo mis botas. Salgo llevando un estoque en la mano. El desgraciado animal se había arrastrado hasta el borde del charco y continuaba aullando. Pongo fin a su martirio hundiendo varias veces el estoque en su cuerpo.

Después me volví a acostar, pero me costó largo tiempo poder conciliar el sueño. ¿Por qué no maté al animal de un balazo? Ello me habría evitado sentir esa sensación de volverme a ver, hundiendo la hoja del estoque en sus carnes, como un vulgar asesino. Esta desagradable idea me acometerá frecuentemente en mis sueños.

* * *

Una noche se produce gran conmoción en la Casa Francesa. Un comerciante de Temuco, Ignacio Lataste, informó que aprovisionaba de comestibles a don Fidel Urrutia y mencionó la hacienda en que éste se oculta. Como todos mis amigos vascos son opositores y yo gubernamental, no me habían dicho esto a pesar de que lo sabían. Yo les aseguro que guardaré estricto secreto, y que por el contrario estoy dispuesto a ayudar a don Fidel en caso necesario. A pesar de esto Lataste da aviso a Urrutia de su indiscreción y le recomienda que cambie su escondite. Urrutia dice que él confía enteramente en mí y que sabe que jamás lo denunciaré.

* * *

Una noche tenemos a comer a un vasco, el señor Amunátegui, que vive en Lota. Se encontraba allí a principios de enero, durante el desembarco de los revolucionarios en ese puerto, y nos cuenta, con mucha verba, la escena heroicómica de que fue testigo.

El pueblo de Lota está asentado sobre una planicie en lo alto de un acantilado; abajo se extiende la playa sembrada de rocas. La guarnición se componía de una compañía de línea.

Se terminaba de almorzar cerca del mediodía en la Casa Francesa del lugar, cuando un mozo entra como una ráfaga al comedor. «Un barco de guerra en el horizonte».

Todos salen rápidamente. La compañía de soldados desfilaba por la calle hacia la playa. En el mar, a lo lejos, una espesa humareda se acercaba minuto a minuto. Pronto se distingue al crucero "Esmeralda" que se detiene a una milla de la costa. Agrupados sobre el acantilado, numerosos espectadores observan el espectáculo.

El capitán arengaba a sus hombres alineados en la playa.

«He aquí la ocasión —les decía— de cubrirse de gloria y de inscribir en la historia un nuevo ejemplo del heroísmo chileno. A pesar de su artillería, los malditos rebeldes no desembarcarán. Apostados detrás de las puntas de las rocas, ustedes los acogerán con un fuego arrollador tan mortífero que nadie pondrá pie en tierra. ¡Viva Chile!». Y la tropa electrizada repite a voz en cuello «Viva Chile, mierda». El agregado de la palabra de Cambronne expresa aquí el colmo del entusiasmo.

Mientras los soldados, dispersos detrás de sus abrigos rocosos, esperan el ataque a pie firme, una ballenera se separa del crucero. En su proa, un teniente está de pie al lado de un marinero portador de una bandera blanca. A unos cincuenta metros de la orilla, la embarcación se detiene. El capitán ha avanzado solo hasta el borde del agua.

«Capitán —grita el teniente con un megáfono, de manera de ser oídos por todos—, sabemos que su compañía es la única guarnición del lugar; sería una locura resistirse. Evitemos toda efusión de sangre chilena. Retírense al interior mientras nosotros procederemos a aprovisionarnos. Pero lo que aún sería mejor es que ustedes se embarquen con nosotros. Los soldados tendrán doble paga, y los oficiales subirán un grado. ¡Decídanse!». «Teniente —responde orgullosamente el capitán—, sus palabras me indignan! Si en dos minutos no ha dado media vuelta, ordeno hacer fuego!». Sin insistir más, el teniente vira de bordo y la ballenera se dirige a la "Esmeralda".

De repente surge un relámpago del crucero. Un monstruoso obús naval gruñendo encima de los defensores de Lota va a estallar en el acantilado. Grandes trozos de rocas ruedan con un estruendo ensordecedor; una granizada de piedras y tierra cae sobre la playa. Esta queda desierta en una pestañada. La mayoría de los soldados, arrojando sus fusiles, trepan enloquecidos por los caminos que conducen a la ciudad y se desparraman por el campo. El valiente capitán ha seguido a sus hombres.

La ballenera regresa, esta vez cargada con dos pequeños cañones de montaña y de una tropa de desembarco que ocupa la playa. En un segundo viaje trae refuerzos. Los marineros suben a la ciudad y se diseminan por los almacenes donde requisan todo lo que pueda ser útil a los insurgentes.

De la Casa Francesa se llevan las frazadas, ropa blanca, conservas, azúcar, café, vino, licores, mercaderías de toda especie, que trasladan a la ballenera en carretas también requisadas. Todo es pagado al contado, y a su precio comercial. Para la Casa Francesa y los otros comerciantes es una ganga inesperada, pero que los dejará casi desprovistos de todos los artículos de consumo.

Un destacamento enviado a los alrededores trae ganado, caballos, trigo, que son llevados en varios viajes a la "Esmeralda". A las cinco de la tarde se había terminado la *razzia* y el crucero desapareció en el horizonte.

Una hora más tarde el capitán volvía al cuartel donde poco a poco se reagruparon sus hombres.

El colmo es que dos días más tarde, los diarios gubernamentales de Santiago anunciaban que la guarnición de Lota había rechazado victoriosamente una tentativa de desembarco de la escuadra, y no cesaban de elogiar el heroísmo que habían desplegado sus soldados.

Junio de 1891

¡Gran noticia! El gobierno, con un fin estratégico, ha decidido continuar activamente los trabajos de la línea Victoria-Temuco.

Frame, el ingeniero que dirige la empresa Albarracín y Urrutia, ha reorganizado las faenas. Ya no hay que temer los enrolamientos de "voluntarios", y los carrilanos que se habían refugiado en los bosques se han reintegrado a las faenas. Son menos que antes, pero en fin los trabajos marchan a pesar de la estación de las lluvias.

Mi oficina también se ha reorganizado. Alvarez no ha vuelto, pero ha sido reemplazado por Emile Bodart. El inspector de trabajos, Castañón, no había dejado su puesto. El personal subalterno ha sido recontratado, y la cuadrilla de mozos se ha formado nuevamente.

He ido a Temuco a presentar mi renuncia como capitán al intendente. He devuelto mi sable al depósito, y he llevado mi escrúpulo hasta entregar el uniforme. Mi carrera de oficial ha durado dos meses. En todo caso, ha significado un suplemento de 600 pesos a mi sueldo, más 250 pesos por entrar en campaña.

* * *

Son Bodart y Castañón quienes se encargan del trabajo de campo, y yo, de las tareas administrativas. Cuando el viento sopla con furia y la lluvia cae con ruido de mosquetería sobre el techo de zinc estoy confortablemente instalado en un buen sillón delante del escritorio ministro, con mis pies calentitos sobre un tapiz de fabricación indígena.

En las oficinas las estufas roncan alegremente. El telegrafista mezcla su toc-toc con el rasguñar de las plumas y el ruido de las escuadras y reglas movidas sobre la mesa de dibujo.

En una dulce beatitud, comparo mi vida en este invierno con la que llevaba dos años atrás en la misma estación. Me vuelvo a ver con Frame a caballo por los caminos de barro, la cara azotada por la lluvia y espoleando a los caballos para salir de los pasos peligrosos antes de la caída de la noche. Después, con la noche cerrada llegábamos tiesos y helados a este mismo Lautaro. Los viajeros eran escasos, las provisiones del hotel Alemán poco variadas y era necesario contentarse con lo que uno encontraba. El hotel tenía una estufa, lo que era un lujo, pero el viento que silbaba entre las tablas de las paredes le hacían una seria competencia. Bebíamos grogs de aguardiente para calentarnos. Después el cansancio nos hacía retirarnos a la pieza destinada a los viajeros.

* * *

Esta era un largo desván, pero tan estrecho, que teníamos que desvestirnos por turno en el espacio que quedaba entre las dos camas. Los colchones eran duros y húmedos, el viento nos acariciaba el rostro, y a veces las gotas de agua que caían con insistencia en un mismo punto, nos obligaba a cambiar de sitio; aparte de esto uno dormía a pierna suelta. Lo peor era cuando llegábamos de a tres. Había que jugar a los dados quién dormiría en un rincón. Ese disponía de los ponchos de los otros dos. Los viajeros eran tan escasos que nunca sucedía que llegara un cuarto a complicarnos la situación.

A menudo el día siguiente era tan lluvioso como la víspera y cuando veníamos a hacer un trabajo en el terreno, debíamos pasar uno o dos días viendo caer la lluvia y escuchando aullar el viento hasta que se despejara y pudiéramos trabajar. Yo estaba feliz cuando volvía a Victoria al encontrar mi pieza bien cerrada, mi cama de campaña y las cajas que reemplazaban a los muebles.

Las oficinas de Victoria eran también una obra maestra de desnudez y de pobreza en comparación a las de la segunda sección de Lautaro. El gobierno, que en esa época estaba hinchado de riqueza, economizaba hasta con los materiales de escritorio; ahora que se debería efectuar todas las economías posibles, los créditos son muy grandes.

* * *

Si no fuera que el reabastecimiento es difícil y que las mercaderías han doblado o triplicado su valor, uno no se apercibiría desde aquí que se está en plena revolución.

Las noticias del norte son escasas, pero las "bolas" continúan corriendo. Yo no les doy mucho crédito. Se confirma que un batallón gubernamental se ha sublevado en Coquimbo, ha matado a sus oficiales y se ha unido a los revolucionarios en Caldera. Por otra parte, la "Esmeralda" ha destruido las bodegas, la vía férrea y el material de explotación del guano en la isla de Lobos. Se dice también que en Santiago reina el terror; la denuncia hace estragos, se producen desapariciones misteriosas: la juventud dorada emigra bajo disfraces y llega a Iquique.

El vapor "Itata" llegó el 4 de junio a Iquique desde los Estados Unidos con un cargamento de armas y municiones para los insurgentes. No estando éstos reconocidos como beligerantes, el barco había sido retenido en el puerto de San Diego, en California. Había logrado escapar clandestinamente, pero fue perseguido por el crucero "Charleston", que llegó a Iquique casi al mismo tiempo que él.

El comandante del "Charleston" exigió de la Junta la entrega del navío y su cargamento. Se entregó, y el crucero volvió a partir a California llevando su presa.

Es cierto que la oposición ha recibido de otra parte mucho material de guerra, y organiza en las provincias del extremo norte un fuerte ejército que comanda el coronel don Estanislao del Canto, a quien yo había conocido donde don Francisco Robinson a mi llegada a Santiago, y que tuvo la amabilidad de darme cartas de presentación para Collipulli.

Estas tropas son adiestradas por el coronel Körner, que era el jefe de la misión de instructores alemanes contratados por Balmaceda y que se ha puesto al servicio de los insurgentes.

A fines del mes de mayo ha tenido lugar la elección presidencial. Naturalmente el candidato gubernamental, don Claudio Vicuña, ha sido elegido por unanimidad.

El 18 de septiembre, día de la fiesta nacional de Chile, es cuando expiran los poderes del presidente Balmaceda. Se espera que su sucesor podrá, sin mucha dificultad, tratar con los congresistas y poner fin a la insurrección por medio de una transacción razonable.

Julio de 1891

El invierno es particularmente lluvioso; los ríos se han desbordado e inundado los campos; los caminos se han puesto impracticables. Sin embargo, voy con frecuencia a Temuco a ver a Gándara, con quien estoy muy unido. Exploto su situación de intendente con poderes discrecionales en la forma más conveniente para mis intereses.

Además de los dos sitios que yo había obtenido en Temuco, me ha concedido una manzana entera, aquella que en el plano de la ciudad lleva el número 126. Es un terreno para construcciones, de gran valor, con una superficie de una hectárea.

No he limitado allí mi ambición. Se me ha concedido, con documentos en regla, una extensión de 1.500 hectáreas en los terrenos fiscales al este de Temuco hacia la cordillera. Cuando vuelva la calma podré convertirme en hacendado.

Gándara hace como que lo obtiene para mi personalmente, pero es a medias con él, sin que él aparezca. Tengo también la concesión de un ferrocarril que unirá Temuco y Carahue, ciudad situada no lejos de la desembocadura del río Imperial, que es navegable hasta allí. La línea tendrá unos sesenta kilómetros. Si este proyecto se realiza, significa la fortuna para mí. Roguemos a Dios por el triunfo del partido gubernamental.

✳ ✳ ✳

En Lautaro generalmente paso mis noches al lado del fuego con mi compatriota Bodart. El se entretiene tostando sobre la cubierta de la estufa el fruto de la araucaria, los piñones, que tienen gusto a castañas y avellanas, con el mismo sabor de las de Europa, pero con la cáscara menos dura.

El mozo de Bodart, llamado Sanhueza, fue militar en su juventud. Formó parte del destacamento que, alrededor de 1863, arrestó al famoso aventurero francés Antoine de Tounens, convertido en rey de la Araucanía bajo el nombre de Orelie I.

El 14 de julio asisto a un banquete dado por los franceses de Temuco en el Hotel de France «en celebración del 102 aniversario de la toma de la Bastilla».

El menu demostró que a pesar de la revolución, se puede gozar todavía de la buena mesa.

Menú

Potage a la fraternité

Hors d'oeuvre

Olives-Radis-Sardines-Anchois-Jambon froid

Relevé

Poissons a la Robespierre

Entrées

Poulets sautes a la Marengo

Filets aux champignons a la Gambetta

Mayonnaise de perdrix a la Voltaire

Langues a la Vergniaud

Légume

Haricots verts a la Mirabeau

Rotis

Bouchées de filet a la La Fayette

Dindes a la Desmoulins

Desserts

Piece montée a la Bastille

Pêches a la Marseillaise

Fraises-Ananas-Gateaux

Vins et liqueurs

Xerées Vin blanc-Bordeaux-Champagne Roederer

Fine Champagne Napoleón

Café-Thé

Cigares de Havane.

Agosto de 1891

A principios de agosto, Gándara recibe noticias de que tendrá que ir a desempeñar un comando militar en el norte. Deberá partir a Santiago en cuanto haya hecho entrega de la Intendencia de Cautín a un interino.

Gándara ha conseguido hacerse popular; ha sabido ganarse hasta a los adversarios del gobierno. Ha gobernado su provincia con extrema moderación. Mientras en otras partes los opositores notorios eran tratados como bestias feroces, aprisionados y a veces azotados, él, aunque sosteniendo vigorosamente a su partido, jamás ha cometido un acto desagradable contra nadie. Así, la población de Temuco desea organizar antes de su partida una manifestación de simpatía.

El 8 de agosto se da un gran banquete al cual yo asisto. Como siempre el menú es de una abundancia muy chilena.

* * *

Algunos días más tarde recibí una carta de Gándara en la que me ruega le organice el transporte de sus bagajes; bajo el cuidado de un ordenanza, debían llegar el 18 al extremo de línea de trocha angosta en Cuyanquén, de donde irían en tren a Quillén, de allí en carreta a Quino donde llegaba la línea de trocha normal. El seguiría al otro día. Pedía un tren especial de Quino a San Rosendo donde tomaría el expreso a Santiago. Yo encargué a Castañón que se ocupara del equipaje y me entendí por telégrafo con Frame en Victoria, para que un tren esperara al intendente en Quino, el miércoles 19 de agosto en la tarde.

En un telegrama posterior, Gándara me anunciaba que un séquito de 15 personas lo acompañaría hasta Lautaro. Era pedirme indirectamente que los recibiera a almorzar.

Con el fin de parar este golpe peligroso, me vino la idea de insinuar a los notables lautarinos que convendría, como se había hecho en Temuco, ofrecer al intendente un banquete de despedida.

La mayoría en su fuero interno era de opinión antibalmacedista, pero Gándara era tan estimado que todo el mundo se adhirió a mi proposición, siempre que la fiesta no revistiera ningún carácter político. La cuota era de veinte pesos; llegué a reunir más de 600 pesos, lo que permitió hacer las cosas en grande.

Se redactó un menú que no le cedía en nada al de Temueo. Yo había transmitido el menú al impresor de Temuco que, sin quererlo, resultó un bromista. En lugar de "Langues a la Vergniaud", imprime "Langues a la Verniory" y en lugar de "Asperges en branches", pone "Asperges a la Maxim". Ahora bien, Maxim von Gaerlitz, es un antiguo oficial alemán, gran amigo de Gándara, que también asistirá al banquete, y que es largo y flaco como un espárrago.

La fiesta fue un gran éxito. Las paredes de tablas de la sala desaparecieron bajo un artístico arreglo de banderas y ramas.

* * *

Los cubiertos eran muy dispares; se bebía Sauternes de 7 pesos la botella, y Roederer de 12 pesos, en vasos cerveceros, pero el éxito no fue menor.

El primer brindis lo hice yo; lo contestó el intendente, después fueron brindis sobre brindis, discurso sobre discurso, entusiasmo exuberante, hasta que el pito de la locomotora anunció que había llegado la hora de la separación.

Abrazo general, que aquí consiste en echarse mutuamente los brazos al cuello y darse golpecitos en la espalda.

Subimos, Gándara su edecán y yo, en nuestro trencito que se pone en movimiento en medio de los vivas.

En Quillén encontramos los caballos que nos conducen a Quino. El tren, compuesto por la locomotora y un carro, nos espera allí, bajo la dirección de Frame que nos acompañará hasta San Rosendo. Contamos con volver al día siguiente en el mismo tren especial.

Pero los acontecimientos se desarrollaron en otra forma.

Habíamos pasado por todas las estaciones sin detenernos, cuando cerca de las diez de la noche llegamos a la estación de Santa Fe. Nos detenemos ante una señal de parar. Un piquete de soldados invade nuestro coche. Mientras Gándara y su edecán se entienden con el jefe, Frame y yo somos conducidos a una oficina donde se nos encierra; un centinela se coloca delante de la puerta. No se nos da ninguna explicación. Durante una hora y media quedamos abandonados a nuestras reflexiones. Gándara no aparece más. ¿Qué puede haber pasado?

Al fin recibimos la visita del jefe de estación. Ha llegado de Santiago una orden formal suspendiendo todo el tráfico de trenes, excepto los trenes militares. No sabe nada más, pero supone que graves acontecimientos deben haber sucedido en el norte. Gándara, en su calidad de jefe militar llamado a Santiago, ha podido seguir su viaje con nuestro tren. Nosotros, de quienes él ha respondido, estamos libres.

Es cerca de medianoche, ¿a dónde ir? Felizmente recuerdo que existe en Santa Fe una gran destilería cuyo director es un belga, M. Liebrecht. Vamos a pedirle hospitalidad. El jefe nos indica el camino que debemos seguir; la casa no está lejos de la estación.

La noche está oscura. Ninguna luz brilla en el establecimiento cuando llegamos. Una fuerte reja cierra el patio. Agitamos la gran campana a toda fuerza. Después de una larga espera avanza un guardia; en una mano tiene una linterna, y con la otra apunta un revólver en nuestra dirección. Nos explicamos y a través de los barrotes le alargo mi tarjeta que él se lleva.

Nueva espera. Se prende una luz en la casa de la dirección. Después vuelve el guardián y nos invita a entrar. Atravesamos el patio y entramos en una pieza donde pronto se presenta M. Liebrecht en bata. Yo aún no lo conocía, pero mi calidad de compatriota y el relato de nuestro contratiempo nos valen una calurosa acogida. Madame Liebrecht llega enseguida; surgen los domésticos; se nos prepara té y una colación, de la que tenemos gran necesidad, y a la una y media podemos acostarnos en las buenas camas que nos han preparado.

Al día siguiente hacemos un conocimiento más amplio de nuestros huéspedes.

M. Liebrecht es un ingeniero de unos 45 años, que ha trabajado en todas partes, especialmente largo tiempo en Turquía. Es un políglota notable que habla francés, flamenco, inglés, español, italiano, turco, árabe, sin contar otras lenguas. Deja estupefacto a Frame declamando en lengua erse, el antiguo idioma gaélico de Escocia. Por el momento, dirige la destilería creada con capitales pertenecientes al conde Flandes, hermano de Leopoldo II.

Madame Liebrecht es de Bruselas, muy libre en sus maneras, deportista y gran cazadora, muy *fin de siècle*. Usa los cabellos cortos, lo que parece haber escandalizado a Santa Fe, fuma innumerables cigarrillos y no le disgustan los cocteles.

La familia se completa con un hijo de unos doce años, Henri.

En la mañana vamos a las informaciones de la estación. El servicio de trenes continúa suspendido. Convoyes de tropas han pasado hacia el norte. Corre el rumor de que el ejército de la oposición ha desembarcado al norte de Valparaíso.

Pasamos la tarde cazando.

Al día siguiente, viernes, se ha restablecido el tráfico normal, volvemos, Frame a Victoria y yo a Lautaro.

Los ánimos están muy excitados. Se sabe que la oposición juega su parte final, pero se ignoran todos los acontecimientos.

Las últimas tropas han partido; las ciudades están sin defensa. En Lautaro como en Temuco, se vuelven a formar las compañías de voluntarios que ocupan el cuartel y patrullan las calles y los alrededores. Pasan dos días de ansiedad. Como mi oficina dispone de telégrafo privado de la línea, pido noticias a Victoria y a Temuco. No se sabe nada.

El domingo 23 de agosto por mi telégrafo recibo algunas noticias. Fonck me transmite un telegrama oficial que ha recibido del intendente de Concepción, en su calidad de subdelegado de Victoria.

«Ejército revolucionario 10.000 hombres ha desembarcado el 20, General Alcérreca con división Valparaíso forma su línea al sur del río Aconcagua, desde Concón hasta Colmo. El 21, a las 11, revolucionarios trataron de forzar la línea gubernamental. Después de 6 horas de combate, fueron rechazados con grandes pérdidas. División Alcérreca reforzada por la de Santiago y parte de la de Concepción, espera nuevo ataque con gran entusiasmo. (Firmado) José Echeverría».

Sigue pronto un nuevo despacho.

«General en jefe, en el telegrama de hoy me dice lo que sigue: "Cochrane" y "Esmeralda" han sido dañados ayer desde nuestros fuertes de Viña del Mar. Nuestro ejército en buenas condiciones y listo para la batalla. Tenemos fe en el éxito».

Tercer telegrama, transmitido a Fonck por Morales, gobernador de Collipulli:

«Según el capitán Moraga, llegado ayer noche a Talcahuano, ayer tarde ha comenzado un serio combate en Valparaíso. El ejército comandado en jefe por el Presidente, defiende la plaza. Hasta este momento, 12:30, no se sabe el resultado: pero noticias favorables llegan a Concepción».

Después estamos tres días sin noticias.

El miércoles 26, transmiten un telegrama de Concepción:

«En la mañana de ayer nuestro ejército se ha encontrado en las mismas posiciones de Viña del Mar; por otro lado una fuerte división de infantería se forma en círculo a la retaguardia de los revolucionarios, desde Limache hasta el valle del Aconcagua, para cortarles la retirada. Las tropas revolucionarias están divididas en dos cuerpos, uno en Reñaca y el otro en las alturas que van de allí hasta El Salto. Están así aisladas al norte de estos lugares y se ha conseguido llevarlas lejos de la protección de la escuadra. Valparaíso y Santiago tranquilos. El "Imperial", comandante Garín, ha partido con 2.000 hombres de zapadores que están ya en el teatro de operaciones».

Después, nuevamente, silencio absoluto. Concluyo que los asuntos andan mal para el gobierno.

El sábado 29 recibí una palabra de Otto Reich que ahora vive en Victoria. Desde la vispera está prohibido salir después de las 8 de la noche. Corre el rumor de que Trizano y su cuerpo de policía rural se han sublevado a favor de la oposición. Reina el terror.

El domingo se extiende el rumor de que el ejército gubernamental ha sido completamente deshecho. Al día siguiente se confirma la noticia: Balmaceda está en fuga. Valparaíso y Santiago estarían entregados al pillaje.

En Temuco, todas las autoridades gubernamentales desaparecen como por encanto. Los notables se reúnen y nombran autoridades provisorias, esperando el restablecimiento de un gobierno regular. Felizmente para mí se elige como intendente a don Salvador Bustos, que es un buen amigo mío. Mi situación personal es de lo más crítica. Yo he sostenido abiertamente al partido derrotado. Es más, he tenido un grado en el ejército, y aunque no haya hecho uso de él, no estoy menos comprometido. Se dice que los extranjeros que han servido en el ejército balmacedista han sido fusilados. De todos modos, las pasiones políticas no tienen en el sur la misma virulencia que en el norte. Lo que más se teme, es una sublevación del populacho. Lo más urgente es garantizar la seguridad de las personas y la protección de la propiedad. La "Guardia del Orden", voluntaria hasta aquí, se convierte en obligatoria para todos los ciudadanos.

Septiembre de 1891
Desde que el desastre del gobierno fue conocido oficialmente, las calles de Lautaro, casi desiertas desde hacía meses, por el temor que sentía la gente del pueblo hacia las comisiones de reclutamiento, se han llenado de personas como bajo el golpe de una varita mágica. No hay necesidad de decir que toda esta gente llegaba con intenciones feroces respecto a los gobiernistas (¿Cómo tantos infelices han podido sobrevivir escondidos durante ocho meses en los bosques de los alrededores?)

Nos encontrábamos sin autoridades, sin posición, en presencia de un populacho animado de los peores sentimientos. Si se agrega a esto las "cuadrillas" de bandidos que se volvían a formar en todas partes, se convendrá en que la situación era poco tranquilizadora. En presencia del peligro común, se reunieron los principales habitantes para reorganizar y reforzar la guardia. Se eligió comandante a don Teófilo Ruiz Alvarez. De Temuco se nos envían fusiles Comblais y municiones.

De día en día llegaban del norte las noticias más alarmantes. Valparaíso y Viña del Mar, y después Santiago, en parte saqueados y quemados. En Talca, Chillán y Concepción, en todas partes se cometían las violencias más atroces. Estos excesos no eran obra de las tropas de la oposición, que parecen haber estado mucho más disciplinadas que las del gobierno. Fueron por el contrario, las tropas victoriosas las que restablecieron el orden en Valparaíso y Santiago, pero hasta el momento en que llegaron, la hez de la población junto con los soldados en desbandadas, se dieron al saqueo con gran alegría. La prueba es que los soldados balmacedistas reclutados en forma tan caballeresca en nuestra región, pasan diariamente por Lautaro de vuelta a sus hogares, llevando una cantidad de objetos provenientes del pillaje en el norte.

El viernes 4 de septiembre la población se subleva en Victoria y en Traiguén, saqueando y quemando algunas casas. Mi amigo Guillermo Fonck, que es el subdelegado de Victoria, se distinguió por su actitud tan tranquila como valerosa. Gracias a su prestigio personal, logró restablecer el orden sin efusión de sangre. Esto es muy meritorio, pero es un mal ejemplo para los granujas de aquí.

El sábado en la mañana aparecieron sobre todos los muros de tablas de Lautaro proclamas invitando al pueblo a una manifestación pacífica para el día siguiente a las doce del día. Los organizadores eran tres individuos de "medio pelo", como se dice aquí, por lo demás muy respetables, pero que deseaban darse importancia.

Los comerciantes y los principales ciudadanos se reunieron el sábado en la tarde y decidieron rogar a los promotores del mitin que renunciaran a su proyecto hasta el momento en que la ciudad tuviera una guarnición capaz de reprimir toda tentativa de desorden. Ellos persistieron en su intención, asegurando que la manifestación no trataba sino de celebrar el triunfo de la libertad, y se hicieron responsables de que el orden no sería perturbado. Como nada nos autorizaba a oponernos a su idea, nos vimos forzados a dejar que se realizara. Algunos de los notables opinaron que la guardia del orden podría parecer una provocación, de modo que se decidió no convocarla ese día.

La manifestación del domingo fue pacífica, en efecto, pero yo no me sentía seguro. La calma del día ¿no presagiaba la tempestad de la noche? Con algunos amigos franceses, sacamos secretamente las armas de guerra que se encontraban en el cuartel, para depositarlas en el restaurante Alemán, el único en su género existente aquí. Todos temíamos un golpe de mano sobre el cuerpo de guardia, que nos pudiera dejar sin medios de defensa, y entregados sin piedad a los "rotos". Se dio la orden de reunirse a las 8 en el restaurante a los comerciantes extranjeros y algunos chilenos amigos, para pasar allí la noche vaciando algunas botellas de vino, y manteniéndose listos para cualquier acontecimiento. Pero, los caballeros proponen y los rotos disponen...

Acabábamos de comer en la Casa Francesa. Era cerca de las 7, es decir noche cerrada. Fuera de los socios de la casa, Lacroix y Salaberry con sus dos empleados, estaban ahí Alexandre Adam, el curtidor Baldomero Ewertz y Teófilo Ruiz Alvarez, nuestro nuevo comandante. Saboreábamos tranquilamente nuestro café, cuando de repente estalla en la plaza un formidable tumulto. Golpean en la ventana. ¡A las armas! Están saqueando un almacén.

Gran alboroto. Cada uno toma su carabina, se abrochan los cinturones, y todos salen como un torbellino. En la plaza, en una oscuridad profunda, reina un desorden indescriptible. Suenan disparos por todos lados. Silban las balas; todo el mundo parece haber perdido la cabeza. Nos esforzamos por restablecer el orden. Gritan: «¡Al restaurante, ciudadanos!». Al cabo de algunos minutos nos reunimos allí unos treinta hombres. En ese momento grandes llamas se elevan a dos cuadras de distancia. Partimos en aquella dirección a paso de carga. La casa que estaba siendo saqueada era un almacén. En un rincón del patio ardían unos barriles de petróleo alumbrando la escena como en pleno día. En el interior una banda de rotos saqueaba, rompía todo. «Fuego sobre el montón». Estalla una descarga. Los rotos saltan por las ventanas y escalan las empalizadas del cierro. Se les dispara encima. Algunos que arrancan por la calle son derribados a garrotazos. Nos precipitamos en el almacén y apagamos un principio de incendio. Después nos miramos mutuamente asombrados. Finalmente terminamos por organizarnos, y todos los que habíamos acudido a defender el almacén, nos dividimos en dos grupos.

De repente parten disparos desde el sur. Uno de los grupos corre en esa dirección; el otro, al que pertenezco yo, se queda en el mismo sitio. Los barriles habían terminado por apagarse; nadie tenía linterna y la noche era muy oscura. La casa saqueada no tenía puertas ni ventanas. Se la abandonó a su triste suerte, y nuestro grupo, dejando numerosos cadáveres en el terreno, vuelve al cuerpo de guardia llevando tres rotos heridos a garrotazos.

Eran cerca de las ocho y media. El destacamento que había partido hacia el sur vuelve sin haber tenido que batirse, y comenzamos a organizarnos, más seriamente. Otros voluntarios habían llegado a incorporarse.

Nos faltaban cartuchos para las Comblain. Habían llegado 500 ese mismo día a Temuco, pero estaban en la casa del antiguo comandante, un gobiernista rabioso, que había juzgado prudente retirarse con su familia a los alrededores de la ciudad. Sabiendo que un mozo había quedado en la casa, fuimos cinco. Golpeamos, no hay respuesta. Gritamos al mozo que abra sin temor, que vamos en patrulla para buscar las balas. Siempre sin respuesta. Atacamos la puerta a golpes de garrote. A los primeros golpes el mozo, más muerto que vivo, se decide a abrir. Sobre una mesa está la caja que contiene los 500 cartuchos. Nos apoderamos de ella y volvemos al cuartel a paso gimnástico.

Mientras tanto, se había formado la compañía; se distribuyen las municiones, y salen las patrullas en diversas direcciones.

Yo salgo con siete hombres para volver al lugar del tiroteo. Al llegar distinguimos algunas sombras que desaparecen al acercarnos. Recomiendo no hacer fuego.

Buscamos los muertos y los heridos. ¡Estupefacción! No encontramos más que un cadáver. El propietario de la casa, un alemán llamado Krüger, que había estado escondido hasta este momento, nos dice que unos individuos han venido a retirar las víctimas. Efectivamente, encontramos en el barro las huellas de tres cuerpos arrastrados.

Continuando nuestra búsqueda, encontramos un hombre escondido debajo de un montón de tablas. Lo sacamos de allí; tiene una bala en el vientre y otra en el hombro. Como el cuerpo de guardia no está lejos, mando dos hombres a llevar el herido, dos para arrastrar el cadáver, y otros dos para acompañar y proteger el convoy.

Quedamos solos Pedro Salaberry y yo. Mientras esperamos el regreso de nuestros compañeros, intercambiamos opiniones. Si han venido a retirar los cadáveres es prueba de que el pillaje no fue algo imprevisto sino más bien la consecuencia de un plan concertado.

Llegábamos a esta consoladora conclusión, con Pedro Salaberry, cuando a unos 300 metros de distancia sentimos unos golpes sordos, gritos y enseguida algunas detonaciones. El asunto debía ocurrir en una calle perpendicular a aquella en que nos encontrábamos. Salaberry me dice: «atacan el almacén de Perrier, un francés».

Corremos en esa dirección, seguidos de lejos por nuestros seis compañeros de patrulla que volvían de su comisión. Cuando Salaberry y yo torcemos la esquina, las balas silban en nuestros oídos. Nos arrojamos a la zanja que corre al borde de la calle. Salaberry se pone la carabina al hombro cuando lo detengo. Nuestros camaradas van a llegar, y si en la oscuridad oyen disparos que salen de la zanja pueden tomarnos por enemigos y dispararnos a nosotros.

Cuando éstos llegan a la esquina, descargan sus armas el grupo que se distingue confusamente delante de la casa de Perrier. Sus balas pasan sobre nuestras cabezas. Nosotros les gritamos y nos juntamos con ellos.

El almacén de Perrier está en el medio de una "cuadra" o bloque de casas. En el momento en que nos reagrupamos otra patrulla, numerosa, desembocaba al otro extremo de la calle y abría el fuego. Estamos en su campo de tiro. Gritamos a todo pulmón: «Patrulla». Se nos responde en igual forma. El fuego cesa y de los dos lados nos precipitamos hacia el almacén. La puerta de calle y los postigos no han cedido todavía; una banda de rotos trata de forzarlas con piedras y vigas. Algunos disparos, un enorme trastorno, golpes de garrote y de bayoneta, y la calle está limpia. Los asaltantes escapan en la oscuridad, unos arrancando por el terreno de en frente, otros escalando las empalizadas de los sitios vecinos. En un momento dado, me encuentro al lado de Alexandre Adam. Un hombre salta una de las empalizadas; su silueta se destaca claramente encima, cuando Adam apunta y dispara; el hombre cae a la calle. Yo grito: «Bravo, Adam». Cosa curiosa, cuando más tarde lo felicito por su hazaña, no tiene de ella el menor recuerdo.

Pero la casa era atacada por delante y por detrás a la vez, y por el lado del jardín el asunto continuaba. Saltan los cercados. Nueva descarga de fusilería. Nuevo tumulto confuso y los saqueadores desaparecen en la noche. Somos dueños del terreno. Una parte de las patrullas vuelve al cuartel llevando algunos prisioneros, la mayor parte heridos. El resto recorre los alrededores se vigilan los accesos a la casa. En la calle encontramos un cadáver. Uno de nuestros hombres lo identifica: es el de un carnicero llamado Herrera. Se le lleva a su casa. Como era conocido como un bandido o poco menos, es probable que haya sido uno de los organizadores del saqueo. Otros cadáveres deben quedar tendidos por aquí y por allá; pero la noche es muy negra para que se les busque.

De repente se oyen gemidos que salen de la zanja. Van a ver. Uno de los nuestros, Sepúlveda, yace casi sin conocimiento en el barro, con su cuerpo atravesado de parte a parte. Se le transporta a una casa vecina. La herida nos intriga; es apenas visible sobre el estómago; debajo de los riñones una gota de sangre marca el punto donde la hoja ha salido, pues es evidente que no se trata de un balazo. Vuelto en sí, el infeliz no puede explicar cómo fue alcanzado en la pelea.

Con algunos otros estoy de guardia, durante dos horas, en la casa saqueada. Perrier padre, un buen anciano de unos sesenta años, se ha defendido heroicamente. El ataque fue muy brusco, de manera que no pudo tomar ninguna medida de defensa. La puerta del lado del jardín había cedido a los primeros golpes. Perrier padre se precipitó allí armado de un viejo revólver cargado, pero en tan mal estado que no salió ningún tiro.

Su hijo defendía el lado de la calle, de suerte que el viejo, obligado a batirse en retirada, había abandonado la trastienda que en una pestañada fue entregada al pillaje. Pero él se había instalado en la puerta que comunicaba con el almacén, armado esta vez con un viejo fusil con bayoneta, traído de Europa. El primer asaltante que se presenta es atravesado de parte a parte. En este momento llegaba la patrulla. Mientras ésta limpiaba la calle, el saqueo continuaba en el lado del jardín. Dos veces más el señor Perrier usó su bayoneta. El afirma que la hoja penetró tres veces, pero no encontramos los otros dos muertos o heridos.

Mientras Perrier padre nos cuenta sus hazañas muy excitado, su hijo, un muchacho de unos veinte años, entra en la pieza en que su padre nos ha invitado a beber, a Salaberry y a mí. Tiene en su mano una espada cuya hoja está roja de sangre. Inmediatamente pienso en Sepúlveda. Confesamos al joven. El nos cuenta, orgulloso de su valor, que en el momento álgido del tumulto en la calle, entreabrió la puerta y atravesó a uno de los agresores. Nadie duda que se trataba de nuestro desgraciado camarada. Nosotros le aconsejamos que no se jacte de su hazaña, y le prometemos no hablar de ello con nadie. Cerca de la medianoche se nos viene a relevar y regresamos al cuartel. Se ha traído aquí unos sesenta prisioneros. Treinta han sido encerrados en los calabozos, el resto ha sido colocado en una gran sala desnuda que da a un pasadizo por dos accesos sin puertas. Junto con otro soy llamado a vigilarlos.

Los prisioneros están acostados en el suelo, alineados a lo largo del muro del fondo. Los centinelas, carabina en mano y revolver al cinto, se mantienen de pie en una de las aberturas. La consigna es disparar sobre cualquiera que se levante. Al cabo de una hora deben venir a relevarnos.

Con aquella despreocupación burlesca particular del roto chileno, los prisioneros toman su desdicha con buen humor. Embroman entre ellos y lanzan pullas a sus guardianes. Entre ellos hay carrilanos que me conocen, y chancean con el «señor cuatro ojos». Hay algunos que levantan el dedo como los escolares pidiendo permiso para salir por una necesidad urgente. Conozco mucho el carácter burlesco del roto para tomar la cosa en serio. Y la tomo a la chacota: «No se muevan, corderitos, sino estaré obligado a disparar, lo que me daría mucha pena».

En el fondo, no estoy muy tranquilo; si les diera a los rotos la idea de asaltarnos bruscamente, seríamos arrasados. Así, es con un suspiro de alivio cuando termina mi hora de guardia que veo llegar el relevo.

Cerca de las tres se me manda patrullar. La ciudad está ahora en calma. En una casa del barrio popular, vemos filtrarse luz a través de los postigos. Golpeamos. Nadie nos responde. La puerta no está cerrada con llave y entramos. Sobre una tarima en el medio de la pieza, hay un cadáver extendido; a cada lado cuatro velas encendidas metidas en botellas, sobre el cuerpo un crucifijo. La gente que velaba al difunto huyó por la puerta trasera. Nos retiramos silenciosamente, y continuamos nuestra ronda de dos horas.

Al volver al cuartel nos enteramos de que el comandante Ruiz Alvarez ha procedido a la chilena en el interrogatorio de numerosos prisioneros, es decir, distribuyendo numerosos garrotazos, con el objeto de hacerles confesar los nombres de los dirigentes, pero sin resultado. Detalle atroz: un prisionero herido con dos balas, ha sido colgado de las muñecas, durante un cuarto de hora y ha recibido 200 bastonazos sin querer hablar. Costumbres chilenas.

Al alba, estoy contento de ir a reposar. Refuerzos de voluntarios nos reemplazan en el cuartel y patrullan la ciudad. Del lado de los revoltosos se identifican ocho muertos. Es evidente que hubo más; en cuanto a los heridos, fuera de los que hemos recogido, han desaparecido y es imposible saber su número.

De nuestro lado, fuera de Sepúlveda que morirá en el día, hay sólo dos heridos de bala, felizmente no de gravedad, sin contar muchos rasguños y contusiones, y un pie dislocado.

* * *

Por fin recibimos noticias exactas sobre los acontecimientos que han traído la caída de Balmaceda.

En la mañana del jueves 20 de agosto, seis transportes se hallaban en la bahía de Quintero a 30 kilómetros al norte de Valparaíso, y bajo la protección de la escuadra desembarcaban 800 hombres. A este desembarco siguieron otros.

El gobierno sabía que se preparaba un desembarco, pero creía que lo harían en Coquimbo, cuya guarnición había sido fuertemente reforzada. Balmaceda no se imaginó que los revolucionarios tendrían la audacia de desembarcar cerca de Valparaíso, donde el gobierno podrá concentrar tropas más fácilmente. Se regocijó entonces de la temeridad de sus adversarios, que él aplastaría de un solo golpe apoyado por los fuertes de Valparaíso.

El plan de ataque se debía al general Estanislao del Canto, comandante en jefe.

Sus tropas, a las cuales inspiraba una fe ciega, estaban mejor equipadas que las del gobierno; su infantería estaba provista de fusiles Mannlicher de tiro rápido, mientras que las tropas contrarias estaban armadas con rifles Grass. Además contaba con informantes que se había conseguido entre sus adversarios.

Apenas se supo el desembarco, Balmaceda hace concentrar la división Valparaíso del general Alcérreca sobre las alturas de Torquemada, sobre Concón, en la ribera izquierda del río Aconcagua. Del Canto ha concentrado su ejército en las alturas de la ribera derecha.

Al día siguiente, viernes, comienza la batalla. Los navíos de la flota, anclados en la bahía de Concón, frente a la desembocadura del Aconcagua, bombardean a las tropas presidenciales.

Se entabla un duelo de artillería. Las piezas de campaña de Del Canto coronan las alturas al norte del río, fuera del alcance de los cañones de los fuertes de Valparaíso, y se muestran enseguida superiores a las de los gubernamentales.

Sostenido así por su artillería, Del Canto intenta vadear el río, y se lanza al ataque de las alturas de la ribera sur. Aunque acogido por un fuego violento, llega al pie de las colinas. Del Canto es un viejo zorro a quien no le faltan tretas. Sus tropas aparentan debilitarse y reculan hacia el río. Los balmacedistas se lanzan hacia adelante. De pronto las líneas de la oposición se abren y muestran las ametralladoras, que hacen maravillas; en algunos minutos el suelo está sembrado de cadáveres. Desconocidas en el campo gubernamental, estas máquinas destructoras aterrorizan al ejército.

En ese momento, un regimiento gubernamental de caballería, dejado en reserva en la retaguardia, se moviliza. Está comandado por Tulio Padilla, el mismo que conocí cuando vino en comisión de reclutamiento a Temuco.

Se cree naturalmente que va en socorro de la infantería en peligro. Al contrario, se lanza sobre la artillería de su propio partido y sablea a los artilleros en sus piezas. Esta traición es la señal de la derrota. Los restos de la división de Alcérreca huyen en desorden a Viña del Mar bajo la protección de los fuertes.

Esta batalla de Concón fue una carnicería. Los gubernamentales dejaron 6.000 muertos en el terreno. mientras la oposición no perdía sino 2.000 hombres. Los soldados de la oposición pasaban a la bayoneta a los heridos y prisioneros. En las ambulancias, médicos y camilleros fueron masacrados. Es justo decir que del otro lado se había hecho otro tanto si hubiesen vencido, pues el roto chileno se convierte en una bestia feroz, cuando ha sentido el olor de la sangre humana.

* * *

Tropas que llegan rápidamente del sur y de Santiago refuerzan de hora en hora el ejército gubernamental en Valparaíso. Por su lado Del Canto pide en préstamo a la escuadra su artillería ligera y sus compañías de desembarco.

El domingo 23, duelo de artillería entre los fuertes y la escuadra.

Del Canto ataca de nuevo, lanzando todo el día asaltos repetidos.

Los dos ejércitos están agotados.

Los días siguientes se pasan en evoluciones y escaramuzas.

* * *

Dos generales, Alcérreca y Barbosa, se reparten el comando del ejército gubernamental, pero tienen rivalidades y disputan.

Manteniéndose fuera del alcance de los fuertes, Del Canto llega a cortar la línea de Valparaíso a Santiago. El 27 ha establecido su centro en las cuestas de Placilla, en donde concentra su artillería gruesa, a unos quince kilómetros al sur de Valparaíso, que queda así cercado en sus tres cuartas partes.

Decidido a jugar su partida suprema, Balmaceda ataca el viernes 28 de agosto. Dejando el abrigo de los fuertes, sus tropas suben al asalto de las colinas de Placilla.

Son acogidas por un fuego de artillería y fusilería tan mortírero, que deben batirse en retirada. Las columnas se vuelven a formar y comienzan nuevamente un ataque furioso, sin mayor éxito. Mueren Alcérreca y Barbosa.

A su vez Del Canto pasa a la ofensiva. Su carga es irresistible; al mismo tiempo que los fugitivos, sus tropas entran en Valparaíso.

Balmaceda ha perdido la partida. El gobernador de Valparaíso rinde la plaza. Santiago envía también su rendición.

Balmaceda ha desaparecido. El nuevo presidente electo, Vicuña, se refugia en un barco alemán. Los ministros Godoy, Barrada y Espinoza, logran embarcarse en un buque que parte para Lima.

En Valparaíso comienza el pillaje. Numerosas casas son saqueadas y quemadas. Pero Del Canto tiene la mano dura. Se fusila a los saqueadores y el orden se restablece.

En Santiago, el 27 de agosto, víspera de la batalla de Placilla, el diario Oficial anunciaba triunfalmente el aplastamiento próximo de la insurrección. El número del 28 de agosto, publicado a medio día, presagiaba la victoria, pero en la noche, el rumor de la derrota gubernamental empezaba a extenderse.

* * *

Pasemos la palabra al profesor Louis Cousin, cuyas notas, tomadas día a día, han sido publicadas en Bruselas en el periódico *Patriota*.

Sábado 29 de agosto
Desde la mañana se produce una extraña animación en las calles. Los congresistas son los vencedores; Balmaceda está en fuga.

Hay alegría en todas partes. Se izan las banderas, abrazos en las calles; ha desaparecido la policía; las tropas fraternizan con la oposición.

Pasa una inmensa banda de rotos, unos a pie, otros a caballo, vociferando.

Llegan a la casa de don Claudio Vicuña, el presidente electo, que felizmente está vacía.

Se echan abajo las puertas, la muchedumbre se precipita al interior.

Se rompen las ventanas, y una lluvia de vasos, libros, cuadros, muebles, cae sobre la acera. Se hace lo mismo donde la madre de Balmaceda, que está refugiada en la Embajada norteamericana. Cincuenta casas son saqueadas, no quedando más que sus muros. Las bandas eran dirigidas por jefes que designaban las casas condenadas.

Por nuestra calle pasa una procesión de seres desarrapados llevando los muebles más ricos. Una mujer ofrece a M. Dutillieux 3.000 bonos hipotecarios por un peso.

Nuestra vecina reconoce el sillón de un amigo y lo compra. Las damas de la oposición preguntan a los granujas el origen de sus robos, y se ríen. El medio más seguro de no ser molestados es ponerse en las ventanas.

El orden se restablece pronto. Una guardia ciudadana viene a ayudar a los soldados. Todo el mundo se enrola en las patrullas. Se ha debido hacer fuego en varias ocasiones; ha habido numerosos muertos y centenares de heridos.

Los primeros destacamentos de las tropas victoriosas llegan; su llegada no produce ningún desorden. Los prisioneros políticos de Balmaceda son puestos en libertad.

Domingo 30 de Agosto
La lluvia cae a torrentes.

El general Baquedano toma provisoriamente la dirección del gobierno.

Es un hombre de edad, rodeado de un gran prestigio, pues es el vencedor del Perú. Aunque congresista, ha sido neutral durante el conflicto.

Quince mil jóvenes se han inscrito en la Guardia del Orden. La policía es superior en número. Los trenes y el correo se restablecen. Sin embargo, todavía se producen incidentes trágicos.

Esta mañana, M. Lardinois, con ayuda de los vecinos, ha defendido una casa de comercio enfrente de su casa, contra una turba que deseaba romper y saquear. Siete muertos y varios heridos quedaron sobre el pavimento; el resto emprendió la fuga.

Un oficial a caballo fue perseguido por el populacho y muerto a cuchilladas. Se efectúan ejecuciones sumarias por uno y otro lado.

En Valparaíso, las casas de los señores De Lannoy y De Kuyckt han sido incendiadas y han perdido todo. Se les indemnizará.

Lunes 31 de agosto
El general Baquedano asegura al cuerpo diplomático que las personas
y los bienes serán respetados, y que el gobierno provisorio debe llegar
mañana de Iquique».

* * *

Aquí terminan las notas del profesor Cousin.

Tres días antes del desembarco del ejército revolucionario, tenía lugar
una horrible masacre en el fundo "Lo Cañas", situado a cinco leguas de
Santiago, propiedad de don Carlos Martínez.

Unos sesenta jóvenes, la mayoría pertenecientes a las mejores familias
de Santiago, se habían reunido allí, esperando el anuncio de la llegada de la
escuadra. Debían formar una guerrilla para cortar la línea férrea a Valparaíso.
El secreto fue descubierto por la indiscreción del padre de uno de ellos.

A las dos de la mañana, 75 hombres de caballería, llevando al anca a
otros tantos infantes, salían de Santiago. Llegaron al alba a Lo Cañas y
asaltaron la casa, en la que no se había tomado ninguna precaución. Sorprendidos mientras dormían, los jóvenes guerrilleros fueron masacrados
en su mayoría allí mismo; los otros capturados.

Después de haber incendiado la propiedad, la tropa emprendió el regreso a la capital llevando una docena de prisioneros. A mitad de camino,
llegó una orden del dictador exigiendo llevar a los cautivos a Lo Cañas,
donde, después de torturas de toda especie para hacerlos confesar donde
se escondía don Carlos Martínez, lo que ellos ignoraban por lo demás,
fueron fusilados. Entre ellos estaba don Ignacio Fuenzalida, el joven
abogado que conocí en Lautaro.

* * *

Por los diarios tengo noticias de algunos de los personajes conocidos míos,
que han desempeñado algún papel en el partido balmacedista.

Mi amigo Alberto Gándara ha conseguido atravesar la cordillera y
está en seguridad en Argentina. Don Adolfo Ibáñez, ha encontrado refugio
en la Legación de los Estados Unidos. Guy Huse, el ingeniero que formó

parte de nuestra comisión y que había llegado a ser capitán en el ejército gubernamental, se embarcó en un barco americano.

En cuanto a Balmaceda, ha desaparecido completamente. Se cree que está en Chile todavía, y se le busca con gran actividad. Según los diarios, su captura próxima se considera segura.

* * *

Mientras se le buscaba por todas partes, el presidente Balmaceda se había refugiado en la Legación Argentina en Santiago. El 18 de septiembre, a medianoche, expiraban sus poderes constitucionales.

El 19, a las ocho de la mañana, sonaba una detonación en el departamento ocupado por el ex dictador. El ministro argentino y su personal se precipitaron en su pieza. Sobre la cama, con un revólver en la mano derecha, yacía su cuerpo. Balmaceda se había disparado un balazo en la sien; la muerte fue instantánea.

Sobre el velador había dejado cuatro cartas: una a su madre. una a su esposa, otra a un amigo y la cuarta al ministro de Argentina.

El informe oficial del ministro de Argentina es:

El 28 de agosto, a las 10:30 de la noche, el ministro de Relaciones Exteriores, don Manuel A. Zañartu, me pidió asilo para el presidente Balmaceda. Me informó al mismo tiempo de la derrota de los generales Barbosa y Alcérreca en Placilla y de que el presidente había puesto la capital bajo el control del general Baquedano para evitar dificultades.

Balmaceda llegó algunas horas más tarde.

En los días que siguieron, el presidente me expresó su intención de presentarse a la Junta para ser juzgado conforme a la ley y a la Constitución.

Yo le dije que cuando el momento pareciera oportuno lo pondría en contacto con la Junta.

Fui sorprendido esta mañana temprano al oír una detonación de revólver. Me vestí rápidamente y entré en su pieza. Su cuerpo estaba sobre la cama: tenía un revolver en la mano. Estaba bañado en sangre que salía de una herida del lado derecho de su cabeza. Una carta colocada en la cabecera de la cama me daba las razones que lo llevaron a poner fin a sus días.

Santiago, 19 de septiembre de 1891.

(Fdo.) José E. Uriburu.

Fue un hecho muy satisfactorio que el secreto del refugio de Balmaceda fuera tan bien guardado, pues si se hubiera revelado, el populacho habría invadido la Legación para masacrarlo y Dios sabe qué complicaciones habría traído esta violación de la inmunidad diplomática, sobre todo cuando Argentina y Chile están lejos de encontrarse en buenos términos. He aquí como, según los diarios, fue registrado el deceso del ex presidente:

«José Manuel Balmaceda Fernández, 52 años, agricultor, hijo de Manuel José Balmaceda y Encarnación Fernández, muerto el 19 de septiembre a las 8:30 de la mañana en la casa N° 47 de la calle Amunátegui.

Causa del deceso: un balazo en la cabeza».

* * *

Volvamos a Lautaro.

Los días que siguieron a la desbaratada revuelta, fueron relativamente tranquilos. Las guardias y las patrullas continuaban de día y sobre todo de noche.

Una noche en que patrullábamos las calles con media docena de compañeros, divisamos a cierta distancia, confusamente, a un grupo de hombres. A nuestros gritos de «¿Quién vive?» emprendieron la fuga. Uno de nuestros guardias abrió fuego. Estaba armado de un Comblain con bayoneta calada. El cañón del fusil estalla y la punta con la bayoneta salió proyectada a veinte pasos. Fue un accidente sin mayores consecuencias pero nuestras armas belgas quedaron muy mal paradas.

Fui un día a almorzar donde Adam, en los confines de Lautaro. Como su casa está aislada, y por consiguiente más expuesta a los ataques, se ha transformado en una verdadera fortaleza. Ha preparado una serie de bombas rudimentarias con grandes latas de conserva llenas de pólvora y metralla, con una especie de mecha. Felizmente no tendrá ocasión de experimentar su invento.

* * *

Una mañana cerca de las cuatro me vienen a despertar. Orden de ir inmediatamente al cuartel, sin caballo pero con armas. Encuentro allí a Ruiz

Alvarez, nuestro comandante: fuera del personal nocturno, unos quince guardias, unos a caballo otros a pie, se encuentran ya reunidos: otros van llegando a continuación.

El comandante nos informa que durante la noche unos bandidos atacaron la casa de un colono suizo a dos leguas de Lautaro. La casa ha sido saqueada y después incendiada. El colono de nombre Grundli, su mujer y dos niños, fueron asesinados; un muchacho de unos doce años pudo escapar y correr donde un colono vecino, quien ha enviado un mensajero a pedir socorro.

La expedición se organiza rápidamente. Además del comandante, somos 28 con 14 caballos. Cada caballo lleva dos hombres, uno en la silla y otro en el anca. Es lo que se llama aquí «infantería montada». Los caballos sirven sólo para el transporte, los hombres combaten a pie. Unos están armados de carabinas, otros de fusiles Comblain.

Son las cinco cuando salimos de Lautaro. Atravesamos el Cautín en balsa y galopamos hacia la casa del colono guiados por el mensajero. Cuando llegamos al lugar del drama, el espectaculo era horrible. De la casa no quedan sino restos humeantes. Tres cadáveres de perros están tendidos en rededor. Se encuentran reunidos un grupo de colonos y en medio de ellos el muchacho, único sobreviviente de su familia, solloza desconsoladamente. Los cuerpos del colono, su mujer y los dos niños han sido transportados a un galpón aislado que escapó del incendio.

Interrogamos primero al muchacho.

Toda la familia dormía cuando los perros se pusieron a ladrar furiosamente; al mismo tiempo sonaban disparos afuera, y la puerta volaba en pedazos bajo fortísimos garrotazos. El padre se precipitó para tomar su fusil que estaba en un rincón, pero cayó inmediatamente alcanzado por una bala. La mujer y los niños habían arrancado por la puerta trasera. Hombres que surgieron bruscamente derribaron a la madre. Enloquecido él huyó sin saber qué había pasado con sus hermanitos y corrió hasta la colonia vecina.

El colono que acogió al niño declaró que un poco antes de las dos de la mañana había oído disparos de fusil, y temiendo un ataque, se había preparado para defenderse. Pronto llegaba el joven fugitivo en ropas de noche.

Dejándolo en su casa, fue a ver lo que pasaba donde su vecino. Encontró el cadáver de Grundli medio carbonizado entre los escombros de la casa. El de la mujer estaba al pie de un árbol, a cierta distancia; debió de servir de juguete a los brutos pues tenía las manos atadas a la espalda y había sido ultimada a garrotazos. Detrás de la casa encontró los cadáveres de las dos niñitas con los cráneos destrozados. Otros colonos, chilenos y europeos, también acudieron, trasladaron los cadáveres al galpón y enviaron un mensajero a Lautaro.

Otro colono, que vive algunos kilómetros más lejos declaró que hacia las dos y media de la madrugada, fue despertado por el ladrido de sus perros. Entreabriendo el postigo de su ventana había visto pasar por el camino, a unos cincuenta metros de distancia, a unos 15 jinetes que se dirigían al galope hacia el este.

Inspeccionando los alrededores advertimos que un grupo de caballos debió haberse detenido a cierta distancia. Los asaltantes, seguramente, se desmontaron para asaltar a Grundli.

Se nos informa de que Grundli gozaba de cierto bienestar y que guardaba en su casa una fuerte suma de dinero. Su reputación de riqueza lo expuso a la codicia de los bandidos.

Según los rastros de las balas que detectamos, estaban armados de fusiles Grass. Debe tratarse, entonces, de ex soldados balmacedistas desbandados. Con toda seguridad los caballos que montan han sido robados. También se llevaron los dos caballos del colono. Es preciso exterminar a esta banda a todo precio. A pesar de que somos poco numerosos, el comandante, que es un hombre enérgico, decide perseguirlos. Dejamos a un hombre montando guardia en el lugar del crimen y enviamos a un jinete a Lautaro en busca de refuerzos.

Son las 9 cuando nuestro destacamento se pone en marcha siguiendo el rastro de los caballos. Somos 26, más el comandante. Las huellas son perfectamente visibles y podemos seguirlas galopando.

A mediodía hacemos alto para dejar descansar a los caballos y comer algo al borde de un arroyuelo. Continuamos la persecución en dirección a la cordillera; los rastros se hacen menos nítidos y perdemos algún tiempo en encontrarlos. El camino, cada vez más malo, se interna en el bosque; debemos marchar en fila india o a lo más de dos en dos, para poder avanzar.

A las 4 llegamos a una especie de claro. Unos cuantos árboles, diseminados aquí y allá. El sendero que seguimos atraviesa este claro de donde parten diversos atajos que se internan en el bosque.

Echamos pie a tierra. Agrupamos a todos nuestros caballos al centro del claro y colocamos a un centinela montado a cada extremo. Los hombres se sientan o se recuestan sobre el césped y encienden sus cigarrillos mientras que entre tres o cuatro del grupo celebramos un consejo con el comandante. Desde hace algún rato nos sentimos dudosos de estar siguiendo la buena pista. Prevalece la idea de explorar los diversos senderos en busca de huellas.

En el preciso instante en que nos disponíamos a ejecutar este proyecto, resuenan disparos a nuestro alrededor. Uno de los centinelas cae, lanzando un grito; el otro huye al galope por la misma ruta que llegamos. Se produce un gran desorden en el grupo de los caballos. Algunos caen, otros, espantados, se arrancan. Resulta evidente que es a ellos a quienes apuntan. La táctica del enemigo parece ser la de desmontarnos para impedir la persecución.

En un abrir y cerrar de ojos recogemos nuestras armas y, protegidos detrás de los árboles, disparamos hacia los puntos de donde provienen los tiros. A unos 80 metros delante de mí, diviso detrás de un árbol a un individuo que me apunta. Me escabullo velozmente y la bala viene a rebotar contra el tronco que me protege. Me inclino para contestar pero el otro es igualmente prudente que yo; sólo diviso la punta de su fusil y de cuando en cuando su cabeza que desaparece cada vez antes de que yo pueda disparar. Jugamos así, a la escondida, durante un rato. Es una extraña sensación la de ser cazador y caza a la vez. Bruscamente, mi adversario abandona su refugio y en cuatro saltos se esconde corre los matorrales. Hago fuego, pero mi bala se pierde.

Los disparos han cesado. Algunos de los nuestros son partidarios de continuar la persecución, pero el comandante Ruiz los detiene. Durante un largo rato nos mantenemos alertas y luego prudentemente, en grupos de dos hombre, exploramos los senderos. No queda nadie. Al parecer, ellos no han sufrido ninguna baja. Habiéndose aclarado así la situación, tratamos de hacer un balance de nuestros daños.

Uno de nuestros centinelas se escapó al comenzar la acción. El otro yace inmóvil al lado de su caballo que no se ha movido. El infeliz recibió una bala en los riñones y su estado parece grave. Sus gemidos son de partir el alma. Lo instalamos lo mejor posible sobre una angarilla de ramas... Otro hombre recibió un proyectil en el muslo; la herida es fea si bien no parece peligrosa. Otro fue alcanzado en una mano: perderá dos dedos. A otro le han atravesado el sombrero y su cuero cabelludo ha quedado fuertemente lastimado. Por último, uno tiene el pie dislocado. Tenemos, por lo tanto, fuera del que huyó, a cinco hombres fuera de combate. Esto arroja un saldo de veinte hombres hábiles, más el comandante.

Entre los caballos, las pérdidas son todavía mayores. Uno fue muerto instantáneamente de un balazo en la cabeza. Nos vemos obligados a ultimar a otros dos; uno de los cuales, alcanzado en pleno pecho, emite gemidos que hacen temblar. El otro tiene la pata fracturada. Otros cuatro están heridos. Si bien puede conservárseles con vida, han quedado inutilizables. Nos quedan, pues, el caballo del comandante y seis animales más. Esto significa que si quisiéramos proseguir la persecución, contaríamos con solo doce hombres. Sería una locura. Desconocemos el efectivo exacto de la cuadrilla en cuestión, pero el testigo que interrogamos esta mañana calculaba que serían aproximadamente unos quince jinetes. Por lo demás la noche está a punto le caer y el comandante decide pasar la noche en el lugar, sobre el santo suelo, naturalmente, pues carecemos por completo de todo equipo de campamento.

Nos preparábamos a ello cuando, por el mismo camino por el que habíamos llegado surgió una tropa de unos treinta jinetes quienes, al vernos, prorrumpieron en gritos de júbilo. Se trataba de los refuerzos que habíamos pedido en la mañana.

Cuando se dirigían hacia nosotros, encontraron al centinela que se había dado a la fuga, quien les informó que todo nuestro destacamento había caído en una emboscada y había sido totalmente aniquilado, siendo él el único que había logrado escapar con vida. Ellos, de inmediato, lo habían enviado a Lautaro en busca de nuevos refuerzos y habían proseguido su camino para venir a recoger nuestros restos. Su alegría de encontrarnos con vida fue grande y festejamos todos el feliz acontecimiento con algunos tragos tomados de las cantimploras.

Acampamos todos en el claro, protegidos por centinelas. Hacía buen tiempo aunque no por eso dejamos de sufrir el fresco de la noche.

Al alba formamos nuevamente la tropa y reiniciamos la persecución. El comandante Ruiz partió con 42 hombres montados en 21 caballos. Los jinetes desmontados, entre los cuales me contaba, nos arreglamos para regresar a Lautaro con los heridos, hombres y caballos.

Improvisamos una camilla sobre la que depositamos al más grave de los heridos. Parecía haberse recuperado un poco durante la noche. Nos turnamos para llevarlo. Los demás heridos montaron los caballos que aún estaban en estado de transportarlos.

Nuestra pequeña caravana logró, finalmente, salir del bosque. Un agricultor chileno nos facilitó una carreta para transportar a los heridos. Poco más adelante, requisamos los caballos que nos hacían falta y por la noche llegamos a Lautaro. Instalamos al herido en su casa y de inmediato telegrafiamos a Temuco para que enviaran a un médico, quien a la mañana siguiente procedió a extraer la bala. Nuestro amigo no murió, pero durante largo tiempo sufrió de su herida.

En Lautaro fuimos acogidos con entusiasmo. Nos habían dado a todos por muertos. La noticia de la catástrofe se había esparcido rápidamente desde Victoria mi amigo Fonck había pedido por telégrafo detalles a su colega el subdelegado de Lautaro, quien le había confirmado de que yo formaba parte de la desastrosa expedición. Sin más demora, él había telegrafiado la noticia de mi muerte al ministro de Bélgica en Santiago. Yo, naturalmente, me apresuré en desmentirla, pero en ese momento muchos belgas salían de Santiago de vuelta a Europa, donde llevaron la noticia de mi trágico fin. Cuando volví a Bélgica, ocho años más tarde, mis antiguos amigos me tomaron por un fantasma.

Tres días después, el comandante Ruiz Alvarez regresaba con su tropa derrengado sin haber tenido ningún resultado. Estaba furioso del fracaso de su expedición. Inmediatamente se dedicó a buscar al centinela que tan cobardemente había desertado de su puesto. Era un joven empleado en un aserradero de los alrededores, pero había desaparecido y no se oyó hablar más de él.

* * *

Hacia el fin del mes, un batallón de línea y un escuadrón de caballería vinieron a hacerse cargo de la guarnición de Temuco. Destacamentos de las dos armas se enviaron a Lautaro, y tomaron posesión del cuartel. Al mismo tiempo, se reorganizaba la policía rural, siempre bajo el comando de Trizano, que ha logrado conservar el favor del nuevo gobierno. No teniendo ya razón de ser nuestra "Guardia del Orden" fue disuelta.

* * *

En el entretanto, el coronel don Fidel Urrutia es nombrado intendente de la provincia de Cautín. Eugene Lacroix y Amadeo Iribarren, de la Casa Francesa, parten a Temuco para darle la bienvenida; no sin cierta aprensión por la recepción que me espera, yo me agrego a ellos.

Temuco es una ciudad muy extensa. Al ir a la Intendencia, pasamos frente al almacén de Amadeo Collin, un borgoñón amigo mío. Una muchedumbre que aúlla ocupa los alrededores, Collin tiene fama de balmacedista exaltado, y ha sido amenazado de saqueo. Felizmente, el tiempo de los saqueos espontáneos ha pasado; el asalto no se ha precipitado como antes se hacía en circunstancias análogas. El populacho se ha reunido poco a poco, y Collin ha tenido tiempo de atrancar puertas y ventanas, preparar su defensa y enviar uno de sus empleados a pedir socorro a la Intendencia.

Nos detenemos delante de la entrada, inmóviles y revólver en mano, haciendo frente a la muchedumbre. Se oyen gritos hostiles: «Abajo los gringos». Desde el interior, Collin, que nos ha reconocido, nos grita que nos mantengamos firmes hasta la llegada del socorro esperado. Pero éste tarda en venir y nos preguntamos con ansiedad cómo terminará el asunto, cuando surge al galope un pelotón de caballería que en un abrir y cerrar de ojos limpia la calle.

Un detalle característico de la mentalidad del roto chileno: sabemos que una delegación se presentó ante el nuevo intendente para pedirle, a título de feliz recepción, que les permitiera dos horas de pillaje para saquear el almacén de Collin y otros dos considerados «enemigos del pueblo».

Don Fidel me hace una encantadora acogida. Me asegura que no ha olvidado la ayuda que presté a su mujer en circunstancias críticas, ni de mi discreción cuando no fue revelado el lugar de su refugio. Me promete su protección en caso de ser molestado por mis simpatías gubernamentales durante la revolución.

Pongo a su disposición el caballo de su propiedad que se encontraba en mis caballerizas cuando estalló la revolución. Me dice riendo que no quiere tener un caballo que ha servido al tirano y me pide guardarlo en recuerdo de los servicios que le he prestado.

Vuelvo a Lautaro con el corazón libre de un gran peso y definitivamente dueño de un soberbio animal al cual he tomado cariño.

Octubre de 1891

Ha vuelto la calma. Se han reiniciado los trabajos. Emile Bodart, que se encontraba con permiso en Santiago y se había quedado allí esperando el término de la borrasca, ha regresado. Asimismo Castañón, que se había escondido tan pronto como se supo el desastre del gobierno. Mis oficinas funciona de nuevo normalmente. Los sueldos que se encontraban suspendidos desde hacía dos meses, han sido pagados.

* * *

Tranquilizado en cuanto a represalias personales, yo creía proseguir mi carrera en paz, cuando un decreto declara suspendidos de sus funciones a todos los empleados públicos; en espera de un nuevo nombramiento, deberán continuar provisoriamente en sus servicios. Se trata, por supuesto, de reorganizar el personal eliminando a todos los partidarios del antiguo gobierno. Mi situación está, pues, seriamente amenazada.

Parto inmediatamente a Santiago donde llego el 17 de octubre.

La Dirección General, donde yo me presento, se encuentra asaltada por una nube de solicitantes, como el resto de las oficinas ministeriales.

Acababa de recibir una carta de Jorge, admirándose de que yo hubiera adherido al partido de Balmaceda. Le escribo:

«La Dirección de Obras Públicas está en manos de algunos aborígenes que parecen haber tomado a tarea el alejar todo elemento extranjero. En el fondo, los chilenos odian cordialmente todo lo que no es chileno, aunque ellos se encuentren con endiabladas dificultades para salir solos del paso.

También hay que tener en cuenta las consecuencias de la guerra civil. Es prodigioso el número de individuos que, por haber tomado parte en la revolución, están ávidos de empleos, y a los cuales se está obligado a colocar de una manera u otra en Obras Públicas o en otra parte. Si tú vieras el desorden que reina en este momento en toda la administración chilena. Es un verdadero pillaje. Los descontentos aumentan día a día, y verás que dentro de poco, si no en voz alta, en su interior por lo menos, el país lamentará una revolución que, después de todo, no respondía sino a ambiciones personales en vez de a cuestiones de principios. Apuesto a que cuando recibas esta carta se habrá producido una seria reacción a favor en los diarios europeos, si no de la persona, por lo menos de las ideas democráticas de Balmaceda.

No quisiera hacerte una historia de la revolución bajo mi punto de vista, pero si por un lado Balmaceda tuvo sus culpas, su manera de ver los intereses de su país era tan buena, por lo menos, como la de sus adversarios. Pero no vale la pena hacer consideraciones de este orden. Tú verás que cuando haya pasado el primer momento de entusiasmo, cuando el país pese con más calma lo que ha ganado y lo que ha perdido, y que a la vez los partidarios del régimen caído puedan alzar la voz, podrás formarte por los mismos diarios europeos una idea enteramente diferente de la que domina en la actualidad.

En todo caso el país no ha hecho sino cambiar de dictadura. Desde el principio de la insurrección, Balmaceda hizo cerrar todas las imprentas de todos los diarios partidarios de la oposición, medida que después de todo es natural en un país en guerra civil. Esto hacía protestar enérgicamente, y ahora ¿qué es de los diarios que sostenían al antiguo gobierno? Simplemente se ha saqueado sus imprentas. Los redactores han debido esconderse o huir a la Argentina para salvar su pellejo. El jefe de redacción del Comercio de Valparaíso ha sido fusilado sin proceso y muchos otros han corrido la misma suerte».

✳ ✳ ✳

Durante cinco días asedio la Dirección, haciendo intervenir a mis amigos y maniobrando lo mejor posible para conseguir un nuevo nombramiento.

Finalmente se me manda a mi puesto con la seguridad de que figuraré en la nueva lista del personal.

De vuelta en Lautaro, encuentro una carta de María fechada el 18 de septiembre. Ella había recibido la víspera una carta de Victor Chabot que durante la revolución ha vuelto a su hogar en Huy. Me dice: «Acabo de recibir telegrama de Chile que dice así: Todos salvos. Avise familias. Cousin».

Ahora están tranquilos en Bruselas respecto a mi suerte.

Noviembre de 1891
He vuelto a mi servicio esperando mi nuevo nombramiento, que no me produce la menor duda.

✳ ✳ ✳

Después de Balmaceda, Boulanger.

Una carta de Jorge, fechada el 1° de octubre, me dice lo que ya sabía por los despachos telegráficos, que el general Boulanger se había suicidado sobre la tumba de su amiga, Madame de Bonnemain, en el cementerio de Ixelles; lastimoso fin de un hombre que, si hubiera estado dotado de mayor energía, habría podido trastornar la historia.

En una carta de la misma fecha, Blanca me dice estar decidida a abrazar la vida religiosa en la orden de las Hijas de la Sabiduría, y pide mi conformidad.

✳ ✳ ✳

En la segunda quincena del mes, el Diario Oficial publica los nombramientos del Departamento de Obras Públicas. Yo no figuro.

Se nombran en la comisión de Victoria a Temuco a los señores: L. de la Mahotière, ingeniero jefe; Guillermo Fonck, jefe de la primera sección; Francisco Alvarez, jefe de la segunda; y Evaristo Saint Anne, jefe de la tercera.

Soy entonces reemplazado por mi antiguo ayudante. No creo que él haya tratado de suplantarme, pues está lejos de ser un intrigante. Atribuyo más bien mi caída a mi actitud gubernamental durante la revolución. Le hago entrega de la oficina a Alvarez y parto de nuevo a Santiago en donde me alojo en el hotel Milán.

* * *

Al día siguiente, cerca de las 10, entraba en el vasto edificio de la Dirección de Obras Públicas en el momento en que la multitud de los empleados descendía las escaleras con gran sobresalto. Un temblor de gran intensidad acaba de producirse; en medio del tráfico de la calle no me había dado cuenta. En las oficinas, los cielos rasos se habían desfondado, los muebles estaban dados vuelta, lo que produjo el pánico general, bien comprensible. En un instante se había evacuado el edificio. No era el momento de presentarme.

Los dos días siguientes las oficinas permanecieron cerradas mientras se reparaban los deterioros. No fue sino el tercero cuando llegué a ver al director, señor Mujica, quien me recibió más bien fríamente. El sentía, me dijo, que las circunstancias obligaran al nuevo gobierno a privarse de los servicios de numerosos ingenieros, en vista de que la construcción de varias líneas debía suspenderse por razones presupuestarias; sin embargo, me agregó que si yo quería enviarle una nota por escrito para ser agregado a la línea de Valdivia, cuyo personal no está todavía completo, ésta podría ser considerada.

Evidentemente sólo eran palabras amables.

Esto no me afectaba demasiado, pues don Fidel Urrutia, a quien había visto antes de mi partida, me había propuesto entrar al servicio de la Empresa en las mismas condiciones de sueldo que antes y con las mismas ventajas: alojamiento, caballos, mozos, etc. Tendría mi oficina en Lautaro y gastos de movilización. Me decidí a aceptar su oferta y me abstuve de toda nueva gestión en la Dirección General.

* * *

He podido trabar un conocimiento más íntimo con el señor Adolphe Carion, ministro de Bélgica en Chile.

Como es soltero, me invitó una noche a comer donde Gage, el restaurante francés más reputado de Santiago. Al señor Carion, que debe ser uno de los buenos clientes del establecimiento, se le recibe con una solicitud deferente.

Al fondo del restaurante hay una exposición de carnes, pescados, legumbres, frutas y vituallas de todo género. Acompañados por el *maître d'hotel* les pasamos revista. El ministro, como *gourmet* consumado, hace su elección concienzudamente y da las instrucciones precisas sobre la manera como desea que se acondicionen los diversos guisos.

Después de beber un vermouth como aperitivo, nos instalamos en una mesa adornada de flores y pequeñas lámparas con pantallas rosadas y dejamos desarrollarse nuestro menú. Este comienza por un democrático arenque en adobo, que el señor Carion descorteza con un arte consumado: lo rociamos con cerveza Cousiño. Después viene una sucesión de platos dignos de Lúculo y vinos exquisitos que poco a poco nos ponen en un estado de beatitud perfecta.

Paladeando una fina champagne después del café, mi anfitrión, a quien hasta entonces yo había tratado de señor ministro, me dijo: «Querido amigo, deje caer el protocolo y haga el favor de decirme señor Carion». Cuando salimos del restaurante son casi las once. Vamos a ver un par de actos al Politeama. Es un teatrito simpático donde se dan operetas o "zarzuelas". Una particularidad de este local es que se pueden tomar entradas para cada uno de los actos. Asistimos a los dos últimos de "La Gran Vía", una zarzuela madrileña en gran boga en el momento.

Durante el entreacto, en el buffet, entre los dos nos tomamos una botella de champagne.

A las doce y media la función ha terminado. El señor Carion me lleva a un gran café donde tomamos cerveza. Mi resistencia es superior a la suya, pues comienza a mostrar evidentes signos de cierta ebriedad. Me tutea, me dice: «¿Por qué te obstinas en tratarme de señor? Dime simplemente Carion».

Yo habría querido irme a acostar, pero mi compañero es un noctámbulo decidido y le agrada mi compañía. ¿Qué hacer entonces sino visitar las boites? Cerca de las tres de la mañana, él estaba completamente borracho y bajo su formal exigencia, yo lo llamaba Adolfo.

A las cuatro yo lo metía en un fiacre y dándole al cochero la dirección de la Legación volvía por fin al hotel Milán. Al despertar al día siguiente, no estaba yo tan fresco como de costumbre.

* * *

Durante la comida le había preguntado al señor Carion la manera más
ventajosa de enviar dinero a Europa, y él me había ofrecido encargarse de
ello. Fui pues, a verlo en la Legación en la tarde siguiente. Lo encontré en
perfecto estado y encantado de la noche anterior. Sin embargo, lo traté
de «señor ministro», sin que esta vez protestara.

Cambié mi dinero contra una letra de cambio sobre un señor Jules
Vanderkelen, agente de cambios en Bruselas; el cambio era para mí notablemente más ventajoso que la cotización oficial, pero la letra, pagadera
a tres meses, no podía ser descontada antes del vencimiento. Supe que
este método de remesa de fondos era seguido por muchos de nuestros
compatriotas en Santiago.

Diciembre de 1891

En Lautaro, me he refugiado en la "Quinta" donde voy a gozar de un mes
de dulce *farniente* esperando el primero de enero, fecha de mi entrada al
servicio de la Empresa.

La quinta es una vulgar casita con techo de zinc y construida de tablas.
A la derecha de un corredor está la pieza de mi cocinera doña Peta y de
su familia. A la izquierda, el comedor. seguido de una gran pieza, que es
a la vez dormitorio y escritorio privado. Anexo, un *toilette* y sala de baño.
Hace ya mucho tiempo que yo había acondicionado esta instalación para
recibir amigos íntimos y escapar de vez en cuando del decoro oficial de
la oficina.

El comedor es sobrio. Las circunstancias no se prestan para el lujo:
falta el cielo raso, y las paredes no están pintadas ni tapizadas. Pero si
la decoración es de una sobriedad espartana, no pasa lo mismo con los
menus que me prepara mi *cordon bleu*, siempre muy copiosos, a la moda
chilena.

El dormitorio está mejor amoblado que el comedor. He colocado
mi alfombra, mis pieles de huemul, de guanaco y de león, como también
mis mejores muebles, que son de "lleque", madera muy fina y hermosa,
especial de esta región, muy estimada, pero de poca duración. En el muro
algunas litografías y mis armas dispuestas en panoplia: dos machetes, un
corvo, un puñal recto, un cuchillo de caza, mi gran revólver de 12 milí-

Fotos actuales de la casa que habitó G. Verniory en Lautaro a fines del siglo XIX

metros, traído de Europa, tres más, comprados en los buenos tiempos de la guerra civil para armar mi guarnición de domésticos, mi escopeta de caza calibre 16 de percusión central, mi carabina Winchester, una carabina Comblain, robada al gobierno, y por fin un magnífico lazo. También está colgado allí mi revólver Smith y Wesson que llevo cuando salgo.

El terreno o "sitio" que, como es de regla aquí, mide 25 metros por 50 está divivido en tres partes por cierros de bambú entrecruzados de un efecto encantador.

Para atravesar el patio, hay que tener cuidado de mirar a sus pies si no se quiere aplastar un pollito o un patito. Hay más de cincuenta gallinas y patos que se pasean y chapotean a su gusto. No crío gansos porque no tengo agua corriente a mi disposición. A principio del mes he saboreado mi último pavo. No tendré más, pues los pavitos son demasiado delicados. Traté de criar conejos, pero los cuatro ejemplares que había conseguido, murieron sin dejar herederos.

Mis dos cerdos, aunque bien desarrollados, no están todavía en el período de la engorda. Como no los mataré hasta el principio de la temporada lluviosa, es decir dentro de cinco meses, tienen tiempo para gozar de la vida esperando que los llene de papas, arvejas y maíz. Tendré, pues, para el invierno jamón, tocino y manteca. Aprendí de mis amigos vascos a preparar conservas de ganso, pato, perdiz, zorzales, en manteca fresca; así, pues, cuando extermine a mis pensionistas, me propongo sacrificar una multitud de volátiles, que darán variedad a mis menus invernales. Yo, sin saberlo, tenía buenas disposiciones para llegar a ser *gentleman-farmer*. Por el momento mi fundo en miniatura me permite desayunar en las mañanas con dos huevos frescos y saborear de vez en cuando la exquisita "cazuela" chilena, que es uno de los platos más deliciosos de la tierra.

Mi pobre "Satán" últimamente fue encontrado envenenado en la calle. Sospecho una venganza de mi peligroso vecino Contreras, pero no he podido conseguir pruebas. Como perro guardián no me queda sino "Fiero", que ha terminado por domesticarse. A dos cachorros de mi perra Nelly, Gyp y Jack, por razones de economía los he cedido a un amigo. Mi gato "Futre", completa el arca de Noé.

Con gran sentimiento mío, Manuel me ha dejado para cultivar un terrenito que compró. Por el momento tengo un solo mozo a mi cuenta personal, esperando hasta poder traspasarlo a la Empresa. La caballeriza no contiene más que su caballo y el que me regaló el coronel Fidel Urrutia.

Pasemos al jardín.

En la parte de la derecha está la huerta. A la entrada, los pequeños cuadros de flores: alrededor de todo el terreno, una platabanda; en medio del camino central, el pozo. Pequeños senderos dividen el jardín en cuadros y bandas.

Se encuentra allí una gran variedad de legumbres; zanahorias, cebollas, ajos, chalotas, puerros, apios, salsifíes, verdolagas, rabanitos, rábanos, espinacas, acederas, perifollos, perejiles, alcachofas, porotos, arvejas, pepinos, calabazas, escarolas, ensaladas y coles de toda especie. No faltan sino los espárragos, que tomarían mucho tiempo, y achicorias de Bruselas, que son desconocidas aquí.

Enseñado por la experiencia del año anterior, he mezclado mucha arena con la tierra demasiado rica, y he obtenido el mejor resultado. Las semillas empleadas son las que había cosechado el año pasado, y otras que me ha proporcionado un amigo de Santiago.

Aunque pequeña, la huerta produce mucho más de lo que yo puedo consumir. Esto me permite hacer regalos con poco gasto. Alimento especialmente a la Casa Francesa. ¡Y decir que hace menos de tres años no había medio de procurarse una lechuga en Victoria!

Doña Peta, naturalmente, va a hacer un montón de conservas: porotos verdes, arvejas, pepinillos, tomates, sin contar el chucrut. Tendré también una provisión de cebollas, ajos, chalotas, ajíes, zanahorias. En resumen, no me faltarán legumbres durante el próximo invierno.

En cuanto a la parte izquierda de la huerta, está simplemente dividida en tres partes, de las cuales una contiene porotos y maíz, otra papas, y la tercera cebada. La división sembrada de cebada es la más cercana a la casa. Ciertos días la entrada es gratuita para las gallinas y los patos. En verdad es sólo para que ellos tengan verdura que ha sido sembrada, pero se ha dado tan bien, que cosecharé cierta cantidad para mi caballo.

La huerta de la que estoy tan orgulloso corre un gran peligro. Se espera de un día a otro una invasión de langostas. Es la primera vez que esta plaga hace su aparición en Chile: desde hace varios años, nubes de langostas asolaban la pampa argentina, y la cordillera parecía un obstáculo insuperable para ellas. Pero ahora, por varios puntos a la vez, las langostas la han franqueado, precisamente por los pasos que enfrentan a las provincias del sur. Según los telegramas oficiales, la masa principal de insectos, todavía sin alas, cubre una superficie de quince leguas de largo por tres o cuatro de ancho, y de un espesor que varía de treinta centímetros a un metro.

Desde la primera noticia de la invasión, el gobierno ha enviado al terreno una comisión especial con 200.000 pesos para tomar las medidas que demanden las circunstancias. Las langostas adultas con alas han volado ya en tropas inmensas en diversas direcciones. Una bandada devastó ya la provincia de Valdivia. Donde caen devoran todo en pocas horas.

Se ha señalado una manga que sube hacia el norte y estaría ya en Toltén, es decir a ochenta kilómetros de aquí. Otra banda tala la provincia de Bío-Bío, al norte de la nuestra, y después de haber atravesado los Andes por el paso de Antuco. Estamos, pues, entre dos fuegos.

Comenzamos a esperar, sin embargo, que los campos de nuestros alrededores escaparán de la plaga. Los agricultores de aquí recobran su confianza. Las bandas de langostas han disminuido grandemente, tanto a causa de las medidas tomadas para su destrucción y para impedir nuevas pasadas por la cordillera, como a causa de las lluvias y los fríos que han llegado como a propósito en medio del verano.

En Temuco he podido ver estos animalitos traídos como curiosidad por viajeros llegados del sur. Son de color gris, de 10 a 15 centímetros de largo, provistos de élitros y vastas alas.

* * *

En Santiago, después de una serie de asesinatos y procesos políticos, parece haber renacido la calma. Mientras tanto, es Presidente de la República don Jorge Montt, quien comandó la escuadra durante la revolución. Se acaba de proclamar una amnistía parcial.

En provincias, los intendentes militares son reemplazados por funcionarios civiles. En espera del nombramiento de un titular definitivo, don Salvador Bustos está de interino en Temuco.

Como hombre práctico no pierde de vista su interés personal.

Entre la futura estación de Lautaro y el río Cautín, en el plano de la ciudad, el terreno está dividido en dos "quintas", es decir vastos bloques de dos hectáreas cada uno. Don Salvador se ha destinado uno, el más cercano a la ciudad, para construir en él un molino. El canal que él proyecta para llevar agua a su molino debe atravesar el otro bloque y temía tener dificultades con el otro propietario. Como somos buenos amigos, me ha propuesto otorgarme, en su calidad de intendente, la propiedad en forma provisoria, que será definitiva cuando yo haya cumplido las condiciones habituales de cierro y de construcción. Naturalmente aprovecho la ocasión. Entablo un pedido regular, y desde el día siguiente obtengo el título de posesión provisoria de mi quinta. Me apresuro en delimitar y cerrar sumariamente mi nuevo dominio.

Viaducto del río Malleco

Capítulo V

Enero de 1892

El primero de enero comienzo en mis nuevas funciones en la Compañía Albarracín y Urrutia, que ejecuta los trabajos de la línea de Victoria a Temuco.

La asociación de don Tomás Albarracín y del general don Gregorio Urrutia ha resistido todas las tormentas. Al principio, bajo la Empresa de la "North and South American Construction Company", sobrevivió al desastre de esta firma. Cuando estalló la revolución, el general Urrutia, partidario de la oposición, se embarcó en la escuadra sublevada, pero Albarracín, ferviente adepto del gobierno balmacedista, conservó la empresa. Después vino la caída de Balmaceda. Albarracín desapareció por cierto tiempo de la circulación, pero el general Urrutia tomó su lugar y el trabajo continuó como en el pasado. En el presente la sociedad continúa. Albarracín queda en la sombra y el general, en Santiago, es el jefe superior. Su hermano, don Fidel, actualmente coronel en el 3° de Línea en Temuco, controla oficiosamente la marcha de la sociedad.

La dirección real está en manos del ingeniero escocés Smyle Frame, bajo cuyas órdenes me encuentro actualmente. A pesar de la diferencia de edad, somos buenos amigos; hemos colaborado durante tres años, él como jefe de la empresa y yo como ingeniero del gobierno, sin que jamás haya habido fricción entre nosotros.

Aquí se llama a la gente por su nombre de pila. Como el de Smyle no tiene nada de católico, se le ha transformado en Emilio, y es así como Frame es conocido en todas partes, como don Emilio.

Yo me he convertido en don Gustavo. Como el nombre nórdico de Gustavo no es usado en Chile, muchos me llaman don Hurtado, lo que suena más español.

Don Emilio tiene el título de administrador de la línea. Reside en Victoria y además de sus funciones administrativas, dirige los trabajos desde Victoria hasta Perquenco. Yo estoy encargado de la ejecución de la línea entre Perquenco y Temuco, esto es, de una sección de 45 kilómetros.

Mis ocupaciones son muy diferentes de las que tenía en calidad de ingeniero del gobierno. Esta vez no tengo que controlar sino que ejecutar los trabajos. Estoy, por consiguiente, en contacto directo con los obreros. En mi sección están repartidos en tres faenas o campamentos: Quillén, Cuyanquén, Quehuinco, más un destacamento en Lautaro, cabeza de riel de la locomotora que sirve la línea de trocha angosta de Quillén a Cuyanquén.

Después de la revolución, desgraciadamente los obreros son escasos. También ha comenzado la cosecha en el norte, y muchos de nuestros carrilanos han partido en enganches para participar en ellas.

El número de mis carrilanos llega sólo a 400; en la sección de Frame son 200; agregando 200 albañiles, carpinteros, herreros y otros obreros especializados, no se pasará en esta temporada de un efectivo de 800 hombres. Sin embargo, es la línea más favorecida; en las otras partes los trabajos están casi suspendidos por falta de dinero en la caja del Estado.

Las faenas están organizadas según el mismo modelo; una barraca de tablas más o menos confortable para el jefe de la faena; otra para el alistador o apuntador, que es al mismo tiempo guarda almacén. Una construcción bien cerrada para almacenamiento de útiles y abastecimientos; un galpón donde el "cuque" (alteración de la palabra inglesa *cook*, cocinero) prepara al mediodía en enormes calderas las raciones de porotos; el despacho o almacén, donde los peones y sus mujeres pueden comprar mercaderías diversas con bonos entregados por el alistador, y en fin los alojamientos de los obreros. Estos son grandes barracones, unos divididos por tabiques para los casados, y otros para los solteros. Aquí no hay ninguna especie de mobiliarios; los hombres se tienden vestidos sobre camas de ramaje que ellos arreglan a su gusto. En la noche un sereno o vigilante nocturno circula por el campamento armado de un sable y un gran látigo.

El "roto" chileno es un ser aparte. Es el verdadero descendiente de los antiguos indios que en el curso de las edades han llegado a ser la plebe chilena. Ha conservado la resistencia de su tronco primitivo y también su despreocupación. No hará jamás economías. No tiene otra ropa que la que lleva encima. No pensará jamás en lavar una camisa; cuando al cabo de unas semanas encuentra la suya demasiado inmunda, la arrojará y pedirá al alistador un bono para comprar otra en el despacho. El encontrará allí, por lo demás, todo lo que le sea necesario; pero fuera de los días de pago, le está estrictamente prohibido al despacho vender vinos o licores.

Ninguna amarra une al roto al suelo. Siempre a la deriva es un resto náufrago que el viento y el capricho llevan de norte a sur.

Cuando ha trabajado algunos meses en una región, siente la necesidad de cambiar de aire, y se deja enganchar para otra línea. Un buen día se junta con una mujer, que le dará muchos hijos, de los cuales cuatro entre cinco morirán por falta de higiene. No tiene ninguna preocupación por el bienestar ni la limpieza. Vista la imprevisión del carrilano, es indispensable alimentarlo. Cada mañana recibe un pan de 14 onzas (400 gramos); a mediodía una ración de porotos, o sea una libra (460 gramos) de frejoles sazonados con 12 1/2 gramos de grasa de buey, 25 gramos de sal y un ají; en la tarde otro pan de 14 onzas.

El roto prefiere sobre todo sus porotos, sin los cuales estima que no podría vivir. He visto casos en que los porotos llegaron a faltar, y se alimentó a los peones con carne; al cabo de algunos días pretendían no tener fuerzas para trabajar.

El roto es esforzado en el trabajo. Trabaja de sol a sol, es decir desde la salida hasta la puesta del sol, por un salario que varía de 60 a 80 centavos, esto es, al cambio actual, un franco por día.*

El pago tiene lugar cada quincena, un sábado por la tarde. El domingo intermedio se trabaja como de costumbre. Es el "domingo triste".

Tan pronto como se distribuye el dinero, comienza la fiesta. Los carrilanos se precipitan al despacho, que les entrega tantas garrafas de vino y botellas de aguardiente como puedan pagar. Se ven a algunos que beben del gollete.

Algunos vivos instalan caballetes a modo de mesas de juego. Proporcionan las cartas y en la noche el alumbrado es con velas; como remuneración, guardan un porcentaje de las apuestas. El roto tiene la pasión de las cartas, y estos casinos improvisados hacen brillantes negocios. Sin embargo, muchos obreros dejan la faena y parten hacia los centros más cercanos donde encuentran entretenciones.

---

* Se refiere al año 1892. Nota del Traductor.

En la faena, se produce pronto la ebriedad y la orgía. Las riñas estallan, entran en juego los cuchillos. No hay pago sin algunos muertos y numerosos heridos.

He formado una guardia de una media docena de obreros seleccionados de entre los más serios; éstos hacen un punto de honor en no beber. Tienen la misión de mantener el orden tanto como sea posible, y poner en el cepo a los recalcitrantes.

El cepo es un tablón de madera largo y grueso aserrado en sentido longitudinal. En las dos mitades se han recortado semicírculos que se sobreponen.

Estando la primera mitad puesta sobre el suelo, se pasan los tobillos del preso, acostado sobre la espalda en tierra, en los dos medios hoyos vecinos; en seguida se sobrepone la otra mitad de modo que los tobillos están sujetos en los hoyos; los dos maderos se aseguran entonces con candados. Es en esta posición poco agradable como los delincuentes pasarán su borrachera hasta el día siguiente.

El domingo continúa la fiesta. Los que se presentan al reparto, reciben sus raciones como de costumbre.

El lunes se supone que se reinicia el trabajo; pero el rendimiento es escaso; no reciben víveres sino los que trabajan efectivamente. Poco a poco, impulsados por el hambre, los hombres reaparecen. Ese día los obreros seleccionados que han hecho el servicio de policía el sábado y el domingo, tienen permiso, y será su oportunidad de emborracharse.

Los jefes de faena necesitan una mano ruda para conducir a sus feroces colaboradores. Todos están por lo demás a la altura de sus tareas: en Quillén, don Cayetano; en Cuyenquén, Quezada; en Quehuinco, el gordo Vásquez.

Don Cayetano, o don Cayo, es un tipo particularmente enérgico, que ejerce un ascendiente extraordinario sobre "sus corderos", como él los llama. Es sin embargo un ser enclenque, sujeto a frecuentes crisis de asma. Ha hecho a la cabecera de su cama un hoyo a través de la pared de tablas, en el cual ha colocado un gran embudo, cuyo pabellón queda fuera de la casa. Cuando lo amenaza una crisis, respira por la embocadura el viento de afuera que se engolfa en el instrumento.

Yo vivo todavía provisionalmente en la quinta, pero estoy siempre en el camino, corriendo a caballo de un extremo a otro de la línea y vuelvo a casa a veces después de caer la noche.

Nelly me es entonces de gran utilidad. Ha tomado la costumbre de correr delante de mi caballo y cuando llega la oscuridad su mancha blanca me sirve de piloto en los meandros de los senderos del bosque.

* * *

La colonia belga en Chile, tan abundante hace poco, se reduce cada día más. La mayoría de mis compatriotas ingenieros o conductores han partido o están a punto de regresar a Europa. Es el caso de Dutillieux, Charmanne, Treinen, Michez, Pottier y muchos otros.

Rigot ha sido recontratado en Valdivia, pero está disgustado con el gobierno y piensa partir. Paye se ha asociado con un francés y ha abierto un hotel en Valdivia. Huart ha entrado al servicio de las vías y trabajos del ferrocarril de Copiapó, compañía particular.

Febrero de 1892

A pesar de la relativa escasez de obreros, los trabajos progresan en la línea.

No falta el trabajo.

Primero está el ensanchamiento al patrón normal de las excavaciones y terraplenes. En el gran bosque de Saco entre Quillén y Lautaro, hay un terraplén formidable, del cual una parte de rocas debe ser rota con explosivos, lo que nos proporcionará las piedras para la obra de fábrica en este sector.

Equipos de albañiles están ocupados en la construcción de puentes y alcantarillas a lo largo de toda la línea. Es Alvarez, mi sucesor en la comisión gubernamental, quien fija los ejes y da la altura de los niveles.

En la parte servida por la línea de vía angosta, los materiales vienen de la cantera de Cuyenquén. Entre esta cantera y Temuco se encuentran numerosos bloques erráticos diseminados, los que hacemos volar con pólvora; los trozos se llevan a la obra en carretas.

Estos trabajos al sur de Cuyanquén dependen de la faena de Que-huinco que visito frecuentemente y de muy buen grado, pues uno ahí es muy bien tratado. El jefe de la faena, el gordo Vásquez, tiene la especialidad de un "costillar de cordero" asado sobre fuego de leña, con un asador de coligüe o bambú, y servido con puré de porotos o una ensalada de cebollas blancas; es un regalo divino.

También hay que ocuparse de la compra y recepción de las traviesas o durmientes que numerosos leñadores elaboran en la selva y traen a la línea. Estas deben ser de "roble pellín", especie de encina del país. Pero existe otro árbol enorme, el "coigüe", a cuya madera se parece tanto como para confundirla con el pellín, pero es de mucho menor duración hay que entender bastante para evitar los fraudes de los proveedores. Hay que vigilar los montones de durmientes ya recibidos apilados a lo largo de la línea; los leñadores demasiado astutos tratan de robarlos en la noche para volver a venderlos a otro depósito más o menos alejado del primero. Son necesarias, por lo tanto, frecuentes inspecciones.

Pero el nudo vital de mi sección es en este momento Quillén. Ya he hablado del puente monumental de madera, de 532 metros de largo y más de 20 metros de altura, llamado a atravesar el valle, en espera del puente definitivo que proporcionará Creusot. Es el del cual yo había hecho los planos cuando era burócrata del gobierno; no me imaginaba entonces que sería llamado a realizarlo por cuenta de la Empresa.

Se trata de un puente provisorio, pero que puede durar muchos años a causa de la penuria financiera del Estado, que ha obligado a suspender la orden a Creusot.

Quillén es ahora un centro de gran actividad.

Además de la faena de carrilano dirigida por don Cayetano con Gregorio Rioseco como alistador, hay allí un verdadero pueblecito de tablas albergando numerosos carpinteros; también vive allí el empleado encargado de recibir los enormes postes y otras piezas de carpintería, que los bueyes arrastran de las selvas vecinas, donde trabajan nubes de leñadores.

El equipo de carpinteros está bajo las órdenes directas de Georges Huord y Matías Provost, ambos canadienses franceses y carpinteros de primer orden, traídos por la "North and South" y establecidos definitivamente en Chile, donde se casaron. Huord con la hermana del alistador Rioseco y Provost con la hija de un colono alemán.

Huord es un coloso demasiado rudo y brutal que a veces toma sus copas de más. Matías es más refinado, trabaja menos pero con más cuidado.

Los dos hablan el francés con el acento arcaico de los canadienses, que recuerda la Normandía; hablan también el inglés y han aprendido bastante el castellano como para entenderse con sus obreros.

Georges Huord tendrá un trágico fin.

En el cálculo de los elementos del puente, yo había aplicado un coeficiente muy elevado de seguridad por no tener datos experimentales sobre la resistencia de las maderas del país. Había resultado un imponente cubo de madera donde Huord veía cierto despilfarro. Algunos años más tarde, él tomó por su cuenta la construcción de un puente de madera para un ferrocarril sobre el modelo del de Quillén: como lo contrato a suma alzada, por economía redujo notablemente la sección de los postes. Terminada la obra se procedió al primer ensayo. Una locomotora tripulada por Huord, un mecánico y el fogonero entró al puente. De repente, todo se hundió en un bloque. La máquina se precipitó al río y los tres hombres murieron ahogados y aplastados bajo los escombros.

Sobre la planicie de la ribera izquierda, al lado de Lautaro, se ha formado un tercer grupo, de los albañiles y canteros de piedra, que edifican los pilares y estribos del futuro puente.

La subempresa ha sido confiada a un maestro albañil inglés llamado Norton. Es un tipo de género especial que no he encontrado nunca más: el de albañil-gentleman, de excelente educación. Cerca del campamento de sus hombres, se ha construido un pequeño bungalow de madera, coquetamente amoblado, donde nos ofrece el *cocktail* o el *whisky and soda*. Fuera del trabajo, donde él mismo mete la mano en la mezcla, está siempre de punta en blanco. Los domingos en la noche, aunque sea para comer solo, se pone su *smoking*. Probablemente es el único en la Frontera que posee uno.

* * *

Como Alvarez y yo pasamos la mayor parte del tiempo en Quillén, hemos armado dos de las grandes carpas del gobierno, una para cada uno de nosotros. Un fotógrafo de paso tomó una vista de nuestro campamento y la envié a Europa. Esta, muestra nuestras dos tiendas, la mía abierta, dejando ver mi cama de campaña y una mesa, con una tetera y una lámpara encima de ella. Entre las dos carpas, el comedor, ramada rústica de bambú, en el interior de la cual aparece la mesa puesta. Un poco a la izquierda, otra ramada sirve de caballeriza. Delante de las tiendas, montando a "Pirata", el caballo que me regaló don Fidel, aparezco con pantalones ceñidos, botas cortas, grandes espuelas, estribos de madera tallada, la manta de verano echada sobre el hombro; a la derecha, Alvarez sobre su caballo de pura raza chilena. Detrás mi perra "Nelly", tomada desgraciadamente en una pose poco favorable, y mi bravo "Fiero", que por lo menos aparece en todo su esplendor. Al fondo, un resto de selva y el bosque bajo formado por bambúes de ramaje muy tupido, donde se oculta la cocina y habita la servidumbre.

Una noche de fines de febrero estalla bruscamente un formidable temporal o golpe de viento norte.

Yo dormía apaciblemente bajo mi tienda, cuando de repente ésta se desplomó, sepultándome entre los pliegues de la tela. Desembarazándome con gran dificultad, logro poner mano sobre mis calcetines, mis zapatos y mi pantalón colocados a los pies de la cama, y puedo ponérmelos. Había colgado el chaleco y el vestón en un clavo colocado en el poste central, que yace ahora por tierra. Arrastrándome por el suelo, bajo la tela que el viento levanta en ondas, consigo recuperarlos. Siempre arrastrándome logro salir fuera y me visto; he renunciado a buscar mi sombrero.

La noche estaba negra como tinta y la tempestad hacía estragos. A tientas llegué al bungalow de Norton a 200 metros de allí. Un whisky con soda me repuso de mis emociones y pasé el resto de la noche tendido en un sofá, envuelto en cobertores que me prestó Norton.

El ventarrón fue seguido por un diluvio que duró ocho días, fenómeno extraordinario en medio del verano. Los ríos se transforman en torrentes y los caminos quedaron tan impracticables como en julio.

La desgracia es que se está en plena cosecha. Aquí no se conocen los graneros. El trigo segado se acumula en pleno campo, donde se hace la trilla a máquina o a yegua. Entonces es cuando el grano ensacado se transporta a las bodegas. Para los agricultores, esta lluvia intempestiva es una ruina.

Felizmente para mí, este año no tenía trigo que cosechar, salvo un pedazo de terreno que había sembrado a medias con un chileno, más para favorecerlo que como negocio. Pero él consiguió entrar la cosecha antes de las lluvias.

Habíamos sembrado dos fanegas de trigo y cosechamos 57, o sea cerca de 30 por 1. La fanega (55 litros) puesta en bodega, se vende ahora a 4.80.

* * *

Dos correos postales a Europa se han perdido en el curso del mes.

Uno se hundió en el naufragio del "John Elder"; el otro, vía cordillera, ha sido sepultado por una avalancha.

Marzo de 1892
Gran alarma en el mundo de los albañiles.

En plena mitad de la gran selva de Saco, un riachuelo corta la línea. El tren de trocha angosta la atraviesa hasta aquí por un puente provisorio. Como estamos en el período más seco del año, ha llegado el momento de construir el puente definitivo de mampostería. Alvarez ha hecho la implantación y yo he acumulado al pie de la obra la piedra, la grava y la arena necesarias.

Una mañana antes del alba llego de Lautaro con un tren que trae un equipo de unos veinte albañiles y peones que deben quedarse en el lugar para la construcción, y otro equipo de carpinteros con las tablas, maderas y clavos para edificar el campamento. A mediodía se pudo ya almacenar en una barraca el cemento, la cal y los víveres; al final de la tarde los alojamientos estaban listos, y el equipo fijo se instalaba en ellos. En la noche, volví a Lautaro con mis carpinteros.

Dormía tranquilamente en mi quinta cuando cerca de la media noche desperté sobresaltado con unos golpes violentos en la puerta. Era el albañil jefe que muy excitado me contó que tan pronto como cayó la noche, habían resonado espantosos rugidos por todos lados de la selva. Los pumas, cuyos dominios se violaban, rondaban alrededor del nuevo campamento. Los hombres, aterrados, habían recogido sus efectos personales abandonando los útiles, salvo los que podían servir como armas y en grupos compactos habían tomado a pie el camino de Lautaro, siguiendo los rieles.

La gente de aquí tiene un terror loco a los leones puma.

Sería inútil tratar de decidir a los albañiles a alojar en adelante en la selva de Saco: será necesario llevar el equipo cada mañana y traerlo en la noche a Lautaro; aun así habrá numerosas defecciones.

Los libros de historia natural aseguran que el puma no ataca jamás al hombre. Puedo afirmar que esto es un error. Sin hacer caso de los relatos mas pavorosos que circulan aquí sobre esta fiera, citaré un solo hecho del cual he podido comprobar la veracidad.

Aproximadamente un mes antes de la fuga de los albañiles, un hombre fue devorado precisamente en el emplazamiento del puente del Saco.

Era un chacarero chileno que se dirigía en noche cerrada de Lautaro a Quillén siguiendo el trazado de la línea, acompañado de su hijo de unos diez años. Dos horas después, el niño volvía sin aliento a Lautaro, y contaba que en el momento en que ellos salían de una zanja se habían encontrado bruscamente en presencia de un gran perro amarillo que había lanzado un ladrido extraño. El padre había sacado su cuchillo, y le había gritado que arrancara, lo que él había hecho a toda prisa. No sabía nada más. Las búsquedas hechas desde el día siguiente en la mañana no dieron ningún resultado: el padre había desaparecido.

Unos quince días más tarde, Alvarez procedía a la implantación del puente, cuando uno de sus ayudantes, que había penetrado en la espesura, salió muy asustado, anunciando que había encontrado restos humanos. Alvarez encontró, en efecto, bajo las quilas tupidas, osamentas a medio roer; un sombrero y restos de zapato y vestidos permitieron identificar a la víctima de la fiera.

Hay que concluir entonces, que si bien el puma huye del hombre durante el día, lo ataca por la noche, por lo menos cuando el hambre aprieta.

El puma, o león de América, es la plaga de los corderos, pero su alimento favorito es la carne de caballo. Alerta para aprovechar el momento favorable, salta sobre el lomo de su presa, que despedaza con sus terribles garras, hasta que logra abatirla. Después de chupar la sangre, arrastra el cuerpo hasta algún lugar desolado, lo cubre de hojas, y vuelve a devorarlo cuando el hambre se hace sentir. He visto muchas veces caballos cuyos lomos estaban marcados con las garras de la fiera, y que habían podido escapar. Uno de mis mozos traía un caballo al cual un puma había devorado las dos orejas ante de que el animal hubiera podido derribarlo a tierra y arrancar.

El puma ataca también a los animales vacunos, pero éstos se mantienen generalmente en grupos. Toros y vacas forman pronto un círculo, en el centro del cual se refugian los terneros y el ganado joven. Hacen frente con valor al enemigo y a menudo lo fuerzan a retirarse. Entonces los toros lo persiguen y no es raro que lo maten. Es tal vez más bien por miedo que por gusto que el puma prefiere al caballo.

He visto a menudo pumas sin haber tenido jamas la ocasión de matarlos, hazaña que sin embargo habría deseado mucho realizar.

Cuando hacía el trazado de la variante al sur de Lautaro, iba montado por un camino muy estrecho en la selva cuando el caballo se encabritó, rehusando avanzar y haciendo grandes esfuerzos para darse media vuelta. El caballo de mi mozo Manuel, que venía detrás de mí, mostraba los mismos signos de terror.

Manuel había adivinado la causa del panico, pues gritó: «¡El león!». El olfato de los caballos, más delicado que el nuestro, había percibido las emanaciones de las fieras, y su instinto los llevaba a huir. Era también el consejo de Manuel, pero yo no quería perder semejante ocasión.

Amarramos a un árbol los caballos y revólver en mano exploramos el camino, teniendo buen cuidado de mirar los árboles, donde suelen trepar los pumas para saltar sobre su presa. Más allá de una curva del camino, a pocos pasos del lugar donde mi caballo se había encabritado, atravesaban el sendero huellas muy claras y recientes de puma. En este lugar la selva no era muy tupida y habría sido muy fácil seguir la pista; pero sin otra arma que un revólver, habría sido temerario afrontar un adversario tan temible en su escondite. Con gran alivio de Manuel no quise tentar la aventura.

Bodart me contaba su encuentro con pumas cuando estaba ocupado en el trazado de la línea. El campamento de estudios estaba entonces instalado más allá del Quepe. Su jefe, M. Mayaud, le había dado un día de permiso para cortarse el pelo, pretexto que uno invocaba tan a menudo para gozar de las delicias de Temuco. En la noche regresaba Bodart disfrutando del magnifico claro de luna, cuando al llegar al vado del río Quepe, vio en la otra ribera tres enormes leones, de los cuales uno estaba sentado junto a la salida del vado y los otros se paseaban tranquilamente en los alrededores. Presurosamente regresó a Temuco a pasar la noche. M. Mayaud, muy estricto en el servicio, al día siguiente no le creyó ni una palabra de su historia; pero Bodart no es imaginativo y su ingenuo candor me parece garantizar la autenticidad de su aventura.

* * *

Una tarde de mucho calor, después de almuerzo, me había tendido sobre la hierba a la sombra de los bambúes detrás de mi tienda y comenzaba a caer en una dulce somnolencia, cuando me di cuenta de que un grupo de obreros, esperando la hora de volver al trabajo, estaban sentados al otro lado del macizo que me ocultaba. Uno de ellos, con el más puro acento español, contaba una aventura que parecía apasionar a sus auditores a juzgar por las exclamaciones que puntuaban el relato. Yo presté oídos. Cual no sería mi estupefacción cuando oí contar el incendio a bordo del Potosí, en el cual yo había venido de Europa. La narración era de una exactitud absoluta: la alerta en plena noche, el humo invadiendo el entrepuente, los marinos expulsando rápidamente a los ocupantes y rechazándolos sobre el puente, las tentativas de bajar para salvar algo de los bagajes, refrenadas por la guardia armada; las maletas medio consumidas por el fuego surgiendo de la cala y arrojadas al mar, las fiestas de los pasajeros de primera clase a beneficio de los damnificados, todo estaba allí.

Terminada la historia, me agregué al grupo. El narrador era un albañil español de nombre Figueroa. Se había embarcado en La Coruña, contratado para los trabajos de canalización del Mapocho en Santiago. Al terminar éstos, había venido a buscar trabajo en el sur y formaba parte del equipo de Norton.

Como las aventuras vividas en común acercan a los hombres, lo volví a ver varias veces y le procuré algunos agrados. Me contó aún algunos de sus recuerdos de a bordo. Fuera de algunas hermosas noches en los trópicos en que con sus compatriotas ejecutaba al son de la guitarra esas curiosas danzas españolas que maravillaban a todos los pasajeros de las clases superiores, el viaje le había parecido muy desagradable. Encontraba la comida inglesa incomible. Era por lo demás la opinión general de los pasajeros de tercera clase, casi todos españoles o portugueses. Un buen día, no soportando más, todos se habían dado la palabra, y cuando a mediodía se les distribuyó la inevitable porción de fréjoles con tocino, todos juntos habían lanzado al mar las gamellas y su contenido, con gran escándalo de los marinos ingleses. Enseguida habían enviado una delegación al capitán. Contra todo lo que se podía esperar, los había acogido favorablemente. A partir de entonces, se les puso a su disposición la cocina y los víveres, que les acondicionó a la moda de su país un cocinero de su elección.

Figueroa me está agradecido por lo que hago por él. El posee, no sé cómo, una pareja de perros minúsculos, cuya raza ignoro, pero que son pequeñas joyas encantadoras. Su perra ha tenido cría; de ésta me ha regalado un macho y una hembra bautizados con el nombre de "Jim" y "Fineza", respectivamente. Al alistador Gregorio Rioseco le ha dado también un perrito, al cual por ironía le ha puesto el nombre de "Terrible".

Este buen animalito le valdrá a su dueño ganar una apuesta bien audaz.

En un despacho de bebidas en Lautaro, Rioseco encontró un día a un inquilino de un fundo de los alrededores en compañía de amigos comunes. La conversación se refirió a las peleas de perros, deporte muy popular aquí, y que sirve para hacer apuestas, a las cuales son muy afectos los chilenos. El inquilino poseía un moloso, que había salido victorioso de todos los encuentros, y que él exaltaba como imbatible.

«Yo no conozco su perro sino de reputación —dijo Rioseco—, pero estoy seguro de que para mi "Terrible", no sería más que un bocado».

El otro aceptó el desafío. Se convino que el combate tendría lugar dentro de quince días. Se estipuló por escrito que en el caso de que una de las partes recusara la apuesta, debería pagar a la otra una multa de 50 pesos.

En el intervalo, los amigos de Rioseco, a quienes éste había contado el secreto de su *bluff*, aprovechaban todas las ocasiones para poner en guardia al inquilino contra el peligro mortal que iba a correr su perro. El "Terrible", afirmaban ellos, era el animal más fuerte y el más feroz que se pudiera encontrar; sin duda que el moloso iba a quedar en la arena. La mistificación fue tan bien llevada, que el inquilino tomó miedo y prefirió pagar la multa antes que exponer su perro a una muerte segura.

Una vez embolsada la suma, Rioseco invitó a su rival y a sus amigos a la cantina donde se había arreglado la apuesta, llevando con él a su "Terrible" liliputiense. El inquilino, aunque molesto por la jugada que se le había hecho, tomó la cosa por el buen lado, y el asunto terminó con numerosos tragos pagados por Rioseco a expensas de su ingenuo adversario.

* * *

El puente provisorio sobre el río Perquenco ha sido terminado a principios del mes. Por cierto que no es comparable en importancia al de Quillén, pero no por eso deja de ser una obra de maderaje muy curiosa, como puede verse en los álbumes de fotografías que he enviado a Bruselas.

Perquenco significa en araucano agua "hedionda", aunque el río, por lo menos en el lugar donde lo atravesamos, no merece en absoluto su nombre.

Tan pronto como los trenes que traen los rieles han podido atravesar el Perquenco, he comenzado a colocarlos, y a fines del mes la trocha normal llega hasta la ribera norte del río Quillén.

Ella deberá detenerse allí durante varios meses esperando la terminación del gran puente.

Abril de 1892
El domingo 10 de abril, una gran fiesta celebraba la llegada de los trenes a la ribera norte del Quillén.

Alvarez, en su calidad de ingeniero del gobierno, y yo como representante de la empresa, habíamos firmado las invitaciones para Temuco y Lautaro; Guillermo Fonck y Frame, las destinadas a los notables de Victoria.

En el valle, al pie del gran puente, se levantaba una inmensa ramada decorada de banderas, guirnaldas y de esos helechos gigantes, de los que una sola hoja constituye por si sola un adorno monumental.

Naturalmente, habíamos acumulado víveres, vinos y licores en abundancia. A mediodía, todos los invitados estaban reunidos bajo la ramada.

En la mesa de honor habían tomado asiento el intendente de la provincia don Valentín del Campo, don Fidel Urrutia, coronel del 3° de línea, las autoridades municipales de Temuco, Lautaro y Victoria, los ingenieros gubernamentales y los de la empresa. Hubo naturalmente muchos discursos enfáticos a la moda del país, acompañados de libaciones copiosas, pero la fiesta transcurrió dentro de los límites de una corrección perfecta. Al caer la noche, los trenes llevaron a los invitados, encantados del día que habían pasado y discutiendo entre ellos la influencia que la nueva situación iba a ejercer sobre la marcha de sus negocios.

Este avance de la línea hasta el Quillén es, en efecto, de una importancia comercial enorme para Lautaro y Temuco.

Hasta el presente las mercaderías que vienen del norte se traen en carretas de bueyes desde Victoria. En adelante, llegarán a la ribera norte del Quillén en los trenes de la empresa, serán transportadas de una ribera a otra y vueltas a cargar a su destino y terminarán su viaje en carretas. A pesar de estos trasbordes sucesivos, habrá una considerable ganancia de tiempo y una fuerte economía sobre el transporte por tierra, sobre todo en el tiempo de las lluvias que pronto va a comenzar.

El tráfico de mercaderías se ha mostrado importante desde el principio. Para pasarlas de un lado a otro hemos arreglado una línea *Decauville* que desciende hacia un puente-riel que atraviesa el río y todo el ancho del valle, después sube con un sistema de cables hasta la planicie sur, haciendo un recorrido de más de 600 metros.

Durante estas manipulaciones hay que efectuar una vigilancia activa contra el robo, pues muchos artículos tentarían a nuestros carrilanos.

Cuando un tren que viene de Victoria ha depositado su carga sobre la planicie norte, se pone un hombre de confianza de guardia hasta que haya sido retirado todo.

Un día llegó un tren que traía seis grandes barricas de vino. Fueron especialmente recomendadas a la vigilancia del cuidador. Vi, en efecto, al buen hombre montando guardia cuidadosamente de pie junto a uno de los toneles, en el cual se apoyaba con los dos codos, el sombrero echado sobre los ojos, pues lloviznaba y la cabeza pasando por la abertura de su poncho, del cual un pliegue cubría en parte la barrica.

Al pasar una hora después, volví a ver al cuidador en la misma posición. Llovía con fuerza; le grité que se resguardara en una barraca vecina sin perder de vista los toneles.

El hombre no se movió ni contestó. Lo creí dormido en su puesto.

Me acerqué y lo sacudí; cayó al suelo como una masa.

Estaba completamente borracho.

Con un pequeño barreno, hizo un hoyo en la parte de arriba del tonel; introdujo una larga paja que llegaba a sus labios por la abertura del poncho, cuyos pliegues ocultaban el ingenioso aparato.

* * *

Georges Huord acaba de ser el triste héroe de una lamentable aventura. Comía una noche donde su cuñado Rioseco y había dejado su caballo frente a la puerta, al lado del de Rioseco. No era un animal de lujo, pero la montura era fina y su dueño estaba orgulloso de ella; aquí es frecuente que la silla tenga más valor que el caballo. Un muchacho entra bruscamente y dice que vio un hombre desamarrar su caballo y partir con él al galope por un camino a la orilla del río, en dirección al pueblo de Quillén.

Huord sale jurando, salta sobre el caballo de Rioseco y se lanza a la persecución del ladrón. La noche es relativamente clara. Al final de algunos kilómetros de carrera desenfrenada, descubre delante de él un jinete que, al sentirse perseguido, redobla la velocidad. El caballo que monta don Jorge es mejor que el otro; la distancia disminuye progresivamente y el perseguidor reconoce su caballo y su silla. Dispara varios tiros de revólver: el hombre cae muerto; el caballo sin jinete continúa su carrera. Huord lo alcanza y lo detiene. Entonces se erizan sus cabellos: ¡la silla y el caballo no son los suyos! La situación se le presenta en todo su horror. Ha cometido un asesinato sin que nada lo justifique.

Dejando ahí el cadáver y el caballo, vuelve profundamente deprimido donde Rioseco, quien le aconseja quedarse callado.

Al día siguiente un transeúnte descubría el cuerpo y avisaba a la policía del pueblo de Quillén, la cual abría una investigación. Cosa curiosa, el cadáver completamente desnudo yacía en el río y el caballo había desaparecido. Un vagabundo que pasaba la noche por el lugar, se había llevado los despojos de la victima, y es a este desconocido a quien atribuyó el crimen la policía. La encuesta no tuvo otro resultado que identificar al difunto inquilino del fundo vecino. En cuanto a Jorge Huord, no fue molestado jamás.

Mayo de 1892

Me ha sucedido un pequeño accidente.

Un equipo descargaba rieles en la ribera derecha del Quillén. Sobre un vagón yo ayudaba personalmente cuando, debido a un movimiento en falso, un riel me desolló la mano izquierda. La herida no era grave, pero sangraba abundantemente. Me senté al pie del talud para vendarme la herida con mi pañuelo, después bajé a pie al valle para hacerme curar en la faena. En el camino me encontré con Rioseco, que venía guiado por su hijo, precediendo a dos hombres que traían una camilla, y seguidos de una multitud de gente haciéndoles cortejo.

El hijo de Rioseco, que presenciara mi accidente, había corrido a la faena muy asustado, contando que yo acababa de ser aplastado por una pila de rieles caídos de un vagón. Me había visto tendido sangrando en la zanja.

Al verme, Rioseco gritaba de alegría; el niño me miraba estupefacto. Yo creo que él era de buena fe y que su imaginación de diez años, inflamada por lo poco que viera de lejos, le había presentado la escena tal como la había descrito. Su padre estaba furioso y quería castigarlo, pero yo alegué por él las circunstancias atenuantes y quedó libre con un par de pescozones.

Después que mi herida hubo sido cuidadosamente lavada, pintada con tintura de yodo y enseguida vendada por la mujer del alistador, volví a vigilar la descarga de los rieles.

* * *

Dos días más tarde, otra pequeña aventura. Me había quedado hasta entrada la noche en el terminal de la ribera norte, y regresaba a pie acompañado de un mozo que llevaba una linterna. Estábamos avanzando sobre el puente de la vía férrea, caminando sobre los durmientes, cuando al llegar a la mitad, sentimos detonaciones que partían de la ribera que acabábamos de dejar; silbaron las balas a nuestro alrededor. El mozo, que estaba a un paso delante de mí, se detiene y me dice noblemente: «Pase rápido adelante, señor; yo seguiré alumbrándole hasta que esté al otro lado».

En lugar de aprovechar su espíritu de sacrificio, tomé yo mismo la linterna y empujé al mozo adelante. Algunos disparos nos persiguieron todavía, pero llegamos sanos y salvos a la otra ribera, donde tomamos el camino de la faena con paso muy rápido. Agradecí vivamente al mozo su abnegación, y él no cesaba de elogiar mi sangre fría y mi valor. En el fondo, rápidamente me había hecho el siguiente razonamiento: «El roto es muy mal tirador con revólver; como la noche es muy oscura, es evidente que él apunta a la linterna: el que la lleva no tiene posibilidad de ser alcanzado, pero el que está adelante o atrás corre más riesgo». No hay que decir que guardé sólo para mí estas deducciones egoístas.

* * *

Aunque consagrando todo mi tiempo a la construcción de la línea, no descuido mis pequeñas operaciones comerciales personales. Trato de hacer producir al máximo lo que me queda de economías después de mis envíos a la familia.

Desde hace muchos meses, he colocado mis disponibilidades en corteza de lingue.

El lingue es un árbol muy abundante en las selvas de la Araucanía. Su madera se utiliza para muebles, cubas, toneles, pero su verdadero valor consiste en su corteza, que se emplea en el curtido de pieles, y que es objeto de una gran exportación a Europa.

Los numerosos rotos que, para evitar la conscripción, se escondieron en los bosques, aprovecharon su reclusión para juntar grandes cantidades de corteza de lingue.

Cuando pudieron libremente salir de su escondite, vinieron a ofrecerlas a las diversas bodegas exportadoras.

Los precios cayeron tanto más bajo cuanto la mercadería debía quedar en bodega hasta el día en que la llegada del tren permitiera llevarla al puerto de embarque; en este caso Talcahuano.

Puente ferroviario sobre el río Bío - Bío. 1890

Había allí una buena especulación para quien poseyera algunos fondos de los que no tuviera necesidad inmediata.

Yo me había entendido con la Casa Francesa de Lacroix y Salaberry, que compraba por mi cuenta y guardaba la corteza en su bodega mediante una comisión. Por el momento tengo más de 1.800 quintales y las compras continúan.

Ahora acabo de vender mi *stock* a la firma Duart Hermanos, la Casa Francesa de Lota, a un peso quince centavos por saco de un quintal. La corteza será entregada desde que el tráfico por ferrocarril se establezca entre Lautaro y Victoria; los compradores enviarán los sacos en el momento oportuno. Cualquiera que sea la fecha de entrega, la suma es pagadera a fines de junio. Como vendí 2.000 quintales a 1.15 pesos, voy a recibir 2.300 pesos, mientras que mi desembolso no alcanza a la mitad.

* * *

He recibido noticias de Emile Bodart. Entró al servicio del gobierno y vive en Maipú, en la línea de Santiago a Melipilla.

«He cuidado mi desgraciada rodilla por todos los medios, y digo tristemente que no curaré jamás; quedaré cojo. El famoso doctor San Cristóbal, profesor de cirugía en la Universidad de Santiago, que me ha tratado en el Hospital de San Vicente, se equivocó y me ha cuidado lo que no tenía. En realidad tengo un hueso fuera de su cavidad, que mientras tanto se ha rellenado».

Bodart me transmite saludos de don Alberto Gándara, el antiguo intendente de Temuco. Aprovechando la amnistía, volvió a Santiago donde se casó.

* * *

¡Catástrofe!

El gran puente de Quillén avanzaba rápidamente y contábamos con terminarlo a principios de julio, cuando en la noche del 27 de mayo, un ciclón giratorio echó abajo más de cien metros, precisamente en la parte más alta. Cuando llegué a la mañana siguiente, toda la parte alcanzada no era más que un montón de ruinas. Se podía seguir la marcha del ciclón por una ancha banda de árboles desarraigados en la selva. Una bodega para útiles fue transportada por los aires con todo su contenido; por una gran suerte, la faena vecina no fue tocada, y no hubo ningún accidente personal que lamentar.

Este siniestro va a retardar dos meses por lo menos la terminación del puente.

El inspector general de las líneas en construcción, venido de Santiago, había pasado unos quince días antes y felizmente para mí, se había declarado satisfecho del rápido avance y de la solidez del puente.

La encuesta oficial demostró que el accidente provenía de una causa fortuita y no de un defecto de construcción.

Junio de 1892

Una noticia sensacional estalla como una bomba. El señor de la Mahotière y su «eminencia gris», Evariste St. Anne, han presentado su dimisión. No me lamentaré por sus suertes, pues no puedo hacerme lenguas del primero y mis relaciones con el segundo han sido siempre muy tensas. Se habla embozadamente de malversaciones descubiertas debido a denuncias. El hecho es que el inspector general de líneas en construcción venido últimamente de Santiago, ha pasado varios días en las oficinas de la Comisión en Victoria y en Lautaro.

Un nuevo ingeniero jefe, don Luis Adán Molina, ha venido a reemplazar a De la Mahotière, pero ha fijado su residencia no en Victoria sino en Temuco.

Fonck conserva la dirección de la primera sección en Victoria, Alvarez la de la segunda en Lautaro; en la tercera, en Temuco, St. Anne es reemplazado por el ingeniero Espina.

M. Mayaud me escribe desde Santiago. Con muchas dificultades ha liquidado su contrato con la Dirección General de Obras Públicas, que ha puesto toda su mala voluntad y aun toda la mala fe posible.

«Todo el mundo que puede regresar a Europa, dice él, se va muy pronto, por lo que los chilenos parecen encantados».

Con la caída del cambio y la acentuación de la crisis económica, hay momentos en que me pregunto si no debería cambiar Chile por un país más seguro.

M. Mayaud me pide que me entienda con su señora, que se quedó en Temuco, para organizar el viaje de su familia a Talcahuano, donde él la encontrará para el embarque. El matrimonio Mayaud va a instalarse en Argelia, de donde es originaria Mme. Mayaud.

Aprovecho su viaje para enviar a mi familia algunos objetos de adorno del país; cinturones de fabricación indígena, una pipa de plata araucana, una tabaquera fabricada de la pata de una leona, una colección de canastitos comprados en Linares, etc.

* * *

El gran Puente de madera de Quillén, que se levanta de sus ruinas, acaba de escapar de una nueva catástrofe.

La vía férrea definitiva ha sido tendida hasta la proximidad del estribo norte del futuro puente metálico, donde termina en un sólido tope. A unos 200 metros de distancia de este terminal, un desvío se separa y se dirige en fuerte pendiente hacia el puente provisorio en construcción, de manera de llevar lo más cerca posible de la orilla los materiales y mercaderías por transbordar al otro lado del valle. Un tope cierra de este modo, el trozo a la entrada del puente de madera.

A 5 kilómetros más al norte se encuentra la estación de Perquenco.

Es allí donde la locomotora que viene a la cabeza del convoy desde Victoria se separa y se pone a la cola para empujar el tren hasta el puente. Esto no deja de presentar cierto peligro, pues la vía está en pendiente y uno no se puede fiar siempre de los frenos de mano.

Una tarde yo esperaba sobre la planicie de la orilla norte un tren que debía traer de Victoria mercaderías destinadas a Lautaro, por consiguiente para trasbordar. El desvío estaba abierto hacia el puente provisorio y un equipo estaba listo para la descarga. Todo estaba en regla. Oí el pito del tren avisando su salida de Perquenco. Algunos minutos después el pito volvía a sonar en forma entrecortado sin interrupción. Era la señal "Tren loco", anunciando que unos o más vagones se habían soltado del tren y descendían a una velocidad creciente de segundo en segundo. El peligro se me apareció como un relámpago. Si los vagones locos entraban en la vía que conducía al puente de madera sería el desastre. Lanzados como un proyectil por la fuerte pendiente, iban a romper el tope y echar abajo los pilares del puente, unos sobre otros como un castillo de naipes. Sería la destrucción de la obra y la muerte de muchos carpinteros que estaban trabajando.

Cuando sentí la señal de alarma, estaba a cien metros del cambio de vía. Corriendo hasta perder el aliento, llegué hasta la excéntrica justo a tiempo para bajar la palanca y enviar el único vagón loco a la vía horizontal hacia el estribo del puente definitivo. Esta vía estaba ya ocupada por una hilera de vagones cargados de rieles que esperaban ser descargados. El vagón loco traía una capa de rieles sobre la que descansaban cuatro barricas de vino, una docena de bidones de petróleo y varios sacos de porotos.

El choque fue formidable.

De los extremos de los rieles que chocaron surgió una lluvia de chispas. Los porotos lanzados a gran altura cayeron en una sonora granizada; los toneles de vino y los bidones de petróleo derramaron su contenido en la zanja a lo largo de la excavación en grandes olas.

Cuando los rotos que componían el equipo de descarga vieron la zanja llena de vino, se precipitaron de bruces a tierra y se pusieron a beber ávidamente, alejando con las manos la capa irisada de petróleo que nadaba sobre el néctar delicioso. Algunos minutos después el equipo completo yacía en una borrachera absoluta. Fue la nota cómica en lo que habría podido llegar a ser un drama terrible.

Julio de 1892

En los remates o ventas públicas de 1889, la firma Albarracín y Urrutia había comprado 600 hectáreas de bosques al pie de la cordillera, cerca del volcán Tolhuaca. He relatado a su tiempo la aventura del incendio de la selva, que marca nuestra primera exploración.

Desde entonces, los caminos de acceso han sido hechos y la firma ha montado un aserradero a vapor en su propiedad, para la explotación de la madera. El establecimiento es dirigido por dos norteamericanos, los hermanos Stone.

Frame me encarga hacer el inventario de la madera producida y que será llevada a la línea.

Es un viaje pesado, 70 kilómetros por caminos deshechos por las lluvias. Partiendo antes del alba en compañía de un guía, llego a mi destino al caer la noche, agotado y helado.

Los hermanos Stone se han construido una casa de madera muy confortable, donde encuentro un buen fuego del que aprecio grandemente su calor, pues hace mucho frío en esta época del año.

La comida es de una frugalidad extrema: una lata de atún en conserva y torcazas asadas. Como bebida, agua fresca mezclada con whisky: no hay una gota de vino ni una botella de cerveza en esta región perdida.

Al día siguiente visito el aserradero; una pequeña colonia de leñadores se ha instalado en los alrededores; los árboles cortados se arrastran con bueyes hasta el banco aserrador.

* * *

En la selva se encuentran toda clase de maderas de construcción, sobre todo robles, árboles magníficos que alcanzan hasta 40 metros de altura. Son los únicos del país que pierden las hojas en el invierno. Su madera se asemeja a la de la encina; el corazón, que es muy duro, toma el nombre de "roble pellín". El pellín es la mejor madera de construcción, de gran tenacidad para los esfuerzos transversales, no se corrompe con el agua; se la emplea en postes para puentes, en tablas, estacas, durmientes de ferrocarril.

Otro árbol, siempre verde, más alto aún que el roble, es el coigüe. Las dos maderas se parecen mucho, pero la del coigüe es de menos duración. El corazón se conserva bien en el agua.

Esta madera se emplea para la construcción de botes, barcos, lanchas, balsas para la travesía de los ríos; también se hace excelente carbón de fragua.

También se explota el laurel, que los indios llaman "tihue". Es un árbol magnífico, elegante, aromático. Su madera no soporta la humedad y se emplea para tabiques interiores.

Se encuentran también en la selva tres maderas preciosas: el radal, especie de nogal, que es muy estimado para fabricar muebles; el raulí, madera rosada, que pulida, se parece a la caoba, y el lleuque, del que se hace un mobiliario amarillo claro muy hermoso, pero poco durable.

La luma es un árbol pequeño y delgado de 4 a 5 metros de altura por 20 centímetros de diámetro. Su madera es extremadamente dura y resistente; con ella se hacen mangos de hachas, útiles para carpinteros, ruedas de carretas.

Hay en el terreno enormes cantidades de madera acumulada. Pasaré dos días bien fastidiosos haciendo el inventario.

Ni aun la sociedad de los hermanos Stone presenta algún agrado, son el verdadero tipo de *cow-boys*, llevan revólveres de tamaño fenomenal, y su carácter se parece más al de los osos que al de los hombres. Son rudos trabajadores pero de una cultura nula. Su conversación es tan poco interesante como los menus de sus comidas. Es un verdadero placer, al tercer día, tomar el camino de regreso a Lautaro.

* * *

El matrimonio sin duda más original que he visto es el de mi amigo Alexandre Adam con Adelaida del Carmen Petit-Breuilh.

El padre de la novia, don Olindo Petit-Breuilh, explota un fundo muy importante que posee a algunas leguas de Lautaro. Nacido en Chile, de padres franceses, ha conservado el conocimiento de su lengua de origen, pero su hija única sólo habla español.

Don Olindo es viudo; como en la estación de las lluvias sería muy molesto para los invitados llegar al fundo en la selva, ha decidido que la boda se efectúe donde Adam, cuya casa, situada casi en el borde del camino de Lautaro a Temuco, es fácilmente accesible.

Cerca de las diez y media de la mañana, unos treinta invitados nos encontrábamos reunidos donde Adam. El matrimonio, tanto civil como religioso, debía celebrarse en la misma casa, como se usa aquí entre la "gente decente". Estaba el oficial civil con su registro, y un sacerdote francés de una colonia vecina.

La ceremonia se había fijado para las once de la mañana. Pero a esa hora ni la novia ni su padre habían llegado todavía. La gente comenzó a inquietarse. Pasó el mediodía y nada de novia.

Verdaderamente alarmado, Adam partió a caballo con tres amigos al fundo de don Olindo. Quedamos en espera tomando aperitivos. Según el programa, se debía servir el almuerzo a la una. Por supuesto, Madame Adam había preparado un banquete gargantuesco. Esperamos hasta la una y media. Ninguna noticia de Adam ni de su novia.

Gran conciliábulo entre papá Adam y su señora. Los invitados se morían de hambre, los asados se iban a quemar. Decidieron sentarnos a la mesa y servirnos solamente los platos que no podían esperar. Aunque truncada por mitad, la comida resultó excelente. Fue muy rociada y pronto reinó una brillante alegría en la sala del festín.

Las cuatro.

El almuerzo había terminado, y todavía no teníamos noticias de los Petit-Breuilh ni de la pequeña tropa partida en su busca. Los asistentes estaban muy impresionados, pero no era solo la inquietud la que provocaba esta emoción. Papá Adam, que es poco resistente a la bebida, comenzó a divagar; su esposa le envió a acostarse.

La fiesta continuó. Una pequeña orquesta, formada por un acordeón, un violín y un clarinete, comenzó a tocar. Bailamos. Fuera de Madame Adam, puede ser, nadie pensó ya en los ausentes.

Cerca de las siete, uno de los jóvenes salidos a medio día junto con Alexandre Adam, regresó como mensajero. Por fin pudimos saber lo que había pasado.

La pequeña tropa había seguido el camino que conducía directamente a través del bosque hasta el fundo de Petit-Breuilh, esperando encontrar a los viajeros detenidos por un obstáculo cualquiera; pero después de haber sufrido dos horas y media un viaje por atolladeros espantosos, habían llegado al fundo sin encontrar alma viviente.

En el fundo fueron informados de que habían renunciado al viaje a caballo, por el abominable estado del camino. Don Olindo había contratado un coche de Traiguén, lo que permitiría a la novia llegar en *toilette* conveniente. Tomaron una ruta mucho más larga pero en mejor estado, pasando por Lautaro.

Adam y sus compañeros comieron un bocado rápidamente y enseguida, llevando algunas provisiones para los eventuales accidentados, se lanzaron en busca del coche. Lo encontraron arrojado dentro de una profunda zanja con una rueda desprendida, un eje quebrado, sin contar otras averías. El cochero, don Olindo y el mozo que llevaban, trabajaron en una reparación provisoria. Por falta de útiles perdieron mucho tiempo, pero a fuerza de ingenio lograron hacer un arreglo con ramas y lianas; iban a ponerse en marcha, cuando los alcanzó la expedición de socorro. Habían enviado al mensajero a decir que como el coche no podía andar sino al paso llegarían a las nueve de la noche.

Tranquilizados sobre la suerte de los desaparecidos, nos volvimos a sentar a la mesa, y se sirvió la parte de la comida que se había guardado: hors d'oeuvres, guisos, salmis de becasinas, etc. Las cabezas se calentaron más y más: el tumulto fue completo. En este ambiente incoherente, me pareció sentir como un complot que se formaba. Vi a Joseph Adam ir a hablar con su madre; por su lado, a su novia conferenciar con su familia, a Madame Adam acercarse al oficial civil y al sacerdote, a éstos discutir entre ellos, y a los dos novios dejar la sala del festín.

Los novios volvieron pronto. Madame Adam pidió silencio. Anunció que en espera del regreso de Alexandre y su futura esposa, se efectuaría el matrimonio de su hermano Joseph con su prometida allí presente. Esta unión estaba decidida desde hacía algún tiempo; Joseph había hecho valer que realizándola enseguida, se evitaría el gasto de una doble fiesta. La madre se había dejado convencer, así como también la familia de la joven, y papá Adam consultado en su cama dio su consentimiento. La noticia fue acogida con entusiasmo. El oficial civil y el cura escribieron en sus registros con una mano en la que faltaba un poco de firmeza.

La doble ceremonia, civil y religiosa, se efectuó en un abrir y cerrar de ojos. Los recién casados, los testigos, los padres (papá Adam había bajado tambaleándose), los amigos, todos firmaron las actas y se volvieron a sentar a la mesa con una extraordinaria animación

Eran cerca de las diez cuando Alexandre, su novia y don Olindo llegaron por fin. Cayeron en una asamblea agitada en extremo y que parecía preguntarse qué era lo que estos intrusos venían a hacer aquí.

El oficial civil estaba completamente borracho; se juzgó prudente hacerle registrar el matrimonio antes de que quedara totalmente fuera de combate. La joven pareja se restauró sumariamente y enseguida el sacerdote bendijo su unión.

El buen Alexandre y su suegro estaban estupefactos al enterarse del matrimonio de Joseph, pero encontraron inútil protestar.

A las once, todo había terminado. Madame Adam puso cortesmente a sus invitados en la puerta. Afuera, estaban los mozos que habían traído los caballos casi tan borrachos como sus patrones. Las cabalgatas se dispersaron en todos sentidos, dejando a las dos nuevas parejas gozar en paz su felicidad.

Agosto de 1892

Louis Cousin, hijo del profesor, llegado de Europa hace un par de meses, tuvo la amabilidad de traerme un paquete de libros científicos que yo había pedido a Jorge. Una vez llegado a Santiago, nada más simple, pensó él, que hacérmelos llegar a Lautaro.

Trató de enviar el paquete por correo, enseguida por ferrocarril, como encomienda, como objeto recomendado; en todas partes se le rehusó, dando como razón que el correo no recibía encomiendas y que Lautaro no era servido por ferrocarril. Desesperado, me escribió para saber cómo proceder. No recibió respuesta por la sencilla razón de que su carta no me llegó. Una segunda carta tuvo la misma suerte; recibí su tercera misiva y le contesté que enviara el paquete a mi amigo Guillermo Fonck en Victoria, lo que hizo, pero no llegó nada. Fonck hizo reclamo tras reclamo, trámite sobre trámite, pero el paquete extraviado siguió inencontrable. Podré solamente lamentarlo.

Si uno esta a menudo tentado de maldecir la administración chilena, se debe poner más indulgente si considera las tonterías de alta comicidad que emanan de ciertos poderes públicos de Bélgica.

Cuando dejé Europa, vivía en la calle des Palais en Shaerbeck. Avisé por carta a la administración comunal mi partida al extranjero, dando como residencia provisoria el Consulado General de Bélgica en Santiago de Chile. La administración no lo tuvo en cuenta y cuando la familia fue a instalarse en la calle Gilles en St. Josse ten Noode, fui considerado como domiciliado allí.

Poco después llegaba para mí, a mi pretendido domicilio, una orden de presentarme para enrolamiento en la guardia cívica de St. Josse. Mi hermano Georges fue al Estado Mayor para explicar mi caso. Allí debió tratar con un personaje de opereta que no quiso aceptar ninguna clase de explicación, y decidió que yo estaba regularmente domiciliado en St. Josse, y que si yo tenía razones de excepción que hacer valer, debía exponerlas yo mismo, y no por interpósita persona. Después me llegaron allí mismo numerosas citaciones, convocaciones y notificaciones de un juicio en ausencia.

Cuando una carta de María me puso al corriente de esta comedia grotesca, yo tenía ya una multa de 29 francos 46, que automáticamente se transformaba en seis días de prisión. Escribí a la Legación de Bélgica en Santiago, rogando avisar oficialmente a la Administración Comunal y al Estado Mayor de la Guardia Cívica en St. Josse, de mi residencia en Chile. En el hecho, la broma duró hasta la llegada de la carta del ministro, e ignoro el total de días de prisión incurridos por la imbecilidad de los jefes de la valiente Guardia Cívica de St. Josse ten Noode.

En la noche del 14 de agosto, asistí a una fiesta de la colonia alemana en Lautaro. La reunión era numerosa. Se bailaba en una gran sala decorada con banderas alemanas y chilenas, encuadrando un inmenso retrato de Guillermo II.

No faltaba el color local, pero éste no valía el del baile de los colonos escoceses en la noche de Navidad de hace cerca de tres años. Aquí los *bagpipers* estaban reemplazados por una orquesta tronante de una media docena de bronces y clarinetes en trajes tiroleses; el whisky había dejado su lugar a la cerveza. En una pieza vecina a la gran sala, había varios toneles. Sobre una mesa una cantidad de schops con tapa. A un lado, un lavaplatos con un tonel lleno de agua encima. Cada uno se servía, enjuagando su vaso en el lavaplatos y llenándolo en el tonel. Otra mesa cargada de sandwichs, salchichas y salchichones de toda especie.

La fiesta era enteramente *gemüthlich*. Muchas niñas bonitas valsaban con gran entusiasmo.

Todo fue bien hasta la media noche. A partir de entonces, mientras la gente joven continuaba bailando en la sala, en el *buffet* la borrachera tomaba proporciones exageradas. Hombres y mujeres engullían cantidades formidables de *mass*. Sin embargo, ninguna disputa: era la cándida bestialidad de los alemanes empipados de cerveza. Los asistentes cantaban en coro, con afinación, melodías más y más melancólicas a medida que la ebriedad aumentaba. Mientras más bebe un alemán, más lúgubre se pone.

A las dos de la mañana, mientras el coro volvía a cantar "Die-Lorelei", yo me iba a mi casa a la quinta.

Será una de las últimas veces que duerma allí, pues he terminado el arriendo para fines del mes y voy a trasladarme a la estación de Quillén, cuyos edificios están listos para recibirme.

Septiembre de 1892

Heme aquí establecido a firme en Quillén. Ocupo el edificio principal de la estación. Como ésta es de tercera clase, el edificio no es grande, pero ampliamente suficiente. Tengo una oficina, un dormitorio, un comedor, una cocina, un repostero, una pieza de baño. En el futuro hall de mercaderías que está próximo, he instalado una pieza para invitados: es allí también donde se alojan mi mozo Rubio y mi cocinera doña Peta.

No sin sentimiento he dejado mi quinta de Lautaro, pero he retirado todas las plantas que pude de mi jardín. He transportado también toda mi *menagerie*, más completa aún que antes. Tengo gallinas, patos, gansos, pavos, una vaca lechera, chanchos, conejos, que ahora se han multiplicado, dos caballos, mi gato Futre, mi perra de caza Nelly y su hijo Bob, mi perro guardián Fiero y los dos perrillos minúsculos Jim y Fineza, que me dio el albañil español del Potosí.

Me he arreglado una huerta donde las legumbres empiezan a brotar y las primeras flores primaverales a salir.

La estación mide 800 metros de largo por 100 de ancho. Está enteramente cercada, lo que me permite dejar correr mis animales en plena libertad, y de tirar de vez en cuando con mi escopeta contra los conejos o tirar sin salir de mis límites a algunos zorzales que abundan aquí. Sin ser tan finos como los de Europa, son muy exquisitos; he enseñado a mi cocinera la receta para prepararlos a la *liégeoise*, pero cada vez que me los sirve se ocasiona una disputa con doña Peta, que se obstina en vaciarlos.

Si quiero cazar en serio, nada más sencillo; me basta salir del cercado para encontrarme en plena selva. La estación está construida en un lugar deshabitado en territorio indígena, y sólo cuando el Gobierno haya desposeído a los indios de este rincón de tierras, se podrá trazar la ciudad proyectada. Alimento la cocina con perdices, torcazas, grandes pichones del bosque, de carne negra pero sabrosa y jugosa, y también de loros nuevos que, ya sea asados o cocidos en cazuela son excelentes.

Aquí hay dos clases de loros, los *cachañas* y los *choroyes*, que se parecen, y no difieren sino por el tamaño y el plumaje, de un verde más o menos claro. Viajan en bandadas innumerables, tan compactas que durante su pasada uno está a la sombra, como bajo una nube que oculta el sol. No vuelan muy alto, de manera que basta con disparar dos tiros de escopeta sobre el montón para hacer una masacre. Sólo que el loro tiene mucha vida, gran parte de los que caen no están sino heridos y lanzan gritos aturdidores. A estos llamados, algunos loros se separan de la masa y bajan a sobrevolar a los heridos. Entonces viene el deporte de dispararles uno a uno.

Traigo a veces cantidades. Doña Peta se queda con dos o tres de los más jóvenes y envía a los otros a la faena, donde los echan en la marmita de los porotos. Los carrilanos gozan con este extra.

* * *

Nelly tiene un santo horror a los loros. Cuando cazo con ella y se anuncia una bandada en el horizonte, si no tuviera cuidado de amarrarla, arrancaría como una flecha a la casa, sin que nada la pudiera detener. Es que no ha olvidado la aventura de que fue víctima hace algunos meses.

Cazaba bastante lejos de Lautaro, al disparar sobre una bandada de loros alcancé unos diez. Nelly se precipita sobre uno que está herido y éste se aferra con el pico y las garras de la nariz del pobre animal, que sin hacer caso de mis llamados, huye aterrada en dirección a Lautaro con el loro colgando de su nariz. Doña Peta me contó que la pobre perra llegó sofocada y que con gran dificultad pudo hacer soltar la presa a su verdugo.

* * *

Los hombres y los perros adquieren experiencia a costa de duras lecciones. Es así como Nelly acaba de conocer al *chingue*.

El chingue es un animal que en América del Norte se llama *skun*. Tiene el tamaño de un gato; su piel, espesa y hermosa, es negra con bandas

blancas en los costados y el lomo. Tiene el poder de proyectar, para su
defensa, un líquido corrosivo de un olor absolutamente infecto. Cuando
un cazador divisa un chingue, su primer cuidado es de llamar a su perro,
tomarlo y llevárselo lo más rápidamente posible. Cuando hace poco vi un
chingue atravesando el camino, trate de tomar a Nelly, pero se me escapó
y se lanzó sobre el animal. Al acercársela. éste se detuvo un segundo, lanzó
su abominable fluido y arrancó a toda carrera. Nelly no fue alcanzada por
el liquido, pero éste es tan volátil que su olor invade el organismo aun
a distancia, como un gran pestilente. La pobre Nelly estornudó, tosió y
vomitó como si fuera presa del mareo; se revolcaba en el polvo para des-
embarazarse de la infección.

Yo no podrá socorrerla, si me hubiera acercado, mi vestimenta se
habría impregnado por mucho tiempo de un olor fétido. Volví lo más rápidamente posible a la estación, y cuando llegó Nelly anunciándose desde
lejos por su olor nauseabundo, la hice encerrar en una barraca aislada,
donde pasó ocho días antes de volver a nuestra sociedad. Felizmente no
perdió el olfato, como sucede cuando los perros de caza son alcanzados
por el chorro del hediondo animal.

* * *

Nelly le había tomado el gusto a los huevos frescos y arrasaba los pone-
deros. Seguía a las gallinas cuando iban a poner sus huevos y los engullía
al instante. Yo había ensayado todas las correcciones posibles sin obtener
resultado y terminé por hacerme el ánimo de sacrificar a la perra, cuando
alguien me dio una nueva receta: colocar un huevo sobre las brasas, hasta
que esté quemante; tomarlo con pinzas e introducirlo por fuerza en el
hocico del perro. Se lo apliqué a Nelly. El procedimiento era bárbaro, pero
fue eficaz, y a partir de entonces, cuando Nelly veía un huevo, arrancaba
aullando.

* * *

La estación de Quillén está situada en territorio indio. El cacique local,
Carilao, habita una ruca a poca distancia. Somos buenos amigos y lo vi-

sito de tiempo en tiempo, teniendo buen cuidado de llevarle aguardiente, al que es muy aficionado. Su tribu puede poner en pie de guerra unos cincuenta guerreros, pero en estos momentos vive en paz en medio de sus cinco mujeres y veinte hijos.

Como todos los de su raza, tiene una gran resistencia.

Una mañana, cuando cerca de las siete iba solo a mi trabajo, lo encontré tendido, ebrio como cuba a la orilla del río, con el busto solamente fuera del agua. Como es muy pesado, con gran dificultad logré arrastrarlo hasta lo seco, sobre la hierba, y lo abandoné a su suerte. Cuando volví a pasar a mediodía por el mismo lugar, había desaparecido.

Al salir después de almuerzo, lo encontré perfectamente fresco y de buen ánimo. Me contó que el día antes había ido al pueblo de Quillén a vender dos corderos porque quería beber aguardiente. No sabía lo que había sucedido en la noche, sino que había despertado empapado a la orilla del río; había vuelto a su casa, comido, dormido algunas horas mientras se secaban sus vestimentas, y ahora iba al campo a vigilar el trabajo de sus mujeres.

* * *

En la tribu de Carileo no hay machi ni bruja de oficio, pero existe una *médica* que goza de gran renombre no solamente entre los indios, sino también entre los mestizos chilenos que vienen de lejos a consultarla. Es una india vieja que vive sola en una ruca aislada donde atiende a sus pacientes.

De hecho, ella tiene reales conocimientos de medicina práctica; sabe curar luxaciones y fracturas; conoce los recursos del masaje; las plantas medicinales no tienen secretos para ella. No se viste ridículamente con extraños oropeles; no se entrega a invocaciones frenéticas al son del cultrún, no extrae del cuerpo de sus clientes arañas ni ranas, ni indica al autor del maleficio causado al enfermo para la venganza de los parientes. Se contenta con examinar al paciente y prescribirle lo que le convenga.

Sin embargo, es necesario que el elemento supersticioso intervenga. La médica ordenará para ciertas erupciones cutáneas, lavados con hojas de maitén. Pero para que el depurativo actúe, es necesario prepararlo en una escudilla nueva de greda, y después sumergir en el líquido ¡tres balidos de una oveja negra!

Para el reumatismo, tiene un remedio infalible. Se corta un pollo negro por la mitad de la espina dorsal, dejando las puntas de hueso provenientes del corte. Con esto se frota enérgicamente el miembro afectado, de manera que se mezcle la sangre del paciente con la del pollo. Un hombre a caballo espera en la puerta el fin de la operación para llevar los restos del pollo al galope a lavarlos al río; la corriente se lleva la enfermedad, pero el pollo no se pierde.

* * *

Tengo ahora, no muy lejos, agradables vecinos, su campamento se encuentra a una legua de mi residencia. Son dos ingenieros canadienses, Mac Lennan y Mac Kinnon, quienes construyen un importante canal por cuenta de un señor Fuenzalida, padre de mi amigo Ignacio, que encontró un fin trágico en la masacre de Lo Cañas.

El canal debe regar las 1.800 hectáreas que el señor Fuenzalida ha comprado en los últimos remates.

Mac Lennan y Mac Kinnon vinieron a Chile contratados por la "North and South Co". Después de su quiebra, se han lanzado en empresas particulares.

Mac Lennan es un coloso de barba y cabellos negros; Mac Kinnon es largo y flaco, seco como un clavo y de cabellos rojo vivo.

Como verdaderos descendientes de escoceses, pueden absorber sin flaquear cantidades fabulosas de whisky.

Para el trabajo se han unido con un ingeniero francés, Georges Heutte. Sus trabajos ocupan alrededor de 300 hombres.

A veces voy a visitar su campamento, lo que no deja de ser peligroso, se trata de no sucumbir a sus tentaciones báquicas. Como aperitivos ofrecen bitter Demay que es un amargo muy agradable cuando se le agrega una buena cantidad de agua azucarada, pero que ellos beben puro en vasos de cerveza. No he llegado a comprender como pueden resistir a semejante corrosivo.

* * *

¡Qué plaga es este Correo de Lautaro! Acaban de cambiar el personal, y el nuevo encargado me avisa que ha encontrado en un rincón un paquete de fotos que yo había enviado a Bruselas y que creía llegado a su destino. Lo he enviado a su destino nuevamente. Quiero saber cuándo llegará.

Octubre de 1892

La firma Williamson, Balfour y Co., gran importadora de trigo en Inglaterra, ha establecido en la mayoría de las ciudades de Araucanía grandes bodegas donde almacena los productos que compra en el lugar.

Mi amigo y tocayo Gustave Melin, un sueco, dirige la de Lautaro: Melin habla bien el español, pero generalmente conversamos en inglés. Llegó hace dos años a Chile; y ahora que tiene una situación conveniente, su esposa viene a reunírsele, y él la ha ido a esperar al barco a Talcahuano. De regreso tomaron el tren expreso hasta Victoria, después el tren de construcción hasta la orilla norte del Quillén, y han venido a visitarme a mi ermita de la estación. Los retendré por dos días. La señora Melin es grande, fuerte y rubia, como son generalmente las escandinavas. No sabe el español ni el inglés, pero habla correctamente el alemán, que su marido ignora. Nuestra conversación en la mesa será pues, políglota: entre ellos hablan sueco, yo hablo inglés con mi tocayo y alemán con su señora.

Caída bruscamente en un país que ella considera salvaje, madame Melin se maravilla de todo lo que ve. Yo me esfuerzo, por lo demás, en hacerle los honores del país.

Organizo una fiesta india donde mi amigo el cacique Carileo. Él ha reunido sus mocetones, unos cincuenta jinetes armados de lanzas que ejecutan evoluciones y cargas impresionantes. Después asistimos a una partida de chueca, juego con palos semejante al hockey, después tuvimos el espectáculo de una danza indígena muy atrevida, el *cheuque*. Nos retiramos cuando la excitación del aguardiente que yo había dado en abundancia, comenzaba a ponerse inquietante.

Reservándome para reunir aparte mis recuerdos indígenas, no describo aquí estas escenas que me son ya familiares, pero que sumergen a la señora Melin en una profunda estupefacción.

También inicio a esta señora en los placeres de la caza. Ha disparado sobre algunas torcazas en reposo. También dispara dos tiros sobre una bandada compacta de loros; una media docena caen alrededor de ella; están heridos y lanzan gritos estridentes. La cazadora novicia manifiesta la más entusiasta alegría, quiere recoger su botín, pero el primer loro al que ella se acerca le pincha un dedo con su pico y con sus garras se engancha a su muñeca. Ahora es la señora Melin la que lanza gritos penetrantes. Logramos liberarla con dificultad. Felizmente la herida no es profunda, pero la emoción de la señora ha sido seria.

También la hago disparar con carabina sobre botellas vacías colocadas sobre los postes del cerco de la estación. Acercándose, termina por quebrar algunas. Su marido apunta pasablemente, pero los dos están maravillados por mi puntería tan perfecta.

Por su lado, doña Peta ha desplegado todo su talento culinario, y mi vino, mi café y mis licores no son de desdeñar. Así mis invitados, y especialmente la señora Melin se van verdaderamente entusiasmados de su corta estadía en Quillén. La señora conservará una profunda impresión de la que se acordará a menudo en el futuro. Yo le hice el efecto de un semidiós en medio de gente salvaje.

* * *

Un colono alemán de los alrededores, Hartman. acaba de ser devorado por sus perros.

Su casa está rodeada de una sólida palizada: en la noche suelta dos bulldogs de enorme hocico y de extrema ferocidad.

Una noche, otro colono alemán llegó de improviso a pedirle hospitalidad. Hartman, despertado por los furiosos ladridos de los perros, abrió su ventana y reconociendo a su amigo le gritó que le iba a abrir en cuanto encerrara a los perros. Para su desgracia, salió al patio en camisa de dormir larga y blanca.

* * *

Los dogos no tienen olfato. Habrían reconocido a su amo en traje de día, pero, excitados como estaban, se precipitaron sobre la extraña aparición blanca que surgía en el patio. En una pestañada el hombre era derribado y las bestias feroces se encarnizaban en él. El amigo, espantado, escaló rápidamente el cerco, revólver en mano. Ocupados en su siniestra tarea, los terribles mastines no hicieron caso de él, así pudo derribarlos con una bala en la cabeza a cada uno; fue demasiado tarde. El desgraciado Hartman estaba muerto, medio despedazado.

Noviembre de 1892

Un domingo en la tarde recibo la visita de Mac Lennan. La víspera había tenido lugar el pago de los obreros de su canal. Terminado el pago, los rotos, a la caída de la noche, se habían puesto en camino para ir a gastar su dinero al pueblo de Quillén. Para esto tenían que atravesar la línea del ferrocarril. A la pasada, muchos habían sido cogidos por nuestros carrilanos y despojados de su dinero; dos fueron asesinados.

Para evitar la repetición de estos lamentables incidentes, convenimos en pagar en adelante el mismo día a los obreros ferroviarios y a los del canal.

* * *

En el momento en que yo discutía este asunto con Mac Lennan, Mac Kinnon estaba muy cerca de perder la vida.

Los dos socios comparten con Heutte una gran casa de tablas, a unos cien metros de la faena de los obreros del canal. Al lado están las caballerizas y el alojamiento de los mozos.

Ese domingo en la tarde, día siguiente del pago, todos habían salido, salvo Mac Kinnon, quien sintiéndose cansado, había preferido quedarse solo.

Cerca de las nueve, sintió ruidos sospechosos: rondaban alrededor de la casa. Acababa de tomar su carabina, cuando golpes violentos remecieron la puerta, que felizmente resistió.

Mac Kinnon disparó un tiro de su carabina, un grito se sintió en la noche; sin duda había herido a alguien. Apagando la lámpara, entreabrió el postigo y disparó unos tiros sobre las sombras que huían. Reinó nuevamente el silencio, pero Mac Kinnon no se atrevió a salir.

De repente sonaron disparos alrededor de la casa; las balas atravesaban las tablas y barrían la casa. Mac Kinnon se había arrojado a tierra. En el intervalo había cargado la Winchester.

Se dio cuenta de que alguien se había subido al tejado y soltaba una de las planchas de fierro acanalado. Tiró hacia arriba: un cuerpo cayó lanzando un grito. El fuego cesó. Aún algunos ruidos de pasos, cuchicheos después, todo volvió a la calma. Acobardados por la obstinada resistencia que encontraban, los asaltantes habían debido retirarse. Pero esto podrá también ser una trampa y el pobre Mac Kinnon prefirió quedarse acuclillado en la obscuridad, con la carabina entre las piernas, esperando el regreso de sus compañeros. Era cerca de la media noche cuando los sintió llegar. Cuando los hubo reconocido, los puso al corriente de su aventura. La investigación comenzó.

Delante de la puerta yacía un cadáver. Otro estaba tendido a alguna distancia detrás de la casa; cosa rara, atravesado por una bala, éste había sido rematado con una cuchillada en pleno corazón.

Fueron a la faena. Esta presentaba el aspecto ordinario después de un día de fiesta: obreros durmiendo su borrachera bajo los hangares; otros, volviendo ebrios del pueblo y yendo a acostarse. El jefe de la faena dormía apaciblemente. Había escuchado los disparos, pero como eso era moneda corriente, no había prestado atención.

Se le llevó a ver los cadáveres; le eran desconocidos. No se trataba de obreros del canal.

El alistador Rioseco, de nuestra faena del ferrocarril, al día siguiente, tampoco reconoció a los muertos.

La policía rural prosiguió la investigación.

El sargento fue de opinión de que los cadáveres deberían ser de los bandidos de una cuadrilla que se había formado en los últimos tiempos, y que ya tenía en su cuenta varios golpes.

No era una venganza personal contra Mac Kinnon; habría sido fácil deshacerse de él en cualquier momento, sin recurrir a tal *mise en scéne*. Fue el sargento quien encontró la única explicación que parecía plausible.

El sábado en la mañana, Mac Kinnon había ido a Victoria a buscar el dinero y lo trajo en una gran valija negra. El pago se había efectuado en la tarde. El domingo en la mañana, Mac Kinnon fue otra vez a Victoria con un mozo llevando la misma maleta negra. En la tarde habían vuelto y

la valija parecía muy cargada. En verdad, contenía toda suerte de objetos
y artículos de menaje; los bandidos habían podido creer que se trataba
de dinero, y por eso asaltaron. Un detalle que parecía adaptarse a esta
teoría, era la puñalada que había rematado a uno de los heridos para que
no pudiera denunciar a la banda

* * *

El 10 de noviembre, el tren pasaba por primera vez el gran puente de
Quillén y hacía su entrada a Lautaro. El acontecimiento fue celebrado
con gran fiesta, con empavesamiento, banquete y los discursos usuales.
Ahora se trata de prolongar la línea hasta Temuco. El general Urrutia, que
se encuentra en su propiedad de Nueva Imperial, me envía el siguiente
telegrama:

«Hemos prometido formalmente al gobierno que rieles llegarán a
Temuco este año. Entiéndase con Frame y comuníqueme su programa.
No se deje parar por gastos o peligros. Adelante. Adelante. Es necesario
que Ud. llegue».

Más allá de Lautaro quedan todavía zanjas y terraplenes que terminar.
Dos faenas importantes están en actividad, una en Pillanlelbún y otra en
Puente Cajón. Como los trabajos más importantes se concentran en este
último punto, es allí donde voy a plantar mi tienda.

Esta se instala en un punto delicioso, más o menos donde mismo
acampé hace dos años, cuando estudiaba la ruta Puente Cajón-Ñielol.
Como estamos en pleno verano, la levanté a la sombra de un gran roble
y dado que el calor es intolerable en el día, me he hecho confeccionar al
lado, una ramada que me sirve de oficina.

Estoy forzado a madrugar. Desde que se levanta el sol la temperatura
sube rápidamente en la tienda, y un número incalculable de hermosos
lagartos verdes se pasean por la carpa con una gracia y agilidad extraordi-
narias. Penetran en mi cama y aunque son inofensivos, su primer contacto
con la cara lo hace a uno saltar del lecho.

* * *

Un pequeño destacamento de soldados se detiene un día cerca de mi campamento. Lo comanda un sargento de la provincia de Tarapacá, la tierra del nitrato. El sargento cae en éxtasis delante del gran roble que abriga mi tienda.

—¡Oh! suspiraba. Si yo pudiera trasplantar este árbol a Iquique, ¡qué fortuna sería!

—Por cierto —digo yo—, cortado en tablas, le produciría un montón de dinero allá.

—Pero si yo no lo cortaría jamás. Instalaría bajo su ramaje un café restaurante, me haría rico en menos de un año.

En esa región de Iquique, donde la lluvia es desconocida y la vegetación inexistente, el atractivo de la sombra de semejante árbol, sería irresistible.

* * *

Hace algunos meses, me había quejado vagamente a Georges de la inseguridad económica de Chile. Me escribió preguntándome de parte del señor Brunner, si estaría dispuesto a irme a Virginia (USA) como ingeniero del ferrocarril "Norfolk and Western", o bien al "Canadian Pacific", donde encontraría una situación de gran porvenir. Los bancos "Blake Boissevain y Co." de Londres y "Brunner y Cía." de Bruselas, son los dos más grandes interesados de estas redes. Yo tendría asegurada la protección del señor Brunner, del señor Kimball, presidente de la "Norfolk and Western" y del banquero Boissevain.

Peso el pro y el contra.

Consulto a Mac Lennan, que ha trabajado precisamente en el "Canadian Pacific". Según él, Canadá está en un marasmo. La vida es cara, los trabajos poco activos y la competencia muy grande entre los ingenieros, quienes están obligados a trabajar a sueldos reducidos. El sueldo mensual de un ingeniero de situación mediana es apenas de 125 dólares. De ser así, Chile estaría mejor que el Canadá.

En cuanto a Virginia, no he podido encontrar a nadie que me dé una información precisa, pero según he oído a los yanquis más o menos ingenieros, que pululaban aquí hace un año en la época de la "North and South", los sueldos en Estados Unidos eran muy bajos, y hay una verdadera inflación de ingenieros.

En Chile, si mi posición es provisoria y poco remuneradora, por lo menos me permite completar mi instrucción práctica que encuentro insuficiente para volar con mis propias alas.

He adquirido una experiencia nada despreciable en los trabajos en Chile. Conozco la naturaleza y los precios de todos los materiales y de toda la mano de obra, los buenos artesanos, los buenos subcontratistas, los buenos capataces, la manera de manejo a los peones chilenos, conocimientos de que puedo sacar partido si me quedo aquí.

A Chile le falta estabilidad, el cambio ya bajo, puede bajar aún más; puede estallar la guerra con Argentina por la espinuda cuestión de límites. Estaría dispuesto a dejar Chile por un país más seguro, pero sería necesaria una considerable e inmediata ventaja, independientemente de la perspectiva del porvenir.

Expongo por carta todas estas consideraciones a Georges, concluyendo que para decidirme se me debería asegurar un sueldo fijo mínimo de 200 dólares oro por mes. Si esta proposición fuera aceptada, se me debería avisar por cablegrama dirigido al ministro de Bélgica, y redactado: «Carion Santiago-Ven». Yo tomaría inmediatamente mis disposiciones para regresar a Europa y ponerme a las órdenes del señor Brunner.

Mis pretensiones se consideraron exageradas y el asunto no tuvo resultado.

Diciembre de 1892

Empujo los trabajos con ardor febril. Los rieles que don Emilio envía de Victoria, se colocan tan pronto como llegan, de manera que el tren que los trae puede avanzar cada vez más. El general Urrutia, me bombardea con telegramas cada vez más apremiantes: todas las noches debo mandar un hombre a Temuco a telegrafiarle el estado del avance del trabajo. Estoy literalmente de cabeza en ello.

* * *

Al salir una mañana de mi tienda, veo a poca distancia a un soldado acostado sobre la hierba al lado del camino, la cara cubierta con su quepi, como para defenderse de los rayos del sol naciente. A su lado estaban su saco y su fusil.

Al volver a pasar un rato más tarde, lo vi rodeado por un grupo de obreros que discutían con grandes gestos. Supe que el hombre estaba muerto desde hacía varias horas, atravesado de parte a parte por una bala de pequeño calibre, evidentemente una bala de Mannlicher. Esto es lo que explicaba a los otros un asistente que había estado en la guerra en el ejército balmacedista.

—Nosotros —peroraba—, teníamos fusiles Grass, con grandes balas que hacían grandes hoyos. Ellos tenían como los de ahora, fusiles con balas pequeñas que hacían un hoyito insignificante a la entrada y a la salida, pero que en el interior eran terribles. ¡Despedazaban todo!

Envié un mensajero al comandante de la plaza de Temuco, dejé un hombre de guardia cerca del cadáver y mandé a los otros a su trabajo.

Supe que el difunto formaba parte de un destacamento de tres hombres del 3° de línea, de guarnición en Lautaro, devueltos la noche anterior a su depósito de Temuco. Los otros dos habían desaparecido. Sin duda, había estallado una disputa entre ellos y uno de los desertores había muerto a su camarada con un disparo de fusil. Recordé haber escuchado una detonación la noche antes, sin prestar atención, por ser esto aquí muy frecuente.

* * *

La última semana del año fue un período de trabajo intenso: no tomamos un instante de reposo, ni el día de Navidad. Para animar a los hombres les ofrecí una fuerte prima si la vía estaba terminada antes de Año Nuevo, Frame, que estaba en Victoria, enviaba cada día varios trenes cargados de rieles, pernos, tirafondos. Cientos de carretas traían a la obra los durmientes acumulados en los bosques vecinos, o transportaban rieles a la estancia de Temuco, de modo que los equipos de colocadores pudieran trabajar en los dos sentidos. El 31 de diciembre a media noche, el último riel quedó colocado y yo volví a mi tienda agotado pero triunfante.

Enero de 1893

El día de Año Nuevo, a las once de la mañana, las autoridades civiles y militares reunidas en el andén de la estación de Temuco, esperaban la llegada del primer tren. Una compañía del tercero de línea, con música y bandera, hacía los honores. Una enorme multitud, incluyendo numerosos grupos de indios, se aglomeraban en la estación.

A lo lejos sonó el pito del tren que traía a los invitados de Victoria y de Lautaro. El intendente, don Valentín del Campo, con un martillo de plata, de un golpe clava el último clavo en un hoyo hecho de antemano en el durmiente. La Canción Nacional estalla, retumba el cañón y el tren hace su entrada solemne en medio de un entusiasmo desbordante, por lo menos, de parte del público chileno, pues los indios que veían por primera vez el monstruo de acero, conservaban una impasibilidad absoluta.

En Victoria, Frame había conseguido prestado de los Ferrocarriles del Estado coches de lujo, de modo que los invitados hicieron el viaje confortablemente.

Un gran banquete reunió en la Intendencia a las notabilidades e invitados. El general Urrutia y su hermano don Fidel, coronel del 3º de línea, asistían, naturalmente. Se pronunciaron muchos discursos; se hicieron brindis al Presidente de la República, al intendente, a la Comisión de Gobierno, a la Empresa, al general Urrutia, que a su vez celebró la actividad de sus colaboradores Frame y Verniory; se bebió por la prosperidad de la ciudad de Temuco, por el ejército, por la marina, la agricultura, el comercio y la industria. En resumen, la elocuencia continuó durante dos horas, sostenida por la música de la guarnición, agrupada bajo las ventanas.

A las seis, mientras el regocijo popular comenzaba en la ciudad, el tren regresaba en dirección a Victoria y yo volvía a mi tienda, feliz de poder gozar de un descanso bien merecido llevando un sobre dado por el general Urrutia que contenía una gratificación de 500 pesos.

* * *

Esta inauguración solemne en el fondo es un *bluff*. Los rieles llegan en realidad a Temuco, pero la línea está lejos de encontrarse terminada.

La vía está simplemente colocada sobre la plataforma sin balasto; muchas de las zanjas y rellenos no tienen el ancho reglamentario; muchas alcantarillas de albañilería deben reemplazar trabajos provisorios: todo un sistema de drenaje y de escurrimiento de agua falta por hacerse; la línea no está cercada: las estaciones, fuera de la de Quillén, no se han terminado. Resumiendo, la línea Victoria-Temuco se encuentra en el estado de un edificio cuya obra gruesa estuviera terminada, pero las terminaciones interiores estuvieran por hacerse.

Pero aquí no se puede ir ligero. En invierno una buena parte del tiempo se pasa en ver caer la lluvia; en el verano, durante los meses de enero y febrero, hay que estar mano sobre mano por falta de obreros, que parten a la cosecha.

En general, desde la revolución, la falta de brazos se hace sentir fuertemente.

* * *

He levantado el campamento de Puente Cajón y he regresado a la estación de Quillén.

Tengo ahora más tiempo libre y puedo darme algunas distracciones. Mac Lennan y Mac Kinnon me invitan un domingo a almorzar. En la tarde, había carreras planas y de obstáculos, para las que ha sido preparada una pista o cancha. Soy convidado a tomar parte y me inscribo en dos carreras.

En la primera, 800 metros de terreno plano, me clasifico 3° sobre 8, pero en la segunda, que es una carrera de obstáculos, llego brillantemente a la cabeza. "Pirata", el caballo de sangre inglesa que recibí de don Fidel, salta las vallas y los fosos, con un brío muy superior al de sus congéneres chilenos.

Febrero de 1893

Además de la pequeña locomotora de 16 toneladas que continúa su servicio en la trocha angosta, entre Cuyanquén y Quillén, cuyo punto terminal está en Lautaro, la Empresa dispone de cuatro locomotoras de 44 toneladas para vía normal: se espera una quinta para dar más impulso a los trabajos. La maestranza, es decir, el depósito de máquinas y los talleres de reparación, están en Victoria, bajo la dirección de Gilchrist, un escocés.

Tres locomotoras se utilizan en los trabajos; la cuarta hace el servicio diario entre Victoria y Temuco, partiendo en la mañana y regresando en la tarde. El tren es mixto, es decir, fuera de las mercaderías de todas clases, transporta también pasajeros, aunque en condiciones de comodidad muy relativas. Toman colocación en un vagón de mercaderías, en el que se ha colocado un banco doble longitudinal; las puertas corredizas quedan abiertas de suerte que los pasajeros pueden respirar a su gusto, gozando del paisaje. La instalación no es cómoda y el viaje muy lento, pero por lo menos, el público viajero está libre de las fatigosas cabalgatas y no tiene que temer el ataque de los bandidos que, a pesar de la policía rural, continúan sus hazañas en el campo. Un vagón cerrado transporta los caballos.

Como la vía no tiene balasto, el tren no va muy rápido, pero sacude rudamente a sus ocupantes, deteniéndose frecuentemente para cargar y descargar mercaderías o materiales y maniobrando para tomar o dejar vagones, la duración del trayecto es muy larga.

La locomotora se calienta con leña. En diversos lugares de la selva, la leña se acumula a lo largo de la línea; el mecánico y el fogonero descienden para llenar el ténder. Para ganar tiempo, y a guisa de entretención, los viajeros dejan su vagón para dar una mano; se carga la leña en familia en medio de las risas y las bromas.

Como el público toma por el buen lado todos estos pequeños inconvenientes, el nuevo modo de locomoción tiene un gran éxito. A menudo el único coche de pasajeros está completo, y la gente se instala lo mejor posible sobre los carros planos de carga en medio de los cajones y bultos.

* * *

La posibilidad actual de recorrer la línea de un extremo al otro en tren, me libera de una tarea que no dejaba de ser peligrosa: la del transporte del dinero para el pago de los obreros.

He aquí como se procedía antes.

Cada quincena, el cajero principal, Adriasola, recibía los fondos en Victoria; después, en compañía de Frame, pagaba a los obreros hasta Perquenco, donde llegaba el tren. A partir de allí, Adriasola y yo debíamos transportar el dinero a caballo para las diversas faenas hacia el sur. Además de los billetes de 20, 10, 5 y 1 pesos, debíamos llevar pesados sacos llenos de monedas; piezas de 20 centavos, llamadas chauchas, piezas de 10, 5, 3 y 1 centavos. Todo esto se llevaba en caballos de carga. La caravana era escoltada por soldados de caballería.

Aunque la ocasión fuera tentadora para los señores bandoleros, el convoy no fue nunca atacado, pero hubo alarmas en diversas ocasiones.

Un sábado después de haber efectuado el pago en la faena de Quillén, nuestra pequeña tropa formada por Adriasola, yo, nuestros mozos y nuestra escolta de caballería se acercaba a Lautaro, cuando Adriasola fue abordado por un chileno conocido de él. Le confió en gran secreto que, según informaciones que había recibido de fuente segura, una banda de salteadores debía tendernos una emboscada en la oscura selva que atraviesa el camino más allá de Cuyanquén, antes de llegar a la faena de Pillanlelbún, que entonces era la última al sur y la más importante. Nadie había oído nuestra conversación con el informante; rápidamente con Adriasola elaboramos una estratagema de guerra.

Llegando frente a nuestra oficina antigua, donde actualmente reina mi sucesor y amigo Alvarez, nuestra tropa hizo alto para tomar un refresco, lo que estaba dentro de la tradición y no podía despertar sospecha. Dije a mi mozo que entrara por la puerta trasera mi caballo y el suyo, después, yo entré a la casa con Adriasola, quien llevaba los sacos de dinero, mientras que el mozo de Alvarez distribuía cerveza a nuestra escolta en la calle.

Un cuarto de hora más tarde yo salía a caballo seguido de mi mozo Rubio, un hombre de confianza. Amarradas detrás de nuestras sillas y disimuladas bajo nuestros largos ponchos estaban las valijas y los sacos destinados a Pillanlelbún. Dejando a Adriasola vaciar las botellas de cerveza con Alvarez. y su escolta esperándolo frente a la puerta, tomamos tranquilamente el camino al sur.

Al pasar delante de la cantera de Cuyanquén, donde los hombres esperaban impacientemente al pagador, informé al jefe de la faena de la próxima llegada del cajero con el dinero, y continué el camino. Tenía el ojo alerta al atravesar el paso peligroso de la selva, pero no vi nada sospechoso. A todo lo largo de la línea estaban acostumbrados a verme pasar con mi mozo, y los bandoleros, si estaban escondidos en alguna parte, no tendrían ninguna razón para asaltarme, pues al que buscaban era al cajero. Pasé sin molestias, y llegado a Pillanlelbún procedí apaciblemente a pagar, mientras que Adriasola, después de haber pagado a los canteros de Cuyanquén, daba media vuelta y partía hacia el norte con su pomposa escolta.

La emboscada, ¿había realmente existido? Lo ignoro, pero si así hubiera sido, los bandoleros habrán quedado con la cara larga.

* * *

Un norteamericano emprendedor pasea por toda la América del Sur un curioso aparato registrador y reproductor de sonidos inventado hace unos diez años por Edison, que se llama fonógrafo.

Este viajante es un verdadero tipo de yanqui, con la característica barbita del tío Sam, la cabeza cubierta por un casco colonial. En una sala del hotel de Temuco da sesiones en las cuales, por 20 centavos, se pueden escuchar tres discos. Cuatro personas participan a la vez de la audición poniéndose dobles fonos en los oídos. También se puede adaptar al aparato una especie de corneta amplificadora que le permite funcionar en alta voz, pero entonces el sonido es nasal y deformado. La sala no se vacía y el exhibidor hace un brillante negocio. Partiendo de los Estados Unidos, ha recorrido México, América Central, Colombia, Ecuador, Perú, Bolivia, Chile septentrional y central, y ahora helo aquí en Araucanía, de donde piensa pasar a la Argentina.

Un fotógrafo de pasada ha tenido la idea de arreglarse con el yanqui para fotografiar dos indios y dos indias escuchando, foto que se encuentra en un álbum en Bruselas. Es de notar la impasibilidad absoluta de los rasgos de los indios.

Es extremadamente raro que un araucano manifieste su emoción. Dos veces los he visto mostrar sorpresa.

La primera vez fue a propósito de un abrigo que yo había traído de Europa, con piel crespa imitando el astracán. Indios e indias venían a tocar este paño que les parecía extraordinario.

La otra vez, cuando les enseñé como servirse de mis gemelos mirando por los lentes pequeños y después por los grandes. Esto les pareció absolutamente diabólico, y ese día debo haberles semejado un brujo mas poderoso que el más renombrado de sus machis.

* * *

Una tarde de mucho calor, fui a visitar a un alemán cuya casa ocupa un claro en el bosque, al extremo de un sendero muy estrecho. Al salir encontré a mi caballo, al que había amarrado a un árbol, desesperado con las picaduras de los tábanos, tirando de las riendas, coceando y relinchando.

Apenas había puesto el pie en el estribo, el caballo partió de repente al galope. Quedé sin poder sacar el pie, agarrado con una mano de los crines del animal y con la otra de la parte de arriba de la estribera que había podido alcanzar, pegado al flanco de la bestia y llevado al galope por un estrecho sendero, con el riesgo de quebrarme la cabeza contra el tronco de un árbol a cada instante.

Al final de más de un kilómetro de esta peligrosa carrera al ensancharse el sendero, pude ponerme en la silla. Felizmente la cincha se había mantenido firme.

* * *

El país se encuentra en plena crisis económica y financiera. El cambio está casi tan bajo como durante la revolución; el peso vale un franco sesenta y dos.

Las mercaderías suben de día en día. Desde el 1º de enero las tarifas ferroviarias se han alzado en un 50%. Veo en los diarios que los médicos aumentan sus honorarios en 25%. Sólo los sueldos están estacionarios. Los rumores de guerra con Argentina toman más y más consistencia. Se reparan y agrandan los cuarteles; comisiones de ingenieros militares visitan la cordillera. Las tropas están continuamente en maniobras de instrucción. Creo que Chile ganaría a la Argentina, pero esto no resultaría conveniente para los extranjeros.

* * *

Mi amigo Francisco Alvarez, que no se entendía con su ingeniero jefe, don Luis Adán Molina, ha caído en desgracia. La segunda sección es suprimida y Alvarez destituido por supresión de su cargo. La comisión gubernamental comprende solamente al ingeniero jefe en Temuco, Guillermo Fonck, jefe de sección en Victoria, y Espina, jefe de sección en Temuco.

Marzo de 1893

Un inglés amigo mío, Edwin Leigh, que vive en Temuco, me invitó el domingo a una cacería original en el llano de Pillanlelbún.

A las 9 de la mañana llegué al punto de reunión con Frame y Melin y pronto se nos juntó Leigh con dos de sus compatriotas. Una carreta traía, además de los víveres y bebidas para el almuerzo, cinco zorros, cada uno en una caja. Leigh los compra a los indios que los cazan con trampas.

El llano de Pillanlelbún es una planicie inmensa, al medio de un cerco de selvas, cubiertas de una hierba espesa y baja.

Las cajas se llevan al medio de la planicie. Los cazadores a caballo se colocan en la circunferencia de un círculo de unos 200 metros de radio; se encuentran distantes uno del otro alrededor de 200 metros. No tienen otra arma que un látigo de mango corto y de fusta larga, al extremo de la cual está amarrada una cuerda de guitarra.

A un pitazo de Leigh, se abre una de las cajas. El zorro escapa a todo correr. Los cazadores hacia los cuales se dirige, tratan de cortarle el camino a la selva y lo empujan hacia los otros cazadores que a su vez, le cortan la retirada.

El astuto animal hace hábiles fintas y vueltas súbitas que obligan a los jinetes a hacer a su vez bruscas vueltas. Es un deporte apasionante. Se trata de golpear al animal con el extremo de la fusta, la cuerda de guitarra, que corta como un verdadero sable.

El primer zorro, después de haber sido tocado muchas veces, terminó por ser abatido por Leigh.

Después de un momento de reposo para dejar descansar los caballos, se dejó en libertad un segundo zorro. Más ágil que el anterior, logra franquear el círculo entre dos cazadores y arrancar hacia el bosque perseguido por toda la tropa; alcanza sin dificultad el límite de la selva donde desaparece.

El tercero tuvo la misma suerte. El cuarto, después de diversas peripecias, logra también escapar. Frame tiene los honores del último, después de una persecución encarnizada y de una brega general.

Nuestros caballos, que parecen haber tenido un verdadero placer en esta cacería tan movida, están sofocados. Nos llevan al paso hasta la orilla del bosque donde pueden pastar un par de horas en libertad, mientras sus dueños, sentados a la sombra harán honor al almuerzo, discutiendo con animación los incidentes de esta extraña cacería.

* * *

Uno de los rincones de este mismo llano de Pillanlelbún está cortado por la línea del ferrocarril; una importante faena se ha establecido allí. El domingo siguiente a nuestra escena, tuve una aventura que comenzando mal, terminó muy bien.

El pago de los obreros habría debido efectuarse la víspera, pero el dinero no había llegado todavía del norte. Naturalmente, los carrilanos estaban de mal humor, cuando llegué a la faena el domingo en la mañana.

Ahora no recorro la línea a caballo sino en "carro de mano". Es una vagoneta plana que corre sobre rieles; está provista en la parte delantera de una manivela doble que manejan dos hombres de pie; atrás hay un banco ancho, muy cómodo.

Cuando descendí de mi carro frente a la faena, me vi rodeado de una multitud de carrilanos protestando enérgicamente y reclamando su dinero. Los calmé diciéndoles que los fardos atrasados debían llegar en la misma tarde a Victoria, que el pago tendría lugar sin falta al día siguiente y que mientras tanto, aunque no trabajaran, recibirían sus raciones de costumbre.

La tempestad parecía calmada. Volví a subir a mi carro, pero apenas éste se había puesto en marcha, se levantaron clamores detrás de nosotros y una granizada de piedra voló a nuestro rededor. Los hombres de la manivela quisieron forzar la velocidad, pero los detuve en seco con el freno de mano y les hice dar marcha atrás hasta la faena. Los rotos, asombrados, quedaron con la boca abierta.

Descendí tranquilamente y sin alzar la voz les pregunté simplemente: «¿Quiénes son los que han tirado piedras?» Los hombres se quedaron callados, tan avergonzados como escolares pillados en falta. Sin insistir, volví a subir al carro y partí sin apresurarme.

Esta vez, en lugar de piedras, fueron aclamaciones las que me siguieron. Los rotos, que en el fondo son verdaderos niños y que admiran todo acto de sangre fría, gritaban a todo pulmón: ¡Viva el ingeniero! ¡Viva el señor cuatrojos, viva el gringo!

Volviéndome, les envié un saludo, que hizo redoblar el entusiasmo.

Este pequeño incidente no ha perjudicado mi popularidad entre los carrilanos. En realidad, estos hombres sin cultura me quieren mucho, pues jamás me muestro altanero ni seco con ellos, como lo hacen los caballeros chilenos, y siempre acojo favorablemente un reclamo cuando es justo.

* * *

Mi quinta de Lautaro acaba de darme algunas preocupaciones, felizmente terminadas.

Se acordarán de que al final de 1891, don Salvador Bustos, intendente *ad interin*, se había asignado dos hectáreas entre la estación de Lautaro y el río Cautín, y me había firmado un título de propiedad provisoria de otras dos hectáreas contiguas. En principio, para obtener el título definitivo, era necesario dedicar las dos quintas a un uso industrial dentro de un plazo de dos años.

Don Salvador ha construido sobre su terreno un molino de un valor de unos treinta mil pesos, cuyas maquinarias han sido proporcionadas por nuestro compatriota Goubet de Lovaina. Por lo tanto, él está en regla.

Como mis medios no me permiten imitarlo, me he contentado con cerrar mi propiedad con un cierro de tablas, que no ha dejado de costarme 500 pesos.

Existe aquí una plaga, la de los tinterillos, especie de picapleitos chantajistas, cuya especialidad es buscar enredos a la gente honrada cuando encuentran una fisura legal donde poder entrometerse.

Uno de estos seres maléficos vino un día a verme y me dijo que el plazo para la fundación de una industria, expiraba pronto y que yo no parecía querer cumplir las condiciones estipuladas y que la Municipalidad de Lautaro esperaba el vencimiento para proceder contra mí. Agregó que, si yo quería entenderme con él, se comprometía a arreglar el asunto mediante una honrada retribución.

Le respondí que la comuna de Lautaro nada tenía que ver en el asunto, pues el terreno que yo ocupaba era de propiedad fiscal y no municipal. Replicó que la Municipalidad iba a hacer levantar un plano de agrandamiento de la ciudad englobando la estación y los terrenos fiscales; que haría aprobar este plano por el gobiemo y que una vez que fuera municipal el terreno, tendríamos que volver a hablar del asunto.

Como se ponía insolente, le di con la puerta en las narices y me puse a reflexionar. Cinco minutos después había tomado mi decisión. Tomé mi sombrero, ceñí mi revólver, lo que se hace siempre en este país, sobre todo para ir a tomar un trago al café de la esquina. Al cabo de quince minutos, estaba en presencia del municipal más influyente de la corporación. Empecé el diálogo preguntándole si era efectivo que se iba a hacer un nuevo plano de Lautaro. Me respondió afirmativamente. A eso contesté que costaría muy caro a la Municipalidad, en lo que él también estuvo de acuerdo, pues los honorarios de un ingeniero serían muy elevados. Allí encontré la ocasión para ofrecer mis servicios. El a su vez me dijo que eso le agradaría, pero que tal vez no podría pagarme por lo alto de mis honorarios. Llegamos a un acuerdo mediante el cual yo ejecutaría el plano y ellos arreglarían mi título definitivo sobre mi propiedad de la quinta. Quedamos así arreglados, y además conservo el derecho de la impresión y venta del plano por mi cuenta, lo que me significaría una entrada extra de 200 pesos.

* * *

Nos llega una triste noticia. El ministro de Bélgica en Santiago, mi amigo Adolphe Carion, se ha suicidado de un balazo en la cabeza.

Lo ha matado el demonio de la especulación. Desde el principio del cambio, creyendo en una próxima alza, había comprado letras sobre Europa con dinero prestado y además con las sumas que los compatriotas en Chile le entregaban para envíar a sus familias.

Las letras eran a 90 días y no podían ser cobradas antes de su vencimiento, lo que debía permitirle, creía él, envíar telegráficamente los fondos a Europa, adquiriéndolos con una cantidad menor de pesos. La continua baja del cambio destruyó su combinación.

Las letras enviadas así desde hace más de tres meses no serán pagadas y muchos ingenieros belgas pierden por ello sus economías.

Es el caso de Gernay y especialmente el de De Bal, regresados recientemente. A su partida, De Bal había convenido en una letra sobre Bruselas por intermedio de Carion, la totalidad de las economías realizadas durante una estadía de tres años en Chile. Yo mismo había enviado por ese medio una letra, pero fue pagada a su vencimiento.

En descargo de M. Carion, se dice que desde hace tiempo se encontraba abrumado de deudas, sin que él tuviera culpa. Su hermano, director del Teatro des Galeries en Bruselas, en un momento de apuros firmó letras que no pudo pagar, y por las cuales, el señor Adolphe Carion había dado su aval.

Sea como sea, el señor Carion era un hombre encantador, muy consagrado a la colonia belga y muy apreciado por ella. Por mi parte conservo un recuerdo muy agradable de las relaciones que tuve con él durante mis estadías en Santiago.

* * *

Los movimientos sísmicos son frecuentes en Chile; los hay de dos clases: los temblores y los terremotos.

Los primeros, son estremecimientos del suelo de mayor o menor intensidad. A veces, se sienten varios en un mes; uno se acostumbra y no se preocupa de ellos. Si en el norte producen a veces grietas en los muros de ladrillos, de piedra o de barro, aquí se limitan a sacudir las casas de tablas sin causar daños.

Lo que se llama terremoto, es el verdadero temblor de tierra con sacudidas violentas, felizmente raro pero a veces catastrófico. En el curso de su historia, las principales ciudades de Chile: Santiago, Valparaíso, Talca, Chillán, Concepción, Talcahuano, Valdivia, han sido muchas veces parcial o totalmente destruidas por estos cataclismos.

En la noche del sábado al domingo sentimos un violento y prolongado remezón, no era más que un temblor fuerte. Mi cama oscilaba mientras la casa crujía siniestramente y los objetos colocados sobre los muebles de mi pieza caían al suelo.

En la mañana, al entrar al comedor, estuve consternado al comprobar que una botella de Martel Tres Estrellas, había caído del aparador; un agradable olor a viejo coñac flotaba en el aire. Una de estas botellas, es aquí un gran lujo. Era un regalo que había recibido de mi tocayo Melin;

yo había invitado a Mac Lennan y a Mac Kinnon a probarlo el domingo conmigo.

Cuando llegaron y les conté lo sucedido, sufrieron un profundo abatimiento.

Mac Lennan creyó que lo que decía era una broma: que no había tenido la paciencia de esperar y que había vaciado la botella en compañía de otros amigos.

Yo había dejado los restos en su lugar para que pudieran constatar el desastre. Los examinaron cuidadosamente, verificando que el gollete contenía todavía su corcho. Después, mojando los dedos en lo que quedaba del liquido en el suelo, se aseguraron de que era coñac fino. Sólo después de estas formalidades parecieron convencidos.

Los consolé con whisky, pero para ellos era la bebida corriente, mientras que con mi invitación ellos se deleitaban por anticipado con el Martel Tres Estrellas, que es tan difícil de conseguir.

* * *

Bajo el gobierno de Balmaceda, había creído obtener en sociedad con don Roberto Gándara, entonces intendente de Temuco, la concesión de la línea férrea de Temuco a Carahue. El triunfo de la revolución revolvió nuestras cartas.

Otros tomaron la idea y hoy día la concesión ha sido otorgada a don Severo Fuentes, pero en condiciones que están lejos de ser favorables como las que habíamos conseguido.

Los barcos de mar de gran tonelaje pueden remontar el río Imperial hasta Carahue, que llegaría a ser un puerto importante si no hubiera que atravesar la barra de la desembocadura. El gobierno se ha preocupado de los medios para suprimir este obstáculo; una comisión de ingenieros, bajo la dirección del señor Camille de Cordemoy, hidrógrafo francés especializado en trabajos portuarios, acaba de terminar sus estudios que concluyen en la posibilidad de canalizar el río, evitando la barra. Si estos proyectos se realizan, Carahue se convertirá en un puerto fluvial de primer orden.

* * *

En vista de esta eventualidad más o menos próxima, Alvarez ha concebido un proyecto grandioso, y nos ha pedido cooperar a Frame y a mí.

Se trataría de estudiar una red ferroviaria de trocha angosta que llevaría hacia el nuevo puerto todos los productos de la vasta región agrícola, comprendida entre Traiguén y el río Imperial, que todavía no es servido por ninguna línea férrea.

Alvarez nos propone, a Frame y a mí, formar una sociedad de estudios, a la cual cada uno de nosotros aportaría una primera cuota de 2.000 pesos. Yo pediría un permiso de dos meses para dedicarme a este estudio, en común con Alvarez. Frame tendría la dirección del negocio y con el apoyo de sus altas relaciones, se encargaría de pedir la concesión.

Al principio, Frame había acogido la proposición con cierta frialdad, pero después de reflexionar se ha entusiasmado. Yo soy menos entusiasta. El negocio puede ser brillante, pero es aleatorio, y en todo caso a largo plazo. Los estudios costarán caros y los trámites ulteriores durarán mucho tiempo. Mientras tanto habrá que vivir de nuestro capital y no estoy dispuesto a correr tal riesgo. Por lo tanto he rehusado, pero Frame y Alvarez van a proseguir con la idea.

Abril de 1893

A título de curiosidad, he aquí el comienzo de una larga carta a María, fechada en Quillén el 13 de abril de 1893:

«El invierno comienza. Llueve a torrentes. He trabajado todo el día en mi escritorio, encorvado sobre los planos, sumergido en presupuestos, cuentas, informes. Hace una hora he comido solo, servido por mi vieja cocinera doña Peta. Hace una media hora que mi whisky (Old Irish Creis Keenlawn), reposa en paz sobre mi taza de café Costa Rica. Y hace cinco minutos me he acordado del antiguo tiempo de hace ya cuatro años, cuando resonaba la lluvia sobre el techo de zinc en Victoria y donde distraía los tristes ocios de mi primer invierno araucano emborronando interminables hojas de papel, que iban a secarse de la humedad de aquí, a los cálidos rayos del sol de verano de allá. Tú ves que este recuerdo me ha puesto a la vez melancólico y poético.

Para quedar de acuerdo con ese tiempo, he hecho traer un brasero incandescente he destapado una botella de cerveza y fumando la misma pipa, vuelvo a ver las cosas color de rosa, pero de un rosa más oscuro. Es que ahora las veo a través de un cerebro de 27 años, muy calmado por cuatro años en Chile, y que me parece que tiene ya 40...».

* * *

Acabo de ser testigo de un penoso accidente.

El pago de la faena de Pillanlelbún acababa de terminar. Era la última de la línea y yo había vuelto a subir con el cajero principal Adriasola al vagón de carga cerrado que nos sirve en estas ocasiones para volver, yo a Quillén, él a Victoria.

Ahora que circula el tren, la mayoría de los obreros dejan después del pago la faena, que no les ofrece ningún agrado, para llegar a los centros habitados, donde encuentran mejores ocasiones para gastar su dinero.

Se había agregado a la cola de nuestro tren tres carros planos sobre los cuales ellos se amontonaban para bajarse en Lautaro.

En el momento en que el tren se ponía en movimiento, se escucharon grandes gritos. Una mujer que iba a juntarse con su marido sobre una de las plataformas, quiso subir cuando el tren se ponía en marcha, y cayó a la vía.

Nos precipitamos a socorrerla. Estaba tendida fuera de los rieles con una mano cortada. Levantamos a la desgraciada mujer, que sangraba profusamente, y la instalamos en nuestro vagón. También llevé la mano cortada, y el tren se volvió a poner lentamente en marcha.

A poca distancia, nos cruzamos con el coronel Urrutia, que se dirigía a caballo hacia la faena. Había visto de lejos que algo extraordinario había sucedido, y a la pasada nos pedía explicaciones. Yo le grité, pero como no me oía bien, levanté en el aire el miembro cortado. Lo vi llevarse la mano a los ojos. Más tarde me dijo que esa horrible visión le había producido un golpe al corazón y que se había tambaleado en la silla. Y sin embargo, participó en la guerra del Perú, y debía estar habituado a las mutilaciones.

Con mi pañuelo y el de Adriasola apretamos fuertemente la muñeca de la pobre mujer. Como gemía, le pregunté si sufría mucho del brazo. Me contestó: «No siento nada en el brazo, pero la pierna me duele horriblemente».

Extrañados le levantamos la falda. La pierna derecha estaba profundamente herida y nos pareció que estaba quebrada en varias partes. En Quillén bajé yo y Adriasola continuó hasta Victoria. Existe allí un hospital donde fue transportada la víctima. Murió esa noche.

* * *

Desde que los carrilanos pueden aprovechar el tren pagador para llegar a los pueblos después de percibir sus salarios, los días de pago en las faenas, no son sangrientos como en el pasado. Sin embargo, de vez en cuando se produce algún asesinato.

Los canteros de Cuyanquén habían sido pagados. Entre ellos se encontraba un tallador de piedra italiano, Felipe di Giulio, ocupado en la cantera desde su iniciación. Era un obrero de élite, muy experto en su oficio, a quien se le confiaba el tallado de los cornisamentos y coronamientos de los puentes. Trabajaba firme y cada quince días recibía una suma más o menos importante. Muy económico, como la mayoría de los italianos, depositaba regularmente su dinero en el Banco de Traiguén.

Para evitar el riesgo de ser desvalijado en el camino, iba en coche a Traiguén y volvía a pie después de haber dejado sus fondos en seguridad. Ese día decidió, por economía, partir a pie llevando su paga. Al día siguiente se le encontró asesinado y despojado, no sólo de su dinero, sino también de su vestimenta.

Mayo de 1893
La situación económica del país pasa por un estado de crisis aguda. El peso no vale más que 25 fr. y la baja continúa. La moneda divisionaria de 5, 10 y 20 centavos en piezas de plata del título de 5/10 tiene ahora un valor intrínseco superior al del papel moneda, y naturalmente desaparece. Esta ausencia de moneda da lugar a complicaciones insensatas. Disminuyo mis gastos. Una libra de azúcar vale 50 centavos, el café un peso cuarenta, el resto en proporción. Y todavía, la libra aquí es de 460 gramos.

* * *

Una tarde en que trabajaba en mi oficina, recibí la visita de Gilchrist, el jefe de nuestra maestranza o depósito de máquinas en Victoria. Venía con un tren de servicio cuya locomotora acababa de desrielarse a poca distancia, entre el puente y la estación de Quillén, y quería pedirme un equipo para volver a ponerla en los rieles. Fui con él a reunir unos veinte hombres, bajo la dirección del jefe de faena, don Cayetano. A éste se le dieron instrucciones precisas; después, como llovía y nuestra presencia no era indispensable, volvimos a ponernos al abrigo de mi casa.

Gilchrist es un escocés de pura sangre, y por consiguiente muy aficionado al whisky. Abrí para él una de esas botellas de greda de "Grey Beard" de un contenido de un cuarto de galón, poco más de un litro. Se puso a beber con delicia su whisky puro; para mí abrí una botella de cerveza.

El levantamiento de la locomotora duró largo rato; varias veces fuimos a echar un vistazo sobre los trabajos. Por fin, al cabo de tres horas el pito de la locomotora frente a mi puerta anunciaba que todo estaba en orden. En ese momento Gilchrist vaciaba en su vaso el fondo de la botella. Había absorbido él solo más de un litro de whisky y volvía a subir al tren sin parecer en absoluto borracho.

✻ ✻ ✻

Después de la gran capacidad alcohólica del escocés, he podido observar la flema extraordinaria del inglés.

El carro para el transporte de pasajeros se cierra con pesadas puertas corredizas cuya parte superior está provista de una hilera de ventanillas de vidrios.

Abajo, estas puertas se deslizan en una ranura, y arriba por medio de ruedecillas que corren sobre un vástago.

Un inglés estaba sentado solo sobre el banco, cuando debido a una fuerte sacudida, el vástago de arriba se quebró, y girando sobre su base, la pesada puerta cayó sobre el viajero, cuya cabeza felizmente protegida por una gorra pasó a través de uno de los vidrios. El inglés se quedó con el cuello encajado en el marco del vidrio como un collar. Un latino no habría podido impedir el hacer un movimiento brusco, y se habría herido profundamente con los pedazos de vidrio, cuyas puntas amenazahan por todos lados. El inglés no se movió. La puerta se le desprendió sin la menor cortadura, y en seguida volvió a ocupar su asiento tranquilamente sin una palabra de protesta.

Junio de 1893

He terminado en el tiempo deseado el plano de Lautaro que ha sido enviado para su aprobación al intendente. Por su parte, la Municipalidad ha cumplido su promesa, y voy a recibir el títuto definitivo de propiedad de mi quinta.

Me he entendido con un hortelano francés, el papá Gobert, quien va a crear una huerta a medias conmigo.

* * *

Reminiscencias de Europa, extraídas de una carta a Georges:

«Estoy feliz de la promoción del tío Didian, pero me ha apenado saber que dejaba la calle del Trono por la estación del Mediodía. Es porque no veré más esa pequeña y buena pieza del segundo piso con sus muebles de nogal, con su estufita caliente, su buen vaso de cerveza negra y sus deliciosas pipas de Obourg.

Qué agradables charlas teníamos en ese tiempo. Vuelvo a ver a Carlos, el grave abogado, reposando de sus expedientes, descuidadamente recostado en el respaldo de su sillón, escuchando complacientemente mis sueños de viajes y de fortuna. Yo creo que en ese tiempo no habría sido difícil decidirlo a correr el mundo. Ahora que es un tornillo en un ministerio va a leer mis divagaciones con un pliegue irónico en sus labios, después sacudirá su pipa en un cenicero y pensará que lo más cómodo y seguro es quedarse en casa.

Verdaderamente, se pasaban buenos momentos en el pequeño escritorio del segundo piso de la calle del Trono...».

* * *

Eramos una docena de invitados a almorzar y celebrar el día de San Juan Bautista en casa de Bautista Tihista, un amigo vasco de aquí. Se nos sirvió un verdadero banquete.

A los postres, ponche en piña, canciones, música de acordeón, cuecas endiabladas bailadas entre los hombres, pues el bello sexo no está representado dignamente en Lautaro. Después algunas disputas sin gran peligro, pues la regla es depositar los revólveres en el guardarropa. Sin embargo, dos de los convidados salieron al patio para arreglar su querella a puñetazos, y uno precipitó al otro adentro de un pozo, felizmente poco profundo. Se le sacó chorreando, pero calmado.

El dueño de casa le prestó ropas; resultó un atavío cómico, pues Tihista es muy grande y el otro muy chico, pero volvió a tomar parte en la fiesta que terminó al amanecer.

Julio de 1893

Heme aquí en un recodo de mi historia. He presentado la renuncia a la sociedad Albarracín y Urrutia, con gran disgusto de mi jefe y amigo Frame, y voy a volar con mis propias alas.

Construcción de un puente en la Frontera

A principios de mayo, la Dirección General de Obras Públicas solicitó propuestas para la construcción de un puente carretero sobre el río Cautín en Lautaro.

Las propuestas han sido abiertas en Santiago el 20 de julio; la mía, de un monto total de 15.987 pesos, es la más baja.

Uno de mis competidores, don Juan Agustín Cabreras, me escribió de Santiago, para ofrecerme 1.000 pesos si yo quería desistir a favor suyo, tomando él por su cuenta todos los trámites ante la Dirección General, para realizar la transferencia. Rechacé esta proposición.

El 31 de julio, el Intendente de la provincia, don Valentín del Campo, me transmitió oficialmente el decreto presidencial aceptando mi propuesta.

Capítulo VI

1. Puente carretero sobre el río Cautín en Lautaro

Agosto de 1893

He dejado la estación de Quillén y he vuelto a instalarme en Lautaro en mi antigua quinta, que felizmente estaba desocupada y he arrendado de nuevo.

Para mí es un refugio al cual estoy muy apegado, pero le falta decoro. La casa de la esquina ocupada antes por mi peligroso vecino Contreras está desocupada; allí estableceré mis oficinas. Gracias a algunas modificaciones en los locales, mi instalación oficial tiene un aspecto muy respetable. La casa es amplia, de modo que también puedo instalar mis almacenes; el patio y los galpones me sirven de depósito de materiales. Para pasar fácilmente de la quinta a las oficinas, hice una puerta en el cierro medianero.

La casa da a la plaza principal. Como ya he dicho, tiene 200 metros de largo; al fondo está el cuartel, y al lado está la entrada del futuro puente.

La Dirección de Obras Públicas ha enviado como inspector permanente de los trabajos del puente a don Eduardo Tasso. Es un joven alto, de 27 a 28 años, flaco y seco como un clavo, de carácter amable, pero de una inteligencia muy mediocre. Llega muy desorientado a esta lejana región, que jamás ha visto. Como tengo mucho interés de serle agradable, lo acojo amistosamente. Le instalo una oficina particular al lado de la mía y pongo a su disposición un dormitorio en la misma casa de las oficinas. Esto puede no ser de una absoluta corrección para un inspector llamado a controlarme, pero su sueldo es sólo de 150 pesos al mes, y acepta con placer. Le presento a mis amigos de la Casa Francesa, quienes a menudo lo convidan a almorzar y a comer, con lo que economiza bastante. El primer servicio que me presta es el de proponer a la Dirección General algunas modificaciones al plano que yo le he sugerido. Son aprobadas, lo que eleva el monto del contrato a 16.665 pesos, procurándome al mismo tiempo una economía efectiva en la construcción.

Todo el mes de agosto se pasa en preparativos.

El intendente me ha autorizado para explotar una selva poco distante. Me entiendo con un colono francés que ha montado un aserradero en su colonia y que hago transportar a mi bosque. Esta combinación me permitirá obtener a bajo costo las maderas que entrarán en el puente.

Aprovecho este beneficio para preparar las tablas y maderas de construcción para la casa que pienso construir en mi quinta. Compro fierro en Concepción; adquiero rieles viejos del Estado, que se transformarán en pilotos. Para este trabajo monto, al otro lado del Cautín, una herrería completa donde yo mismo fabricaré los pernos, tirantes y otras piezas de fierro.

Confío la dirección de los trabajos a Matías Provost, quien instala la faena próxima a la fragua. Gracias a las buenas relaciones que he conservado con la Empresa Albarracín y Urrutia, me presta graciosamente un martinete a vapor para forjar los pilotes.

El 25 de agosto un ingeniero delegado por la Dirección General, don Luis Risopatrón, viene de Santiago a dar oficialmente el eje del puente y las referencias de niveles. A partir de este momento, corre el plazo de siete meses. El trabajo efectivo puede comenzar. El contrato establece una multa de 50 pesos por día de atraso, no hay tiempo que perder.

Septiembre de 1893

El puente comprenderá siete tramos, de los cuales dos de 15 metros y cinco de 18 metros, reposando sobre ocho bases formadas por pilotes de doble riel. El poste armado en madera es de 3 metros de altura. La madera me cuesta entre cinco y seis pesos el metro cúbico, término medio. El fierro en bruto me resulta a 16 centavos el kilo, puesto en Lautaro. Los rieles viejos para pilotes a seis centavos.

Pago a mi capataz Matías Provost, que es de una actividad y competencia perfectas, cinco pesos al día; el apuntador, que es al mismo tiempo bodeguero, recibe 45 pesos al mes.

El salario de la mano de obra varía de 1 a 1,30 pesos sin alimentación; los carpinteros ganan de 2 a 2,50 pesos; el maestro de fragua 2,75, sus ayudantes, 1,20 a 2 pesos, pero en general, la herrería trabaja a trato.

Entran en el puente 260 metros cúbicos de madera y 11 1/2 toneladas de fierro, sin contar los pilotes. El puente tiene 120 metros de largo y 5 metros de ancho. Debe ser pintado en sus partes visibles y alquitranado en las otras.

Septiembre de 1893

Agosto y septiembre han sido meses de un trabajo personal encarnizado. A fin de mes, 18 pilotes de doble riel estaban ya forjados; toda la madera está al pie de la obra; una cantidad de pilotes está lista como también muchas piezas de fierro.

De acuerdo con el reglamento, el inspector Tasso debe enviar a fin de cada mes a la Dirección, un informe sobre el avance del puente, así como una estimación de los trabajos, de acuerdo con la cual yo debo cobrar el avance mensual. Como él es de una naturaleza muy perezosa, ha dejado este trabajo para el último día.

La noche de la víspera, los amigos de la Casa Francesa, a instancias mías, lo invitaron a comer, y lo trataron tan bien, que al día siguiente no pudo ocuparse de nada debido al malestar que sufrió. Soy yo quien redacta su informe y hago el cálculo que él copia y firma, y que yo mismo llevo al correo.

No hay para qué decir que el informe es de lo más elogioso y que el cálculo del trabajo hecho y de los materiales puestos en la obra, sobrepasan un poco la realidad. No es sino un anticipo, pues lo que yo cobraré por todo está fijado en el contrato, pero como mis capitales son muy modestos, tengo mucho interés en inflar lo más posible los primeros estados.

Octubre de 1893

Como puedo descansar enteramente en Matías Provost, tengo algunos ratos de ocio. Hago el plano de la casa para mi quinta, y comienzo a aprovisionarme de materiales.

Tasso tiene una vida de ensueño. Ahora está enteramente adoptado por los amigos vascos de la Casa Francesa, y caza con ellos. Lo llevo donde mis amigos indios, y le doy ocasión de asistir a un guillatún y a diversas ceremonias y fiestas indígenas.

* * *

Del lado de Lautaro, la orilla del Cautín es muy escarpada, pero al otro extremo el puente queda en el aire, a dos o tres metros sobre el suelo. He tratado con la ciudad de Lautaro por 1.310 pesos, la construcción a suma alzada, de un terraplén de acceso, lo que eleva el monto de mi empresa en números redondos a 18.000 pesos. Para el terraplén, Frame ha puesto amablemente a mi disposición rieles y vagones Decauville.

Noviembre de 1893
El peso ha subido a 1,48, pero la agitación política actual podría hacerlo volver a caer.

En marzo próximo tendrán lugar las elecciones, y desde ahora la lucha se anuncia acalorada. La revolución fue hecha por un grupo de partidos donde dominaban los conservadores. Actualmente, el ministerio es "nacional", es decir, liberal mezclado con conservantismo; pero en la Cámara, el partido Radical es más fuerte que el Conservador, que trata de escalar definitivamente el poder. Tendrá que luchar contra dos grandes Partidos, el partido Radical y el partido Liberal-Demócrata formado por los antiguos partidarios de Balmaceda, sin contar los nacionales o "montt-varistas", que conseguirán buen número de asientos.

Ultimamente, hubo en la Cámara una interpelación muy fuerte sobre la intervención del clero en las elecciones. Se ha presentado un proyecto de separación de la Iglesia y el Estado, pero esto es más bien un globo de ensayo.

La fermentación político-religiosa es de las más vivas. Un grupo de jóvenes de Santiago, ha tenido la original idea de enviar al Papa un cablegrama declarando que en el caso de que el clero se mezclara en las elecciones «ellos no responderían de la conservación de ningún convento». Esto muestra cuán exaltados están los espíritus.

* * *

En el curso del mes el puente ha avanzado grandemente. Todos los pilotes están forjados y equipados. Una cuarta parte de las vigas están colocadas; casi todos los pernos y tirantes están listos. Estoy adelantando.

El Director General, don Domingo Santa María, ha pasado por Lautaro y se ha mostrado sumamente satisfecho del avance del puente. Ha dicho que esta será una de las raras excepciones de la costumbre chilena, de que jamás una obra pública se termine en el plazo fijado ni deje de ser seguida de un proceso entre el gobierno y el empresario. Me ha felicitado calurosamente, y Tasso, la mosca en el cacho del buey, recibe su parte de cumplidos.

Diciembre de 1893

Envío a Europa, además de unos álbumes de vistas de la línea, una caja de curiosidades del país, conteniendo una soberbia piel de huillín y dos de nutria, broches indios de plata, pendientes también de plata, un collar indio en cuero y plata y varios otros objetos indígenas.

* * *

Un equipo de carpinteros y otros obreros trabajan en la villa de mi quinta. Avanza rápidamente y yo mismo vigilo la construcción.

* * *

Los trabajos del puente han marchado con una rapidez extraordinaria; redoblo los esfuerzos para terminarlo antes del primero de enero, o por lo menos, en esa fecha poder entregarlo al tráfico provisorio. La Municipalidad pide todos los años propuestas para la concesión de la pasada del río Cautín en balsa. Tengo interés en llegar a tiempo para explotar yo mismo esa pasada.

El 15 de diciembre partí a Santiago para solicitar la autorización necesaria. El director general Santa María, que me vio el mes pasado en Lautaro, me recibió muy amablemente, pero me dijo que según las leyes, no le era posible otorgarme tal permiso. Le hago observar que he construido un puente en cuatro meses, cuyo plazo de ejecución era de siete meses, lo que me había ocasionado gastos suplementarios; le recuerdo que el contrato establece una multa de 50 pesos diarios por día de atraso y que sería de toda equidad acordarme en una u otra forma, una prima equivalente. En resumen, defiendo tan bien mi causa, que el Director General, sin autorizarme oficialmente a percibir un peaje, me promete cerrar los ojos.

También visito al director del Servicio de Puentes, quien me felicita por la rapidez y la buena ejecución del trabajo y me dice que para las próximas licitaciones de puentes, que tendrán lugar en marzo, él vería con placer que presentara propuestas. Ordena al ingeniero jefe don Abelardo Pizarro que me comunique oportunamente las informaciones concernientes a estos trabajos. Heme pues lanzado en esta partida.

* * *

Durante la semana que pasé en Santiago, he vuelto a ver a mis amigos chilenos; la colonia belga, antes tan floreciente, ahora está muy reducida.

Comí varias veces donde el profesor Louis Cousin, que ha reunido aquí a toda su familia. Ahí conocí a Jules Cousin, que llegó y sus cuatro hermanas. María, Charlotte, Elise y Emilie.

Pasé buenas horas con Amadée Heiremans, también ligado, como Jules Cousin, a la firma comercial fundada por nuestro compatriota Alfred Goubet, quien se encuentra en estos momentos en Europa. También visité a Guillaume Otten, de Hasselt, ingeniero jefe del servicio técnico de la sección de Puentes de la Dirección General de Obras Públicas.

* * *

De vuelta en Lautaro, empujo los trabajos tan activamente, que el 31 de diciembre en la tarde, el puente está terminado, salvo la pintura.

Advertí al subdelegado, don Urbano Ortiz, que a partir del 1° de enero yo cobraría un peaje por la pasada del puente. El cambio ha caído a 1,25. Crisis intensa.

Enero de 1894

El 1° de enero, el puente se abre al tráfico. He instalado en cada extremo una garita donde un empleado recibe los pagos. Creí que encontraría una fuerte oposición de parte de los afectados, pero felizmente no fue así. Están muy contentos de librarse del paso en balsa, lento, peligroso y mucho más caro. De pronto, las relaciones entre una y otra orilla se desarrollan considerablemente.

El control de nuestros cobradores exige una continua vigilancia. He contratado a los hombres más honrados que conozco y sé que me roban; lo llevan en la sangre. Me esfuerzo para que me roben lo menos posible.

* * *

Mi villa de la quinta fue terminada a mediados del mes. Rescindiendo definitivamente el contrato de mi granja y el de mi oficina, me traslado a mi nueva habitación, llevando conmigo a Tasso, que se quedará en su puesto hasta la entrega oficial del puente.

La casa está a unos quince metros del cerco. Hay un antejardín con flores. Tres metros delante de las ventanas, había plantado dos acacias que crecieron con tal exuberancia que al cabo de dos años debí cortarlas; tanto habían oscurecido las piezas.

Aunque de un estilo muy simple, la villa es muy coqueta. Es de tablas, pintada de blanco azulado y cubierta de planchas de fierro zinc ondulado. La atraviesa un corredor; a un lado, mi dormitorio y una pieza de invitados. Al otro, el escritorio y el comedor. El interior de las piezas está agradablemente amoblado; las paredes están tapizadas con papel pintado y adornadas con cromos y panoplias; los cielos están pintados de blanco; tapices indios cubren los pisos.

La quinta de una superficie de dos hectáreas, está atravesada por el canal que alimenta el molino de don Salvador Bustos. Montada sobre el canal, he construido una pieza de baño con una bañera para agua caliente; el canal mismo sirve para los baños fríos.

El estreno de la casa dio lugar a una alegre fiesta donde mis amigos pudieron apreciar los talentos culinarios de doña Peta y saborear los mejores vinos y licores que vende la Casa Francesa.

Mi corral ha sido transferido a la quinta. Las gallinas pueden retozar libremente, patos y gansos chapotean a su gusto en el canal.

Tengo un loro domesticado, llamado "Coco", que aumenta cada día su vocabulario. Mi mozo particular se llama Carlos, esa es una palabra sonora de que el loro se ha apropiado rápidamente. A cada instante, llega Carlos sin que yo lo haya llamado, y cuando lo llamo no viene. Tuve que cambiarle su nombre por el de Juan.

Este loro le ha tomado gran amor a una de las gallinas, a la que acompaña a todas partes. Cuando ésta se ha puesto a empollar, Coco se ha instalado a su lado en el canasto, de donde no sale sino cuando doña Peta distribuye el maíz.

Febrero de 1894

He tenido suerte en dejar la empresa Albarracín y Urrutia. Su contrato acaba de ser rescindido.

Desde hacía tiempo la empresa estaba expuesta a las molestias del ingeniero jefe Molina. La construcción de todas las otras líneas abandonadas por la famosa "North and South American Construction Company", se hacía por administración; la de Victoria a Temuco era la única excepción, lo que reducía la importancia de Molina, y le quitaba la posibilidad de hacer su agosto como sus colegas en otras líneas.

Tan pronto como se rescindió el contrato, Molina se apresuró a confiar a uno de sus amigos, don Pedro Rosselot, el balastado de la línea, es decir, el trabajo más importante que quedaba por hacer.

Los trabajos secundarios se harán por licitación. Por mi parte consigo la gran construcción de la maestranza con talleres en Temuco, vasta obra que cubre 1.060 metros cuadrados, la bodega de Cajón y los diversos edificios de la estación de Pillanlelbún. Deberé esperar que las fundaciones estén listas, siendo la albañilería ejecutada por administración. Desde ahora puedo ocuparme en acumular y preparar los materiales.

En un rincón de la quinta hago un vasto galpón cerrado, donde Matías Provost y sus carpinteros van a trazar y cortar las piezas de carpintería, fabricar y ensamblar las puertas, ventanas y postigos, en resumen, disponer la obra de antemano, de manera que no tengamos sino que proceder al montaje cuando se nos dé la señal. Deseo conservar la reputación de constructor rápido.

Ordeno todos los materiales: planchas onduladas para techos, quincallerías, vidrios, brea para asfaltados, clavos, tornillos, etc. Como los aprovisionamientos en bodega entran en el estado mensual, no hago más que un adelantado de fondos a corto plazo.

Mientras tanto, continúo recibiendo las entradas del puente, que a pesar de las raterías inevitables de mis empleados, sobrepasan todas mis esperanzas.

Marzo de 1894

Heme de nuevo lanzado en aventuras.

"Pirata", el caballo que me obsequió hace tiempo el coronel Urrutia, me fue robado en la noche, dentro del cercado de mi quinta. Había quedado amarrado a una estaca con una cuerda larga para que pudiera pastar. Los ladrones penetraron por una abertura que hicieron en la empalizada que rodea la propiedad. El robo denota una audacia poco común, pues los maleantes han debido pasar y repasar frente a mi ventana. El colmo es que los perros no hayan ladrado, o que nadie en la casa ni en el galpón de los sirvientes los haya oído. Supongo que los habrán amansado tirándoles carne.

Sea como sea, en la mañana al alba, un chiquillo que me sirve de mozo, notó el robo y vino a despertarme inmediatamente.

Tuve la convicción de que el caballo había sido robado después de las tres y media de la mañana; Tasso, cuya ventana da sobre la parte trasera de la casa, lo había visto a esa hora tranquilamente amarrado a su estaca.

Me puse a examinar las huellas de pasos y de patas de caballo en los alrededores de la abertura practicada en la empalizada.

No tengo grandes disposiciones para el oficio de detective, pero felizmente mi mozo, como todos los campesinos chilenos, es un poco "rastreador".

Rastro, quiere decir huella o pista, y "rastreador" es aquel que la descubre o la sigue. En un país donde los robos de animales son frecuentes y las bestias que viven libremente, se extravían a menudo, los buenos rastreadores son numerosos; hay algunos que tienen un instinto especial. Cuando yo estaba por perder la cabeza en el enredo de huellas que surcaban el terreno, el niño, que se había puesto a buscar por su cuenta, me dijo:

«Señor, he encontrado el rastro. Los ladrones eran tres, dos a caballo y uno a pie. Han venido de Lautaro. El que estaba a pie ha debido guiar a los otros, se ha puesto de centinela en el rincón de la quinta. Otro se ha quedado a caballo en tal parte, teniendo por la brida al caballo de su compañero, quien ha desclavado las tablas y ha entrado solo en la quinta. Estaba calzado con ojotas.

El hombre que venía a pie tenía zapatos de buena forma y sin clavos, debía ser un caballero. Inmediatamente, después del robo ha vuelto solo a la ciudad. Los otros dos partieron en tal dirección, llevando del cabestro el animal robado».

Al hablar, el niño mostraba los rastros que confirmaban su tesis. Era como si la escena que él describía estuviera escrita en el suelo. Acompañado del chico me puse a seguir la pista que aparecía muy clara. Los dos caballos de los ladrones estaban sin herrar; los pasos del mío se distinguían perfectamente por las marcas de las herraduras.

Llegamos a un canal. El chiquillo me hizo constatar que el hombre que tenía del cabestro a mi caballo había pasado primero y que mi caballo había rehusado saltar; el segundo ladrón había debido azotarlo para obligarlo a hacerlo. A partir de allí, las huellas seguían la orilla del Cautín hasta un vado, donde habían atravesado.

Volví a la ciudad con la intención de pasar el puente y volver a seguir la pista al otro lado del río.

Atravesando el puente, encontré a dos carreteros que me dijeron que habían visto al amanecer a dos individuos montados llevando al lazo un caballo cuyas señas correspondían exactamente a las de "Pirata". Estos dos individuos acababan de atravesar el vado del Peu-Peu y seguían al galope un camino que conducía al interior.

Presenté el reclamo a la policía, después pedí prestado un caballo a un amigo y me puse en campaña. Después de haber cabalgado todo el día a través de llanuras y bosques, tuve que volver con las manos vacías. Había perdido la esperanza de encontrar a mi pobre Pirata, cuando al día siguiente, domingo, en una partida de cricket que jugaban colonos ingleses, conocí a un alemán, Bernardo Strickler, a quien le habían robado dos caballos la noche anterior. Encontré también a mi compatriota Pastor, a quien le había sucedido una desgracia parecida tres días antes.

En la noche del viernes al sábado, además de mi denuncia, ocho más se habían presentado a la policía de Lautaro.

Dicha policía se compone de cuatro borrachones y un borrachín adornado con el título de sargento y tiene por misión principal molestar a la gente honrada al interior de Temuco.

El alemán que encontré en el cricket tenía datos más o menos precisos sobre el camino que habían seguido los caballos.

* * *

Había sabido que una tropilla de animales robados estaba reunida en alguna parte, al pie de la cordillera, y debía pasar próximamente a la Argentina. Diversas otras informaciones habían venido a corroborar esta hipótesis. Resolvimos ponernos en campaña esa misma noche. Pastor, cuyas ocupaciones le impedían acompañarnos, debía proporcionarnos un hombre de confianza a caballo y armado de una carabina.

Como siempre, es bueno estar bien con la ley, fui a ver al juez D. Lizardo Oñate, quien me entregó una orden encargando al sargento de policía acompañarnos. El caballo, debía ser provisto por nosotros. Conseguí dos caballos prestados, uno para mí y otro para el sargento, y volví a la quinta a hacer mis preparativos.

Debíamos ponernos en camino a las ocho de la noche para que nuestra partida pasara desapercibida. Al amanecer, llegamos a la propiedad agrícola del chileno don Segundo Ortega, que ejerce las facciones de juez rural, con quien debíamos concertarnos para continuar la expedición a las regiones cordilleranas que ninguno de nosotros conocía.

Estaba preparándome, cuando vinieron a llamarme con urgencia de parte del juez Oñate. Casualmente se había encontrado en la ciudad con don Segundo Ortega y lo puso al tanto de nuestros proyectos. «Caramba, dijo don Segundo, van a llegar de noche a mi casa, y cuando me ausento dejo guardias armados. Vuestros hombres no conocen el santo y seña, y es probable que les disparen; como nadie se deja atacar sin responder, va a haber una masacre general».

De aquí la llamada del juez. Me presentó a Ortega, hombre muy agradable, quien se ofreció a acompañarnos. Su oferta fue aceptada con entusiasmo y fue nombrado por unanimidad jefe de la expedición. La partida fue fijada para la una de la mañana desde el cuartel de policía.

A la hora fijada, todo el mando estaba en el puesto. El hombre de confianza de Pastor estaba tan borracho que hubo que encerrarlo y reemplazarlo por uno de los policías.

Henos, pues, a los cinco en camino. La noche está negra, pero Ortega conoce a maravilla los caminos. Hace demasiado frío. De tiempo en tiempo, nos detenemos, y se hace circular una gran cantimplora de coñac; a las tres está vacía. Atacamos entonces una botella de Kummel que trajo Bernardo Strickler; al alba ella entregaba sus últimas gotas. Cerca de las seis de la mañana llegamos donde un sujeto llamado Beltrán, ex cautivo. Hay por aquí muchos de estos cautivos, raptados hace tiempo por los indios, en la época en que éstos se permitían efectuar esos malones que causaban tanto daño entre los habitantes de las provincias limítrofes de la Araucanía. Ellos raptaban niños y les enseñaban su lengua y sus costumbres. Muchos conservaban su idioma y son los que ahora sirven de intérpretes.

Beltrán es requisado para acompañar al policía en un reconocimiento por los alrededores y entre cuatro, proseguimos nuestro camino. Cerca de las diez llegamos donde Ortega y desayunamos como personas, que no saben en cuanto tiempo más se volverán a sentar a la mesa. Llenamos nuestras cantimploras de aguardiente, después, reforzados por dos mozos de Ortega, partimos en dirección al este, donde se supone que podría encontrarse el grupo de caballos robados, que se está preparando para pasar a la Argentina.

Galopamos, galopamos y galopamos. Cuando un caballo se cansa, Ortega, en su calidad de juez, requisa otro a la pasada.

El mío se porta a la maravilla, y volverá de la expedición sin haber sido reemplazado.

Cerca de las tres, una alerta. En una vasta llanura, divisamos tres jinetes armados de carabinas. Los llamamos de lejos. Un hombre de nuestra tropa va a reconocerlos. Uno de ellos, se llama Lara, propietario de ganado caballar, quien, acompañado de dos mozos, anda en busca de unos animales que le fueron robados. Hacemos banda común.

Un poco más lejos, encontramos a un "campero", quien nos dice haberse cruzado en el camino, un cuarto de hora antes, con dos individuos que conducían una tropilla de caballos cargados de sacos, en dirección a la cordillera. Sin duda, vamos a encontrar a nuestros ladrones.

Partimos en un galope fabuloso a través del bosque. Lara y sus dos mozos, montados en caballos más frescos que los nuestros, no tardaron en adelantarnos.

Después de media hora de carrera desenfrenada, desembocamos en un llano en el centro del cual, divisamos un grupo de hombres y de animales. Redoblamos la velocidad. Al llegar reconocemos a Lara, quien se muere de risa. Nuestros dos presuntos bandidos eran simplemente dos mozos del ingeniero de colonización Julien, que llevaban víveres a los obreros ocupados en abrir "fajas" o senderos en los terrenos fiscales destinados a ser puestos en venta próximamente. Los pobres diablos estaban medio muertos de terror.

Proseguimos nuestra cacería, esta vez lentamente. Lara y sus dos hombres nos dejan.

Esa noche nos sorprende en una llanura en donde hacemos nuestros preparativos para acampar. Los caballos se desensillan y se amarran. Las pieles de cordero, que durante la marcha están colocadas bajo la silla, se extienden en el suelo, la silla se coloca a guisa de almohada. Se enciende un gran fuego, después de haber recogido una suficiente provisión de leña para alimentarlo toda la noche. Sentados alrededor de la fogata, cada uno ataca sus alimentos y después, envolviéndose en su poncho, se tiende en su lecho improvisado.

Estamos a unos treinta kilómetros del Llaima, volcán en permanente erupción. De tiempo en tiempo, sacude el suelo una formidable explosión y un haz de llamas sale del cráter; es un espectáculo impresionante, pero pronto el sueño vence al interés de la escena.

La noche es fría. De rato en rato uno de nosotros se levanta y arroja algunos leños al fuego. Al amanecer el frío me despierta. Estamos en otoño y las heladas comienzan a la altura donde nos encontramos.

Cerca de las tres, todo el mundo está en pie. Nos calentamos alrededor del fuego, tomamos café, ensillamos los caballos y volvemos a emprender la marcha.

Llegamos donde un indio a quien Ortega piensa pedir informaciones. No es cuestión de golpear la puerta porque las chozas de los indios están enteramente abiertas por un costado.

Mientras más pobres son los indios, más perros tienen. Somos embestidos por una docena de esqueletos caninos. Sus furiosos ladridos hacen salir de la ruca una legión de mujeres y de niños. Sabemos por ellos que el indio que buscamos ha partido hace una hora para asistir a un entierro.

Los funerales de un indio siempre dan lugar a una gran reunión de gente. Decidimos ir allá con la esperanza de recoger algunas noticias sobre los caballos robados.

Es pleno día cuando llegamos al lugar de la ceremonia. Hay reunidos unos cien indios e indias, que, a pesar de la hora matinal, están ya bastante ebrios, grandes jarros de greda llenos de ese abominable veneno que es el muday, aguardiente de maíz fabricado por las mujeres indígenas, circulan a la redonda. Nos invita a tomar, haremos como que bebiéramos.

En medio del grupo, sobre una parrilla colocada sobre cuatro estacas a dos metros del suelo, está tendido el cadáver. A sus costados se ha colocado trigo, agua, carne, un cuchillo, una botella de aguardiente, otros víveres y utensilios necesarios para el gran viaje que va a emprender más allá de los mares.

El cadáver está relativamente fresco, tiene a lo más quince días, el tiempo estrictamente necesario de reunir los elementos indispensables para unos funerales decentes, es decir, alimentos y alcohol en cantidad suficiente para atiborrar y emborrachar a los parientes, amigos y conocidos. Mientras dura la espera, el cuerpo se coloca sobre bambúes encima del fuego dentro de la choza, y se le ahuma como un vulgar jamón de Ardenne.

Tratados así, los cadáveres se secan, se endurecen y no exhalan olores nauseabundos. He visto cuerpos que se ahumaban desde hacía más de tres meses, y que, sin oler precisamente al apopónax, no afectaban demasiado al olfato. La presencia macabra de un compañero de esta especie, no impide a los habitantes de la ruca vivir como de costumbre.

Ortega, que habla bien el mapuche, interroga a los asistentes. Nos habíamos equivocado al pensar que obtendríamos informaciones respecto a los caballos robados.

No esperamos el fin de la ceremonia, tan curiosa como sea, pues estamos hastiados de esta clase de espectáculos.

Celebramos consejo. Decidimos continuar el viaje hacia la cordillera. Volvemos a atravesar llanos, montañas, selvas y ríos, y llega la tarde sin que hayamos encontrado ninguna huella.

Acampamos de nuevo al aire libre. Como estamos a mayor altura, el frío es más intenso que la noche anterior.

Campamento de trabajo. G. Verniory montado en su caballo "Pirata"

Túnel labrado en la roca viva, bajo la dirección de G. Verniory

El Llaima, que hemos contorneado al acercarnos, nos domina con sus 3.000 metros de altura. La tierra tiembla debajo de nosotros. El espectáculo es admirable, pero el frío intenso nos impide gozar de él. En la mañana entramos en la cordillera. En lo alto del cielo, majestuosos cóndores, con las alas extendidas e inmóviles, describen inmensos círculos. Divisamos de lejos algunos guanacos, elegantes bajo sus ropajes leonados, con sus patas delgadas y su largo cuello graciosamente curvado.

Cerca de las nueve, llegamos a una estrecha garganta, pasada obligada a la Argentina, por la que han debido pasar nuestros caballos si han atravesado la cordillera. A la entrada del cañón vive un cacique muy conocido de Ortega. Nos afirma que entre los caballos que han pasado recientemente ninguno corresponde a las señas del mío ni a las de los de Strickler ni a las de los de Pastor. Esta declaración, confirmada por otros indios de esos parajes, no nos permite guardar ninguna duda. Nuestra expedición fracasó, y decidimos volver a tomar, muy apenados, el camino a Lautaro.

El primer día de regreso no ofrece nada especial, sino que nuestras provisiones se agotan. De los indios nos procuramos piñones, frutos de la araucaria, que, cocidos en agua o tostados, proporcionan un plato sustancioso y agradable. También obtuvimos papas silvestres de gusto agrio. Esta vez acampamos en el bosque. La noche bajo el abrigo de los árboles es menos fría. No tenemos ni una gota de licor; cuando uno se levanta a las tres de la mañana medio congelado, no es de desdeñar un buen trago de aguardiente.

Al día siguiente, encontramos a Beltrán y al policía que seguían nuestra pista para darnos cuenta de su misión; venían de regreso de su batida con informaciones preciosas.

El sábado en la mañana, día en que fue robado mi caballo, se habían divisado dos hombres que conducían de tiro un caballo de talla alzada, bayo oscuro, herrado, de señas iguales a las del mío. Habían sido encontrados a las diez de la mañana y habían entrado en un camino sin salida que terminaba en plena selva en una casa habitada por cierta familia Palma. Todo esto correspondía bien a las primeras noticias que me habían dado los carreteros en el puente de Lautaro.

Esta vez estamos seguros: nuestros caballos, están allí.

Esta familia Palma es conocida como un conjunto de bandidos, lo que no les impide vivir tranquilamente en su retiro. Este fenómeno es común aquí.

Ortega decide sorprender a los Palma al amanecer del día siguiente. Vamos a acampar por última vez a cierta distancia de su refugio. En el camino hemos encontrado algunos víveres: pan, charqui, cebollas, queso del país y un mal aguardiente para mezclarlo con el agua helada de los arroyos. Antes de dormirnos, nos damos una comida pasable.

Hacia las tres de la mañana levantamos el campo y nos dirigimos al bosque de los Palma. A un kilómetro de distancia, hacemos alto, amarramos los caballos en la espesura y a través del bosque nos dirigimos hacia nuestro objetivo. La luna, en su último cuarto, alumbra suficientemente el sendero. Somos ocho: Ortega y sus dos mozos, yo, Strickler, el sargento, el policía, y Beltrán el cautivo.

La casa de los Palma está construida en un pequeño claro; tiene un aspecto honrado y no de un antro de bandidos Ortega ha dado a cada uno sus instrucciones, y silenciosamente rodeamos la casa, protegiéndonos entre los árboles.

Nace el día. Ortega avanza valientemente y golpea la puerta. Un postigo se abre.

—Palma —grita el representante de la autoridad—, soy el juez Ortega. Deseo pesquisar en su casa. Salgan todos con los brazos en alto. Si no, su casa está cercada y dispararemos a cubierto.

—Bueno —responde el hombre tranquilamente—, vamos a salir.

Pasan algunos minutos. La puerta se abre, y tres hombres seguidos de dos mujeres, salen en fila con los brazos en alto.

Nos acercamos.

En el claro, delante de la casa, un gran tronco de arbol yace en el suelo, Ortega hace que sus prisioneros se sienten en él, después de haber sido registrados por el sargento. Tres hombres, entre los cuales estoy yo, se quedan cuidándolos, mientras Ortega y los otros registran la casa. Salen con carabinas, revólveres, paquetes de cartuchos, cuchillos, lazos, los que amontonan a cierta distancia.

Después Ortega procede al interrogatorio de los prisioneros. Estos responden con calma a todas las preguntas. Son gente honrada, víctima de calumnias; en su vida han sido muy correctos y no han robado caballos ni cosa alguna, viven de su oficio de leñadores. Si tienen tantas armas es porque son tres hermanos y viven aislados en una región poco segura, donde los bandidos podrían atacarlos y deben poder defenderse. Además, como tienen la conciencia tranquila, no han intentado la menor resistencia desde que se dieron cuenta de la presencia del juez Ortega. En resumen, es imposible sacar nada de ellos.

El juez decide explorar la selva. Me encarga de la guardia de los tres bandidos. Con Beltrán, a quien se le ha prestado un revólver, me coloco de pie delante del montón de armas, carabina en mano, a unos treinta metros del tronco sobre el cual están sentados los tres hombres. La orden es de disparar al menor movimiento. Las mujeres tienen permiso para entrar en la casa, pero no podrán alejarse de ella. Ortega y los otros se esparcen por el bosque en grupos de a dos.

Pasa una hora. Beltrán, sin decir palabra, deja su revólver a mis pies y desaparece. No oiré más hablar de él. Quedo solo en frente de mis tres bandoleros. Debo confesar que no estoy muy a gusto y lamento que no se les haya amarrado. Si les diera la idea de levantarse juntos y asaltarme, no me iría muy bien seguramente.

Para colmo, el hambre comienza a atenazarme el estómago. Las dos mujeres han traído provisiones a sus compañeros, que devoran a grandes dentelladas. He sacado de mis bolsillos algunas papas agrias recogidas el día anterior y las mastico mientras los bandidos me miran con aire socarrón sin decir una palabra.

Mi suplicio termina con el regreso de mis compañeros que salen triunfalmente del bosque trayendo seis caballos desconocidos que los Palma pretenden que les pertenecen.

Ortega decide llevarse toda su presa, hombres y animales, salvo las mujeres, a Lautaro. Con sillas encontradas en la casa se equipan tres caballos sobre los que se hace montar a los hermanos Palma, esta vez sólidamente amarrados, y volvemos al sitio donde hemos dejado nuestros caballos. Beltrán no ha reaparecido.

La caravana llega donde Ortega y ahí tenemos una comilona para desquitarnos de las privaciones que hemos debido sufrir. Esa noche duermo en una buena cama y al día siguiente llegamos a Lautaro, donde los prisioneros son encarcelados.

Una semana más tarde, recibí la visita de una de las Palma. Venía a decirme que su marido con sus dos hermanos, estaban todavía en prisión; que el juez Oñate los inculpaba del robo de mi caballo y de los Strickler y de Pastor; que no se les podría probar nada, y que terminarían por dejarlos en libertad, pero ella temía que la detención durara mucho tiempo todavía. Me propuso que retiráramos la demanda en el caso de que mi caballo y los de los otros dos aparecieran. Como todo lo que yo deseaba era entrar en posesión del animal especialmente querido, le di mi promesa formal y me hice responsable por los otros.

Al día siguiente en la mañana el mozo encontró delante del portal de la quinta, a mi caballo "Pirata" esperando que se le abriera la puerta para entrar a la caballeriza. Corrí donde Strickler y donde Pastor. También habían aparecido los caballos. Retiramos la demanda y los Palma fueron libertados.

El 26 de marzo, fecha de la expiración del plazo fijado para la construcción del puente de Lautaro, yo hacía la entrega oficial al ingeniero Pardo, venido con este fin desde Santiago, y él mismo, a nombre del gobierno, lo entregaba a la Municipalidad. En adelante el tráfico sobre el puente sería libre. Este acontecimiento dio lugar a un banquete donde como siempre la elocuencia hizo furor.

Al día siguiente, el pobre Tasso, que vivió aquí siete meses que le han parecido un sueño, regresaba tristemente a Santiago.

2. División de la selva

Abril de 1894
Arthur Julien, un compatriota ingeniero en el servicio de colonización, ha venido a establecer su centro de operaciones en Lautaro. Su labor es levantar y mensurar los inmensos terrenos fiscales todavía vírgenes entre el Cautín y la cordillera y dividirlos por "fajas" o senderos en lotes de 1.000 a 2.000 hectáreas, que ulteriormente serán puestos en remate, es decir venta pública, en Santiago. Es así como se forman poco a poco grandes fundos en Araucanía. El gobierno renunció a traer colonos europeos.

Julien lleva una verdadera vida de salvaje, durmiendo al aire libre durante semanas enteras. Le falta una oficina donde pueda efectuar sus cálculos, confeccionar sus planos y redactar sus informes. Le he ofrecido hospitalidad en mi quinta, en la que él ha construido una casita separada. Cuando no está en expediciones comemos juntos.

Me ha propuesto una combinación original, un tanto especiosa, pero que dentro de la manera de ser chilena está bien y he aceptado. En la selva, el ingeniero de la colonización, después de haber fijado algunos puntos de partida, da con la brújula la dirección de las fajas por abrir, las que deben ser bastante anchas para que los interesados por los terrenos, puedan recogerlas. Hay allí un considerable trabajo de leñadores que se entrega a contrata a un precio alzado fijado por kilómetros.

Este precio es muy ventajoso y Julien encuentra más inteligente reservarse la utilidad antes que dársela al primero que llegue. Como es él quien trata con los contratistas, no puede aparecer él mismo como tal. Me ofrece poner todos los contratos a mi nombre partiendo por mitad las utilidades con él. Me asegura que él se encargará de contratar por cuenta mía los obreros, y de darles instrucciones. Mi trabajo será solamente hacer algunas excursiones a la selva de tiempo en tiempo para mostrar que soy el "contratista", ocuparme de las compras y envío de víveres, e ir mensualmente a Traiguén a cobrar el monto de las liquidaciones firmadas por el ingeniero Julien. También soy el encargado de la contabilidad común. Tendremos cada uno el 25% de las utilidades sobre las liquidaciones, porque los gastos suben a la mitad de los precios contratados.

Nuestra asociación va a andar sin obstáculos durante más de un año y nos dejará una utilidad apreciable a cada uno.

* * *

Julien es un hombre de acero. Soporta sin inconvenientes las peores fatigas de su vida aventurera. Está afectado por un comienzo de sordera que atribuye a que, acampando al aire libre, no ha tomado la preocupación, como lo hace la gente de aquí, de envolverse la cabeza con un pañuelo para preservarse del rocío matinal.

Cuando llueve, está obligado a buscar refugio por la noche en alguna ruca india; vuelve cubierto de piojos y a veces con sarna en las manos. A su regreso, es sometido a cuarentena. Entra en la sala de baño, que como ya lo he dicho, está colocada a horcajadas sobre el canal Bustos, y allí se le lleva ropa limpia y un traje. Se desviste y lanza todo lo que lleva encima por la ventana. Su mozo Daniel se encarga de recoger y limpiar la ropa. Después de un cuidadoso baño, Julien se frota vigorosamente las manos con pomada de azufre, remedio infalible contra la sarna cuando no ha tomado cuerpo, y después de todas estas precauciones es admitido nuevamente en la mesa.

* * *

Desde hace algún tiempo mi trabajo estaba concentrado en Lautaro, y no había conservado más que un caballo, "Pirata", y un mozo, Carlos. Ahora que las inspecciones de fajas y los viajes a Traiguén me van a forzar a hacer largos viajes, he comprado otros dos caballos y contratado un segundo mozo.

Mis dos sirvientes, que son casados, ocupan con sus familias el galpón, que ha sido agrandado. Han traído con ellos una serie de parientes y forman una verdadera tribu. Con los caballos de Julien, los de sus mozos y los míos, la caballeriza contiene a menudo diez animales. Como por otra parte doña Peta, que vive con sus dos hijas, invita frecuentemente a sus amistades, mi quinta toma a veces el aspecto de una pequeña aldea.

* * *

Hace un par de meses, un colono alemán, su mujer y su hijo fueron asesinados en su casa en el camino entre Lautaro y Temuco. Esta vez la policía rural logró arrestar a los tres asesinos, contra los cuales, el juez del crimen, ha dictado la pena de muerte. Aquí la regla es fusilar a los condenados en el mismo lugar donde se cometió el crimen.

El día fijado parto con Julien para asistir a la ejecución. En el sitio encontramos dos amigos de Temuco, Edwin Leigh y el notario Eduardo Muñoz y hacemos grupo con ellos.

En el momento en que llegamos, ya están terminados los preparativos. Frente a la casa han sido colocados tres banquillos a pocos metros de dis-

Quillén. Puente metálico sobre el río Cautín

Estación de ferrocarril de Pillanbelbún

tancia uno de otros. Un condenado está de pie delante de cada uno, con los brazos amarrados a la espalda: a diez pasos en frente, tres pelotones de seis soldados, con el arma al pie.

Se encuentra presente el juez del crimen, que ha ordenado el arresto, acompañado por su actuario, algunos personajes oficiales y muchos curiosos observan la escena.

El actuario se acerca a uno de los condenados y lee la sentencia fatal, después pasa al segundo y por fin, al tercero, pero para éste, después de la lectura del decreto de arresto, lee un decreto conmutándole la pena de muerte por la de trabajos forzados a perpetuidad. El individuo es apartado inmediatamente.

Se venda los ojos a los otros dos y se la hace sentar en los banquillos. Uno de ellos está impasible, el otro tiembla de terror. Después una serie de órdenes breves:

«Preparar las arma»". «Listos», «Fuego».

Estalla la salva. Los dos condenados ruedan al suelo; uno queda inmóvil, el otro se retuerce en horribles convulsiones.

Nos acercábamos los cuatro al cuerpo en el mismo momento en que el sargento le disparaba el tiro de gracia en la cabeza. La caja craneana salta: sangre y sesos surgen por todos lados. Todos quedamos salpicados, especialmente Eduardo Muñoz, cuyas botas y pantalones quedan cubiertos. En un riachuelo que corre en los alrededores, nos limpiamos lo mejor posible.

He invitado a Leigh y a Muñoz a almorzar conmigo. Mientras los cadáveres son cargados en una carreta, y el organismo judicial regresa a Temuco, volvemos a montar a caballo y nos dirigimos a Lautaro.

En el curso del camino, la impresión penosa que todos hemos sentido se ha disipado y con gran apetito le hacemos honor a la cazuela que nos sirve doña Peta. Como segundo plato nos traen... una fritura de sesos. De golpe, el notario siente náuseas que lo hacen salir precipitadamente. Hacemos que se lleven el horrible plato, y el almuerzo termina ahí.

* * *

Todas las maderas de las construcciones que he contratado para los ferrocarriles están ya preparadas y esperando, cuidadosamente clasificadas en el gran hangar, el momento en que me avisen que los cimientos de albañilería están terminados. He despedido a Matías Provost, y sus carpinteros.

He sido llamado a presentar propuesta para la construcción de un puente en Araucanía, el del río Picoiquén en Angol, como lo había ofrecido la Dirección de Puentes en Santiago, pero un proponente con un precio más bajo se ha llevado el trabajo.

Mayo de 1894

Por el momento no tengo otro trabajo que el de las fajas en las selvas cercanas a la cordillera. Tengo ahí cinco equipos de seis hombres cada uno, bajo la dirección de un capataz elegido por Julien.

Organizo convoyes de avituallamiento y voy muchas veces a darme cuenta del avance del trabajo. Cada vez es un viaje de dos a tres días por muy malos caminos. Ha comenzado la estación de las lluvias y debo pernoctar en las chozas de los obreros o en las rucas de los indios, lo que hace que a la vuelta a casa, yo debo pasar por las formalidades de cuarentena impuestas a Julien.

* * *

Aprovechando un viaje que hacía por el sur, mi amigo Amadeo Heiremans ha venido a pasar tres días a Lautaro.

Durante una partida de caza, divisa dos hermosos patos dorados nadando en un riachuelo. Dispara y mata uno. De una casa vecina, que un bosquecillo nos había ocultado, salen imprecaciones.

Es un colono francés que cría patos ingleses. Hemos tenido que pagar muy caro la víctima de Heiremans. Es cierto que no lo lamentaremos cuando doña Peta nos la sirva preparada a su manera.

Heiremans vuelve a Santiago, entusiasmado por los lugares de Araucanía, la quinta, las escenas indígenas a las que ha asistido, y sobre todo, por la vida libre que llevamos, y que él soñaría para sí mismo.

* * *

Julien ha ideado un deporte entretenido al que nos dedicamos cuando estamos en la quinta.

El terreno era antes un bosque. Se ha sacado los árboles, pero los troncos se han acumulado en dos enormes montones distantes unos quince metros uno de otro.

Traje de Quillén conejos domésticos que se han multiplicado y han elegido libremente domicilio en los intersticios de los troncos.

Julien posee una carabina Flobert. Uno se coloca a cierta distancia frente al espacio entre los dos montones. Un mozo da fuertes bastonazos sobre uno de ellos; los conejos huyen hacia el otro montón. Se trata de dispararles con bala a la pasada; después se comienza en sentido inverso. Naturalmente, rara vez se da en el blanco. Cuando se quiere comer conejo, se reemplazan los cartuchos de balas por los de munición.

Junio de 1894

El ingeniero jefe, don Luis Adán Molina, me informa que las fundaciones de la maestranza de Temuco están listas y que puedo comenzar la construcción. Es un trabajo importante para el cual vuelvo a contratar a Matías Provost. Primero hay que transportar a la obra los materiales preparados en el hangar de la quinta. Me entiendo con Pedro Rosselot, que dispone de trenes para su contrato de colocación de ripio en la vía. Pone a mi disposición cinco grandes carros planos y una locomotora, pero queda entendido que no podré usarlos sino de noche.

En el día, hago cargar los vagones en la estación de Lautaro frente a la quinta. En la noche, a las nueve, hago enganchar la locomotora y manejándola yo mismo, con Matías haciendo el papel de fogonero, rodamos hacia Temuco. El equipo que llevamos descarga los materiales y volvemos con el tren a Lautaro. Después de tres noches sucesivas pasadas en esta forma, todo está en el sitio y Matías puede empezar su trabajo.

* * *

En la Casa Francesa, un joven empleado vasco de unos quince años, duerme sobre el mostrador del almacén.

Una noche, despierta con el ruido de un vidrio quebrado. Las ventanas que dan a la calle no tienen postigos, pero están provistas de sólidos barrotes. Frente a una de ellas estaban colocadas en el suelo una pila de rollos de tela que llegaba al nivel del pie de la ventana. La intención del ladrón era, pasando la mano por la abertura, alcanzar las piezas de género.

Como la noche era relativamente clara, el empleado pronto se dio cuenta de su maniobra. Deslizándose sin ruido del mostrador, con un puñal en la mano, se arrastró hasta debajo de la ventana, y en el momento en que el ladrón pasaba la mano, se la clavó de un solo golpe a la tabla de madera.

Despertados por los fuertes gritos que lanzaba el malandrín, acudieron los patrones.

Encontraron al valiente muchacho manteniendo con firmeza la empuñadura del arma e impidiendo al ladrón arrancarla. Se le dejó en esa crítica situación más de un cuarto de hora, hasta que la policía vino a buscarlo.

Dos accidentes, cuyas consecuencias habrían podido ser terribles, han sucedido con dos días de intervalo en esta misma Casa Francesa.

Una noche en que yo estaba invitado, la mesa estaba puesta para la comida, pero felizmente nadie había entrado todavía al comedor. Tomábamos el aperitivo en una pieza vecina, cuando repentinamente retumbó una formidable detonación. Un sifón de agua de Seltz acababa de explotar. Los pedazos habían sido proyectados en forma de abanico y muchos habían ido a incrustarse en las paredes de tablas. Si el accidente hubiera ocurrido algunos minutos más tarde, todos los invitados colocados alrededor de la mesa, habrían sido heridos dolorosamente.

Dos días después, a la hora de comida, Pedro Salaberry, uno de los dos socios, presa de una fuerte jaqueca, había expresado la intención de irse a acostar en su cama. Lo habían disuadido y se quedó con los otros. Uno de los invitados llevó una carabina Colt, que había dejado en un rincón. Aquí se usa más la Winchester, y este sistema americano es poco conocido. Es un arma de repetición con un depósito tubular que contiene 14 cartuchos que se van colocando uno tras otro en el cañón a medida que el cartucho percutido es expulsado. En la Winchester, después de cada tiro hay que bajar el arma para expulsar el cartucho y volver a cargar, mientras que en la Colt se puede disparar toda la carga sin retirar la culata del hombro.

A la hora del postre, el propietario de la Colt explicaba su mecanismo cuando salió un tiro. La bala pasó entre dos invitados, atravesó la pared de tablas y fue a incrustarse en la almohada de la cama que era precisamente la de Pedro Salaberry. Si se hubiera acostado, como era su intención, habría muerto.

* * *

Hace algún tiempo escapé de un accidente semejante. Al colocar mi revólver en la vaina, salió un disparo sin que pudiera explicarme cómo.

Estaba de pie y con mis largas botas puestas. La bala penetró por la parte ancha de la bota y salió de ella haciendo un agujero a la altura de la pantorrilla, habiendo desgarrado el pantalón, pero sin que me hiciera ni un solo rasguño.

* * *

El 24 de junio celebramos, como de costumbre, San Juan Bautista, donde Bautista Tihista. En este país se come temprano; a las cinco estábamos en la mesa. Una hora más tarde se le entregaba a Lacroix, que desde hace poco tiempo se desempeña aquí como vicecónsul, un telegrama del ministro de Francia en Santiago: "Presidente Carnot asesinado en Lyon esta noche a las ocho".

En ese momento, nuestros relojes marcaban las seis; en apariencia, se nos advertía del acontecimiento dos horas antes de producirse.

En Chile se tiene un atraso de siete horas sobre la hora de Francia. En el momento del asesinato era aquí la una de la tarde, y cuando nos llegó la noticia, en Francia era la una de la mañana.

* * *

Después de la liquidación de la empresa Albarracín y Urrutia, Frame se ha ido a instalar a Santiago con su familia, buscando una nueva posición social. No sé cómo ha entrado en relaciones con Nicolás de Piérola, el célebre "caudillo", un agitador peruano, de quien ha llegado a ser consejero y agente reclutador.

Este Piérola es el verdadero tipo del político americano, tan común en todas las repúblicas sudamericanas, exceptuado Chile. Nacido en 1839, recibido de abogado, se lanzó al torbellino político. A los treinta años era ministro de Finanzas en el Perú, pero acusado de malversación, debió exiliarse. Siete años más tarde, apoyado por el partido clerical, sublevó las provincias del sur contra el presidente Prado. Vencedor después de tres años de lucha, se proclamó dictador. Entretanto, estalló la guerra del Pacífico, declarada por Chile a Bolivia y al Perú aliados. Los chilenos la ganaron. Piérola es derrocado por una revuelta militar y se refugia en Estados Unidos. Desde entonces dos presidentes, Cáceres y Bermúdez, han cumplido en paz sus períodos de cuatro años. A fines del año último, el general Cáceres ha sido legalmente reelegido. Contra él complota actualmente Piérola, quien ha conservado una gran popularidad en las provincias meridionales del Perú.

Es ahora un hombre de 55 años, bien hecho físicamente, imponente con su hermosa barba blanca, y según Frame, de un encanto inexpresable. Habla el inglés y el francés tan bien como el español.

Desde aquí mantiene el entusiasmo de sus partidarios en el Perú, en Europa compra armas y municiones. No sé de dónde saca estos recursos, pero son considerables. Al mismo tiempo aquí trata de reclutar hombres seguros, dispuestos a ayudarlo en su próxima empresa; este es el papel principal de Frame.

Cuando el puente de Lautaro estaba terminado, a principios de marzo último, yo buscaba nuevas ocupaciones, Frame me propuso enrolarme bajo la bandera de Piérola. Llegado el momento, debía ponerme a la entera disposición del pretendiente, quien podría asignarme un puesto, a su conveniencia. En tal momento yo recibiría una suma de treinta mil francos oro, después de lo cual mi porvenir dependería del éxito de la campaña proyectada.

Piérola esperaba la llegada del material de guerra ordenado a Europa, para dar la señal de la sublevación, lo que tomaría todavía algunos meses.

Le respondí a Frame que en principio estaba dispuesto a aceptar su proposición, pero que para ello debería estar libre de todo otro compromiso. Debía avisarme con un mes de anticipación, y vería entonces si me sería posible liquidar en ese plazo los nuevos trabajos que pudiera haber emprendido.

En marzo, Frame había contratado a Drew Jones, el ingeniero americano que antes había estado al servicio de la "North and South" en Victoria.

Jones debía ir a Río de Janeiro a recibir un barco comprado por Piérola, conducirlo a Europa y volver con un cargamento de armas. Jones llego a Río, tomó posesión del barco, que por precaución había sido comprado a su nombre personal, después se apresuró a venderlo a su propio beneficio y desapareció. Verdaderamente Frame no había tenido buena mano. Pero otros barcos estaban en camino.

El 25 de junio recibía un telegrama de Frame: «Cuento siempre con Ud., va carta».

La carta, escrita en inglés, decía: «He tenido muchas conversaciones con P. en estos últimos días, pero no he podido llevarlo a tomar una decisión inmediata; él mismo no sabe cómo procederá hasta la llegada de un navío que espera de un día a otro, y que trae "forraje". Será entonces cuando asignará a cada uno sus funciones. En todo caso, está cierto de la victoria. Piensa en el brillante porvenir que nos espera. Ahora, yo actúo como una especie de agente confidencial y creo que el fruto estará maduro dentro de ocho días. Le aseguraré las mejores condiciones. ¿Puedo contar con Ud.? En caso afirmativo, esté listo para venir al primer llamado, es cuestión de días».

Le contesté que en ese momento tenía muchos negocios en curso, de los que no podía desligarme, y que a pesar del agrado que tendría de correr aventuras con él, me era imposible acompañarlo.

El barco anunciado tuvo una suerte desgraciada. Tocó en Valparaíso, donde debían subir los agentes pierolistas que intentarían el desembarque clandestino de las armas en uno de los numerosos puertos del sur del Perú. El gobierno peruano, prevenido por sus espías, lo había denunciado al gobierno chileno, que puso embargo al navío.

Esta desgracia trastornó los planes de Piérola. Había que recomenzar todo.

Para terminar esta historia, anticipemos los acontecimientos:

En octubre llegó un nuevo barco, esta vez de Iquique, donde Piérola se embarcaba sin inconvenientes con los agentes reclutados por Frame, pero éste había renunciado a arriesgarse en la aventura. Piérola desembarcaba con éxito en Pisco, que sus partidarios habían ocupado. Todo el sur del Perú se sublevaba y el pretendiente estuvo a la cabeza de un importante ejército.

Después de cuatro meses de combate, el presidente Cáceres era forzado a refugiarse en Lima, que estaba sitiada por su adversario.

En la noche del 17 de mayo de 1895, los revolucionarios entraron a Lima. Siguieron sangrientos combates en las calles. Cáceres, definitivamente vencido, huyó, y Piérola se hizo proclamar Presidente. Seguirá siéndolo hasta 1900.

Julio de 1894

La administración de Correos y Telégrafos, de la cual he tenido tanto que quejarme, acaba de jugarme una mala pasada.

En abril tomé parte en una propuesta para la construcción del puente sobre el río Picoiquén, en Angol, pero el negocio fue adjudicado a un proponente cuya oferta era más baja que la mía. Este proponente abandonó el negocio y el puente todavía no se comienza. El diputado por Angol ha interpelado en la Cámara al Ministerio, el cual ha caído sobre la Dirección General de Obras Públicas, la que, naturalmente, ha estado muy preocupada.

El jefe de la sección Puentes, don Abelardo Pizarro, no ha olvidado la rápida construcción de mi puente de Lautaro, además tengo un amigo en esa sección, Guillermo Otten, jefe del servicio técnico.

Otten me envía un telegrama desde Santiago un viernes en la noche. «Acepta Ud. el contrato Puente Picoiquén, en Angol, al precio presupuesto dirección. Telegrafíe respuesta. Esperamos hasta lunes medio día».

Con la esperanza de llevarme la propuesta yo había hecho precios más bajos que los del presupuesto oficial. Era, pues, una ganga inesperada para mí. Desgraciadamente, el telegrama me fue entregado el lunes, día de expiración del plazo, a las diez de la mañana. Corrí al telégrafo, donde me dijeron que éste esta ha interrumpido. Envié un mozo a caballo a poner un telegrama en Traiguén, fue despachado a las 12:20, y otro a Temuco, de donde salió a la una.

Pero ya era demasiado tarde.

Otten me informa que un señor Roberto Lacourt, chileno, gran terrateniente de los alrededores de Angol, se había presentado el viernes

en la mañana a la Dirección en Santiago, y había ofrecido realizar el trabajo al precio del presupuesto oficial. Se sabía que él no tenía ninguna
competencia en la materia, pero como era un personaje importante, se
respondió que ya se me había ofrecido el negocio, lo que no era efectivo en
ese momento, y que se esperaría mi respuesta hasta el lunes al mediodía;
entonces fue cuando se me envió el telegrama. La Dirección contaba con
mi aceptación, pero fijando un plazo tan corto, no habían pensado en la
deplorable organización del telégrafo en Araucanía.

El lunes, Lacourt se encontraba en las oficinas, y al mediodía, no
habiendo llegado mi respuesta, se le concedió el contrato.

En resumen, lo que deseaba Lacourt era sobre todo la provisión
de la madera de sus bosques. Vino de Angol a verme para proponerme
una sociedad, en la que él entregaría la madera y yo ejecutaría el trabajo.
Rechacé su proposición, pero como es un hombre muy agradable y no
había razón para conservarle rencor, le aconsejé que tomara como capataz
a Georges Huord, quien terminó el trabajo en buena forma, aunque con
un serio retardo.

Después que me retiré de la combinación propuesta en marzo de 1893
por Alvarez, éste ha formado con Frame una asociación para el estudio
de su gran proyecto. Durante más de un año, Alvarez se ha consagrado a
los planos y presupuestos, mientras Frame, al tiempo que se ocupaba de
los asuntos de Piérola, negociaba con el gobierno y trataba de poner en
pie un programa financiero.

Frame y Alvarez acaban de dirigir al Soberano Congreso un pedido de
concesión acompañado de planos detallados y un folleto con explicaciones
y presupuestos muy minuciosamente desarrollados, lo que representa un
trabajo considerable.

Piden una doble concesión:

1° La de una red de ferrocarriles de trocha angosta de 290 kilómetros
de extensión.

2° La construcción y la explotación del puente de Bajo Imperial.

Solicitan al Estado una garantía de 5% durante 30 años sobre un
capital de 1.150, esto es, 28.750.000 francos oro. ¡Sobre este 5% las
utilidades serán repartidas por mitad con el Estado!

Este proyecto, que ha debido costar a sus autores bastante trabajo y mucho dinero, no resultará.

Julien acaba de conseguir un contrato interesante que vamos a ejecutar a medias.

Un chileno rico de Santiago, don Antonio Subercaseaux, dueño de las célebres viñas que llevan su nombre, ha adquirido en los últimos remates un fundo de 2.000 hectáreas, que ha bautizado Puerto Seco. Está situado un par de leguas más allá de Curacautín al pie de la cordillera. Se trata de irrigarlo sacando agua del río Blanco y llevándola a la propiedad por un canal de 14 kilómetros de largo. Después de un sumario estudio hecho por Julien y que él me ha sometido, hemos pedido un precio a suma alzada de 13.260 pesos, que ha sido aceptado. El trabajo debe estar terminado a más tardar el 15 de febrero próximo.

Se ha convenido entre nosotros que Julien hará los estudios definitivos y yo me encargaré de los trabajos.

Un camino más o menos practicable para carretas conduce de Victoria a Curacautín. Envío por tren a Victoria los útiles de que dispongo y una gran tienda con accesorios. Yo voy también para comprar palas, picotas, hachas y otros utensilios. Organizo un convoy de carretas que transportarán todo hasta su destino al precio de un peso el quintal de 46 kilos. Pondrán cuatro días en llegar a Curacautín, donde depositarán su cargamento en la Casa Francesa del lugar, de propiedad de Pedro Bidagain, un vasco, naturalmente.

De vuelta en Lautaro, contrato como jefe de faena y al mismo tiempo alistador, a Gregorio Rioseco, quien a su vez contratará el primer equipo que llevará al canal.

Hago un contrato con un tal Justo Pastor Quezada, mediante el cual él se encarga de asegurar la comida de los obreros. Cada uno de ellos recibirá a las ocho de la mañana un pan de 14 onzas; a mediodía una ración de una libra de porotos de buena calidad convenientemente sazonados con 1 1/2 decagramos de grasa, ají y 2 1/2 decagramos de sal; en la tarde, otro pan de 14 onzas.

A Quezada se le pagará a razón de 4 centavos por pan y 12 centavos por ración, es decir, 20 centavos por la alimentación diaria de un trabajador.

* * *

Debo hacer un viaje a Traiguén para retirar el dinero para las fajas y otro a
Temuco para inspeccionar los trabajos de la maestranza y proceder al cálculo
mensual. No me falta ocupación. Mientras tanto, Julien trabaja activamente
en el trazado, en el perfil longitudinal y en la nivelación del canal.

Agosto de 1894

Los cuatro primeros días del mes los ocupo en una larga y fatigosa gira
de inspección a mis equipos de fajeros. La estación de las lluvias está en
su apogeo; los caminos están abominables. Paso tres noches muy malas en
las cabañas primitivas que se construyen a los obreros y que se trasladan
de acuerdo con su avance en la selva.

Según nuestro convenio, este trabajo es de la incumbencia de Julien,
pero él está retenido por los trabajos del canal.

Mientras tanto, Rioseco ha contratado treinta hombres de su confianza; esto hará un excelente primer núcleo. Yo los envío por Victoria, y
como muchos llevan a su mujer, los autorizo para fletar dos carretas.

Muchos de los "cabos" o jefes de equipo que ocupé antes en la línea,
vienen a ofrecerme sus servicios. Les prometo darles trabajo a contrata,
de importancia en relación con la cuadrilla de hombres que traigan. Les
doy una prima de compromiso de 60 centavos por cabeza.

* * *

Partí a Curacautín al día siguiente de la partida de Rioseco. El camino de
Lautaro a Curacautín, es mucho más largo que el que parte de Victoria
y no es practicable sino a caballo, pero quiero evitar el embarque de los
caballos por tren, y dormir una noche en Victoria. Julien me mandó un
guía que conoce la región. Al amanecer me pongo en camino con mi mozo
Carlos y nuestro guía.

Felizmente no llueve, porque el camino es horrible. Un paso es el
peor y merece su nombre: "Barranca del Diablo". Es un valle profundo al
cual se desciende por esta especie de sendero escarpado y tortuoso, de una
inclinación tan brusca, que en ciertos puntos los caballos se deben dejar
resbalar con sus cuatro patas juntas. Al otro lado, la subida es la exacta
contrapartida del descenso.

Dos veces durante el día nos detenemos para atacar nuestras provisiones y a la caída de la noche llegamos agotados a Curacautín.

Me dirijo al único hotel del lugar, que es de un italiano, Rondini. Se encuentra allí un relativo confort, que yo no esperaba. Tengo una buena comida, rociada de sidra, con Julien y don Ramón Manuel Barahona, antiguo capitán del ejército balmacedista y actualmente representante de don Antonio Subercaseaux. Con él tendremos que tratar. Es por lo demás un hombre de excelente carácter y nuestras relaciones serán siempre de las más cordiales.

Curacautín no es todavía sino una aldea, que está llamada a tomar vuelo gracias a los fundos que se crean alrededor. Conozco a Pedro Bidagaín, donde hago el inventario del material enviado de Victoria: no falta nada. Después, con Julien y Barahona partimos al fundo Puerto Seco. Está a una hora a caballo de Curacautín. No existe allí nada todavía; el propietario espera que el canal esté construido para comenzar a cultivar y edificar los recintos de explotación.

Sus 2.000 hectáreas parecen convenientes. Los bosques no faltan y hay grandes llanos apropiados para la agricultura. El inconveniente del terreno es que forma una planicie muy elevada y no la riega ningún riachuelo. Esto es lo que debe remediar el canal, que tomará el agua del río Blanco, a muchos kilómetros del límite de la propiedad, y la llevará por el flanco de una cadena de colinas hasta la planicie llamada "Llanura Grande".

El estudio hecho por Julien es muy razonable. El trabajo más difícil será la bocatoma. El río Blanco es en general muy impetuoso. Julien ha elegido para la bocatoma un lugar donde la violencia de la corriente es menor; allí será colocada una represa de 35 metros de largo, a través del río, elevando su nivel, desde donde las aguas entrarán por una obra de mampostería en el canal propiamente dicho. En ciertos puntos éste requerirá trabajos de sostenimiento y de defensa.

Algunos puentes sumarios deberán colocarse sobre el canal, en general el trabajo será relativamente fácil de ejecutar, y a primera vista estimo que el precio que hemos tratado será remunerador.

Levanté la gran tienda en el llano al pie de las colinas; la ocuparé con Julien, que no estará así obligado a volver cada noche a Curacautín. Instalamos también unas barracas, que comprenden un comedor, cocina, escritorio y almacén.

En la noche dejamos los caballos en libertad. La primera mañana fue muy difícil reunirlos, pero Carlos ha encontrado un práctico procedimiento para atraerlos.

Ha comprado un gran bloque de sal gris, de la que los caballos son muy golosos, y se las hace lamer al despertar. A los dos o tres días los caballos llegan muy temprano a esperar su festejo. Lo molesto es que se acostumbraron a venir al alba a frotarse en la tienda, cuando no teníamos ningún deseo de levantarnos, por lo que debimos rodearla de una barrera.

Paso diez días en este lugar. Elijo los puntos de ubicación de las faenas; contrato 8 carpinteros locales para que edifiquen las barracas con las maderas y tablas que compró Julien de antemano, según mis indicaciones. Cuando llega Rioseco con sus hombres puede ponerlos a trabajar inmediatamente. Le doy todas las instrucciones necesarias para distribuir el trabajo, que deberá estar dividido en pequeños lotes entregando a contrata a los equipos que ya se encuentran en el terreno y a aquellos que lleguen a continuación. También contrato albañiles para la bocatoma. Pronto, numerosos grupos de peones llegan conducidos por sus cabos y antes de fin de mes muchos talleres estarán en plena actividad.

Julien se quedará a firme por algún tiempo. Yo regresaré a Lautaro para verificar la situación mensual en la maestranza de Temuco, que bajo la dirección de Matías Provost, avanza a pasos agigantados.

Septiembre de 1894

A mi vuelta de una gira cansadora a las fajas, donde he ido a reabastecer y pagar a los equipos, encuentro una carta de Julien anunciándome que los estudios del canal están terminados y que podemos triplicar el número de obreros. Contrato nuevos cabos entre mis conocidos, que reclutan sus hombres y parten a Curacautín. Envío el resto del material que se necesita.

Recibo una carta oficial del ingeniero jefe don Luis Adán Molina, transmitiéndome copia de una nota que ha recibido de la Dirección General, que insiste en las necesidades de activar los trabajos, de manera que la línea sea entregada a los Ferrocarriles del Estado el 1° de enero próximo; me pide la seguridad de que los edificios de los cuales soy contratista, estarán terminados en el tiempo fijado. Le contesto que la maestranza de Temuco, la obra más importante, estará terminada a fin del mes, que los materiales para los trabajos de Cajón y Pillanlelbún están preparados hace tiempo, pero que no puedo empezar a ponerlos en obra mientras el contratista de albañilería no me entregue las fundaciones, y que tan pronto como éstas estén a mi disposición me comprometo a terminar la obra en dos meses.

* * *

Mis ocupaciones me retienen diez días en Lautaro, donde estoy feliz de encontrarme en el confort de mi quinta, y de gozar de la buena cocina de mi vieja doña Peta, quien, desde hace algún tiempo no tiene mucho quehacer, como también mi segundo mozo, que cuida mis caballos de recambio y se ocupa de la huerta.

* * *

Habiendo arreglado mis asuntos en Lautaro, vuelvo a tomar el camino a Curacautín, llevando el dinero para el pago de los obreros.

Julien ha partido para levantar el plano de los terrenos donde trabajan nuestros fajeros; así, ocupo solo nuestra tienda. Procedo al pago y pongo en actividad los nuevos talleres.

* * *

Una mañana, con el objeto de visitar uno de los nuevos talleres a cinco kilómetros de Curacautín, partí solo a caballo, y para acortar camino, fui directamente a mi destino a través de la llanura herbosa, sembrada de bosquecillos.

Había recorrido la mitad del camino cuando me encontré delante de una laguna muy larga de unos cincuenta metros de ancho. El agua era límpida y el fondo estaba recubierto de una hierba de un color verde tierno muy hermoso. No pensé que pudiera haber peligro en atravesarla. Apenas mi caballo había entrado en el agua, me di cuenta de que el fondo era menos sólido de lo que creía, pero sin inquietarme por ello clavé las espuelas y el caballo dio algunos saltos hacia adelante y bruscamente se hundió hasta el vientre.

Saltando de la silla, corrí rápidamente hasta la otra orilla.

Sentía hundirse mis pies en el fango, pero mi marcha era muy ligera y llegué indemne a la orilla. Detrás de mí, el pobre animal rechinaba de terror y hacía desesperados esfuerzos por desprenderse, lo que lo hundía más. En el bosque cercano se oía resonar golpes de hacha. Grité a toda voz y casi inmediatamente surgieron hombres del bosque. Eran leñadores que talaban por cuenta de don Ramón Barahona.

Levantaban los brazos al cielo y uno de ellos me gritó: «¿Cómo, señor, usted no conocía la laguna traidora?».

Recordé haber oído hablar algunos días antes de una "laguna traidora", que existía en los alrededores, pero no había prestado atención, sin pensar que la suerte me reservaba caer en su trampa.

Los leñadores se ocuparon inmediatamente del salvamento del caballo, y de antemano me dijeron que había muy pocas esperanzas de éxito.

Del bosque trajeron una cantidad de ramas, las lanzaron a la laguna de manera que formaran una especie de plataforma, sobre la que se podía maniobrar sin gran riesgo. Después de un cuarto de hora de trabajo, ella alcanzó al caballo. Comenzamos por quitarle la silla y el resto de los arreos y todo fue depositado en la orilla. Sentíamos hundirse nuestra plataforma en el légamo, pero no corríamos ningún riesgo de hundirnos en la arena movediza, salvo si nos estacionáramos en un solo punto de nuestra frágil protección.

Dos hombres trajeron del bosque una pértiga larga y gruesa que se pasó por debajo del vientre del caballo para levantarlo. El pobre animal, que estaba hundido hasta el pecho, había dejado de relinchar y nos miraba con aire doliente, como si comprendiera que veníamos a socorrerlo. Desgraciadamente, la pértiga penetraba en el légamo sin encontrar un punto de apoyo. Nuestra plataforma se hundía poco a poco; era necesario renunciar a toda tentativa de salvamento. Para evitar al animal una larga agonía, le disparé tres tiros de revólver en la cabeza.

¡Qué extraño fenómeno es esta "laguna traidora", cuyo fondo verdoso recubre tal profundidad de limo!

Pagué abundantemente a estos buenos leñadores, que por cierto no habían pedido ninguna remuneración, pero aceptaron con gran placer mi pago. Uno de ellos se encargó de la silla y sus accesorios y rodeando la laguna fatal, ganamos a pie la tienda, donde pude cambia mi ropa mojada.

Estaba muy conmovido con mi triste aventura, pero me consolaba pensando que conservaba mi silla, más valiosa que el caballo, y en la suerte que había tenido al no montar ese día a mi querido Pirata, al que estimo tanto.

Esa misma noche, mi mozo Carlos, a quien había mandado a Curacautín, me trajo otro caballo, por el que pagó cuarenta pesos, lo que equivale a un poco menos de 75 francos.

Algunos días más tarde, la curiosidad me llevó a la "laguna traidora". Toda huella del drama había desaparecido. El pantano había recuperado su aspecto tranquilo y apacible, en espera de una nueva víctima.

* * *

Habiendo vuelto Julien, regresé a Lautaro algunos días antes de fin de mes. La maestranza de Temuco está terminada. Hago la entrega a la Comisión del Gobierno y liquido las cuentas pendientes.

Octubre de 1894

Las fundaciones de la bodega de Cajón felizmente están listas. Traslado allí a Matías Provost y sus hombres. Rosselot me prestó de nuevo una de sus locomotoras y vagones, y en una sola noche, conduciendo yo mismo la máquina, transporto a la obra los materiales destinados a este contrato y que estaban almacenados en el hangar de la quinta.

El 14 de octubre, día de mi 29° cumpleaños, volví a Curacautín, llevando el pago de los obreros. En mi ausencia, los trabajos del canal han avanzado regularmente.

* * *

Julien me propone una excursión de un día al otro lado del río Indio. Este río forma actualmente el límite de los terrenos fiscales que el servicio de colonización, al cual pertenece Julien, prepara para poner en venta, y él quiere ver lo que pasa allá.

Partimos temprano en la mañana por el camino que conduce hacia los Andes, llegamos cerca de las diez al río, que corre con un ruido de trueno, profundamente encajonado entre dos paredes rocosas. Lo atraviesa un ancho puente de madera provisto de sólidas barandas.

Habíamos dejado atrás el puente cuando en una vuelta del camino divisamos a lo lejos una enorme nube de polvo de donde sale un concierto de rugidos feroces. De golpe, nos damos cuenta de la situación: viene en nuestra dirección una de esas inmensas manadas de vacunos, que desde la pampa argentina pasan la cordillera en cuanto se funden las nieves y el paso del Pilmaiquén queda practicable. Tenemos que renunciar a nuestra excursión, pues el camino está bloqueado y el paso de la manada durará varias horas. Hacemos media vuelta, volvemos al otro lado del río y nos detenemos a alguna distancia para ver cómo esta horda de animales casi salvajes, va a introducirse al puente.

Llegan al galope unos diez huasos.

"Huaso" es el término genérico que designa al campesino chileno. En la pampa argentina se le llama "gaucho": cuando está especialmente dedicado a la guarda de ganado, toma el nombre de "vaquero".

Cuatro de ellos pasan a nuestra orilla; los otros se colocan a los costados de la entrada en dos ramas, ensanchándose de modo de emboquillar la entrada de los animales en el puente.

Millares de animales entran al puente mugiendo, empujados por perros y vaqueros. Es una verdadera selva de cuernos en medio de la cual surgen hombres a caballo, armados de largas fusta de mango corto. Para mí es un misterio cómo no son aplastados en esa batahola.

Con gran dificultad se fuerza a la cabeza de la columna a entrar en el puente. Está pronto lleno de una masa compacta mugiente, que se aprieta entre las dos sólidas barandas, de las que uno ahora comprende la absoluta necesidad.

Los primeros animales que salen del puente parecen asustados y tratan de dispersarse, pero los huasos colocados en este sitio, con la ayuda de perros, los vuelven a la ruta. Uno logra escapar. Un huaso parte al galope. Su lazo gira un instante sobre su cabeza, después se desenrolla silbando y va a enrollarse en los cuernos del animal.

Instantáneamente el caballo se detiene, separa las patas para darse mayor firmeza y se inclina hacia el lado izquierdo; sabe por experiencia que va a tener que resistir la formidable sacudida de la detención brusca de la vaca, estando la extremidad del lazo amarrada a la derecha de la silla. Resiste este golpe sin moverse. El animal preso va a tratar aún algunos esfuerzos furiosos para liberarse; después, encontrando inútil toda resistencia, va a dejarse llevar dócilmente hacia el camino. Sin bajarse del caballo, el huaso deshace el nudo corredizo de los cuernos del animal, lo enrolla de nuevo, y vuelve a tomar su lugar en el cortejo.

Partimos adelante, Julien y yo, por el camino aún libre, pero de rato en rato nos detenemos para admirar las hazañas de los vaqueros.

Un vaquero es un verdadero centauro; él y su caballo no son sino uno solo; come, bebe y aun duerme en la silla. Se viste de cuero de pies a cabeza, la cual cubre con un vasto sombrero de fieltro; sus pies, hundidos en grandes estribos de madera, llevan espuelas monstruosas, cuyas rodajas alcanzan quince y a veces veinte centímetros de diámetro. Su silla está encaramada sobre unos diez "pellones" o pieles de oveja, teñidas de negro o azul oscuro; en medio de este amontonamiento está metido el "machete", especie de sable corto o gran cuchillo con vaina de cuero.

Si estos jinetes extraordinarios manejan con tanta facilidad sus caballos fogosos, es debido en gran parte a la brutalidad del freno chileno. Mientras que el nuestro actúa sobre las encías, aquí una barra de fierro encorvada se apoya sobre el paladar del animal y el dolor que provoca doma todas las veleidades de resistencia.

Seguimos con curiosidad la lucha de uno de los vaqueros con una vaca que se ha escapado en el llano y que, en lugar de huir en derechura, hace bruscos cambios de dirección. A cada uno de éstos, el vaquero tirando la rienda con puño de acero, detiene en seco su caballo lanzado al galope. Incapaz de quebrar su impulso de golpe, el animal se acuclilla en su tren trasero. Sin darle tiempo de tocar el suelo con sus patas delanteras, el jinete lo hace girar en la nueva dirección del animal perseguido, y éste juego continúa hasta el momento en que el lazo pueda entrar en acción.

Cuando llegamos de vuelta a nuestro campamento de Puerto Seco, el ganado continúa desfilando interminablemente. A la noche, se detendrá y se quedará paciendo y rumiando en las praderas naturales o los bosques que bordean el camino. En la mañana los vaqueros los reunirán como puedan y continuará la marcha. Más allá de Curacautín la manada será dividida en grupos más pequeños, y cada uno tomará el camino de su destino.

Este ganado, que en el invierno vivía en libertad en la Argentina y cuyo alimento era la hierba raquítica de la pampa, fatigado, además, por su larga marcha, está muy flaco. Va a repartirse en las diversas haciendas y fundos chilenos donde pasará el verano "en engorda". Una parte quedará en los fundos recién creados en Araucanía, la mayor parte está destinada a las haciendas del centro de Chile, y será embarcada por tren cuando llegue a la línea férrea. Por cierto que no será una operación cómoda tal embarque.

Esta migración masiva produce serias bajas. Algunos animales mueren en el camino, muchos se extravían, pero en una masa de miles de cabezas, estas pérdidas son insignificantes. Durante muchos días los obreros de nuestro canal capturaron animales perdidos, que les significaron copiosas comidas.

La tarde siguiente del paso de la manada estábamos ocupados con Julien en el estudio de una variante que, mejorando el canal, debía procurarnos una economía en su construcción.

Hacía mucho calor y por todo vestido nos habíamos dejado el pantalón y la camisa. Nuestras cantimploras estaban vacías y nos moríamos de sed. Dejando a mi amigo ocupado en su nivelación, partí a llenarlas al Cautín, distante menos de un kilómetro.

El sendero corría zigzagueando a través del bosque. De repente una vaca acostada en el camino, al acercarme, se levanta y arranca en el ramaje. Después fue otra un poco más lejos, más allá una tercera. Acababa de espantar a una sexta vaca, cuando en un recodo del sendero, un enorme animal se levanta a unos veinte metros. Me encuentro frente a un gran toro que me mira con rabia. De las narices del monstruo salen dos chorros de vapor; sus patas delanteras escarban furiosamente el suelo. Lanza un mugido feroz. La sangre se hiela en mis venas. ¿Qué hacer? Me viene una inspiración. Diez metros detrás de mi se levanta un gran árbol; como los toros se lanzan de frente, si me refugio detrás del árbol estaré a salvo del primer ataque. Después veremos.

Entre el árbol y yo existe un bosquecillo de bambúes secos. Como una bala paso a través de las cañas secas que se quiebran como fósforos y rodeo el tronco. Desde mi primer movimiento el toro ha cargado, pero llegado a los bambúes, asustado por su crujido, se ha detenido.

A algunos pasos detrás de mi hay otro grueso tronco, retrocedo hasta el nuevo abrigo. Siguiendo la misma táctica paso a otro árbol y después a otro, y finalmente, sigo el sendero fuera de la vista del toro. A través del bosque llego al punto donde Julien me espera con impaciencia. Cuando le muestro las cantimploras vacías, me cubre de injurias, y dejando el trabajo volvemos a nuestra tienda, donde unas botellas de cerveza nos permitirán refrescarnos.

Cuando íbamos a llegar nos encontramos con algunos huasos de los del día anterior, que buscaban los animales perdidos. Me apresuré en darles todas las indicaciones necesarias para que me libraran de mi pesadilla.

Esta aventura del toro me ha enseñado lo que es el miedo, y por mucho tiempo volveré a ver en mis sueños al feroz monstruo rojo.

* * *

El servicio llamado de colonización, al cual pertenece Julien, está organizado en forma extraña. Está encabezado por una Inspección General cuyas oficinas están en Traiguén. Esto era lógico en la época en que esta administración tenía por objeto el establecimiento de colonos extranjeros en los terrenos de la Araucanía central, pero la inmigración de colonos europeos ha cesado y el campo de acción del servicio se ha trasladado lejos de Traiguén.

Este servicio se ocupa ahora del levantamiento de los inmensos terrenos fiscales que, divididos en grandes lotes, son de tiempo en tiempo, el objeto de un "remate" o venta pública en Santiago.

Julien está encargado de la zona que se extiende al norte del curso superior del río Cautín, en dirección a la cadena de volcanes. Goza de una libertad absoluta, jamás vendrá un inspector a su zona lejana y de difícil acceso. Por el momento, Julien tiene como residencia oficial Curacautín. Se ocupa mucho más de nuestros trabajos que de los de su servicio. Va de vez en cuando a inspeccionar y dar instrucciones a los equipos que abren las faja a través de la selvas, y que oficialmente son los míos. Hace la mensura levantando al mismo tiempo el plano topográfico, y me entrega los estados que yo puedo cobrar en Traiguén. Allí, el inspector general con frecuencia está ausente, y la dirección efectiva incumbe al jefe de contabilidad, un

alemán llamado Otto Rehren. Le fui presentado por nuestro común amigo
Otto Reich, el que me acogió a mi llegada a Collipulli, quien también
ha venido a establecerse en Traiguén, donde ha instalado una cervecería.
Somos excelentes amigos. Cuando voy a Traiguén a recibir el monto de
los estados de pago, arreglo mis asuntos rápidamente en las oficinas, y
pasamos una buena noche saboreando entre los tres la excelente cerveza
de Otto Reich. Siempre experimento cierta aprensión en estas sesiones
de bebida de cerveza donde desempeño un papel secundario, pues estoy
lejos de poseer la capacidad de mis dos compañeros alemanes. Son dos
colosos; cuando paseamos me colocan entre ellos y tengo el aspecto de
un enano entre dos gigantes.

Julien también ha sido encargado de ejecutar el plano definitivo de
Curacautín, el que ya ha terminado. Ha puesto a mi nombre una parcela
de 50 metros por 25, el sitio 5 de la manzana 4, inscribe el N° 6 a nombre
de mi hermano Georges, el 7 al de mi hermano Alfred y el 8 al de mi amigo Amadeo Heiremans, de Santiago. Los cuatro sitios forman en bloque
la mitad de una manzana, en la parte del pueblo que parece tener mayor
porvenir. Los títulos provisorios otorgados por Julien, como ingeniero de
colonización, me son enviados de Traiguén, debidamente firmados por el
inspector general. He rodeado los terrenos con una palizada. Los títulos
definitivos de propiedad serán entregados cuando en cada uno de los sitios se haya construido una casa de tablas conforme a las condiciones del
reglamento.

Noviembre de 1894

A fines de octubre he vuelto a Lautaro para efectuar el cálculo mensual de la
bodega de Cajón, que avanza rápidamente. Las fundaciones de los edificios
de la estación de Pillanlelbún me han sido entregadas. Vuelvo a comenzar
mis transportes nocturnos de materiales, y organizo un nuevo taller.

Una vez que estén marchando los trabajos, pienso volver a Curacautín.
Mi amigo Alfredo Riveros, "el sordo", como le llamamos familiarmente,
debido a su enfermedad, me invita a pasar algunos días a su fundo de
Quinchol, que está situado en la orilla izquierda del Cautín.

Le objeto que si atravieso el río por el puente de Lautaro, deberé
atravesarlo de nuevo cerca de su casa en un lugar donde no hay puente ni

vado; me responde que él posee una espléndida barquita, y que se encarga de la pasada. Esto me decide, el trayecto será más corto, y me evitará el "paso del diablo".

Debo precisamente, despachar una carga de cemento, barras de fierro y clavos para los trabajos de la bocatoma del canal. Lo dirigiré a Quinchol.

Puesto en camino mi convoy de carretas, parto una mañana con Baldomero Ewertz, el propietario de la cervecería de Lautaro, a quien Rivera también ha convidado. Mi mozo Carlos y el mozo de Ewertz nos acompañan. Pasamos el río Cautín por el puente construido hace tiempo por mí, y después de haber cabalgado todo el día, llegamos al fondo de Quinchol. Es una propiedad de 1.100 hectáreas que Rivera compró hace dos años en los remates en Santiago y que se ha empeñado en hacer valer en forma rápida y decidida.

Se construyó una casa verdaderamente confortable, donde nos espera una opípara comida.

Alfredo Rivera es un muchacho alto y bien parecido de más o menos 26 años, de espíritu muy cultivado y de un agradable carácter. Después de comida nos cuenta su vida aventurera.

A fines de 1890 había salido de la Escuela Naval. Su curso hacía un crucero de instrucción que, en un momento dado, lo llevó a Le Havre. Se concedió a los aspirantes un permiso de ocho días para visitar París. Las atracciones de la gran ciudad sedujeron de tal modo al joven Rivera, que cuando terminó el permiso olvidó reintegrarse a bordo y fue declarado desertor.

Pasado el primer deslumbramiento, lamentaba amargamente su falta; en esos días estalló la revolución. La escuadra se había sublevado y salido de Valparaíso hacia el norte del país. Balmaceda podía aún disponer de dos torpederas, la "Lynch" y la "Condell", encargadas en Inglaterra a los astilleros Armstrong y que estaban casi terminadas. Envió a Europa, para recibirlas, a algunos oficiales de marina que le habían sido fieles, y una tripulación de marineros. Rivera ofreció sus servicios y fue aceptado como oficial a bordo de la "Lynch".

Después de haber completado su armamento, las dos torpederas singlaron hacia Chile y doblaron el Cabo de Hornos. La travesía para estas embarcaciones de pequeño tonelaje fue muy dura. Navíos enemigos patrullaban en el Pacífico para cortarles el camino, pero lograron burlar su vigilancia y entrar sanos y salvos en el puerto de Valparaíso, bajo la protección de los fuertes.

Un día se supo en Valparaíso que el acorazado "Blanco Encalada", la mejor unidad de la flota insurgente, estaba anclada en el puerto de Caldera a unos 700 kilómetros más al norte, y debía quedarse allí por algún tiempo.

Una noche oscura las dos torpederas salieron del puerto, navegaron en alta mar todo el día sin encontrar navíos enemigos, y la noche siguiente se encontraban frente a Caldera. Con todos los fuegos apagados entraron en la bahía. Se distinguía sombríamente la masa de tres barcos de guerra. La "Lynch" iba a lanzar su torpedo contra el más cercano, cuando el comandante se dio cuenta por la silueta del buque que estaba equivocado. En verdad, era un navío inglés al ancla.

Rivera manejaba el tubo lanzatorpedos y se aprestaba a hundir el barco de guerra inglés, cuando el comandante desde su puesto de combate daba la contraorden. Pero Rivera había quedado sordo al principio de la campaña. No había escuchado la advertencia del comandante y el acto irremediable iba a efectuarse cuando un marinero lo tomó a la fuerza y lo alejó del tubo. El error habría puesto al gobierno balmacedista en situación muy crítica.

Un poco más lejos estaba anclado el "Blanco Encalada". Creyéndose en plena seguridad, su comandante no había tomado ninguna precaución.

El mismo y la mayoría de sus oficiales estaban en tierra, asistiendo a una fiesta que les daba la Municipalidad. Esta negligencia culpable debía resultar fatal para su barco. Alcanzado por el torpedo, el "Blanco Encalada" se hundió rápidamente.

Mientras tanto, la "Condell" se había internado más al fondo de la bahía hacia el otro barco enemigo, que era la cañonera "Huáscar", pero el torpedo falló su blanco. Bruscamente acertada por la explosión del "Blanco Encalada", la "Huáscar" había levado anclas y huía hacia alta mar. El navío inglés había encendido los proyectores; echaron al mar los botes y procedieron al salvamento de los marinos que habían escapado a la catástrofe del acorazado, mientras las dos pequeñas torpederas, satisfechas de sus hazañas, regresaban a Valparaíso, donde les esperaba una entusiasta recepción.

Después del desastre balmacedista, las torpederas efectuaron su sometimiento, pero Rivera había juzgado prudente embarcarse en un buque que partía al Perú. Volvió a Chile después de la amnistía. Posteriormente, compró terrenos en remate, y se dedicaba a la organización y explotación de su fundo.

* * *

En la noche se desencadenó el temporal norte seguido de una lluvia torrencial. Al despertar, el cielo continúa arrojando sus cataratas; no hay que pensar en salir, es una vuelta ofensiva del invierno.

Para matar el tiempo fumamos, conversamos y hojeamos la bien guarnecida biblioteca de don Alfredo. Felizmente, los víveres son abundantes y variados y nos tratamos a cuerpo de rey. Un tonel de vino blanco abierto a nuestra llegada, nos ayuda a soportar nuestro enclaustramiento. En la noche llegan mis carretas. Compruebo con satisfacción que el cemento, bien entoldado, no ha sufrido con la lluvia. El cargamento se guarda en un hangar bien cerrado.

Al día siguiente, el diluvio continúa, y al subsiguiente igual. Engordamos a ojos vistas y empezarnos a encontrar largo el tiempo.

Al cuarto día la lluvia ha cesado y el sol brilla nuevamente. En la gran explanada que se extiende en frente de la casa, Rivera organiza carreras de "carros romanos".

Él, don Baldomero y yo, subimos cada uno en una carreta con una yunta de bueyes. De pie en la parte delantera, en la mano tenemos una picana, larga rama de bambú terminada por un punta de fierro. A una señal, la tres carretas, colocada una al lado de otra, se disparan; aguijoneamos ferozmente a nuestros bueyes, que pasan del paso al trote y finalmente al galope. La meta se encuentra a 200 metros; Rivera la alcanza primero. Comenzamos en sentido inverso después de haber cambiado de carruaje. Rivera gana de nuevo. Tres veces renovamos la prueba; es siempre él mismo quien consigue la victoria. Dejamos a nuestros bueyes acezando y volvemos, un tanto molidos, a festejar al triunfador.

* * *

Hemos decidido partir al día siguiente. Rivera nos acompañara hasta Curacautín y volverá en seguida a reexpedir mi material.

En la mañana nos dirigimos al río Cautín que corre a un kilómetro de la casa. Rivera lleva a dos de sus inquilinos que, acostumbrados al manejo de la lancha, nos pasarán a la otra orilla.

Pensábamos que el río habría crecido considerablemente, pero cuando llegamos a la orilla, el espectáculo era terrorífico. Ewertz y yo juzgamos que la travesía sería una locura, pero Rivera, que se ha visto en peores y que siente despertarse sus instintos marinos, es de opinión contraria.

—Cosa decidida es cosa hecha —dice—. Pasaremos.

—¿Cómo podrán los caballos pasar a nado sin que se los lleve la corriente? —objetábamos nosotros.

—Van a ver —dice Rivera.

Hace desensillar su caballo y sacarle las riendas; lo lleva a un lugar donde la orilla presenta un plano inclinado y lo empuja al agua. El animal trata de volver a subir, pero a pedradas y con grandes gritos lo obliga a lanzarse de frente. Se pone a nadar; pronto, tomado por la corriente se desvía, pero continúa sus esfuerzos y finalmente lo vemos tocar tierra en la otra orilla, a unos cien metros más abajo.

La experiencia está hecha. Los otros cuatro caballos son lanzados al agua uno tras otro; como el primero, tratan de escapar de la aventura, pero terminan por decidirse y atraviesan felizmente.

Ahora nos toca a nosotros.

Llevamos nuestras sillas en el bote, que está encadenado a un árbol de la orilla. Es un bote bastante grande, con dos hileras de remos, y provisto de un timón.

Uno de los boteros se acerca tímidamente a Rivera y le dice:

—Patrón, nosotros sentimos mucho desobedecerle, pero ambos somos casados y padres de familia y no podemos arriesgar nuestro vidas. El peligro es demasiado grande, por su propio interés le suplicamos que espere uno o dos días.

El patrón trata de convencerlos por la buena, pero terminó por injuriarlos y tratarlos de cobardes, lo que para un chileno es la suprema injuria. Nada consigue; los boteros son obstinados. En mi fuero interno les encuentro razón, pero el amor propio me impide expresar mi opinión.

—Está bien, pasaremos sin ustedes —dice Rivera.

Enseguida, dirigiéndose a Ewertz, a mi y a nuestros dos mozos:

—¿Quién de ustedes sabe manejar los remos?

Ewertz y Carlos confiesan su absoluta ignorancia del oficio, el mozo de Ewertz, nacido en la costa e hijo de pescador, acepta con gusto; por mi parte, practiqué un poco el remo durante mis años de estudiante en el lago del bosque de Cambre y en el canal de Willebroeckk, y a falta de otro, ofrezco mis servicios.

Nos embarcamos, Ewertz y Carlos se colocan adelante. Yo me siento en un banco de remero y el mozo de Ewertz en el otro. Tomamos los remos que están en el fondo del bote y los ponemos en los toletes. Rivera se sitúa en el timón después de haber sacado el candado.

Pero si es de una audacia loca, también es prudente. El extremo de la cadena ha quedado enrollado en el árbol y sostenida por los dos inquilinos. Flotamos a dos metros de la orilla. Nuestro capitán improvisado primero quiere darse cuenta de la confianza que puede tener en sus remeros. «Remen fuerte», nos grita.

Remamos a una cadencia bastante regular. Satisfecho de la prueba, el capitán grita: «Larguen todo», retira rápidamente la cadena y la arroja al fondo del bote.

La corriente no es exagerada en la orilla, pero pronto nos arrastra. Rivera maneja el timón con mano firme y dirige el bote oblicuamente para que el embate no lo tome de costado; a pesar de todo, la embarcación se inclina. Manejo mis remos con toda energía, pero el agua que salta a mi lado me da vértigo.

Cierro los ojos para no verla. Los entreabro a ratos para mirar a Rivera, calmado y tranquilo en el timón. Me parece que mis esfuerzos duran varias horas y que mis brazos se van a anquilosar, cuando siento que la resistencia del agua se debilita; el rápido ha pasado. Algunos golpes de remo todavía, y tocamos la otra orilla. Rivera salta a tierra llevando la cadena, la enrolla en un árbol y le pone el candado. Desembarcamos apresuradamente. Miro a Ewertz: está pálido. Yo no debo tener mejor aspecto. En cuanto a Rivera, conserva su sonrisa.

—¿Y bien? —nos pregunta.

—No quisiera volver a comenzar —dice Ewertz.

—Ni yo —declaro.

—Créanme si quieren —dice Rivera siempre sonriendo—, pero si hubiera
que volverlo a hacer, yo tampoco lo haría.

Mis ojos se dirigen a nuestro punto de partida, donde los dos inquilinos manifiestan su alegría con grandes gestos. ¡Estamos a cerca de 400
metros más abajo!

Los mozos desembarcan las sillas y nos dirigimos a la casita de un
campesino que Rivera conoce. Al principio, rehusa creer que venimos de
Quinchol. Rivera le muestra el bote, recomendandole vigilarlo y llevar
los remos a su casa.

Entretanto, los mozos, que han retirado los lazos de sus sillas, van a
buscar los caballos. Los traen al cabo de un cuarto de hora. Montamos y
una hora más tarde llegamos a Curacautín. Rivera será nuestro huésped en
el hotel Rondini, donde nos esforzaremos en corresponderle las atenciones
que él tuvo para nosotros en Quinchol. Lo retuvimos dos días. Los terrenos estan tan empapados que los trabajos del canal están interrumpidos y
por su parte, Rivera debe esperar que el río baje lo suficiente para poder
volver a su casa en el bote, que deberá manejar solo esta vez.

* * *

Como de costumbre, el fin de mes me lleva a Lautaro. Debo hacer el cálculo
de mis trabajos en la línea, y dar el impulso necesario a mis construcciones
para que se terminen a tiempo.

Diciembre de 1894

Hago un viaje a Traiguén donde debo cobrar una liquidación de 4.297
pesos, correspondiente al valor de 100 kilómetros de fajas en la selva,
tratadas a precios que varían de 40 a 45 pesos el kilómetro. Según mis
libros, estos 100 kilómetros dan 2.133 pesos. Esto me significa entonces,
partir con Julien una utilidad de 50%.

Mi vida es muy agotadora. Como cuento con nuevos contratos, debería
tener un ayudante de mi entera confianza. Desde hace mucho tiempo mi
hermano Alfred me ha pedido que lo traiga. Me decido a hacerlo.

Le envío el dinero necesario para su equipo y para el viaje, dándole instrucciones precisas sobre lo que deberá traer y sobre su itinerario.

Cuando haya elegido el barco y sepa la fecha de embarque, deberá cablegrafiar a Goubet en Santiago el nombre del vapor y la fecha de partida. Yo lo esperaré en Buenos Aires. Si no me encontrará en el muelle, deberá dirigirse al hotel de Provence, donde, si no he podido ir, encontrará una carta con nuevas instrucciones. El viaje de Buenos Aires a Chile se hará por ferrocarril vía Mendoza hasta el terminal ferroviario, después atravesando a lomo de mula la cordillera, que está libre de nieve en esta estación, para volver a tomar el tren en el lado chileno hasta Santiago.

Esta carta va a colmar de alegría al buen Alfred, que espera desde hace tiempo que yo le haga la seña.

Hay un obstáculo en vista. Alfred, que está en los veinte años, deberá sortear para la milicia. Le digo que no se detenga por esta consideración. Si le sale un buen número, todo se arregla por sí mismo; en caso contrario, le pagaré un reemplazante.

El pago de los obreros del canal debe hacerse el 18, pero todavía tengo mucho que hacer con mis contratos en la línea. Me decido entonces a hacer un viaje de ida y vuelta, únicamente para llevar el dinero. Parto temprano en la mañana montando a "Pirata" y acompañado por Carlos. En la noche entregaba los fondos a Julien, y desde el alba del día siguiente, volvía solo a Lautaro, no estando el caballo de Carlos en condiciones de hacer el viaje.

En la noche, hacía mi entrada a la quinta con "Pirata", tan cansados el uno como el otro. Habíamos hecho en dos días, por montes y valles, cerca de 200 kilómetros.

* * *

Hago un gran esfuerzo para terminar mis edificios en la línea. La bodega de Cajón está terminada y entregada a la comisión del gobierno. En la estación de Pillanlelbún, las construcciones están techadas; se colocan las puertas, los marcos, los vidrios, la quincallería; los asfaltadores están trabajando. Los pintores van a comenzar su trabajo. Habré terminado a tiempo.

Hacia el veinte, vuelvo a Curacautín, donde el canal se continúa en forma normal, aún más rápido de lo que había esperado.

* * *

Las fiestas de Navidad van a interrumpir el trabajo durante varios días. Le propongo a Julien volver a nuestra idea de una excursión más allá del río Indio, que no pudimos realizar dos meses antes debido a la obstrucción del puente por el ganado que venía de Argentina.

Julien está atrasado en sus ocupaciones oficiales del servivio de Colonización. Debe hacer su informe, de fin de año, terminar planos y hacer estadísticas y él prefiere aprovechar estas cortas vacaciones para ponerse al día.

En cambio Ramón Barahona, presente en el momento en que hago esta proposición, se entusiasma y sugiere continuar el viaje hasta la Argentina.

Está deseoso de conocer el boquete o paso de Lonquimay, porque el fundo de don Antonio Subercaseaux, que él dirigirá como gerente, ha tomado el nombre de "Puerto Seco". Aquí se llama "puertos secos" a los pasos que permiten la comunicación, a través de los Andes, por lo menos en el verano, entre Chile y Argentina.

La Navidad cae este año en sábado. Para ganar tiempo, don Ramón vendrá a dormir en nuestro campamento el jueves y partiremos el viernes en la mañana.

A las cinco de la mañana nos ponemos en camino. Barahona trae su mozo, un indio disfrazado con el vulgar nombre de Pancho. El mío, Carlos, me acompaña. Para evitar los riesgos imprevistos, llevan de cabestro dos caballos de recambio, cargados de diversas provisiones y cobertores, pues el frío será grande en las alturas. También llevamos revólveres y carabinas.

Durante unos veinte kilómetros se sube en una pendiente suave el valle del Cautín; no se divisa el río que corre a alguna distancia a la derecha, oculto por bosquecillos. A la izquierda se extiende una cadena de colinas, en el medio está la Llanura Grande ora desnuda, ora boscosa.

En el camino, Barahona me cuenta sus aventuras en la guerra civil. En la batalla de Concón, él comandaba una compañía de infantería del

ejército balmacedista. Su regimiento ocupaba la colina sur del río Aconcagua. Habiendo sido rechazado un primer asalto de los revolucionarios,
Barahona, a la cabeza de su compañía bajaba la pendiente en persecución
del enemigo en retirada, cuando al llegar al plano, como lo he contado en
otra parte, el general Del Canto descubre sus baterías de ametralladoras.
En una pestañada, la compañía estaba casi totalmente segada. Barahona
mismo recibía una bala en la mano izquierda. Los sobrevivientes giraban
en torbellino en todos sentidos: era la derrota. Los congresistas cargaron
a su vez. Barahona se arrojó a tierra; la carga pasó. Se había tendido de
espaldas, había puesto la mano herida sobre su cara, la que en un instante se inundó de sangre, y había tirado sobre sí un cadáver vecino. Se
quedó así haciéndose el muerto, los ojos a medio cerrar, la boca abierta,
mientras a su alrededor los enemigos pasaban a la bayoneta a todos los
que vivía aún.

Cayó una noche oscura. El infeliz se desembarazó, y arrastrándose,
ya corriendo, logró juntarse con las líneas gubernamentales. Un carruaje
de ambulancia lo recogió, lo llevó a un hospital de campaña, donde se
procedió a amputarle dos dedos. Algunos días más tarde supo la derrota
definitiva de Placilla. Escapó inmediatamente y fue a pedir asilo donde
unos amigos que vivían en el campo a algunas leguas de ahí. Volvió a
Santiago, donde vegetó hasta el momento en que entró al servicio de don
Antonio Subercaseaux.

✳ ✳ ✳

Cerca de las ocho llegamos al río Indio, torrente impetuoso que se arroja
en el Cautín a 200 metros del camino, después de una cascada de la que
se desprende un olor sulfuroso. Atravesado el puente, echamos pie a tierra
para almorzar copiosamente. El paisaje es maravilloso. A pie, tomamos un
sendero que remonta el río y llegamos a un puente de lianas que es una
maravilla de ingenio en un marco forestal estupendo. Mandé más tarde
una foto a Europa.

El camino, bastante aceptable, empieza a subir, pero no exage-
radamente. Al mediodía, llegamos a la famosa piedra de Retricura, objeto
de veneración para los indios.

La piedra santa se eleva sobre una pequeña colina al borde del camino. De dos a tres metros de altura, está plantada en el suelo, ancha en su base, puntiaguda en su extremo; tiene más o menos la forma de una pirámide triangular. Dos de sus caras están acribilladas de hoyos, donde se depositan las ofrendas; la tercera es lisa como una pizarra. De allí el nombre "Retricura" que significa piedra pulida.

Pancho, que ha pasado a menudo por aquí, nos explica que un gran dios habita la piedra. Socorre a los fieles que lo invocan conforme a las reglas, pero trae desgracias a los que no lo hacen cuando pasan. Su reputación se extiende muy lejos, tanto en Argentina como en Araucanía. Su veneración se ha transmitido de generación en generación, y nadie, sea indio, chileno, argentino o extranjero, osaría pasar sin hacer sus devociones y dejar allí su óbolo.

Este varía de acuerdo con los medios del que pasa. El que tiene dinero deposita monedas; los otros, dones en especies. Quien nada posee, coge una rama de árbol y la deposita al pie de la piedra santa. El viajero que pasara indiferente, iría a una desgracia segura. Su caballo tropezará, se lastimará o se hundirá en la ciénaga cercana; el jinete mismo no estaría libre de sufrir un accidente.

Hemos bajado de nuestras monturas frente al montículo. Pancho, muy convencido, pasa primero, y de pie frente al bloque sagrado, tomando el tono grandilocuente de los oradores indios, pronuncia en su lengua una invocación que puede traducirse como sigue:

«Padre Retricura, estamos en camino hacia Argentina. Mantén nuestros caballos en buenas condiciones y haz que no nos ocurra ningún accidente. ¡Oh, padre Retricura!, si nos espera una desgracia, dile al chucao que nos prevenga. Vamos a darte nuestras ofrendas y a decirte adiós, ¡oh Padre Retricura!».

Después, cada uno de nosotros deposita su óbolo en los hoyos, donde ya se encuentran una cantidad de cosas: monedas, tabaco, cigarrillos, piñones, trigo tostado, charqui.

Barahona y yo dejamos un peso cada uno; Pancho pone un paquete de tabaco; Carlos, más excéptico, se contenta con dejar un cigarrillo.

—Pero —digo yo a Pancho—, ¿qué pasa a la larga con todas estas ofrendas?

—Oh —me contesta—, el padre Retricura es bueno y hay hartos desgraciados en la tierra. Cuando alguien tiene hambre, viene a verlo y le dice: «Padre Retricura, no tengo nada que comer, déjame tomar lo que se te ha dado». O si tiene ganas de fumar: «Padre Retricura, no tengo tabaco ¿puedo tomar el tuyo?». En estos casos el Dios los deja hacer. Pero si alguien viene simplemente a robar, el dios se enojaría y el ladrón sería pronto cruelmente castigado.

En el momento en que ibamos a volver a montar, llegan tres indios que, a su vez, suben a la piedra. Uno de ellos repite palabra por palabra la invocación de Pancho: es entonces una verdadera fórmula ritual.

En ambos lados de la colina el camino atraviesa un bosquecillo. Es allí donde está el chucao.

El "chucao" es un pájaro pequeño, de canto extraño, del que los indios interpretan presagios. En el momento en que pasamos, se pone a gritar con tono risueño: *churi, churi, churi.* Pancho está feliz. El chucao nos anuncia un buen viaje.

—No es para admirarse, patrón —dice—, pues usted ha sido generoso: ha dado un peso, lo mismo que el caballero gringo.

—Y si el viaje debiera ser desgraciado, ¿qué habria dicho el chucao?

—Habría llorado: *trotro, trotro, trotro.*

A la salida del bosque, el camino cruza vastos pantanos provenientes de la fusión de las nieves. He ahí una de las trampas que el padre Retricura reserva a los descreídos.

Más allá la subida se acentúa, pero el camino no serpentea todavía. Remontamos siempre el valle del Cautín, sin verlo jamás. Durante horas caminamos sin incidentes y sin encontrar alma viviente.

Atravesamos por un puente el río Colorado, afluente del Cautín, que desciende de Lonquimay, y antes de ponerse el sol llegamos a Malalcahuellu.

* * *

Como poblado, Malalcahuellu no tiene muy buen aspecto, pero el paisaje es grandioso. Estamos aquí en una garganta de la cadena de altas cimas. A poca distancia hacia el norte, el volcán Lonquimay, en este momento en reposo, levanta su cabeza cubierta de nieve a tres mil metros de altura; un poco más lejos, otra cima nevada es el volcán Tolhuaca. Hacia el sur las puntas blancas del volcán Nevada, más allá, a la derecha el Llaima, coronado de un penacho de humo. En el valle corre el río Cautín, que no es aquí sino un gran riachuelo de curso rápido; en sus orillas hay un antiguo fuerte, hoy día en ruinas.

La región está poblada principalmente por colonos chilenos, emigrados anteriormente a la provincia argentina de Neuquén, y a quienes, debido a la tensión entre los dos países, el gobierno ha traído a su territorio, dándoles tierras.

La aldea cuenta con numerosas ventas de licores y despachos que, en el verano, encuentran su clientela entre los traficantes que circulan entre Chile y la Argentina. El almacén principal en el centro del pueblo, es también una posada o albergue. Es allí donde nosotros bajamos. El posadero chileno nos hace una entusiasta acogida. Además de la cantina y el comedor, el establecimiento cuenta con un dormitorio con cuatro camas. Como anexo hay una gran sala vacía, donde los clientes que no pueden darse el lujo de pagar por una cama, duermen sobre el suelo de tierra apisonada.

Por el momento, somos los únicos pasajeros, pero caemos en plenos preparativos de fiesta.

La noche de Navidad, la "Nochebuena", es en Chile ocasión de gran alegría y diversión. Como cae en mitad del verano, la Navidad desempeña el papel de la Asunción entre nosotros.

Banderas chilenas ondean en todas las casas; jinetes y peatones circulan por las calles. Esperando la cena de medianoche, las cantinas hacen desde temprano un negocio brillante.

La sala de la posada se ha convertido en sala de baile. Las paredes desnuda desaparecen bajo las banderas, follaje y guirnaldas de papeles de colores; linternas venecianas cuelgan del techo. Bancos rústicos y mesas se han dispuesto a lo largo de los muros.

Nos sirven una excelente comida, que comienza por una cazuela, y cuyo plato de resistencia es una pava asada.

Con Barahona le hacemos debido honor y la rociamos con una botella de vino Urmeneta, cuyo precio está de acuerdo con lo alejado del lugar.

Después de un paseo digestivo volvemos a la posada. Es ahora noche oscura y la cena ha comenzado. En la sala hay más o menos cuarenta hombres y mujeres de clase popular. En un rincón, la "cantora" canta con voz chillona una de esas deliciosas melodías con las que se baila la cueca, algunas de las cuales están llenas de finura.

Tus ojos me dicen sí
tu boca me dice no,
entre la boca y el ojo
al ojo me atengo yo.

Se acompaña con la guitarra. Un joven a su lado tamborea con los dedos sobre la caja del instrummto. En la pista libre, al centro de la sala algunas parejas bailan la cueca nacional, animadas por la asistencia, que golpea las manos en cadencia y excita a los bailarines con gritos y observaciones a veces escabrosas, que producen hilaridad general. Bailada por el populacho, la cueca, tan elegante en los salones, se convierte en una especie de bacanal más bien indecente.

La gente colocada en los bancos a lo largo de los muros, bebe "ponche en leche", que es la clásica bebida de la Nochebuena. Es un ponche de leche caliente mezclada con una fuerte dosis de aguardiente.

Barahona me propone que ofrezcamos un ponche para todos.

Nos entendemos con el posadero y pronto dos mozos depositan en el centro de la sala una paila llena de ponche en leche.

Se trae un "potrillo", enorme vaso que puede contener dos litros. El posadero lo llena y lo hace circular a la redonda. Cada uno toma el jarro a dos manos, bebe un largo trago y se lo pasa a su vecino. Cuando el potrillo está vacío, se le llena de nuevo y la vuelta continúa. Esto dura hasta que la paila está vacia.

El entusiasmo llega a su colmo: se nos quiere llevar en triunfo, y sólo con gran esfuerzo logramos soltarnos y abandonar la sala.

Ya es tiempo, por lo demás, pues la asamblea comienza a mostrar un estado de ebriedad manifiesta.

Nos acostamos en nuestras camas pero no dormiremos nada: el alboroto durará hasta entrado el día.

Dormimos hasta tarde, y sólo a las ocho, después de un confortante desayuno, nos pondremos nuevamente en camino.

Esta vez tendremos que atravesar el portezuela. Durante algunos kilómetros remontamos aún el curso del Cautín. Su fuente surge de una grieta en la roca a poca distancia del camino. El desnivel se acentúa: el camino trepa en zigzagueos tortuosos. Avanzamos al paso, deteniéndonos de vez en cuando para dejar descansar los caballos. La subida es dura, pero aparte de un precipicio aquí y allá, a un lado u otro del camino, no ofrece mayores peligros. Atravesamos algunos desfiladeros estrechos o "cañones", que, cuando pasa el ganado proveniente de la Argentina, deben quedar largo tiempo bloqueados para los viajeros que van en sentido inverso, como fue el caso de Julien y yo en el puente del Indio.

La ruta está perfectamente seca, pero en las laderas que miran al sur quedan aún grandes extensiones de nieve. No hay que perder de vista que aquí, a la inversa que en nuestra tierra, a mediodía el sol marca el norte.

Hemos llegado a una especie de planicie donde alcanzamos a una caravana de indígenas que marcha en el mismo sentido que nosotros. Es una verdadera migración de tribu. Una larga fila de carretas de ruedas macizas; saltando y chirriando lamentablemente, están cargadas de mujeres y niños. Adelante, en cada esta, una mujer excita a los bueyes clavándolos con su "picana", agujón formado por un largo bambú puntiagudo.

Las acompaña una tropilla de unas veinte yeguas. Hay que notar que los indios no montan las yeguas. Fuera de la reproducción, ellas no sirven sino para la trilla del trigo en la época de la cosecha, y para el transporte en tiempos corrientes; ellas proveen también la carne preferida por los indios en sus banquetes.

Guerreros a caballo, armados con sus largas lanzas, escoltan el convoy.

Al divisarnos, el cacique de la tribu que marchaba a la cabeza del cortejo se detiene; sus mocetones se agrupan a su alrededor. Nosotros procedemos a las zalemas usuales. Mi conocimiento de la lengua mapuche es todavía un poco rudimentario; en cuanto a don Ramón, ignora absolutamente el idioma, pero tenemos como intérprete al buen Pancho.

Nos informamos así de que el cacique se llama Calbulonco (cabeza azul) que habita las orillas del río Captrén, un afluente del Cautín, que partió con una parte de su tribu hace cuatro días para ir a recoger piñones en la cordillera, y para llevar el producto de su recolección trae las carretas, las yeguas y los sacos de cuero.

El cacique se declara encantado de encontrarnos, y muy ingenuamente nos pregunta si por casualidad no tendríamos algo de pulco (aguardiente). Le contestemos que en nuestros bagajes tenemos dos botellas. En realidad tenemos seis, precisamente en previsión de tal eventualidad, pero conviene reservar algo para más adelante.

Carlos nos trae las dos botellas que yo descorcho con mi tirabuzón de bolsillo, le paso una a Barahona y conservo la otra en mis manos. Conozco en efecto las reglas del saber vivir y sé que un indio no tocaría un brebaje que se le ofrezca sin que el donante lo haya probado previamente.

Arrojo las primeras gotas a tierra para satisfacer a los espíritus y en seguida tomo un trago. Barahona hace lo mismo y pasamos las dos botellas al cacique. El toma un largo trago de cada una de las botellas, y después las pasa a sus guerreros, quienes beben a su vez. Tienen el buen cuidado de guardar las botellas vacías, que tienen para ellos utilidad práctica.

Cambiamos todavía algunos discursos, se estrechan las manos a la redonda y volvemos a tomar nuestro camino, perseguidos un largo rato por el ruido estridente de las carretas.

Una media hora más tarde llegamos a la selva de araucarias, objetivo de nuestros indios.

La araucaria es un árbol especial de este país: forma grandes bosques en regiones relativamente altas de la cordillera. Es una conífera de ramas regulares de follaje verde oscuro perpetuo; su tronco, que se eleva a 30 o 40 metros de altura, es rigurosamente recto; sería el mástil ideal para un navío, pero su lejanía de la costa no permite utilizarlo. Su fruto es un cono enorme, del tamaño y la forma de una gran piña. Esta especie de esfera está llena de vainas que contienen una fécula de la cual los indios sacan una harina sustanciosa con gusto a castaña. Los indios llaman a estas vainas "pehuen", y los chilenos piñones. En otoño, fecha de madurez del fruto, los indios parten en expedición a la cordillera para cogerlas en los árboles con el fin de aprovisionarse para el invierno. Los conos que quedan en ellos estallan solos y esparcen por el suelo sus vainas, que pronto cubrirá la nieve. Después de que ésta se funde, las migraciones indígenas se renuevan para recoger los piñones esparcidos en el suelo. Han perdido tal vez algo de sus cualidades nutritivas pero han conservado su sabor, y su recolección es mucho más fácil.

Por el momento no quedan piñones desparramados alrededor de los árboles a lo largo del camino; otros han venido antes a recogerlos y nuestros nuevos amigos indios deberán internarse profundamente en la selva.

Cerca de las cuatro alcanzamos el punto culminante del paso; estamos a dos mil metros de altura aproximadamente. La temperatura es exquisita. En el cielo, de un azul muy puro, planean grandes cóndores con sus alas desplegadas. Parecen inmóviles. Vemos el camino de bajada que se desarrolla en zigzag; en la lejanía se expande el gran valle del alto Bío-Bío. En dos ocasiones divisamos de lejos tropillas de guanacos.

El descenso es fácil, y antes que anochezca llegamos al pueblo de Lonquimay donde encontramos un albergue pasable, la Posada del Boquete, alusión a la brecha en la montaña que acabamos de pasar.

El valle de Lonquimay o del alto Bío Bío es uno de los puntos neurálgicos de la famosa cuestión de límite entre Chile y la Argentina, hoy día en estado agudo, y que amenaza con hacer estallar la guerra entre los dos países.

Lonquimay es un centro mucho más importante que Malalcahuellu. Las casas tienen mejor aspecto, los despachos son más numerosos y mejor provistos de mercaderías. Como en todos los pueblos y aldeas de Araucanía, falta la iglesia.

✻ ✻ ✻

Volvemos a partir el domingo en la mañana. Dejamos en reposo los dos caballos que hemos montado hasta aquí. Carlos, cuya cabalgadura está cansada, queda cuidando a los otros.

Atravesemos el Bío-Bío, que aquí tiene unos cuarenta metros de ancho y tomamos el camino hacia la frontera argentina, la cual está a unos treinta kilómetros de distancia. En el valle pastan numerosos rebaños.

El camino sigue la orilla de un afluente del río Bío-Bío, cuyo nombre ignoro. Al final de una legua en plano, comienza la subida, pero la pendiente no es comparable con aquella del portezuelo de la víspera.

No sé a qué altura subimos, a mil o mil doscientos metros tal vez. Después de tres horas de marcha, llegamos a la cima del portezuelo en la cadena divisoria de las aguas. Los riachuelos que encontramos corren ahora hacia el Atlántico; estamos pues en la República Argentina, pero no hemos encontrado ni poste fronterizo, ni aduana, ni guardia de ninguna especie. Felices de haber satisfecho nuestro deseo de pisar suelo argentino, nos instalamos a la sombra de un bosquecillo de tamarindos, y atacamos valientemente nuestras provisiones, contemplando desde muy lejos la inmensidad de la pampa argentina, que se despliega hasta el infinito más allá de los últimos contrafuertes de los Andes.

El regreso se hace sin incidentes, y a la hora de comida estábamos instalados en la mesa de la Posada del Boquete.

Nos acostamos temprano, pues la etapa de mañana será dura. Hemos decidido alcanzar en un solo día el campamento de Puerto Seco. Desde el alba, montamos los caballos que ya han reposado en la víspera. Esta vez es Carlos quien nos acompañará. Pancho deberá llevar las tres cabalgaduras en dos etapas.

La subida hasta el boquete de Lonquimay es menos dura que la ascensión en sentido inverso, y a mediodía almorzamos en la posada de Malalcahuellu.

A las dos, volvemos a montar a caballo. En el curso de la ruta, renovamos nuestras devociones a la piedra santa de Retricura, pero esta vez, en lugar de un peso, dejamos cada uno una chaucha, o pieza de veinte centavos. No tenemos ya tanta necesidad de la protección del padre Retricura. Nuestra tacañería no impide que el chucao nos acompañe con su risa alegre. A la noche, muy cansados, echábamos pie a tierra frente a la tienda donde nos esperaba Julien. Habíamos cubierto en el día cerca de 100 kilómetros, de los cuales una parte de alta montaña.

3. El canal de "Puerto Seco"

Después de un día de reposo relativo consagrado a la inspección de la obra del canal, volví a dirigirme a Lautaro.

Encuentro casi terminados los trabajos de Pillanlelbún, y el día 31 de diciembre hacía su entrega a los ingenieros del gobierno. En lo que a mí concierne, he conseguido cumplir los plazos fijados pero no ha sido lo mismo para otros contratistas, y no es posible aún entregar la línea al servicio de explotación de los Ferrocarriles del Estado.

Enero de 1895

Mis compromisos respecto a los ferrocarriles están terminados. Licencio a mis hombres incluyendo al buen Matías Provost, a quien doy una gratificación que ciertamente merece bien, pues mientras yo estaba la mayor parte del tiempo ausente, ha conducido el barco a la perfección. Entrego mis herramientas y arreglo mis cuentas con el gobierno. Paso las noches hasta tarde poniendo en orden mi contabilidad.

Después vuelvo a Curacautín, donde me queda por hacer un último y vigoroso esfuerzo para acabar el canal.

A esto me entrego de todo corazón; apuro a mis hombres en tal forma, que a fin de mes se terminan los trabajos. Se abren las compuertas de la bocatoma y, a nuestra gran satisfacción las aguas llegan sin ningún tropiezo hasta el extremo del canal a 14 kilómetros de la toma de agua, de donde se escurren en las acequias de riego a través del fundo.

Después de esta prueba feliz, las compuertas se cierran nuevamente, pues la llegada oficial del agua forma parte de la fiesta de la inauguración.

Febrero de 1895

Aquella ha sido fijada para el primero de febrero. Don Ramón Barahona, a nombre de su patrón don Antonio Subercaseaux, ha tomado a su cargo los gastos. Ha enviado invitaciones a todos los alrededores donde, hasta larga distancia, se puede contar con "gente decente".

Se ha previsto un gran banquete. En el llano, cerca de nuestro campamento, se ha levantado una inmensa ramada, defendiendo de los rayos del sol hileras de mesas, que son vulgares tablas colocadas sobre caballetes, al costado de las cuales, bancos, también de tablas, esperan a los invitados. Palas, picotas y diversas herramientas están dispuestas en panoplias. A la entrada flota un pabellón belga rodeado de banderas chilenas.

Desde las diez de la mañana, llegan los primeros invitados.

Descienden de sus monturas frente a la ramada, donde don Ramón, Julien y yo los recibimos. Pronto son unos cincuenta, entre los cuales hay algunas mujeres. Volvemos a encontrar a nuestro amigo Alfredo Rivera entre otros. Se hace circular aperitivos.

Nuestro campamento se encuentra casi a medio camino entre la toma de agua en el río Blanco y el extremo del canal, al pie de una cadena de colinas. El canal corre aquí a media falda. La llegada del agua debe tener lugar a las once. En nuestro ensayo general hemos anotado con precisión el tiempo que toma el agua en llegar aquí.

Algunos minutos antes de la hora fijada, todos suben por la ladera, y se colocan a la orilla del canal. Este está todavía seco. De repente llega una primera oleada burbujeante y continúa su curso. Son las once en punto. El nivel sube rápidamente y pronto el canal corre a pleno caudal. Se elevan gritos de entusiasmo. Muchos espectadores nos consideran como algo brujos.

Se vuelve a la ramada, se sirven nuevos aperitivos, y nos sentamos a la mesa. Naturalmente el banquete es copioso, y los vinos abundantes. A la hora de los *toasts* don Ramón levanta su vaso, asociando en un brindis común a los dos ilustres ingenieros quienes, a través de mil dificultades en apariencia insalvables, han realizado la obra grandiosa de llevar al fundo Puerto Seco las aguas del lejano río Blanco. A mi vez, bebo por el gran hacendado don Antonio Subercaseaux, quien, con la creación del fundo Puerto Seco va a inaugurar para el país una era de prosperidad, y por su digno representante don Ramón Manuel Barahona bajo cuya activa e inteligente dirección el éxito de la nueva hacienda está asegurado. Después, según la costumbre chilena, los *toasts* suceden a los *toasts*, y un número incalculable de copas se vació a la salud de innumerables personas.

A las cuatro termina la fiesta. Los invitados, todos un tanto bebidos, montan a caballo. Barahona los acompaña.

Con Julien vamos a hacer acto de presencia en otro banquete, mucho más democrático que el que recién dejamos; es el banquete que hemos ofrecido a los obreros en una de las faenas a un par de kilómetros de distancia. Se les ha preparado porotos, especialmente sazonados con doble dosis de grasa y de ají. Dos vacas se han transformado en sabrosos asados, un tonel de vino y cierto número de botellas de aguardiente, tabaco y hojas de maíz para hacer cigarrillos, se han puesto a su disposición. La fiesta, presidida por Rioseco, ha sido alegre.

Somos acogidos por las aclamaciones frenéticas de una asamblea donde la ebriedad comienza a reinar. Sin descender del caballo tomamos un vaso de vino y partimos muy rápidamente para escapar de las ovaciones y la efusión de los rotos, muchos de los cuales, ya ebrios, lloran de emoción.

Volvemos a nuestra tienda. Es la última vez que la ocupamos. Al día siguiente es desmontada y enviada con nuestro bagaje a Curacautín. Los obreros toman el camino al valle. El instrumental, cargado en carretas, será llevado por Rioseco a Lautaro; en cuanto a los campamentos, quedarán en pie por haberlos comprado Barahona.

Pasamos varios días en el hotel de Rondini, verificando y pagando los vales que nos presenta nuestro proveedor de víveres Justo Pastor Quezada, las diversas facturas pendientes, arreglando con Barahona las últimas cuentas del canal.

Estando todo arreglado, decimos adiós a Curacautín y volvemos a la quinta de Lautaro.

Algunos días más tarde, leíamos en *El Colono*, diario de Angol, una información ditirámbica de la inauguración, debida sin duda a la pluma de nuestro amigo don Ramón Barahona.

* * *

A mi regreso a Lautaro, encuentro un telegrama de Goubet anunciándome que Alfred se embarcaría en Amberes en el vapor "Meier" del "Nord Deutscher Lloyd" con destino a Buenos Aires.

* * *

Heme aquí tranquilo por algún tiempo, pero mi salud ha sido quebrantada por el terrible cansancio que he debido sufrir estos últimos meses. El estómago y el hígado están deteriorados; he sufrido en varias ocasiones fuertes neuralgias. Creo indispensable hacer una cura en alguna parte.

Hace algunos meses, en el curso de una exploración en los alrededores del volcán Tolhuaca, Julien ha descubierto en en lugar maravilloso fuentes de agua caliente intensamente sulfurosas. Ha sacado muestras que ha enviado al servicio de higiene en Santiago. El resultado del análisis fue que las aguas de Tolhuaca eran en todo comparables a las tan renombradas de Chillán. Ha pedido también, de acuerdo a una ley de minas y fuentes minerales, una concesión de veinte hectáreas que comprende las vertientes. Me propone elegir para mi cura los baños de Chillán, donde él me acompañaría. Como no tengo en vista ningún tratamiento médico, acepto su proposición. Iremos a pasar allí unos quince días.

* * *

Tomamos una mañana el tren a Victoria. La explotación de la línea es aún provisoria, pero ha mejorado. Ahora hay dos trenes diarios a horario fijo entre Temuco y Victoria; las locomotoras se caldean a carbón y los viajeros no tienen, como antes, que cooperar al cargamento de madera en el tender.

Hace seis años de la construcción de la línea. «Quien se apura muere» dice el proverbio chileno.

En Victoria disponemos de dos horas antes de la salida del tren regular hacia el norte.

Es el momento de almorzar seriamente. Tenemos dificultad en la elección: "Hotel de France", "Hotel de París", "Hotel del Ferrocarril", "English Hotel", "Hotel Alemán". Cinco hoteles sin contar los restaurantes de segundo orden.

¡Qué cambio desde que llegué a esta misma Victoria hace seis años! Recuerdo que no existía como albergue sino un pequeño bodegón, atendido por un alemán llamado Niedmann y su mujer. La comida era detestable, la mujer se emborrachaba con frecuencia. Existía un vasto dormitorio con cuatro camas, donde se dormía en comunidad, y dos pequeños desvanes muy incómodos.

No existía ni la estación ni el barrio nuevo que la rodea. Se estaba construyendo la primera casa, que pertenecía a mi amigo Manuel Vieytes, quien tomaba su pensión junto conmigo donde don Celestino Pérez, comerciante español, cuya tienda estaba al lado de nuestras oficinas, en lo que era el centro de entonces.

La plaza de los Robles era el fin del mundo, donde se juntaban merodeadores y vagabundos. Vieytes no habría vuelto a su casa de noche sin llevar en la mano el revólver.

La policía de ese tiempo, "pacos" como se les llamaba, eran una docena de seres andrajosos, sin uniforme, solamente reconocibles por su aire insolente y su quepi blanco, rojo, azul o negro. Su armamento consistía en un yatagán y un sable de caballería. Su sueldo era de 17 pesos al mes, que rara vez se les pagaba. Por esto ellos se buscaban la subsistencia por sus propios medios. Cuando uno se retrasaba en la noche al volver a su casa, debía preparar el revólver y cambiar de acera cuando divisaba un policial.

Cuando un policía ingenuo quería impedir que los caballeros de francachela cometieran abusos, primero era golpeado y en seguida era llevado al puesto de policía donde el sargento lo ponía en el cepo por haberse metido en asuntos que no le incumbían.

Eran buenos tiempos aquellos. Era verdaderamente "la frontera". Ahora Victoria es una ciudad como todas las ciudades del sur; un poco más barrosa en invierno y un poco más polvorienta en verano. En lugar de las grandes botas y los ponchos de antaño, se ven zapatos de charol y sobretodos a la moda; en lugar de revólver, se llevan guantes, y cuando se quiere comer en la noche, se entra en el primer restaurante que se encuentra.

De todos modos prefiero el antiguo sistema.

✳ ✳ ✳

Reconfortados con un excelente almuerzo, subimos al tren del norte. Atraviesa las ex selvas vírgenes, hoy escasas, las ricas llanuras donde en este momento hormiguean los segadores. Todavía se cortan las espigas con la hoz, pero las trilladoras mecánicas se están haciendo de uso general; terminarán así las alegres trillas a yegua de antes.

Desde Victoria hasta más allá de Collipulli, las estaciones están llenas de maderas aserradas. Estas riquezas se van acumulando sin cesar; la mala organización de los ferrocarriles no permite su transporte hacia el norte. Esto es lo que mata la explotación de la selva en Araucanía. Es cierto que el Estado ordena cada año nuevos vagones y locomotoras, pero como los continuos choques y desrielamientos destruyen casi tanto como se compra, el remedio no está a la altura del mal.

Cambiando de tren en Roblería subimos al expreso que viene de Angol y rodamos hacia el norte, fuertemente zarandeados en esta línea tortuosa y mal ripiada.

Entramos en la región de las viñas. En los lomajes brillan hermosos racimos de uvas aún verdes. Según se asegura, la vendimia será buena este año. Tanto mejor.

En Coihue, atravesamos el río Bío-Bío, y cada vez más sacudidos en las curvas llegamos a San Rosendo, donde bajamos, dejando correr el expreso hacia Concepción y Talcahuano.

San Rosendo, punto de partida del ramal de la línea Santiago-Concepción hacia la frontera, es una estación importante, pero no es sino una estación. El caserío, muy apretado entre el río y las colinas, está habitado por los obreros del ferrocarril y de las grandes canteras vecinas. En la estación hay un hotel muy bien tenido donde vamos a esperar hasta mañana la pasada del expreso de Concepción hacia el norte.

Después de comer damos un paseo. San Rosendo está en la confluencia de los ríos Laja y Bío-Bío, dos ríos muy anchos, sobre todo el segundo, pero de poca profundidad; su unión forma una inmensa napa de agua.

Inmediatamente pasada la estación, la línea atraviesa el río Laja sobre un puente metálico de 400 metros de largo, con ocho arcos de cincuenta metros, que descansan sobre fundaciones tubulares, hundidas con aire comprimido, construido por una firma inglesa.

El hotel cierra sus puertas y apaga las luces a las ocho. Vamos pues a acostarnos con las gallinas.

Al día siguiente, después de un paseo seguido de un buen desayuno, salimos a las 8 en el expreso que debe llevarnos a Chillán.

En el tren no se habla sino de los dos accidentes ocurridos en el mismo expreso hace dos días.

A la entrada de una estación no lejos de San Rosendo, una joven institutriz francesa que terminadas sus vacaciones volvía a Santiago, sacó la cabeza por la ventanilla, la que golpeándose en un poste colocado demasiado cerca de la vía, fue completamente destrozada. Algunas horas más tarde, tres vagones de pasajeros desrielaron, uno de ellos se volcó, resultando siete personas heridas de gravedad y numerosas contusas.

* * *

Llegamos a Chillán a la hora de almuerzo. Un coche nos transportó al hotel Central, vasta construcción en la esquina de la plaza principal, de un piso, como todas las casas de aquí.

El hotel está bien tenido, las piezas bien amobladas, el comedor lujoso y el almuerzo muy bueno. Lo regamos con una botella de *St. Estephe* auténtico, cuyo precio es cuatro pesos. Es un lujo algo tonto en un país que produce vinos que pretenden rivalizar con los de Francia, pero los vinos franceses tienen un bouquet que no alcanzan los mejores de aquí.

Al dorso de las listas del hotel, una nota me informa sobre el lugar.

Fecha de la fundación de Chillán actual: Enero de 1836.

Latitud: 36° 40'.

Altura sobre el nivel del mar: 120 metros.

Población urbana: 25.000, rural: 45.000.

Todos los sábados feria de animales y productos agrícolas, que atrae a 5.000 personas.

Distancia de Chillán a las termas: 90 kilómetros.

Altura del establecimiento de baños: 1.161 metros.

Cima del volcán Renegado: 3.202 metros.

Profundidad del cráter: 80 metros.

Diámetro del cráter: 180.

Después de almuerzo, paseo por la ciudad, muy agradable, con calles bien pavimentadas, plazas bellamente decoradas, tiendas muy lujosas. Ningún monumento, si no es una iglesia que deshonra la plaza principal con sus vidrios quebrados y las hierbas que crecen entre sus ladrillos.

He visitado ya Chillán a mi regreso de los baños de Panimávida. Fue justamente en sábado, día de feria, y las 4.000 ó 5.000 personas de que habla la información del hotel es una cifra nada exagerada. Había allí un hormiguero intensamente pintoresco.

Si el Chillán actual es una ciudad moderna, los conquistadores españoles habían fundado ya una ciudad del mismo nombre a poca distancia. Un terrible temblor la destruyó completamente en 1835; la ciudad fue reconstruida al año siguiente a poca distancia de las ruinas.

Para ir a Chillán Viejo, la antigua ciudad, tomamos un tranvía tirado por mulas. Como en todo Chile, la tarifa es uniforme, cinco centavos, cualquiera que sea la distancia. Esta vez es cerca de una legua.

Fuera de la ciudad, seguimos una larga calle ancha bordeada de fábricas, sobre todo curtiembres. La más importante es la de un señor Constant, un francés que tuve ocasión de conocer en Lautaro. La casa habitación, rodeada de un jardín muy bien cuidado, es de un aspecto distinguido. Son de notar también los grandes aserraderos y depósitos de maderas. Un letrero me llama la atención: "Tintorería Belga".

Chillán Viejo ha vuelto a ser un gran pueblo con hermosas villas, soberbios jardines floridos y numerosas ventas, donde el tranvía trae los domingos a los habitantes de Chillán nuevo.

Es aquí donde nació a fines del siglo 18 el general Bernardo O'Higgins, de origen irlandés, prócer de la independencia. Un modesto monumento erigido en la plaza de Chillán Viejo recuerda su memoria.

* * *

Nos acostamos temprano, pues el coche que hace el servicio a las termas parte a las seis de la mañana.

Es un gran carricoche donde vamos siete pasajeros, tirado por tres caballos cuyo tren es un galope desenfrenado. Una primera etapa de 25 kilómetros nos lleva a Villa de Pinto, donde se cambia caballos. Una segunda, un poco menos larga, finaliza en un lugar llamado Los Quilos. Son las once, y almorzamos rápidamente en una posada pasable. Estamos casi a medio camino a vuelo de pájaro, pero la parte ruda del trayecto va a comenzar. Hasta aquí el camino acusaba un declive moderado. Esta vez el carricoche es enganchado con cuatro caballos dispuestos en dos parejas. En varias ocasiones se cortan valles muy profundos al fondo de los cuales corren ríos cruzados por puentes angostos de madera sin el menor parapeto. Los caballos bajan la cuesta a un galope desordenado; el coche pasa como tromba el puente; la subida se continúa al galope hasta que la sofocación fuerza a los caballos a seguir al paso. Cada vez que se ha pasado uno de estos obstáculos, los pasajeros lanzan un suspiro de alivio. Vamos terriblemente zarandeados. En ciertos puntos, el carricoche oscila a izquierda y derecha como barco golpeado por la tormenta.

El relevo siguiente está en La Invernada. Hemos ganado ya mucha altura, y el frío se hace sentir. En pleno verano, llevando un sobretodo, no creí necesario traer un cobertor. Felizmente durante la parada encuentro en una tienda un grueso poncho de lana color café claro, por el que pago seis pesos.

Cerca de las tres llegamos a Las Trancas, donde tomamos un tentempié con un vaso de vino. No estamos sino a 14 kilómetros de las termas, pero la subida es dura. Nuestro atalaje cuenta ahora seis caballos que tiran del coche al paso en las curvas del camino.

A las seis llegamos al fin al establecimiento de baños, cerca de dos mil metros de altura. Hace justo doce horas que salimos de Chillán. Tenemos los riñones destrozados. Como iniciación de una cura de reposo, es realmente un éxito.

El "Hotel de las Termas" es muy amplio y está perfectamente amoblado. Tomamos nuestras piezas, una buena comida calma nuestro apetito aguzado por el aire libre. En seguida, quebrantados por las sacudidas del carricoche, nos apresuramos en meternos en la cama.

* * *

En la mañana siguiente exploramos los alrededores.

El hotel está edificado sobre una plataforma relativamente estrecha. En el flanco de las montañas circundantes, fumarolas y pequeños geysers de agua o de vapor surgen por todas partes; predomina el olor a azufre.

Las aguas de Chillán son de naturaleza muy diversa: las hay sulfurosas, ferruginosas, otras alcalinas a base de potasa, calcio y magnesio. La temperatura de las fuentes varía desde la más fría hasta la ebullición. Hay verdaderamente para todos los gustos.

Alrededor del hotel, a diversos niveles en el flanco de la montaña, se levantan los pabellones para las diversas curas: baños, fumigaciones, duchas, absorción de aguas de todo género.

La cura sulfurosa es la que atrae más gente. Hay allí tres manantiales de vapor, poco distantes uno del otro, cada uno recubierto por una construcción. Llevan los nombres pintorescos de "El Ternero", "La Vaca" y "El Toro", según su intensidad y su temperatura más y más fuerte.

Como primera experiencia ensayamos "El Ternero". Después de habernos desvestido en las cabinas, se nos introduce en el santuario. La temperatura es de 45°; reina un abominable olor sulfuroso. Después de diez minutos de transpiración en esta morada infernal pasamos a la ducha. En cuanto nos vestimos, huimos rápidamente, jurando no afrontar jamás el suplicio más feroz todavía de "La Vaca" y peor aún, de "El Toro".

El establecimiento está rodeado de altas cimas; primero el Pirigallo, que domina con su punta aguda las instalaciones del baño; después el Calabozo, el Palcura, el volcán Nevado, a menudo en actividad, el Renegado o volcán Viejo, que ha cesado en sus erupciones, y otros todavía. No faltan los objetivos de excursión.

El hotel está muy animado; hay en él en este momento un centenar de personas. La mesa es excelente. En la noche se baila en el vasto salón, y los amantes de las emociones fuertes pasan a las salas de ruleta y de baccarat. Se juega fuerte. Se nos cuenta el caso de un hacendado que a las dos de la mañana, la noche antes de partir, estaba casi sin un centavo, y a las diez partía llevando treinta mil pesos. Nos cuentan también que otro no sólo había sido despojado de todo el dinero que poseía, sino que también había jugado y perdido sus propiedades, y había salido absolutamente arruinado. Nos hablan también de varios suicidios. ¡Qué triste pasión ésta del juego, tan arraigada en las costumbres chilenas!

* * *

Pasamos los cuatro primeros día en vagabundeos, sin alejarnos mucho del hotel. Estamos de nuevo debidamente en forma y hemos decidido hacer la ascención del Pirigallo.

Como es la costumbre, avisamos a la dirección del hotel para que en caso de éxito, la hazaña sea debidamente inscrita en el libro de oro.

* * *

Almorzamos a las once, y a medio día nos pusimos en marcha. A primera vista la subida parece un juego de niños. Al mirar la cumbre, parece que se puede alcanzar en una hora. ¡Qué ilusión!

Partimos por un sendero que sube en zigzag en una dirección casi opuesta a la de la cima porque primero debemos ganar la cresta de uno de los cordones de la montaña adyacentes al Pirigallo.

La subida es ardua. De tiempo en tiempo nos detenemos bajo el pretexto de mirar el paisaje que se extiende continuamente debajo de nosotros, pero en realidad es para tomar aliento. Ni uno ni otro queremos parecer sofocados. ¡Somos ardeneses los dos, qué diablo!

Llegamos a la cumbre del cordón. Al otro lado se extiende un valle profundo cuyo flanco opuesto remata también en el Pirigallo. Este valle está cubierto de yacimientos de azufre, potasa y alumbre: fumarolas y fuentes surgen por todas partes; de pequeñas grietas sale el agua saturando el aire de acres vapores de azufre. Es la "Cocina del diablo", dice la gente de la región, porque el aspecto del valle es verdaderamente satánico.

Después de diez minutos de reposo volvemos a ponernos en marcha siguiendo la línea de la cumbre que va elevándose hacia el Pirigallo. En el sendero por donde hemos venido, los árboles, aunque achaparrados, nos daban sombra; a partir de aquí la vegetación se reduce a matorrales y el sol pega fuerte.

Subimos siempre. Cesan los matorrales, entramos en las rocas. El reino vegetal está representado por algunas florecillas que no conozco y por una especie de líquen.

Alcanzamos uno de los picos secundarios y nos detenemos.

El Pirigallo parece al alcance de la mano. Esto nos devuelve la energía y volvemos a partir. Pero detrás del pico secundario hay otro y después un tercero.

Continuamos trepando, sea agarrados a las rocas, sea haciendo zigzagueos por las subidas más suaves cubiertas de guijarros.

Al seguir la línea cumbrera, tenemos una vista soberbia de cada costado de la cadena. A la izquierda, los establecimientos de baños, cuyas dimensiones disminuyen progresivamente; a la derecha el valle de la "Cocina del diablo", con una selva de árboles enanos, a media altura las fumarolas y las fuentes y en lo alto las pendientes empinadas pulidas por las avalanchas.

La subida continúa siempre. El Pirigallo nos mira venir. En la cumbre hay una roca que forma más o menos la cabeza de un viejo que parece sonreír sarcásticamente.

El sol, allá arriba, lanza sus dardos. Chorreamos. ¡Mi reino por una botella de cerveza!

No tenemos ni siquiera la esperanza de encontrar una fuente en estas cumbres. No nos queda otro recurso que apresurar la marcha para llegar a las nieves.

Las cumbres suceden a las cumbres. Desde lo alto el viejo se burla de nosotros. Julien exclama: «Mientras más se sube, más alto está». A 2.500 metros encuentro profunda la reflexión.

Por fin llegamos al pie del Pirigallo, pero ahora el pico que antes parecía tan cercano, parece levantarse a una enorme distancia. El viejo se ríe de nuestro asombro.

Después de un buen rato de descanso, emprendemos la última ascensión.

Al principio la pendiente es demasiado empinada, cubierta de guijarros que se desprenden bajo los pies y ruedan en avalancha con un ruido de trueno; hay que tener cuidado de no andar en fila.

Estamos en las rocas. Esta vez nos aproximamos a nuestro objetivo.

En los intersticios de las rocas quedan amontonamientos de nieve. Yo estoy más arriba y me doy el maligno placer de acribillar de bolas de nieve a mi amigo Julien, que, sofocado, descansa un poco más abajo. No se queja de mi bombardeo, pues a cada bola que lo toca, chupa con delicia la nieve que se adhiere a su ropa. Esto despierta sus fuerzas para venir a alcanzarme.

Finalmente escalamos las últimas rocas. Estamos en la cumbre. ¡Qué admirable vista!

Al fondo del primer valle las construcciones de los baños parecen casitas de juguetes. Las manchitas negras que se mueven en todos sentidos son los pasajeros del hotel. Agitamos nuestros pañuelos hacia ellos, pues, como es costumbre cuando una ascensión está anunciada, el telescopio del hotel debe estar apuntando a la cima del Pirigallo y nos observan. Algunos puntos más grandes que se arrastran penosamente a lo largo del plano más bajo que el hotel, son los coches que llegan de Chillán.

Visto desde los baños, el Pirigallo parece ser la cumbre más alta, pero por detrás se elevan otras montañas más altas aún, al costado de las cuales existen glaciares desde los que se precipitan en cascadas algunos riachuelos. A 700 metros más del punto en que estamos, se abre el cráter del Renegado.

Desgraciadamente olvidamos traer mis gemelos. Julien me propone ir a buscarlos. Su proposición no obtiene ningún éxito. Preferimos seguir admirando sin anteojos el paisaje grandioso que se ofrece a nuestra vista.

Alrededor nuestro, a cualquier lado que nos demos vuelta, la cordillera parece un mar de montañas, las unas mostrando sus rocas desnudas, las otras enceguecedoras, con el reflejo de sus nieves eternas. A veces, bajo los rayos del sol jugando entre los vapores de los picachos, todo este caos se pone a danzar una zarabanda infernal.

Es de una fantasía prodigiosa.

Cuando después de un instante de profunda contemplación se baja la vista sobre las manchitas negras que hormiguean en el valle, estamos tentados de exclamar como Perrichon: «¡Qué pequeño es el hombre cuando se le mira desde el Pirigallo!»

Pero hay que pensar en bajar.

Nos agarramos nuevamente a las rocas desconfiando del vértigo, después nos dejamos rodar en medio de una avalancha de piedras a lo largo de cuestas escarpadas. Mientras la subida nos costó tanto, una hora nos basta para volver al hotel, donde los pasajeros nos felicitan calurosamente. En la oficina del director se nos ofrece una champaña de honor y firmamos el libro de oro. Es la segunda ascensión que se ha registrado desde la apertura de la temporada en octubre último; somos oficialmente declarados "cordilleristas".

Engullimos nuestra comida con un apetito feroz, después de haber cambiado nuestra vestimenta, que está en triste estado, por una tenida más correcta.

* * *

En la noche, como ni a Julien ni a mi nos gusta bailar, vamos a dar una vuelta por las salas de juego, no para jugar, sino porque siempre es entretenido ver a algunos truhanes trasquilar a una manada de imbéciles.

Cada tarde a las ocho se toca para anunciar la apertura del juego. Cualquiera puede tallar al baccarat. Quien lo desee toma la banca, el croupier se instala y la partida comienza. Al principio presenta un aspecto familiar de lo más inocente. El banquero talla 50 pesos; las apuestas son de uno o dos pesos; no hay riesgo de arruinarse en esas condiciones.

Pero más tarde, cuando el juego es más atractivo, la partida se anima. Los grandes jugadores toman la banca; se tallan 500, después 1.000, enseguida 5.000 pesos, sobre los cuales la casa se adjudica el 5%. Se juegan entonces 10, después 50, después 100 pesos, y esto continúa hasta el amanecer.

Anteayer, cuando me fui a acostar a las once, un señor de Santiago perdía más de seis mil pesos. Esta mañana supe que había jugado toda la noche y había partido a las seis en coche con su mujer y su hija llevando 7.000 pesos de utilidad. ¡Hace algunos días dos franceses se retiraron después de haber ganado 27.000 pesos!

* * *

Hemos convenido con Julien en acordarnos un día completo de reposo para descansar nuestros músculos antes de emprender otras excursiones. Ese día, sintiéndome un poco afiebrado, me acuesto temprano. En la mañana no estoy en estado de levantarme. El médico que me visita me diagnostica gripe.

Durante cuatro días me consumo en la cama atosigado de obleas farmacéuticas diversas.

No veo a Julien sino en la mañana y en la noche. Pasa sus días excursionando feliz. Principalmente, efectúa la ascensión del Renegado, pero esta vez hace el viaje a lomo de mula.

Por fin puedo levantarme, y aunque poco firme todavía, bajo al día siguiente en coche con Julien a Chillán. El trayecto de vuelta se hace en cuatro o cinco horas. Llegamos a Chillán a tiempo para tomar el tren de San Rosendo, donde nos alojamos. A la noche siguiente habíamos vuelto a la quinta, donde me metí nuevamente en cama por algunos días.

Hicimos bien en irnos de los baños de Chillán a tiempo. Algunos días más tarde leí en un diario que la influenza se declaró allí con violencia, que hubo dos muertes, que los pasajeros huyeron y que el establecimiento se cerró.

Un dentista ambulante americano ha venido a quedarse por un tiempo en Lautaro. Aprovecho para hacerme atender la dentadura que está en mal estado, lo que me ha provocado terribles neuralgias durante los últimos meses. Su instrumental es un tanto rudimentario; perfora los dientes con un taladro movido por un aparato manejado con el pie; la compresión del emplomado se hace con una serie de panzones despuntados que golpea con un martillito de marfil. En todo caso, estoy satisfecho con el trabajo, pues mis neuralgias no volverán jamás.

Ultimamente, un desgraciado colono alemán sufría por esto en tal forma, que se disparó un balazo en la cabeza. ¡Que no haya esperado la llegada del dentista providencial!

Marzo de 1895

En Lautaro me esperaba una carta de María que contiene una mala noticia. Alfred ha sacado en el sorteo un mal número. Como es la regla en Bélgica, cuando se desea asegurarse un reemplazante, se adelantan 200 francos, los que son reembolsados en caso de suerte favorable; ahora tendré que enviar antes de fin de junio la suma de 1.400 francos para el pago de un reemplazante.

* * *

Yo había contado con ir a Buenos Aires a esperar a Alfred, pero el estado de mi salud no me permite emprender un largo viaje. Alfred deberá salir solo del paso, sé que él es despierto.

Antes de salir de los baños, mandé tres cartas a Alfred: una dirigida a bordo del "S. S. Meier", otra al hotel de Provence y la tercera al Consulado General de Bélgica en Buenos Aires. Según mis cálculos, deben llegar a su destino varios días antes de la llegada del barco. Le explicaba a Alfred las circunstancias que me impedían ir a esperarlo y le decía de telegrafiar a Goubet el día de su partida. En la estación de Santiago encontraría para recibirlo ya fuera a Goubet, o a Cousin o a Amadeo Heiremans, a los cuales escribí igualmente. Yo creía todo bien arreglado, cuando el 16 de marzo recibí un telegrama de Buenos Aires:

«Llegado al hotel Provence. Estoy sin noticias. Espero impaciente-mente instrucciones».

Mis cartas han debido extraviarse. Telegrafío a Alfred instrucciones; después pensando que puede faltarle dinero, le envío un segundo telegrama aconsejándole dirigirse en ese caso a Goubet en Santiago. El 23 un telegrama de Jules Cousin me anuncia que Alfred ha llegado en buena salud a Santiago y que partirá en el expreso del sur al día subsiguiente en la mañana. Parto inmediatamente a San Rosendo donde lo esperaré. Tengo por lo demás precisamente que hacer en Concepción.

A la llegada del expreso, veo a Alfred bajar de un coche-salón. Lo hago volver a subir y continuamos juntos a Concepción.

En el tren, después de las primeras efusiones, me cuenta su viaje.

* * *

Se embarcó en Amberes en segunda clase a bordo del "S. S. Meier", de 6.000 toneladas, capitán Mueller, el 13 de febrero, pero helaba terriblemente y el "Escalda" estaba bloqueado por los hielos. No será sino tres días más tarde, solucionado el obstáculo, que el barco podrá hacerse remolcar entre los hielos flotantes. Se pasa frente a Flesingue, cuyo puerto está atestado de barcos que esperan para poder remontar hasta Amberes.

Al llegar al mar empieza el cabeceo. El mareo hace sentir sus efectos. Alfred se acuesta para despertar al día siguiente en el puerto de Southampton, donde brilla el sol. Unos quince pasajeros ingleses de primera clase se embarcan con una cantidad prodigiosa de bagaje.

Cerca de las diez se leva el ancla. Se pasa entre la costa, donde se elevan ruinas de antiguos castillos fortificados, y la isla de Wight, cuyo punto culminante está erizado de cañones gigantescos cuyas bocas amenazan al mar.

Frente al golfo de Gascuña el mar está muy agitado, y el mareo recobra sus derechos.

En la mañana, primera escala en La Coruña. Alfred visita la ciudad importunado por una nube de mendigos. Algunas horas más tarde se ancla en la bahía de Vigo, maravillosa bajo los rayos calurosos del sol. Alfred baja a tierra, donde abundan también las bandas de pedigüeños. Pronto cae una lluvia torrencial. Con sus compañeros se refugia en un café, donde, bajo el nombre de chocolate, les sirven un espantoso brebaje negro con gusto a pescado.

Después de Vigo, se está cuatro días entre cielo y agua, pero el mar está en calma.

En las islas Canarias, el barco hace escala en Las Palmas.

La ciudad está construida al estilo español, pero es mucho más elegante y sobre todo más limpia que Vigo y La Coruña. El clima es allí delicioso; hay muchos turistas que están invernando.

Se cae en pleno carnaval. Los enmascarados que circulan por las calles y las señoritas en sus balcones se rocían mutuamente apretando peras de caucho que contienen perfumes variados. En los barrios populares, los frascos de perfume se reemplazan por baldes de agua.

A partir de allí se navega en un mar de aceite. El calor se hace más y más fuerte. Los juegos sobre el puente se cambian por largas somnolencias en los sillones. En la pasada del Ecuador se procede a la famosa ceremonia del bautismo, que no había tenido lugar desde mi venida en el "Potosí".

Los que ya han pasado el Ecuador se forman en dos filas, cada uno provisto de un balde de agua de mar. Al extremo de las hileras está el trono del Gran Sacerdote. Cada neófito va arrodillarse por turno delante de él; después de algunas palabras sacramentales de su invención, el Gran Sacerdote le vacía con seriedad el contenido de su balde sobre la cabeza. Después el candidato pasa a la fila de los antiguos que a su vez lo inundan copiosamente. Después de lo cual todos se persiguen en el puente, sin distinción esta vez. Es una inundación general de la cual las damas no están exentas.

Un muchacho judío que había querido por principio sustraerse a la ceremonia es tomado a pesar de sus protestas por dos vigorosos ingleses y bautizado a la fuerza. Después de lo cual, para enseñarle a vivir, se le introduce en un tubo de ventilación y se le riega por debajo con la bomba de a bordo. Quedo en un estado lamentable, que sin embargo no ha movido a compasión a nadie. En la noche se bautiza el gaznate con champagne, pagando cada uno su botella. Al día siguiente se le entrega su diploma a los recién bautizados.

Una noche estalla una de esas terribles tempestades tropicales que son de una violencia inaudita. La oscuridad profunda es perforada por rayos enceguecedores que se suceden casi sin interrupción. De dos en dos minutos la sirena muge; su aullido lúgubre en medio del estruendo del trueno es terrorífico. Al cabo de dos horas todo se calma, y las estrellas reaparecen en el cielo.

Por fin, una mañana el "Meier" pasa frente a Montevideo, entra por el río de La Plata, y llega a Buenos Aires.

Desde el puente Alfred mira el grupo estacionado en el malecón y no ve a nadie que se parezca a su hermano que debía esperarlo. Se va al hotel de Provence, donde no encuentra noticia alguna. Va al Consulado General de Bélgica y tampoco hay nada para él.

Por fin, después de estar cinco días en Buenos Aires, y cuando se había terminado casi todo su dinero, se comunica con Goubet en Santiago, quien le envía 350 francos por medio del Banco de Londres y Río de La Plata. En la tarde del día que recibe esa suma a las 8:30 toma el expreso a Mendoza.

En su estadía en Buenos Aires aprovechó para visitar la ciudad, que encontró muy superior a Bruselas en lujo y animación.

El viaje a través de la inmensidad de la pampa es de una monotonía desesperante. Después de 36 horas Alfred llegaba a Mendoza. Dejando la línea del Ferrocarril del Estado argentino subió en el tren del ferrocarril transandino; cuatro horas más tarde estaba en Punta de Vacas, término provisional del lado argentino del transandino que debe unir un día la Argentina y Chile.

Allí toma un coche hasta Las Cuevas, último punto accesible a los vehículos. El coche enganchado con cinco caballos corre vertiginosamente por un camino imposible, bordeado de profundos precipicios donde se cree caer a cada minuto. A medida que uno se eleva en la cordillera, la vista se hace más y más grandiosa. Las cimas se escalonan siempre más alto. Los glaciares parecen enormes bloques de cristal de donde surgen cascadas.

Al caer la noche se llega a Las Cuevas. Se está a 2.500 metros de altura. El frío es intenso. Se aloja en la única posada del lugar que es muy primitiva; los pasajeros se acuestan uno al lado del otro sobre pallasas colocadas en el suelo.

Hacia las tres y media de la mañana los arrieros vienen a remecer a los viajeros. Se toma una taza de café caliente y se monta en las mula. Durante más de una hora se trepa por el costado de la montaña en una oscuridad profunda y se llega a Las Cumbres, parte culminante del paso a 3.900 metros de altura, justo en el momento de ver una salida de sol magnífica. Hacia la derecha, muy cerca, el volcán Aconcagua, el gigante de los Andes, levanta su cima a 6.953 metros de altura.

Después viene la bajada, casi a pico por caminos tan pedregosos, que en un momento dado se debe bajar de las mulas y conducir a las bestias de las bridas durante una media hora hasta el momento en que el camino mejora y se puede volver a montar y emprender el trote.

Se llega así a Portillo, donde se cambia de las mulas a los coches que llevan al Salto del Soldado, terminal del tramo chileno del ferrocarril transandino. Allí los equipajes son fumigados, formalidad que detiene a los pasajeros una buena hora. Se sube en el transandino que, una hora y media más tarde, deja a los viajeros en Los Andes, puente de unión con el Ferrocarril del Estado chileno.

Mis instrucciones a Alfred le indicaban que apenas llegara a Los Andes le telegrafiara a Jules Cousin. Desgraciadamente, debido al atraso del trasandino no tuvo sino el tiempo para saltar al tren de Santiago. Llegó allí a las once de la noche y se alojó en el hotel Melossi, cercano a la estación.

Al día siguiente en la mañana, día domingo, Alfred toma un coche y va a la calle Catedral 259, donde vive el profesor Cousin. Se le recibe con los brazos abiertos.

Durante dos días es mimado por la familia Cousin, por Goubet, Heiremms, Otten, Koning, profesor de la Universidad, y otros de mis amigos belgas.

Una mañana, a las seis, Jules Cousin lo instalaba en un coche-salón del expreso del sur, y doce horas más tarde, en San Rosendo, caímos uno en los brazos del otro después de seis años de separación.

Visitamos Concepción y Talcahuano, y partimos a Lautaro.

* * *

Dos días más tarde recibo una carta de Jules Cousin:

«Usted no podría —me escribe— renegar de su hermano. Mismo porte, mismo aspecto, mismo timbre de voz, mismo físico, sólo que él se ve ligeramente más imberbe. Es un muchacho encantador, muy amable y muy serio que le ayudará a usted a dar un nuevo impulso a sus actividades».

Alfred se adapta muy pronto a la vida chilena. Para prepararlo en la equitación he comprado para él un caballo de paso muy pacífico. Se ha cansado rápidamente de esta bestia demasiado tranquila, y un buen día en mi ausencia, calza mis grandes espuelas y hace ensillar a "Pirata"; al cabo de un cierto trayecto, el animal que no está acostumbrado a un jinete novicio, comienza a agitarse. Alfred quiere corregirlo. "Pirata" parte en un galope furioso. El camino está cerrado por una cerca muy alta. El caballo desbocado, salta por encima del obstáculo, y, cosa extraordinaria, Alfred se encuentra al otro lado sin haber perdido los estribos. He medido la cerca, que tiene 1,80 m. de altura; aun admitiendo que el vientre del caballo haya doblado las varillas, el salto no deja de ser formidable. Reprendo naturalmente al imprudente, pero él no se siente por ello menos orgulloso de su hazaña involuntaria.

Después de mi regreso de las termas, he estado ocupado en la liquidación de algunos negocios, y me he procurado otros nuevos. Con Julien hemos estudiado un nuevo canal para regar el fundo de don Luis Guevara, personaje que vive en Valparaíso. El proyecto consiste en tomar las aguas en el río Volcán, hacerlas atravesar la propiedad y derramarlas en el río Curileo. Le proponemos construirlo al precio uniforme de 68 centavos por metro cúbico en cualquier terreno que sea y esperamos su respuesta.

Activamos también la apertura de fajas, que son para nosotros un buen negocio. Alfred se va a ocupar de ello, lo que evitará para mi las agotadoras caminatas, y para él será un excelente ejercicio de entrenamiento.

4. Proyecto de colonización belga
(Abril de 1895)

Pero una nueva clase de negocio va pronto a acaparar casi todo mi tiempo.

Algunos días antes de la llegada de Alfred a Buenos Aires, había yo recibido una tras otra dos cartas del profesor Luis Cousin desde Santiago con respecto a un proyecto de colonización belga que le había sido sugerido por el señor Camille Janssen y al cual quería dedicarse en cuerpo y alma.

Un año antes, había surgido un conflicto entre Chile y Gran Bretaña; las discusiones por vía diplomática no habían podido llegar a un acuerdo, y la cuestión había sido sometida al arbitraje del rey Leopoldo II. Este había delegado sus poderes en Mr. Janssen, antiguo gobernador general del

Congo, quien después de un examen en el propio lugar, había arreglado el asunto a satisfacción de ambas partes.

Para conocer la región, los señores Janssen y Cousin habían venido por mar a Valdivia, y habían atravesado de sur a norte la parte meridional de la antigua Araucanía desde Valdivia hasta Temuco, pasando por Villarrica y Pitrufquén. La víspera del día de tomar el tren en Temuco para Victoria, me habían telegrafiado para pedirme que los encontrará a la pasada en Lautaro. Mr. Janssen creía haber sido condiscípulo de mi padre y deseaba conoceme; además, los dos contaban con mi concurso y el de Julien para poner a punto su programa. Desgraciadamente, el telegrama me había llegado varias horas después de la pasada del tren.

En principio, ellos esperaban obtener del Gobierno una gran concesión de terrenos, ya fuera gratuitamente o a bajo precio. Se constituiría una sociedad para instalar allí familias belgas reclutadas en una misma región, que se conocieran más o menos o que tuvieran hábitos comunes, para el caso agricultores varones. Un sacerdote abnegado que conociera su lengua los acompañaría. Además de sus funciones sacerdotales, se ocuparía, al principio, de la instrucción de los niños, y en caso necesario, de los reclamos de sus feligreses. Se contrataría también un médico farmacéutico, un carrocero y un herrero. Este personal asimismo debería ocuparse del cultivo, esperando que la población aumentara con la llegada de nuevos colonos.

La sociedad construiría una iglesia, una escuela y casas para los que las pidieran, aun antes de su llegada, mediante un pago a largo plazo.

La organización deberá ser tal que, por una parte los colonos puedan prosperar y estar contentos, y que por otra parte los capitalistas estén asegurados de un interés y del reembolso de sus fondos, con un albur de utilidad a más o menos largo plazo.

Después de esta exposición de su programa, Mr. Cousin presentaba una serie de preguntas:

¿Qué superficie de terreno conviene pedir?

¿En qué región?

¿Cuántas hectáreas se darán a cada colono?

¿Qué otros anticipos fuera del terreno?

¿Se formaría un pueblo importante para proveer la seguridad material?

En caso contrario ¿cómo repartir los colonos?, etc.

* * *

Confieso que esta carta me produce el efecto de una teja que me cae en la cabeza. A primera vista el asunto me parece bien complicado y muy difícil de llevar a efecto en buena forma. Estoy ya agobiado de trabajo y esto me demandará mucho quehacer seguramente a pura pérdida. Por otra parte, la gran estima que tengo por el profesor Cousin no me permite huir por la tangente.

En un estudio que me ocupa dos días enteros y que llena 19 páginas de mi copiador de cartas, desarrollo mis consejos.

En las provincias de Malleco y de Cautín, la antigua Frontera, sería imposible encontrar un sitio apropiado para el fin perseguido. Todo está ya colonizado, vendido o listo para ponerse en venta.

La región que me parece más favorable es la que cubre la parte norte de la provincia de Valdivia, esto es, al sur del río Toltén, entre Villarrica y el mar. Es, por lo que me han dicho, pues no lo he visto jamás, una tierra de las más fértiles, que ofrece, sin ser montañosa, alternativas de llanos y bosques, atravesada por numerosos riachuelos que nunca se secan por completo, y poblada solamente por indios. El clima debe ser intermedio entre el de aquí y el de Valdivia, muy soportable entonces para los belgas. La construcción del ferrocarril de Temuco a Pitrufquén, sobre la ribera sur del Toltén, será pronto iniciada, y en pocos años esta línea será prolongada hasta Valdivia.

Aclarada esta primera cuestión, expongo las condiciones acordadas a los colonos anteriores por el gobierno. Hago la historia del desarrollo de las colonias de la Frontera que he podido seguir desde su creación. Cito numerosos casos de éxito de ciertos colonos alemanes, suizos y belgas, y también el fracaso casi completo de las colonias francesas e ingleses y doy las razones. Enumero algunos colonos belgas que gozan ya de una brillante situación en Araucanía, lo que prueba que nuestros compatriotas, laboriosos y perseverantes, son aptos para fundar colonias.

Los primeros colonos en general han estado en dificultades cuya responsabilidad recae sobre el Gobierno. Muchos agentes subalternos del servicio de colonización especulaban en detrimento de los colonos, por ejemplo en la entrega de bueyes, en la cual reemplazaban los animales comprados por el Gobierno por otros de inferior calidad.

La región en esa época no era nada segura, y las autoridades no prestaban a los extranjeros la seguridad y protección a que ellos tenían derecho; los numerosos robos de animales y los asesinatos de los desgraciados colonos dan fe de ello. Cuando un litigio se producía entre un colono y un chileno, era invariablemente a este último a quien los jueces locales daban razón. En realidad el colono tuvo mucho que sufrir por la mala voluntad y mala fe de los chilenos.

Por otra parte, los agrimensores del servicio de colonización no fijaban desde el principio los límites de las concesiones, de suerte que sucedía que el colono no podía cerrar su terreno y quedaba expuesto a los robos, o que, habiéndole hecho, se le quitaba más tarde un pedazo de terreno que él había ya desbrozado para reemplazarlo por otro virgen o de inferior calidad. Sin embargo, si el gobierno ha cometido faltas en la organización de sus colonias, los agentes de inmigración en Europa, que recibían una prima por cabeza, han cometido la más grave enviando aquí perezosos, borrachos, o aun mandando gentes honradas pero que no tenían la menor noción de agricultura.

La futura sociedad evitará esos errores fácilmente. Ella deberá:

1°) Velar particularmente por el enrolamiento de verdaderos agricultores.

2°) Prever sus necesidades y poder satisfacerlas desde su llegada según un plan bien estudiado de antemano.

Después paso a los beneficios a conceder a los colonos.

Estimo que no se debe traer solteros, sin familias; dar a cada padre de familia 100 hectáreas más 30 por cada hijo mayor de 16 años de edad. Se les proporcionará una carreta, dos yuntas de bueyes, arados, rastrillos, y otros instrumentos agrícolas, más el trigo necesario para las primeras siembras.

No soy de opinión de darles mensualmente una suma de dinero como lo hacía el gobierno, sino de concederles crédito necesario para su subsistencia en el almacén de la Sociedad.

El servicio médico sería gratuito, por lo menos en los primeros tiempos. La escuela sería también gratuita. Como ciertos colonos vivirían a veces muy lejos del pueblo, el maestro de escuela podría tal vez hacer una especie de internado que permitiría a los niños seguir los cursos durante el invierno. Este profesor sería contratado aquí mismo dentro de los antiguos inmigrantes: debería conocer a fondo el español, pues los niños de los colonos no tendrán ocasión de aprender la lengua del país.

No me parece práctico construir casas de antemano. Más vale que cada colono, une vez reconocido su terreno, elija él mismo la situación que le convenga más. Solamente la Sociedad deberá tener en reserva todos los materiales necesarios para una construcción rápida.

Ella deberá tener también las maquinaria agrícolas para hacer la cosecha en las condiciones acostumbradas aquí, es decir, cobrando un tanto por ciento de la producción.

El agrupamiento de los colonos deberá hacerse de modo que, viviendo cada uno en su propiedad, puedan comunicarse fácilmente entre ellos para socorrerse en caso de peligro. Adjunto un croquis de las disposiciones propuestas, croquis puramente teórico, por lo demás, y que deberá ser modificado de acuerdo con las condiciones del terreno.

Con respecto a la población central, expongo mis ideas:

La gente con oficio que se instalará allí deberá tener algunas hectáreas en los alrededores.

El comercio, y eventualmente la industria se implantarán por sí mismas.

El plano del pueblo deberá ser objeto de un estudio serio. Al centro se reservará una manzana para las construcciones de la Administración: casa-habitación, oficinas, almacenes, depósito de maquinarias, etc. Alrededor del pueblo se reservará un espacio suficiente para su futura extensión.

Habrá que conseguir del Gobierno un camino de acceso, y una oficina de Correos y Telégrafos.

Es necesario un médico-famacéutico, quien recibirá una casa, un caballo, 100 hectáreas de terreno que él podrá hacer cultivar, y 50 pesos por mes. Los productos farmacéuticos serán provistos por la Administración. El servicio médico sería gratuito en los primeros tiempos, pero más tarde se pagaría a crédito, reembolsable en las mismas condiciones que los demás adelantos.

Después de cinco años de explotación de sus colonias, los poseedores recibirían la propiedad mediante el reembolso de todos los avances efectuados.

Todo esto evidentemente exigirá capitales cuantiosos que no serán remunerativos sino en caso de que las condiciones conseguidas del Gobierno sean suficientemente favorables. Además de la zona destinada a los colonos mismos, la Sociedad debería recibir otra zona que sería de su propiedad personal, y que ella podría explotar a su beneficio, dado que existirá una mano de obra suficiente.

Mientras tanto, tendría como entradas: el reembolso de los avances a los colonos, sobre los que se cobrarían intereses; la venta de sitios en el pueblo; el arriendo de la maquinaria agrícola; la utilidad en las ventas de los almacenes; la de la bodega por la compra de trigo y otros productos del país; el producto de la explotación de bosques.

Para terminar, estimo que el negocio podría llegar a ser remunerativo solamente en un porvenir lejano, y que desde luego, sería difícil reunir los capitales indispensables.

* * *

Después de este largo trozo literario, yo creía haber satisfecho las demandas de Mr. Cousin y haber salido del paso, pero desgraciadamente estaba metido en el engranaje y no sería fácil salir de él.

Algunos días más tarde, cuando fui a recibir a Alfred a San Rosendo, éste me dio cara carta que le había entregado Mr. Cousin para mí. Había leído con vivo interés mi comunicación, se la había mostrado a Mr. Janssen, y ambos formularon un proyecto que iban a presentar al Ministerio.

Me decía que aún contaba con mi concurso para la organización, instalación y posiblemente para la explotación; solicitaban mis luces sobre diversos puntos que faltaban por aclarar.

Estaban de acuerdo sobre la región indicada por mí; dentro de poco me pediría que explorara a cargo de ellos la zona comprendida entre el río Toltén, Villarrica, Fuerte Muquen, San José y el puesto de Toltén, para estudiar la orografía y la hidrografía, los medios de transporte, los recursos de la región en maderas, piedras y otros.

Seguía una larga lista de preguntas, y me pedía también obtener de los antiguos colonos belgas una declaración escrita expresando su satisfacción por haber venido a establecerse en Chile.

* * *

Tres días más tarde, una nueva carta de Mr. Cousin me anunciaba que el proyecto de colonia belga estaba en buen camino, y que el arreglo con el Gobierno parecía seguro sobre las bases siguientes:

El Gobierno cedería, al precio de un peso la hectárea, 30.000 hectáreas, para instalar allí a 300 colonos. La Sociedad adelantaría los gastos de viaje desde Bélgica hasta el lugar de destino, gastos que serían reembolsados por el Gobierno a la llegada.

El Gobierno se comprometería a construir dentro de un año un camino que iría de la concesión hasta la estación más próxima de ferrocarril. Instalaría también una oficina de Correos y Telégrafos. La Sociedad debería dar a sus colonos beneficios por lo menos iguales a los que el Gobierno aseguraba a los que contrató anteriormente. La Sociedad recibiría como propiedad personal 30.000 hectáreas adyacentes.

Mr. Janssen debe partir en pocos días más para Bélgica, donde se ocupará en buscar los capitales.

Habiendo tomado así cuerpo el negocio, Mr. Cousin me pide que le envíe pronto los datos solicitados, además de muchos otros que especifica. Sería necesario especialmente informarse sobre los precios de venta recientes en la región de Araucanía ya valorizada.

Abril de 1895

Contesto a Mr. Cousin (2 de abril). Reúno los datos de todo género, pero mis otras ocupaciones no me permiten consagrar todo mi tiempo a este negocio.

Las superficies propuestas sobrepasan lo que yo había esperado, y el precio de un peso por hectárea es tan bajo en comparación del valor actual de los terrenos colonizados hace poco tiempo, que a primera vista el negocio se presenta bajo un excelente aspecto.

Julien, más versado que yo en cuestiones de colonización, reúne una lista de precios de venta antiguos y actuales; yo mismo veré al notario en Temuco con este objeto.

En cuanto al valor del transporte de los colonos, sea por Valdivia o por Talcahuano, no podré contestar sino cuando haya explorado la región.

Supongo que Mr. Cousin y Janssen han encontrado con anticipación la fuente de los capitales que hay que reunir. Aconsejo a Mr. Janssen, en todo caso, que vea en Bruselas la firma Brunner y Cía., calle de la Loi, una de las más fuertes casas de colocación de capitales, donde mi hermano Georges es apoderado.

* * *

Mr. Cousin me contesta a vuelta de correo:

«No tenemos une semana que perder. Mr. Janssen hará sólo una corta estadía en Bélgica. Antes de volver debe reunir los capitales, encontrar los colonos o a lo menos asegurarse de que se encontrarán. El correo inglés sale dentro de ocho días. Necesito para esa fecha las informaciones principales: elementos de capital, declaración de los colonos belgas, precios medios de terreno. Mr. Janssen y yo deseamos asociarlo a la explotación. Es en la hipótesis de que Ud. será nuestro colaborador que lo hago contribuir y lo invito a ocuparse del negocio inmediatamente, y tanto como sea posible exclusivamente. Insisto en que no pierda un solo día y que las informaciones me lleguen a más tardar el domingo próximo».

Estoy ausente en el momento en que llega su carta a Lautaro, y solamente el 10 puedo dirigirle una larga misiva dándole la mayoría de las informaciones pedidas:

Copia de un contrato de un antiguo colono; precios medios de terrenos en el sur en explotación; precios de terrenos vendidos en remates, con un plano de la región y costos de pasajes de colonos desde Amberes, desde Le Havre, o por la "Pacific Stem Navigation" que tiene subsidio del Gobierno chileno; valor del transporte por tren y carreta desde Talcahuano hasta más allá del Toltén; objetos que deben traer los colonos; primeros trabajos de los colonos según la estación en que lleguen; evaluación de los desembolsos previsibles para la compañía; gastos para las oficinas, depósitos, almacenes, escuelas, iglesias, presbiterio, casa del médico, establos, cierros, etc. Precio de un aserradero, un locomóvil, maquinaria agrícola, aprovisionamiento y surtido de los almacenes; precio de los bueyes, caballos, carretas, etc.

En conclusión, evalúo el capital: 500.000 pesos.

* * *

En el momento en que acababa de enviar mi carta, recibo una de Mr. Cousin, insistiéndome en la necesidad de ocupar todo mi tiempo, con exclusión de otros trabajos, en nuestra futura concesión de terrenos. Es necesario que el correo inglés que parte al fin del mes, lleve a Europa los datos completos. El viaje de exploración debe hacerse con urgencia.

Como siempre, surge una nueva serie de preguntas: Al precio actual del trigo, ¿podrán los colonos ganarse la vida? Si no, ¿qué otro cultivo pueden practicar?

¿Ha visto Ud. a los Colonos belgas?, etc.

* * *

Yo le contesto sobre tabla, enviándole un complemento de informaciones. No he podido ver a los colonos belga de Victoria, Quino y Ercilla, lo que me habría costado por lo menos dos días, pero les he escrito rogándoles enviar directamente a Mr. Cousin los certificados pedidos, redactados según un esquema que les doy.

Para mayor seguridad, Julien, ausente en los últimos tiempos, va a hacer el viaje en mi lugar.

Mis caballos, como los de Julien y los de los mozos, están casi fuera de servicio debido a las numerosas y largas expediciones que hemos tenido que hacer últimamente. Busco desde hace mucho días otros caballos que comprar sin haber encontrado todavía ninguno conveniente.

De todos modos, aunque tuviera que usar caballos malos de arriendo, estaré antes del fin de semana más allá del Toltén.

* * *

En la tarde del día siguiente recibo la visita de un antiguo colono belga de Ercilla, Mr. Martin, quien, habiendo recibido mi carta, venía a pedirme datos sobre la manera de hacer el certificado solicitado por Mr. Cousin.

Mr. Martin es un hombre muy inteligente que ha tenido mucho éxito en Chile. Me cuenta su vida de colono. Alfred toma notas para redactar su relato, que será enviado, firmado por Mr. Martin a Mr. Cousin.

Martin vivía en la provincia de Namur cuando en 1888 supo que Chile contrataba colonos europeos. Se puso en contacto con el agente principal del Gobierno chileno, que era entonces un señor Errázuriz, y poco después se embarcaba con su mujer y cuatro niños, de los cuales el mayor tenía once años. Traía sus instrumentos de cultivo, una caja de herramientas de carpintería y una hoz europea. El aconsejaría a los colonos futuros traer dos o tres hoces de más, semillas de hortalizas de toda especie, salvo arvejas, fréjoles y papas. Traer también sus camas, bastante ropa blanca y los utensilios de cocina indispensables, pero nada de vajilla. Para la travesía conviene traer algunos jamones y conservas, no porque la comida de a bordo no sea sana y abundante, sino porque es un poco monótona. Si hay niños chicos, traer algunos tarros de leche condensada.

En Talcahuano, puerto de desembarco, un agente de colonización esperaba a los inmigrantes y los acompañó en tren hasta Angol, donde llegaron en la misma tarde. Después de haberles servido una buena comida, se les llevó al cuartel, donde pasaron ocho días, bien alimentados y recibiendo 20 centavos por persona al día.

Se les condujo entonces a Traiguén, donde tuvo lugar la distribución de carretas, bueyes, yugos y accesorios.

El convoy partió entonces para Quino, siempre conducido por un agente muy amable, del servicio de colonización. El convoy se componía de 18 familias inglesas, 16 españolas, 4 francesas y la de él, única de nacionalidad belga.

Estuvieron 15 días en Quino, eligiendo cada uno el sitio de su colonia y recibiendo siempre los 20 centavos diarios y alojamiento en el cuartel. Martin eligió la suya en la orilla del Chanco; más tarde ha lamentado no haber elegido la mitad llano y la mitad bosque.

A cada colono se le entregaron 150 tablas y medio quintal de clavos, con lo que él se construyó un galpón provisorio.

Era pleno verano. Comenzó por ayudar a un colono llegado el año anterior a hacer su cosecha. Entre los dos segaron 9 hectáreas. La trilla se hacía con un rodillo arrastrado por bueyes. Recibió en pago 12 sacos, que vendidos a 5 pesos el saco le dieron una utilidad neta de 60 pesos.

Era el mes de febrero. Esperando el momento de la siembra, construyó su casa definitiva y un establo, después procedió al trabajo del campo.

En abril, sembró 6 cuadras, esto es, más de 9 hectáreas. La colonización lo había provisto de cuatro sacos de semillas de trigo y él había comprado cinco más, lo que hacía un saco de semilla por hectárea.

También había sembrado una huerta con las semillas que trajo de Europa. La hortaliza resultó perfectamente y le produjo además de su consumo de verano, una buena cantidad de provisiones para el invierno.

La segunda quincena de junio y los meses de julio y agosto, fueron un tiempo de reposo forzado, pues las lluvias torrenciales y los huracanes violentos le impidieron todo trabajo.

A la vuelta de la primavera en septiembre, preparó el terreno para la plantación de papas, cuidó su hortaliza y se ocupó del cultivo de la tierra. Su colonia es muy vasta como para que los terrenos sembrados de trigo queden al año siguiente en barbecho.

Su colonia tiene pastizales naturales: existe aún una gran extensión cubierta de un hermoso trébol silvestre que él asegura, secará y venderá todos los años a 120 pesos, conservando lo necesario para sus propios animales.

Compró dos vacas lecheras que le costaron una 30 y la otra 35 pesos. Vende 20 litros de leche al día a diez centavos el litro, dejándole 2 pesos diarios. Le queda bastante para el consumo doméstico y para hacer mantequilla, que se vende a 80 centavos la libra.

A fines de enero hace la cosecha. Sus nueve sacos de semillas le dan 180 sacos de cosecha. Si hubiera tenido un bosque en su colonia, habría podido quemar una parte de selva y sembrar en las cenizas, lo que le habría rendido 30 por uno. A principios del segundo año, compra una nueva yunta de bueyes; al fin del segundo año tenía 3 caballos y 12 animales vacunos; había cercado su colonia y hermoseado mucho su casa.

El tercer año tomó un mozo. Sembró 20 hectáreas y 18 más, arrendadas a un colono vecino.

La parte arrendada, mejor que su propio terreno, le rinde 20 por 1, y la suya siempre en 18 por 1. Este año, muy lluvioso a fines de enero, fue nefasto para muchos colonos, pero no para él, pues compró de ocasión una segadora mecánica que le permitió almacenar a tiempo su cosecha.

El cuarto año sembró 60 hectáreas en terrenos arrendados en sociedad. Su parte fue de 850 sacos que vendió a muy buen precio; obtuvo 4.590 pesos.

El año siguiente no obtuvo ni la mitad debido a una gran sequía.

Habiendo ya cumplido las condiciones de su contrato, pidió y obtuvo su título de propiedad definitivo. Quiso velar por la instrucción de sus hijos y arrendó su propiedad y compró una casa en Ercilla, donde estableció un negocio que le ha dado resultados muy satisfactorios.

Hay que hacer notar que su terreno está avaluado en 160 pesos la hectárea.

Martin nos recomienda no contratar solteros, no resultan buenos colonos.

El relato de Martin me ha interesado vivamente. Su éxito es un ejemplo para los colonos que contrataría la Sociedad, siempre que sean tan laboriosos e inteligentes como él.

Pienso adjuntarlo a mi expedición. Sus conocimientos de agricultura suplirán a la insuficiencia de los míos. Su concurso podrá ser de gran utilidad si se realiza nuestra empresa. Se la he expuesto a grandes rasgos, y como él no tiene que rendir cuenta de los capitales de la Sociedad, se ha entusiasmado en seguida con nuestro proyecto.

El se declara dispuesto a acompañarme y telegrafía a su mujer.

* * *

He comprado tres caballos. Martin montará uno, yo el otro y mi mozo Rubio el tercero. Este llevará de tiro al menos cansado de mi antigua caballeriza, solamente cargado con las provisiones.

Carlos se quedará en Lautaro a disposición de Alfred, quien se ocupará de mis negocios corrientes.

En la mañana embarcamos nuestros cuatro caballos en el furgón del tren de Temuco. Allí los montamos y atravesemos el río Cautín por el puente carretero.

La vasta región que se extiende entre el Cautín y el Toltén, está todavía poblada únicamente de indios. Fuera de sus rucas no encontramos ninguna habitación.

Vadeamos el río Quepe, en cuyas orillas acampé hace tiempo con la brigada de estudios del ferrocarril. A partir de allí el terreno es accidentado y boscoso. El camino que seguimos es pasable. En el antiguo puente de Freire se divide: una rama continúa directamente hacia Pitrufquén, la otra se desvía a la izquierda, corta el río Allipén y se dirige hacia Villarrica, donde atraviesa el río Toltén en el punto en que sale del lago. Es uno de los dos caminos que servirán para el transporte de nuestros futuros colonos si, como es lo más probable, desembarcan en Talcahuano. Recojo, pues, informes sobre las condiciones y precios de los transportes por carreta.

Pasamos a lo largo del torrentoso río Toltén en una balsa primitiva, que se desliza por un cable tendido de una orilla a la otra, y llegamos en la tarde a Pitrufquén. Estamos ahora en la provincia de Valdivia. Pitrufquén es un pueblo bastante grande donde encontramos una posada confortable. Como no conocemos la región de que nos vamos a encargar, y no dispongo sino de una carta geográfica muy sumaria, tomo un guía que responde al nombre de Soto. Es un mestizo que habla araucano y español.

* * *

Al alba partimos en dirección a Villarrica. El camino que seguimos, poco frecuentado, sigue más o menos la ribera izquierda del Toltén en dirección sudeste.

Es más bien un sendero que un camino. Durante más o menos una legua atraviesa un llano, después se interna en los bosques, cortados por pampitas, hasta el estero Malloco. A partir de allí entra en una selva muy espesa, de donde desemboca en el gran llano de Putuhué, excelente para la crianza de animales, y que se extiende por más de dos leguas hasta Villarrica.

Villarrica fue una de las ciudades más florecientes de Chile español.

Se explotaba en los alrededores ricas minas de oro que no se han podido encontrar más. Fundada en 1552 por uno de los lugartenientes de Pedro de Valdivia, fue saqueada un siglo más tarde, incendiada y destruida hasta los cimientos por los indios araucanos, la población entera fue masacrada. Durante tres siglos la región quedó abandonada.

Hace doce años, en 1883, el gobierno chileno construyó un fuerte en el emplazamiento de la antigua ciudad. Hoy día, todavía Villarrica no es sino un poblacho de unas cien almas.

El lugar es maravilloso. La pequeña aldea está situada en la ribera oeste del lago Villarrica, inmensa extensión de agua de 20 a 25 kilómetros de largo por 12 de ancho, a una altura de 500 metros. Al centro se divisa una isla cubierta de verdor. En Villarrica misma, el río Toltén, ya de un ancho de 40 metros, surge del lago. Al otro lado el volcán Villarrica alza su cima nevada, de la que escapa un chorro de humo, a cerca de 3.000 metros de altura. El conjunto forma un maravilloso paisaje, uno de los más hermosos que he contemplado en mi vida.

Por Villarrica pasa el camino de Valdivia a la Argentina. Nosotros lo seguimos hacia el oeste. Pasamos por el fuerte Muquen, que figura en el mapa, pero que es sólo una ruina abandonada, y llegamos en la noche a Suto.

La etapa ha sido dura. Hemos hecho en la jornada unos 80 kilómetros; nuestros caballos no parecen haber sufrido demasiado, salvo el de Rubio.

Lo cambiará mañana por el que lleva de tiro.

Suto es una granja donde se nos acoge para pasar la noche.

* * *

El desvío que hemos hecho hasta Villarrica nos ha llevado exactamente al sur de Pitrufquén, a unos cincuenta kilómetros del pueblo.

De Suto a Pitrufquén existe un sendero de indios, practicable a caballo en el verano, conocido por nuestro guía Soto. Como atraviesa la región que más nos interesa, decidimos seguirlo; es aproximadamente el trayecto que tendrá el futuro ferrocarril.

El sendero se interna en una espesa selva que se extiende unos 25 kilómetros en terreno casi plano, cortada por algunos claros y surcada por riachuelos. Se sale a un llano rico en pastizales que, una legua más lejos, llega a un río muy importante, que nuestro guía llama Quetrahué, posiblemente el que figura en el mapa con el nombre de Llehuín. Según Soto, el Quetrahué va a unirse un poco más lejos con el río Donquil, afluente del Toltén, lo que corresponde a la indicación del Llehuín en el mapa. Algunos kilómetros más lejos atravesamos el estero Pidenco, un llano y después el estero Cupa. Encontramos una colina muy elevada y de difícil acceso; cortamos los esteros Leite y Chaco y llegamos de noche a Pitrufquén.

Durante el viaje he relevado sumariamente el terreno para poder hacer un esquema. He traído una brújula para las direcciones y un podómetro que cuenta los pasos del caballo y me permite evaluar las distancias. Pero el sendero cambia constantemente de dirección, la selva es muy tupida, los nombres de los ríos y riachuelos son los que me da el guía, y hemos visto por el ejemplo del Llehuín que no hay nada fijo. Mi mapa esquemático será entonces impreciso, pero dará una idea de la región.

Martin, por su lado, ha estudiado las maderas de los bosques y las calidades del terreno en los llanos. Los mejores son los de la zona comprendida entre el Llehuín y Pitrufquén.

* * *

Dejando a nuestro guía en Pitrufquén, tomamos al día siguiente el camino que por la orilla izquierda del río Toltén conduce a la ciudad del mismo nombre.

Después de unos veinte kilómetros de marcha, vadeamos el Donquil cerca de su confluencia con el río Toltén. Desde allí y a lo largo de unos doce kilómetros aproximadmente, el camino es bastante bueno y los terrenos excelentes. Debemos cruzar entonces los cerros Consuhué, de difícil travesía. Continuamos luego por un camino francamente malo que atraviesa bosques y praderas de inferior calidad hasta Toltén. Hemos recorrido una etapa de sesenta kilómetros.

A partir de la confluencia del Donquil, el Toltén es navegable. Su curso mal indicado en la carta, deberá ser relevado más cuidadosamente, si este río debe formar el límite de nuestros terrenos. El Donquil puede ser remontado en bote en cierto trecho, y podrá servir, en todo caso, para llevar la madera a flote.

Toltén es un lugar casi muerto. Puede contar con unos 300 habitantes.

Hace veinte años era una pequeña ciudad de cierta importancia, sede de una gobernación y de una guarnición, que han sido suprimidas. Se ven buenas casas enteramente abandonadas.

El pueblo de Toltén está a nueve kilómetros de la desembocadura del río. Habría llegado a ser un puerto importante si no fuera por la barra que es muy mala. Los vaporcitos de cabotaje entre Valdivia y Talcahuano tocaban antes en Toltén, pero debían pasar a veces varios días en el mar frente a la barra, esperando una oportunidad de franquearla.

M. de Cordemoy ha estudiado un mejoramiento de ella que, si se realiza, devolvería su prosperidad a Toltén y haría de él un puerto natural para la importación de mercaderías hacia nuestra colonia y la exportación de nuestros productos.

Actualmente las escasas mercaderías enviadas de Valdivia a Pitrufquén por vía marítima se desembarcan en el pequeño puerto de Queule, a 20 kilómetros al sur de Toltén; remontan el río Queule hasta los Boldos en embarcaciones de 5 pies de calado, y en seguida continúan por carretas.

* * *

Pasamos la noche en Toltén y volvemos a partir, esta vez hacia el sur. Siguiendo la costa del Pacífico, llegamos al puerto de Queule, donde almorzamos. Después entrando a las tierras del interior, seguimos un camino montuoso que nos lleva a San José. La etapa ha sido de 50 kilómetros, pero muy dura.

* * *

San José, situada entre las dos orillas del río Cruces, es una pequeña ciudad muy limpia y acogedora. Numerosos aserraderos fucionan en los alrededores. Es un gran centro de producción de corteza de lingue para las curtidurías de Valdivia.

Encontramos aquí un excelente hotel.

San José está a 60 kilómetros al noreste de Valdivia, a donde nos va a conducir la etapa siguiente.

A partir de Cullinhue, el camino se pone horriblemente malo. Así, las mercaderías que vienen de Valdivia con destino a San José, Villarrica y la Argentina, remontan el río hasta Cullinhue.

El viaje a Villarrica dura 5 a 6 días, a razón de 2,20 pesos el quintal español.

Pasamos en balsa el río Cruces, y llegamos a la orilla del río Calle-Calle, frente a Valdivia. Esta vez una barca a vapor atraviesa este ancho río.

Nos alojamos en el hotel "Rhainer Hof".

Valdivia es de un carácter único en Chile. Allí todo es alemán: el estilo de las casas, las cervecerías, las costumbres, el idioma corriente, la cocina.

Aunque es una de las más antiguas ciudades de Chile, fundada por Pedro de Valdivia en 1552, había descendido a un rango muy secundario, cuando llegaron allí en 1850 alemanes exiliados de su país por la represión que siguió a la revolución de 1848.

La ciudad cobró entonces un gran empuje. Hoy día cuenta con unos 10 mil habitantes. La industria es de lo más próspera. Se encuentran grandes cervecerías, de las cuales la de Andwanter es la más importante de Chile; curtidurías, fábricas de zapatos, destilerías, fábricas de cola, de jabón, de bujías; fundiciones de bronce, astilleros navales, cuyos propietarios llevan todos nombres alemanes.

Pasamos un día entero en Valdivia, que ocupo en gran parte en poner en orden mis notas. Nuestros caballos, muy cansados, necesitan un día de reposo antes de tomar por tierra el camino de Temuco, conducidos por Rubio.

Con Martin, aprovechamos uno de los grandes barcos de la compañía alemana Kosmos, que viene de Europa y debe hacer escala en Corral al día siguiente, para volver a Talcahuano por mar.

* * *

Corral está a 18 kilómetros al oeste de Valdivia en la desembocadura del río Valdivia, el cual es el río Calle -Calle que ha tomado un nuevo nombre después de su unión con el río Cruces. Forman un vasto estuario. Un vaporcito nos lleva a Corral en una hora y media. Las dos orillas boscosas son muy pintorescas. Nos embarcamos cerca del mediodía. Dos horas más tarde el vapor, que en la mañana ha desembarcado las mercaderías y pasajeros alemanes con destino a Valdivia, sigue su ruta hacia el norte. El océano está en absoluta calma.

Encuentro a bordo a otro compatriota, el ingeniero Lemaire, agregado al cuerpo de minas de Santiago, que al volver de una misión en el sur ha subido también en Corral. Paso la tarde trabajando en mi informe, y la noche tomando cerveza alemana con Lemaire y Martin.

A la mañana siguiente, Martin y yo desembarcamos en Talcahuano. Nos instalamos en el hotel, donde trabajo todo el día en mi informe. Martin trajo de Valdivia cuatro canarios, los que se han escapado de su jaula y vuelan por la pieza. Estoy solo, pues Martin pasea por la ciudad. Sólo después de una hora de esfuerzo logro que los fugitivos vuelvan a su jaula.

Al día siguiente tomamos el tren de la Frontera. Martin bajó en Ercilla y yo continúo a Lautaro; estoy feliz de volver a mi querida quinta después de diez días de ausencia.

* * *

Dos días después envío a Mr. Cousin el voluminoso informe sobre mi viaje de exploración.

Además de los datos geográficos que he obtenido y que son objeto de un croquis, contiene una gran cantidad de informaciones debidas en buena parte a Martin, sobre el cultivo de diversos cereales: trigo, centeno, cebada, maíz. Indico las semillas que dan mejor resultado, procedimientos de siembra, cosecha, trilla, rendimiento de los diferentes suelos. Trato del cultivo hortícola y en particular el de las papas, que más allá del Toltén da resultados más brillantes que en cualquier otra parte.

Enumero las diversas especies de maderas utilizables. Insisto especialmente en la abundancia del lingue, cuya corteza, empleada en la curtiembre, será para los colonos una fuente de utilidades inmediatas, tanto más cuanto que la extracción de la corteza se hace más difícil en las provincias de Malleco y Cautín debido a la desaparición progresiva de estos árboles y a la oposición de los propietarios de los terrenos vendidos recientemente a que se extraiga la corteza de sus árboles. Cuando los bosques eran de dominio fiscal, se cortaban los árboles únicamente para despojarlos de su corteza.

Los propietarios ahora se oponen a esta destrucción y no extraen la corteza sino cuando les conviene cortar el árbol para faenarlo.

Trato también de la crianza de vacunos, con respecto a la cual Chile es en gran parte tributario de la Argentina.

La crianza en la Argentina, en las pampas situadas frente a las provincias de Bío-Bío, Malleco, Cautín y Valdivia, es una industria más bien chilena, o por lo menos que tiene como único mercado a Chile. Es posible que la sociedad proyectada quiera más tarde hacer la crianza en grande y que le convenga trabajar a la vez en Argentina y en Chile como lo hacen los grandes crianceros de aquí.

Muchos arriendan al otro lado de los Andes, por sumas mínimas, centenares de leguas cuadradas en la pampa, donde algunos pocos vaqueros bastan para cuidar inmensas manadas que se desarrollan y multiplican en libertad. No hay robos que temer en vista del poco valor de los animales y la falta de mercado. Al final del invierno se forman las manadas para traerlas a Chile, donde se venden a precios relativamente bajos debido al exceso de ganado en la fecha de su llegada.

A pesar de sus bajos precios, los criadores argentinos por un lado, y los criadores y comerciantes chilenos que traen el ganado a Chile por otro, realizan grandes utilidades. Quienes lo traen directamente de la Argentina a través de la cordillera, lo venden en total, ya sea en Victoria, Chillán u otra parte. Los compradores de segunda mano dispersan los rebaños en sus potreros para revenderlos al por mayor o al detalle en el momento oportuno.

Hay allí entonces varias series de operaciones que combinan ciertos industriales del sur, entre otros los hermanos Mahns de Valdivia. Tienen sus ganados en la Argentina, y lo traen en verano dejándolo en los potreros que tienen al este de Valdivia. Los novillos traídos de allí y que se adiestran para la labranza, se venden a muy buen precio. Los animales gordos son comprados por los carniceros o convertidos en charqui en el matadero de los hermanos Mahns; los cueros son tratados en sus propias curtiembres; el sebo es transformado en velas por sus fábricas; los cuernos se exportan.

Los hermanos Mahns tienen también quesería. Crían corderos, hacen gran comercio de lanas, y exportan estos animales al norte de Chile y a otras partes. En resumen, han creado un conjunto de industrias que abarca todos los productos del ganado.

Este ejemplo podría ser seguido más adelante, en una escala más o menos grande, por la compañía. Los colonos deberían, naturalmente, contentarse con una crianza y engorda a un nivel reducido. Los pastos naturales de la región son excelentes, y mejorarían aún más con el riego. Vacunos y ovinos se criarían muy bien allí.

Hablo de la pesca y de la caza. Hago notar que la región que tenemos en vista es mucho más segura que la Frontera, debido a que pocos chilenos la habitan y los indios de más al sur del Toltén son más pacíficos y de un nivel intelectual superior al de sus congéneres del norte de dicho río.

Estudio los precios de transportes. Resulta que el mejor puerto de desembarque es Talcahuano.

Enumero los objetos que los colonos deberán traer. La época más favorable para su llegada es de septiembre a enero, a lo más hasta mayo. Deberá evitarse llegar entre junio y septiembre, debido a que los transportes por tierra son casi imposibles, y para evitarles la depresión causada por los meses de invierno.

Finalmente, trato de los límites de la concesión.

Siendo el Toltén el límite obligatorio, convendría elegir la zona comprendida entre este río, una línea de norte a sur 12 kms. al oeste de la desembocadura del Donguil, otra línea nortesur, partiendo de la desembocadura del río Allipén y una perpendicular a estas dos líneas, fomando el límite sur de la concesión.

Se englobarían así los mejores terrenos, y el futuro ferrocarril formaría en cierta manera el eje de la propiedad. En el caso que el Gobierno exigiera como límites el río Toltén y la futura vía férrea, convendría pedir la parte oeste.

* * *

Mr. Cousin acusa recibo de mi informe, que encuentra lo más completo e interesante. Envía una copia a Mr. Janssen, como ha hecho con mis notas anteriores.

Este volverá en julio. Si ha tenido éxito en sus gestiones en Europa, se firmará definitivamente el contrato con el gobierno y se fijaran los límites de la concesión.

Sólo queda esperar.

Diré desde luego que M. Janssen, a pesar de todo su prestigio, fracasó en su misión. Los negocios de colonización disgustan a los capitalistas. Aquellos a quienes se dirigió supieron excusarse apropiadamente.

Mi trabajo, no obstante, no fue completamente inútil para todos.

Cuando cinco años más tarde vivía yo en Europa, descubrí en un número del *Recueil Consulaire* mi propio informe publicado en 1900 bajo la firma de M. Bernard de Fauconval, cónsul general encargado de negocios de Bélgica en Chile.

Debo creer que M. Cousin le comunicó mis notas. Algunos párrafos concernientes al sur de Chile reproducían textualmente mi texto sobre el historial de los colonos de Araucanía, los métodos de cultivo, crianza, medios y precios de transportes, el tráfico de animales hacia Argentina, etc.

Mayo de 1895

La línea Victoria-Lautaro-Temuco ha entrado por fin al dominio de los Ferrocarriles del Estado. La entrega se ha hecho sin bombos ni platillos. ¡Decir que hace dos años y cuatro meses celebrábamos con gran pompa la llegada de la primera locomotora a Temuco! Se han necesitado diez años para construir esta línea que ha costado cinco o seis veces el presupuesto primitivo. Es cierto que mientras tanto hubo una revolución con sus consecuencias funestas.

Estamos pues ahora unidos directamente con el norte. La explotación de los bosques de la antigua Araucanía va a tomar impulso.

Mi amigo Guillermo Otten ha renunciado a su puesto de jefe del servicio técnico de la Dirección de Puentes de Santiago, y se ha asociado con el Sr. Valeriano Guzmán para la construcción de varios puentes en el norte.

La firma Guzmán y Otten me pregunta si estoy dispuesto a entregarles sobre carro, en cualquier estación de la línea, toda la madera que necesiten y a ser yo su proveedor general. Se trata de pedidos muy importantes. Celebro convenio con diversos aserraderos de la región. Alfred se ocupa de la vigilancia, de la recepción de los materiales y del transporte con bueyes a las estaciones del ferrocarril.

La cuestión más delicada es la de conseguir carros. El único medio práctico es el de "arreglar" a los jefes de estación de Temuco, Pillanlelbún, Lautaro, Quillén y Perquenco, donde se harán los embarques, y pagarles de acuerdo con los servicios prestados. Soy yo quien se encarga de la parte diplomática del asunto. Como mis precios de compra más los gastos generales y de transporte por tierra son notablemente inferiores a los precios de venta, puedo mostrarme muy abierto, y jamás me faltarán carros.

Continúo por lo demás con mi apertura de fajas y he emprendido otros pequeños trabajos, de manera que no nos faltarán ocupaciones a Alfred y a mí. Por otra parte, la correspondencia y la contabilidad ocupan todas mis tardes.

* * *

Acabo de mandar a Bruselas pieles de nutria, de guanaco, estribos, cuernos, y otros objetos chilenos.

* * *

Vamos por fin a ver oro. Chile se ha decidido por la conversión metálica a la tasa de 18 peniques por peso, esto es, 1,87 francos. A partir del 1º de junio, van a circular tres monedas de oro:

El Cóndor, de valor de 20 pesos.

El Doblón, de valor de 10 pesos.

El Escudo, de valor de 5 pesos.

Como moneda divisionaria, habrá piezas de plata de 20, 10 y 5 centavos. Sólo las piezas de un escudo están listas. Mientras no acuñen los cóndores y doblones, las libras esterlinas inglesas y australianas tendrán curso legal en Chile a razón de 13 1/3 pesos, es decir que 3 libras valdrán 40 pesos.

Los bancos de emisión conservarán sus billetes de 20, 50, 100, 500 y 1.000 pesos, pero sus billetes de menor valor dejarán de circular dentro de un año.

Hace tiempo que la cuestión de la vuelta al régimen metálico se había presentado. Según una ley del año pasado, la conversión debía hacerse en 1897 a 24 peniques. Como los billetes fiscales no valían sino 14, los especuladores se apresuraron en acapararlos para ganar con seguridad en tres años 10 peniques por peso.

Una nueva ley postergó la conversión para la fecha cuando el cambio alcanzara por sí mismo los 24 peniques, esto es, para las calendas griegas.

Esto no era negocio para los grandes propietarios que tenían interés en mantener la moneda depreciada, pero los conversionistas protestaron enérgicamente, de donde vinieron discusiones apasionadas y aun amenazas de revolución. Para evitar estos extremos, los partidarios de ambos sistemas terminaron por hacerse concesiones mutuas y ponerse de acuerdo. Es así como la conversión va a hacerse, pero al cambio de 18 peniques.

El reinado de papel moneda de valor variable ha terminado.

Locomotora N° 2 Varas. Ferrocarril del Sur

Capítulo VII

EL FERROCARRIL TEMUCO-PITRUFQUÉN

1. Oferta y condiciones

Junio de 1895

SE SOLICITARON PROPUESTAS para la construcción del ferrocarril de Temuco a Pitrufquén. La oferta más baja es la de don Benjamín Vivanco, antiguo director de Obras Públicas.

Esto me va a llevar a un vuelco de mi historia.

Don Fidel Urrutia me escribe confidencialmente desde Santiago.

El contratista de la línea en el nombre es don Benjamin Vivanco, pero en el hecho el general Urrutia es su socio por partes iguales. Se ha convenido entre ellos que don Benjamín, que vendrá de cuando en cuando a Temuco, continuará viviendo en Santiago, ocupándose de las relaciones con el gobierno y de las cuestiones financieras, pero la dirección efectiva de los trabajos será confiada a una persona elegida por el general. A nombre de su hermano, don Fidel me ofrece el cargo y me pregunta si estoy dispuesto a aceptarlo y en qué condiciones.

Esta proposición me deja muy perplejo.

Por un lado mis negocios marchan bien, y cuento próximamente con varios negocios más. Por otra parte, esta vida de contratista está sometida a condiciones aleatorias. Puedo en un momento dado hacer malos negocios, así como hasta ahora he hecho sólo buenos.

Después de muchas dudas, me decido a aceptar en principio, pero poniendo condiciones que yo mismo considero draconianas:

1°) Sueldo de 7.000 pesos.

2°) Participación en las utilidades, a determinarse.

3°) Alojamiento, caballos, mozos, y alimentación por cuenta de la sociedad.

4°) Aceptación de mis útiles y herramientas a un precio a fijar de común acuerdo o a tasación de un experto.

5°) Dispondré del tiempo necesario para terminar y liquidar mis contratos en desarrollo. Para esto conservaré el material necesario hasta que no lo necesite más.

6°) Podré continuar mi contrato de proveeduría de madera a la firma Guzmán y Otten hasta que ésta haya terminado sus puentes.

Con gran sorpresa mía, todas estas cláusulas son aceptadas sin discusión, tanto por el general Urrutia como por don Benjamín, a quien he visto apenas una vez cuando era director de Obras Públicas, y me conoce sólo de reputación.

De todas maneras, se me ofrecen dos combinaciones a elegir:

Sueldo de 7.000 pesos y 2% de las utilidades.

Sueldo de 4.000 pesos y 4% de las utilidades.

Elijo la primera alternativa. Vale más un "toma" que dos "te daré".

Ahora, la suerte está echada. Tomo, en consecuencia, mis disposiciones.

Julien ha contratado un canal con un gran propietario, vecino de Rivera en Quinchol, don Federico Varela. Cedo el negocio a Alexandre Adam, quien se convierte así en socio de Julien. Le traspaso también la continuación del contrato de fajas, que se acerca por lo demás a su fin. En esta ocasión, hago con Julien un viaje a Traiguén para regularizar esta transferencia, Julien actuando naturalmente en su calidad de ingeniero de Colonización. Arreglamos la cuestión en las oficinas correspondientes.

Pasamos parte de la noche tomando cerveza con Otto Reich y Otto Rehren. Después volvemos al hotel a acostarnos. Ocupamos una pieza con dos camas. Julien está afectado desde hace tiempo por una sordera que aumenta día a día. Con este fin irá mañana en tren a Concepción a consultar un especialista.

Al acostarnos le pregunto:

—¿A qué hora piensas levantarte mañana?

Creyendo que le pregunto la hora del tren que tomará al día siguiente me contesta:

—¡No sé todavía si será a las 9:47 o a las 11:33!

* * *

De regreso en Lautaro, hago el inventario de mi material. Me pongo en contacto con los antiguos jefes de faena de quienes he podido apreciar el valor. Escribo a Matías Provost, ocupado actualmente en Angol, para proponerle que entre al servicio de la nueva línea.

Aviso a Guzmán y Otten que sigo a su disposición para suministrarles las maderas para los puentes de que son contratistas, cualquiera que sea la duración de la construcción, pero que no podré aceptar pedidos para los que contraten en el futuro. Aviso también a Mr. Cousin de mi contratación. No podré en adelante ocuparme de los negocios de Colonización.

Alfred se quedará provisoriamente en la quinta para vigilar los intereses que me quedan en Lautaro. Pronto voy a tener que vivir en Temuco, pero vendré frecuentemente para ocuparme yo mismo hasta la liquidación total de ellos.

Julio de 1895
A principios de julio llega don Benjamín Vivanco a Temuco; lo encuentro en el hotel de France.

Es un hombre de unos cincuenta años, de cara llena, adornada de un enorme bigote gris; de aspecto imponente, pero de trato amable. Desde la primera entrevista, siento que simpatizaremos.

Es un ingeniero competente, y bajo el punto de vista técnico nos podremos entender.

Don Benjamín es de un formalismo riguroso. Su tenida es impecable, e insiste en que sus colaboradores observen la misma corrección. Yo no tengo levita y debo mandarme hacer una donde un sastre de Temuco. Esperaremos a que me sea entregada para hacer nuestras visitas oficiales.

Mientras esperamos, vamos a explorar la línea que construiremos.

Al salir de la ciudad, pasamos el río Cautín por el puente carretero.

La futura línea atravesará el río por un gran puente metálico de once arcos de 35 metros, de los cuales nosotros tendremos que hacer los machones de albañilería; Creusot deberá proveer y colocar en seguida la parte metálica. Desde el principio deberemos construir un puente provisorio sobre pilares para transportar nuestros materiales al otro lado del río. Habrá que instalar allí una faena considerable.

En la ribera sur se ha construido un pueblo llamado Ultra Cautín, que tiene ya cierta importancia.

Hasta el río Boroa, donde deberá construirse un puente muy grande de albañilería, los terraplenes no serán muy complicados, pero al otro lado las dificultades van a comenzar. Allí, en el lugar llamado Quinquer habrá que hacer una larga y profunda zanja en un terreno muy duro, que exigirá el empleo de la pólvora, y en seguida un túnel de 200 metros de largo antes de llegar al río Quepe, que está a unos doce kilómetros de Temuco.

El río Quepe, que desciende del volcán Llaima, ya engrosado por el río Huichahue, que viene del volcán Questrudugun y por el río Temuntuco, es el afluente más importante del Cautín. Su travesía exigirá primero un puente provisorio de madera y después uno definitivo metálico, de un solo arco de 70 metros.

Hasta aquí el terreno era poco boscoso. A partir del río Quepe, es la selva en todo su esplendor.

A un kilómetro de la ribera, se creará la estación de Quepe en pleno bosque, atractivo para una futura ciudad.

Un poco más lejos se detiene el trazado estudiado anteriormente por M. Mayaud y suspendido desde la revolución. Más allá existe el trazado de un anteproyecto. Al final de la estación de las lluvias, es decir, a principios de septiembre, una brigada, bajo las órdenes del ingeniero Espina, terminará los estudios definitivos.

Seguimos el trazado del anteproyecto a través de la interminable y profunda selva de Freire. No es, por cierto, un viaje de agrado en esta época de invierno. Nos precede un guía, que busca los senderos practicables a caballo en medio de toda clase de obstáculos. Atravesamos numerosos arroyos, pantanos, donde nuestras cabalgaduras se hunden a veces hasta el pecho; saltamos troncos derribados, escalamos rampas escarpadas y bajamos cuestas resbaladizas. Don Benjamín, que viene por primera vez a Araucanía, podrá apreciar los encantos de todo esto.

Después de horas de penosos esfuerzos, alcanzamos la orilla del majestuoso río Toltén que corre de borde a borde entre sus riberas, distantes cerca de medio kilómetro una de otra.

El puente deberá hacerse sobre fundaciones tubulares por medio de aire comprimido. Será una de las obras de arte más grandiosas de Chile.

La travesía en balsa en esta época del año es verdaderamente impresionante. ¿Qué sucedería si en medio de la corriente impetuosa se cortara el cable?

Llego a temblar al pensarlo.

Por fin estamos en Pitrufquén, donde vamos a alojarnos. Don Benjamín está rendido de cansancio y yo también.

Regresamos al día siguiente, esta vez por el camino, que aunque lejos de ser cómodo, nos parece un florido en comparación con el viaje de la víspera.

En nuestra exploración encontramos numerosos bancos de arena y de grava, pero nada de piedra buena para construcción. Don Benjamín va a pedir entonces que se nos ceda la famosa cantera de Cuyenquén, a unos veinte kilómetros al norte de Temuco. En estas condiciones, no podremos comenzar nuestro mamposterías al sur del Cautín sino cuando nuestro puente provisorio permita a los trenes traer la piedra. La construcción de este puente es de una urgencia absoluta.

Don Benjamín, enteramente derrengado, pasa el día siguiente en cama. Aprovecho para probarme y hacer terminar mi primera levita, que va a darme el aire grave e importante que exige mi nueva situación social.

Nuestra primera visita oficial es a don Valentín del Campo, el intendente. Vemos en seguida al ingeniero jefe de la Comisión Gubernamental, don Luis Adán Molina, quien a su vez nos presenta a su estado mayor: don Guillermo Fonck, mi antiguo amigo, que no se quedará más que para terminar la liquidación de la línea Victoria-Temuco; don Miguel Cuevas, ingeniero primero, con quien tendremos que entendernos principalmente, y con quien tendré una sincera amistad; después un ingeniero segundo, cuyo nombre no recuerdo, ya que lo llamaremos siempre por su sobrenombre, El Quichua, que se le ha dado por haber nacido en los límites con Bolivia, donde existen indios de esta raza. Visitamos también al coronel comandante de la plaza, y algunos otros señores de menor importancia.

El intendente y don Luis Adán Molina nos sirven de padrinos para nuestra presentación al Club de Temuco, del cual hablaré más tarde.

Debidamente entronizados en Temuco, nos ocupamos de la instalación de las oficinas.

El personal superior comprenderá, además de don Benjamín, que residirá de ordinario en Santiago, a mí como director, Víctor Formés, sobrino de don Benjamín, como secretario, y Ducassou, contador-cajero. Este Ducassou es un vasco francés, casado con una prima del general y de don Fidel Urrutia. Del lado de Vivanco: don Benjamín y Formés. Del lado Urrutia: yo y Duccasou.

Arrendamos una casa bastante grande para contener nuestras oficinas y alojarnos a todos. En un gran patio interior están los establos.

La alimentación del Estado Mayor es por cuenta de la Compañía. Madame Ducassou dirigirá el servicio interno de nuestro falansterio, que no deja nada que desear.

Contratamos algunos empleados subalternos, pero éstos recibirán solamente un sueldo.

* * *

El contrato establece la construcción de la línea a precios unitarios.

Cada mes, un ingeniero del Gobierno y un delegado de la Compañía harán la liquidación. La suma correspondiente será pagada dentro del curso del siguiente mes.

El contrato está avaluado en alrededor de 1.500.000 pesos de 18 peniques.

El plazo de terminación está fijado para el 8 de mayo de 1898. El gobierno proporciona los rieles, eclisas, aparatos de la vía, locomotoras y carros; las bombas, motores, perforadoras, aparatos de aire comprimido, grúas, y en general, todo el material pesado. Desde el principio dispondremos de dos locomotoras, después de cuatro, y de cierto número de vagones. Como depósito y taller podremos utilizar una parte de la gran maestranza que construí el año pasado por cuenta del gobierno en la estación de Temuco.

Don Luis Adán Molina me transmite oficialmente la copia del decreto presidencial reconociéndome como delegado general de la empresa con plenos poderes.

* * *

Se habla mucho de una posible guerra con Argentina. Chile desearía evitarla, pero los argentinos parecen querer a toda costa recurrir al cañón.

Entretanto, se arman afiebradamente por ambos lados. Esperamos que la alarma pasará, pero la situación es bien tensa. En caso de guerra, está claro que los trabajos se pararían y no nos quedaría otro recurso, a Alfred y a mí que volver a Europa, o entrar en campana como los demás.

Agosto de 1895
Después de haber fijado de común acuerdo las grandes líneas de nuestro programa, don Benjamín ha vuelto a Santiago, feliz de escapar del horrible clima de nuestra región en esta época.

Me he puesto a la obra lleno de entusiasmo.

He hecho levantar los campamentos de la faena a orillas del Cautín. He contratado los jefes de taller y cabos con sus hombres, que ejecutan los dos kilómetros de terraplén entre la estación de Temuco y la orilla del río. Los durmientes para este trozo de línea ya están listos.

He tomado posesión de la cantera abandonada de Cuyanquén, restaurado las vías de acceso y las plataformas de carga; he hecho un polvorín a cierta distancia, un depósito de dinamita, con cuidadores de día y noche, y he contratado canteros y talladores de piedra.

Como la cantera no está muy lejos de Lautaro, me arreglo para alojar en la quinta los días en que voy allá, donde veo a Alfred y a Julien, y me deleito con la cocina de doña Peta, con lo cual nuestro *mess*, aunque bueno, no se puede comparar.

En Santiago, don Benjamín se ocupa del envío de los materiales, los rieles, los explosivos, los postes de acero para el puente provisorio, y demás enseres.

A fin del mes, la cantera está en plena actividad y la vía colocada desde la estación hasta el acceso al puente.

* * *

La ciudad de Temuco, cabecera de la provincia de Cautín, aunque fundada hace apenas 14 años, cuenta ya con más de 15.000 habitantes, y su población crece día a día. Parece estar llamada a ser una de las grandes ciudades de Chile.

Ocupa un inmenso valle, cerrado por el río Cautín por una parte, y por la otra por un cordón semicircular de las montañas de Ñielol, cubiertas de una exuberante vegetación.

Estas calles de avenidas rectas y de varios kilómetros de largo, son cortadas de norte a sur y en ángulo recto de este a oeste. Son en su mayoría de macadam, no tienen desniveles, como en el caso de Lautaro, que en invierno se transforman en barriales.

Si todavía no existen tiendas de lujo, hay muchas casas comerciales donde se puede encontrar todo lo que se desea. Las calles tienen cierta animación, transitan numerosos indios del interior que traen sus productos (animales, lana, pieles) y que hacen sus compras. También hay bodegas que disponen de grandes capitales para la compra de trigo y corteza de lingue.

La industria se ha instalado en la periferia. Hay molinos de trigo, curtiembres, cervecerías, destilerías, una fábrica de agua gaseosa. Cerca de la estación está la importante usina de elaboración de maderas, fundada por los dos hermanos de la Mahotière y su socio St. Anne, quien dirige la explotación.

Las casas son todas de madera, y las hay muy hermosas. Existen varios hoteles confortables. Temuco tiene una sucursal del Banco Nacional, un hospital, un liceo, farmacias y una oficina de Correo y Telégrafo que no se parece en nada a su triste pariente de Lautaro. Cosa rara en un país católico, no se encuentra todavía una iglesia.

2. *Reparación de los puentes de Temuco y Lautaro*

En los últimos días del mes, una desastrosa crecida del Cautín se lleva el puente carretero de Temuco y avería seriamente el de Lautaro.

Septiembre de 1895

El 3 de septiembre recibo un telegrama de la Dirección General de Obras Públicas de Santiago, Sección de Puentes, firmado por Eleazar Lezaeta, preguntándome si estaría dispuesto a reparar los dos puentes y en qué condiciones, y pidiéndome contestar con urgencia.

Efectúo un rápido estudio y un presupuesto para cada una de las obras.

En lo que concierne al puente de Lautaro que yo mismo construí tres años atrás, tengo el cuidado de hacer constatar, para poner mi responsabilidad a cubierto, que no es el puente el que ha sufrido desperfectos, sino el estribo sur que se prolongó con el terraplén que hice por cuenta de la Municipalidad de Lautaro hasta el borde sur del lecho del río. La crecida ha provocado la creación de un brazo secundario que ha demolido parcialmente esa parte de la obra. Recuerdo que en la época de la construcción, había recomendado trabajos de defensa en vista de la eventualidad que preveía y que ha llegado, pero que mi sugerencia no fue aceptada por falta de fondos. Los trabajos que ahora se reconocen como necesarios entraban en mi proyecto.

Como en la actualidad no dispongo libremente de mis actividades, envío los proyectos y presupuestos a don Benjamín, proponiéndole incluir estos trabajos en la Empresa de la línea. Me responde que acepta en lo que concierne al puente de Temuco, contiguo a nuestro obras, pero que, ya que yo fui el constructor del puente de Lautaro, quiere dejarme la utilidad de este trabajo y me autoriza para contratarlo en mi propio nombre. El asunto se arregla en este sentido con la Dirección de Puentes.

Tomo a mi servicio a Matías Provost y lo instalo en Lautaro, donde dirigirá el trabajo controlado por Alfred. Una balsa asegurará provisoriamente el tráfico entre ambas orillas como antes.

Activo la refacción del puente de Temuco, el que se reemplaza momentáneamente por una lancha.

El buen tiempo ha llegado y podemos comenzar los terraplenes más allá del Cautín. Para pasar nuestras líneas y vagones Decauville y el resto de nuestro material y útiles, estamos forzados a utilizar la balsa, lo que nos hace perder mucho tiempo.

Instalamos la primera faena a tres kilómetros al sur del río, para preparar la plataforma de la vía entre el Cautín y el río Boroa. Aquí los terraplenes y desmontes no ofrecen dificultades, y el avance será rápido porque los carrilanos no faltan en esta época del año.

Una segunda faena, mucho más importante, se establece en Quinquer.

Esta tendrá una larga y ardua labor. Se trata de excavar una trinchera de dos kilómetros, en algunos puntos de más de diez metros de profundidad. Pero bajo una capa más o menos espesa de tierra vegetal, los sondajes muestran un conglomerado de guijarros muy duros unidos por una especie de cemento que será necesario atacar con pólvora.

Lo que me causa más molestia son los trabajos en el Cautín.

Primero está la restauración del puente carretero que hay que terminar lo más pronto posible. Después hay que construir el puente de rieles provisorio para la pasada de nuestros trenes, y al mismo tiempo comenzar las fundaciones del puente definitivo.

En Lautaro la corriente principal iba por la ribera norte. Aquí es a la inversa, el brazo profundo corre a lo largo de la ribera sur. Después de la gran crecida, las aguas se han retirado de la orilla del lado de la ciudad dejando en seco un gran banco de guijarros, donde se puede trabajar.

Los martinetes a vapor y los pilotes de riel doble han llegado. Comienza el hundimiento de los postes. El trabajo principal es el apisonamiento de los postes en los emparrillados de pilotes. La colocación de las vigas y de la vía será un juego.

Octubre de 1895

El verdadero verano ha comenzado. El puente carretero ya está restaurado y nuestros trabajos marchan a un paso que asombra a la gente de aquí, habituada a la lentitud de la línea de Victoria a Temuco.

Son los trabajos del Cautín los que absorben la mayor parte de mi tiempo. Además de la mampostería del machón norte, que no presenta especiales dificultades, ya que descansa sobre el suelo firme de la orilla, hemos comenzado las excavaciones de los primeros pilares en el lecho seco del río.

Estoy a menudo en la oficina del jefe de la cantera, de donde puedo vigilar el conjunto y donde trabajo en mis planos y mis cálculos al ruido cadencioso de los cuatro locomóviles que mueven simultáneamente las bombas de desagüe, al ruido sordo de los martinetes de acero que golpean las cabezas de los pilotes, en medio del estruendo ensordecedor de la descarga de las piedras, el chirrido de las grúas y los pitazos de las locomotoras.

También debo visitar las faenas al otro lado del río, y consagrar parte de mi tiempo a la correspondencia y a las tareas de oficina.

Como mis últimos negocios en Lautaro disminuyen progresivamente,

Alfred viene a menudo a ayudarme aquí. No es que yo trate de colocarlo en la línea. Por principio no me gusta tener un hermano bajo mis órdenes en un negocio que no es de mi propiedad, pero deseo que se forme practicando, en espera de que, gracias a mis relaciones, consiga hacerlo entrar en una u otra comisión gubernamental o colocarlo en una empresa particular.

La suerte nos va a favorecer. El 14 de octubre, día en que festejamos, yo mi trigésimo y Alfred su vigésimo aniversario, don Benjamín llega a Temuco, donde va a pasar algún tiempo. Conoce a Alfred y pronto se entusiasma con él.

Es cierto que Alfred es encantador, espiritual, alegre y simpático. Don Benjamín lo contrata como agregado a la Dirección, con un sueldo de 150 pesos al mes, más las franquicias correspondientes a nuestro Estado Mayor. Estoy muy contento con esto y Alfred nada en felicidad.

Queda entendido que él podrá ausentarse cuando las necesidades de mi contrato de proveedurías de maderas a mis otros negocios lo llamen a Lautaro.

Por lo demás eso no durará mucho tiempo, y voy a tratar de arrendar mi quinta, que doña Peta cuidará mientras tanto.

Después de la comida en nuestra mesa, que ahora preside don Benjamín, voy generalmente con él a pasar la velada al club.

El Club de Temuco está muy bien instalado, con bar, café, salón de lectura, sala de billetes, salas de juego. Es un círculo muy cerrado, donde se encuentra la *high life* temuqueña: el intendente, los oficiales superiores, el director del banco, el notario Eduardo Muñoz, los doctores Alliende y Pedraza, grandes industriales, grandes propietarios de fondos. El elemento chileno domina, pero también se encuentran ingleses y alemanes, ningún francés. Francia está representada aquí solamente por comerciantes y hoteleros, la mayoría vascos, y no tienen esta situación como para ser miembros del club.

Don Benjamín, jugador como todos los chilenos, pasa directamente a los salones de juego. Fuera de una que otra pequeña partida de póker, yo me dedico al billar o bebo algún trago en el bar. Este tiene algunos clientes asiduos, entre ellos los dos doctores, a quienes les gusta mucho empinar el codo.

Como mi jornada comienza temprano, me acuesto regularmente a las once, pero oigo llegar a don Benjamín a las dos o tres de la mañana.

Noviembre de 1895

Los trabajos del Cautín marchan rápidamente.

Los pilotes del puente provisorio van a alcanzar pronto la orilla del río en aguas bajas. A partir de allí las apisonadoras de los pilares de fierro se van a montar sobre balsas. A medida del avance de los pilotes, se colocan los largueros, los travesaños y los rieles.

El puente definitivo será paralelo al provisorio y estará a veinte metros de distancia.

Frente a cada excavación para los pilares, vagones empujados por una locomotora vacían desde lo alto los grandes bloques de piedra que vienen de Cuyanquén. Cuando uno de ellos ha alcanzado el suelo duro, los albañiles trabajan día y noche mientras funcionan las grandes bombas a vapor.

Esto dura hasta que la mampostería sobrepasa el nivel del agua.

Desde ese momento se trabaja de día. Llegando el machón a su altura definitiva, se colocan las coronaciones de piedra tallada, preparadas de antemano en Cuyenquén.

En las faenas de terraplenes, más allá del Cautín, también la actividad es muy grande.

Alfred me ayuda debidamente, inspeccionando las canteras y las faenas, recibiendo las maderas de construcción y las traviesas, vigilando la construcción de los puentes y supliéndome en los trabajos de oficina.

* * *

Recibimos la visita de un compatriota, Victor Jottrand. Es un coloso adornado con una gran barba con una corpulencia rayana en la obesidad, lo que no le impide estar lleno de animación.

Ha tenido una vida aventurera, sin éxito en ninguna parte. Ha explorado las regiones del Amazonas. Un día, recorriendo la inmensa selva con guías indios, supo que un blanco vivía a poca distancia. Llega a una choza de ramas; en la semioscuridad reinante, distingue un hombre que parece temblar de fiebre, acostado en una cama de campaña. Jottrand empezaba a hilvanar una frase en mal portugués, cuando una voz que sale de la cama lo interrumpe: «¿No cree usted que sería más sencillo hablar en francés?» Se conocen. El ocupante de la choza era Georges Michez, uno de mis compañeros de la Escuela Politécnica de Bruselas, enviado en misión por el "Banque Africaine", el cual, a pesar de su nombre, buscaba negocios en la América del Sur.

Jottrand pasó después al Perú, de allí a Iquique, donde estuvo ocupado durante un año en una salitrera, después terminó por naufragar en Santiago. En este momento es corredor de los vinos de la Chacra San Andrés, y es en esta calidad que visita la Araucanía.

Jottrand es un excelente fotógrafo; toma muchas vistas de los trabajos.

Habiéndole prestado el más robusto de nuestros caballos, que se arquea bajo su peso, lo acompaño en una gira entre las tribus indígenas del Ultra-Cautín. Vuelve con una cantidad de placas de escenas indígenas curiosas, de las que me promete enviar copias que no recibo jamás.

Años más tarde, de vuelta en Bruselas, veo un día que Jottrand va a dar una conferencia en la Sala de la Unión Colonial sobre la Araucanía, donde él no había estado sino unos pocos días. No falté, naturalmente, a ella. El conferencista proyectó sobre el telón las vistas que había tomado en mi compañía y en muchas de las cuales aparecía yo. Jottrand se había casado con una sobrina de Eugene Ysaye, y así tuve la ocasión de almorzar un día en su casa con el ilustre violinista.

Diciembre de 1895

Temo mucho, para los trabajos de los puentes del Cautín, la gran crecida de verano que se produce con el derretimiento de las nieves en la cordillera, y que sobreviene bruscamente en esta época.

He convenido con don Ramón Barahona, en Curacautín, que me telegrafíe cuando llegue la primera oleada de agua.

Su despacho me llega una mañana. Aquí todavía nada anuncia el fenómeno.

Las aguas están bajas y la actividad es grande en las tres cuartas partes todavía en seco de todo el ancho del río.

Corro precipitadamente a los talleres, y con gran estupefacción de todo el mundo, doy la orden de detener todo trabajo. Se me objeta que la excavación de uno de los pilares está a punto de alcanzar la roca. No importa. Se sacarán inmediatamente los locomóviles que accionan las bombas; éstas serán desmontadas así como los montones de travesaños que las soportan. Se reunirá todo el material esparcido en el terreno y todo se llevará a la orilla. Se demolerán en seguida las barracas; se retirará la cal, el cemento, los cables; sólo las piedras para la construcción quedarán en el sitio.

Explico que la crecida es inminente; nadie admite que yo pueda preverla con tanta exactitud. Una sola explicación se impone. ¡Es la guerra! El rumor se esparce por la ciudad rápidamente; se produce el pánico.

Al día siguiente todos me felicitan por mi previsión. La crecida llegó en la noche, y en la mañana el Cautín no forma sino una inmensa napa de agua.

Algunos días más tarde, la crecida había pasado y el río había vuelto a tomar su curso normal. La excavación abandonada se había llenado naturalmente de piedras; habrá que sacarlas para volver a empezar, y esta será la única pérdida que sufriremos.

* * *

Al llegar una mañana a la obra en compañía del doctor Pedraza, vemos una aglomeración al borde de la corriente. Se acaba de sacar del Cautín un obrero caído del puente. Dos hombres lo han tomado de las piernas y lo tienen cabeza abajo para que arroje el agua que ha tragado. El doctor se precipita, retando a los buenos samaritanos. Hace extender al ahogado en el suelo y le practica la respiración artificial. Trabajo perdido: el hombre ha muerto.

Oiré muchas veces a los obreros asegurar que se habría salvado si no hubiera sido por el doctor.

* * *

Hace algunos años, Luis y Carlos de la Mahotière, en sociedad con Evaristo Saint Anne, fundaron en Temuco una fábrica para la elaboración de madera, en la cual los hermanos invirtieron casi la totalidad de sus capitales. Saint Anne aportó solamente su pretendida experiencia y su trabajo personal en la dirección.

El negocio se instaló magníficamente, con máquinas perfeccionadas para el trabajo de toda especie de maderas. Prosperó algún tiempo y en seguida empezó a declinar. Naturalmente, la discordia no tardó en producirse entre los socios, y ahora se trata de liquidar el negocio.

Los interesados se han puesto de acuerdo para someter el litigio a un tribunal arbitral.

Los señores de la Mahotière me han pedido que los represente. Saint Anne ha elegido como árbitro al notario Muñoz, y el juez de letras, que corresponde más o menos al juez de primera instancia entre nosotros, ha designado como tercer árbitro al abogado Leoncio Rivera.

Del examen de los documentos, resulta claramente que los hermanos de la Mahotière son víctimas de un verdadero petardista. Todo culpa a Saint Anne, que por cierto no ha perdido nada en la combinación, y parece, por el contrario, haber sacado una gran utilidad personal. Con una mala fe evidente, recurre a toda suerte de sutilezas jurídicas; nos ha echado encima a un tinterillo, y a cada rato nos bombardea con recursos de leguleyo.

De común acuerdo, los tres árbitros deciden renunciar. El juicio deberá entonces llevarse a los tribunales.

Este pobre don Luis de la Mahotière, que recibió y lanzó a Saint Anne, debe ahora darse cuenta de que ha abrigado una víbora en su seno. Lo siento por mi antiguo ingeniero-jefe, aunque no tengo por qué agradecerle mucho.

En cuanto a Saint Anne, lo he considerado siempre como un intrigante peligroso, y en consecuencia lo he despreciado.

Enero de 1896

He arrendado mi quinta a don Luis Vargas por un plazo de dos años al precio de 400 pesos al año. Le he vendido la mayor parte de mi mobiliario y las provisiones que me quedaban.

Me ha sido necesario liquidar a mi buena doña Peta, que desde hace seis años me ha servido con una abnegación absoluta. En recompensa por sus servicios, la he dejado en condiciones que le permitirán ganarse ampliamente su vida.

En 1894, yo había comprado, como inversión, una casa en Temuco a un precio muy ventajoso. El vendedor era un viejo carpintero inglés llamado William Gowen que deseaba ir a terminar sus días en su país. Era un hombre original, absolutamente iletrado, que debió firmar la escritura de venta con su cruz.

Desde entonces la casa había sido arrendada por un chileno que la ocupaba como despacho, pero el contrato terminaba ahora. La arrendé a doña Peta en un precio módico, y le cedí gratuitamente las estanterías de almacén, compradas muy baratas, prestándole sin intereses los fondos necesarios para comprar mercaderías.

Ella podrá vivir cómodamente explotando su negocio con la ayuda de sus dos hijas, las dos muy bonitas pero ilegítimas. La mayor se llama Julia Domínguez, la segunda Magdalena Pérez, mientras que doña Peta se llama Petrona Fuentes. Las niñas fueron inscritas en el Registro Civil bajo los nombres de sus padres supuestos. Aquí no se miran estas cosas tan de cerca.

* * *

En el Cautín el puente provisorio está en vías de terminarse. Los pilares del puente metálico se siguen colocando, pero las fundaciones se hacen más complicadas, pues ahora se trabaja en el curso mismo del río. Hay que hacer un dique para cada una de ellas. Para ello es necesario colocar alrededor del punto que ocuparán dos hileras paralelas de postes hundidos hasta el suelo sólido; se las reviste de arriba a abajo con durmientes aguzados en un extremo que se hunden con martinete; después se rellena con tierra arcillosa el espacio entre las dos hileras. Se forma así un cerco aislado con paredes estancas, que se puede secar por medio de bombas de desagüe que funcionan día y noche. Alfred está permanentemente en esta faena.

Al sur del Cautín, la actividad se hace más lenta. La cosecha en la región se efectuará a fin de este mes o a principios de febrero, pero en el norte ya ha comenzado; hacia allí los obreros emigran en masa. He tratado de suplir la falta de brazos contratando indios que, en espera de su cosecha, están en una extrema necesidad. Los resultados de mi ensayo son poco brillantes. Los indígenas hambrientos hacen mucho honor a nuestros porotos, pero su rendimiento es casi nulo.

Febrero de 1896

Estamos en plena cosecha. Fuera de los puentes del Cautín, donde empleamos obreros especializados, las faenas se encuentran casi aletargadas. Voy a aprovechar este respiro para realizar una idea que persigo desde hace meses.

El proyecto elaborado por la Comisión del Gobierno prevé un túnel de 200 metros que me parece puede evitarse desviando el trazado un poco hacia el este a través de la selva. Había pedido al ingeniero jefe don Luis Adán Molina hacer estudiar esta variante, pero la brigada especial está siempre ocupada más allá del río Quepe.

Aprovechando las semivacaciones que me procura la cosecha, propongo a don Luis Adán hacer yo mismo el estudio. Veo allí una doble ventaja: primero, un acortamiento del trazado; en seguida, y esto es para mí lo más importante, una mayor utilidad para la empresa. En efecto, los precios unitarios fijados en el contrato para la excavación del túnel, me parecen poco remunerativos. Por otra parte, en el proyecto actual no hay compensación entre las excavaciones y los rellenos, de modo que una enorme masa de tierra proveniente de la formidable excavación de Quinquer no tendría utilización en terraplenes, y deberá dejarse depositada; perderemos de obtener su pago como excavación y relleno. Por supuesto, no hago valer sino el primero de los argumentos.

El ingeniero jefe Molina acepta mi proposición. Me envía sus ingenieros Cuevas y el "Quichua", proporciona el material de campamento y los instrumentos topográficos necesarios.

Vamos a instalar todas nuestras tiendas a orillas del Quepe. Durante más de un mes viviremos en tierras indígenas, en relaciones continuas y cordiales con los indios.

Nuestro aprovisionamiento es fácil y poco costoso. Los indios nos venden ovejas a precios que varían de dos a cuatro pesos, que equivalen término medio a 5,50 francos. Pollos a 15 y 20 centavos (30 o 40 céntimos), huevos en abundancia. Pagamos éstos a 5 centavos la docena, alrededor de 1 céntimo cada uno. Por dos monedas de 5 centavos recibimos 24, pero si ofrecemos una de diez centavos nos darán menos de 20.

Nuestros amigos indios transforman las monedas en dijes y joyas, y para ellos valen más dos piezas de 5 que una de diez.

Cuando necesitamos algo que los indios no nos pueden proporcionar, mandamos un mozo a Temuco.

La memoria de estos mozos es prodigiosa. Las comisiones que se les encarga son tan numerosas como variadas. Como no saben leer es inútil darles una lista. Cada uno se limita a darle verbalmente sus instrucciones, y jamás olvidan nada.

Cuevas y el Quichua son grandes cazadores; la caza es abundante y viene a enriquecer nuestros menus.

También nos mezclamos en la vida de los naturales del país. Asistimos a muchas fiestas y ceremonias curiosas, especialmente al entierro del machi Nanco-Nahuel (águila-tigre).

Nuestros vecinos indios nos prestan siempre buena acogida; es cierto que de vez en cuando les damos aguardiente, que siempre están ansiosos de beber.

Sin embargo, un día encuentro una excepción. Cazaba solo en el llano y pasaba a cierta distancia de una ruca. Una cuadrilla de perros esqueléticos que rondaban alrededor, se lanza sobre mi ladrando con furor. Retirándome, trataba de alejarlos a pedradas, cuando de la ruca sale una india vieja que se pone a azuzarlos. Pongo mi arma al hombro y apunto a uno de los perros, pero sin intención de disparar, pues no tenía ganas de malquistarme con la tribu. Inmediatamente, la vieja arpía llama a sus perros, que le obedecen gruñendo, y continúo mi camino perseguidos por las imprecaciones de la bruja.

Otro día, frente a una ruca, veo a un indio pegándole a una mujer fuertes bastonazos. Como le reprocho su crueldad, me responde tranquilamente, sin cesar de darle golpes:

«Feika mapuche kewai kure». («Es así como los mapuches corrigen a sus mujeres»).

* * *

¿Llegaremos a terminar la línea? La guerra con Argentina parece más y más amenazante, y muchos la creen inevitable. La prensa chilena está tranquila, pero los diarios de Buenos Aires no cesan de publicar artículos agresivos y de un chauvinismo desenfrenado. Esto recuerda los preliminares de la guerra de 1870.

De ambos lados se preparan obstinadamente. En Chile se espera la llegada de dos nuevos acorazados y numerosos torpederos. El ejército activo en tiempos de paz, que había sido reducido a 6.000 hombres, acaba de aumentarse a 18.000.

La reorganización de la guardia nacional es materia de una ley en discusión actualmente en el Congreso.

Se cree generalmente que Argentina va a declarar la guerra a principios de junio, cuando los pasos de la cordillera estén cerrados, para impedir la invasión chilena de sus provincias del oeste, mientras ella atacaría por mar antes de la llegada de los nuevos barcos de guerra chilenos.

Don Benjamín, por un lado, y el coronel don Fidel Urrutia, agregado al servicio técnico del Estado Mayor General en Santiago, por otra parte, nos sondean a Alfred y a mí, sobre nuestras intenciones en caso de que la guerra detuviera nuestros trabajos. Se me ofrece el grado de teniente coronel y a Alfred el de subteniente. Una carta de Jules Cousin me informa que, en caso de hostilidad, ha aceptado el grado de capitán.

Nosotros hemos dado nuestra conformidad en principio. Alfred, con el fuego de sus veinte años, desea la guerra con todas ganas. Por mi parte soy mucho menos entusiasta, pero ¿qué hacer si la tempestad estalla? Volver a Europa abandonando todos mis intereses en Chile sería un desastre. Vale más entonces tratar de sacar el mejor partido posible de los acontecimientos que se produzcan. ¡A lo que Dios quiera!

Marzo de 1896
La cosecha ha teminado; nuestros carrilanos han vuelto al redil y la actividad reina de nuevo en todas partes. Se trata de dar un fuerte empujón antes de la llegada de las lluvias de invierno.

Los trenes atraviesan mientras tanto el río Cautín y llegan al río Boroa, donde descargan las piedras para el puente de mampostería, cuyas excavaciones están listas. Como esta faena es muy importante y durará muchos meses, construimos sobre el río un puente provisorio de madera.

* * *

Cuando un niño de menos de cinco años muere, su almita se va al cielo a reforzar el coro de ángeles. Su despojo mortal, convertido en "angelito", da lugar en los medios populares chilenos a una curiosa ceremonia, el "velorio del angelito", velada mortuoria que Alfred describe así en una carta a María:

«Lo primero que llama mi atención al entrar a la pieza mortuoria, es el angelito mismo. El niño está dispuesto a dos metros sobre el suelo, en la cumbre de una pirámide, cuya base está constituida por una mesa sobre la cual se ha edificado toda una combinación de cajones y cajas.

Vestido con un trajecito de calicó mal lavado, alrededor del cual se enrollan bandas de papel de color, la frente coronada por una especie de diadema también de papel, tiene un falso aspecto de niño Jesús de cera, al cual se hubieran olvidado de quitar el polvo. Hay una media docena de velas encendidas en unos candelabros de los más primitivos, botellas vacías o cajas de conservas con hoyos.

Según la costumbre en estos casos, deposito al entrar un paquete de velas de que me he proveído, encima de otros veinte colocados al pie del altar.

A mi entrada, los asistentes se levantan. Se me ofrece un asiento y se me presenta el potrillo de chicha. El potrillo es un enorme recipiente de la forma de un vaso ordinario de colosales dimensiones, generalmente de un contenido de dos litros.

Después de haber mojado mis labios, paso el potrillo a mi vecino, que bebe un trago y lo pasa a otro, el cual, después de haber tomado su parte, lo pasa al siguiente, y así sigue. De mano en mano y de boca en boca, el potrillo circula hasta la total extinción de su contenido.

La asistencia es muy numerosa, unas veinte personas; parientes, amigos, conocidos o gente desconocida. Todos indistintamente tienen derecho al potrillo; es el angelito el que paga.

La atmósfera de la sala es insoportable. Hombres y mujeres fuman sin interrupción cigarrillos de muy mal tabaco.

El angelito parece planear en una nube de humo.

En un rincón, la cantora pone nuevas cuerdas a su guitarra, interrumpiendo a cada rato este trabajo para tomar vasitos de aguardiente que deben aclararle la voz.

Hago que me indiquen a la madre del chico muerto. Me la muestran en el momento en que se lleva a la boca el potrillo recién lleno de chicha burbujeante. ¡Qué gaznate tiene esta mujer! Ella bebe, bebe y no termina nunca. Por fin baja el vino; con la boca abierta está próxima a perder la respiración. Poco a poco recupera el aliento y pasa a otro el potrillo medio vacío.

No se crea, sin embargo, que la intemperancia de esta pobre madre sea una manera de ahogar en el vino la pena que ella siente por la pérdida de su hijo. Estoy firmemente persuadido de que en este momento la mujer es feliz. Ella bebe, canta, ríe como todo el mundo, su risa es natural y su alegría no es forzada. Se resigna y celebra como los otros la feliz liberación de su niño que acaba de escapar, por una muerte muy dulce, de las penas y vicisitudes de este mundo para entrar en la eterna felicidad.

La cantora acaba de hacer salir algunos acordes rechinantes de su vieja guitarra. Aplauden y se arreglan los asientos para dejar espacio a los bailarines. La cueca va a comenzar.

Pero el piso no es sólido. A cada movimiento de los que bailan, me parece ver brincar al angelito dentro de su caja. Todo parece estar dentro de una nube opaca, y no estoy lejos de creer o una alucinación provocada por la atmósfera sobrecargada del local.

Y de golpe se produce la catástrofe. Con un salto desgraciado de uno de los bailarines, el altar se hunde con gran estrépito. Las cajas caen sobre las botellas y candeleros, que se quiebran con un ruido seco, mientras las latas de conserva danzan una zarabanda macabra entre las piernas de los asistentes. El pobre angelito es cogido hábilmente en el aire cuando describía una trayectoria que lo precipitaba al suelo.

Aprovecho la oscuridad que reina en la pieza para deslizarme afuera, y mi fuga precipitada pasa desapercibida en el alboroto general.

Mañana, los padres, para recuperar los gastos, arrendarán el muertito a un cantinero que organizará una nueva velada, con la diferencia de que los consumos no serán gratuitos, sino que serán cobrados con una rigurosa exactitud».

Abril de 1896
Hasta aquí, los socios de la empresa se entendían a maravilla. La dificultad se va a presentar. Provendrá de la actitud y los hechos equívocos del cajero-contador.

Ducassou, esposo de la prima de don Fidel Urrutia, había sido elegido por él.

Madame Ducassou estaba encargada de la dirección del hogar común. Ganaba por esto una suma alzada suficiente para asegurarnos un confort perfecto.

Pero Ducassou siempre ha sido un perezoso, y la pareja, que tiene tres niños, estaba en fuertes apuros cuando don Fidel los rescató. Madame Ducassou trató de aprovechar la situación. Al principio la casa fue muy bien llevada, y la cocina no dejaba nada que desear. Poco a poco empezaron las economías, las comidas fueron menos abundantes y menos refinadas, y Fornés se puso a protestar. El no se entendía absolutamente, por lo demás, con Ducassou, quien quería tomar respecto de él actitudes de superioridad.

Por mi parte, tenía contra Ducassou quejas más serias. La contabilidad era descuidada, mal llevada y a menudo errónea. En mis verificaciones de caja había comprobado algunos vacíos. Ducassou, a quien se los había indicado, los había rellenado rápidamente, atribuyéndolos a una simple negligencia.

Mi situación era difícil. Por una parte, yo debía salvar mi responsabilidad, y por otra debía evitar indisponerme con los Urrutia.

Entretanto, don Fidel y don Benjamín vinieron a pasar algunos días en Temuco.

Expuse el caso personalmente a don Fidel, esperando arreglar la situación sin escándalo, pero Fornés se quejó abiertamente a su tío y el alboroto se produjo. Después de una discusión violenta, don Fidel debió sacrificar a su protegido y partió furioso. El señor Vivanco se quedó para reorganizar la oficina.

Arrendamos una hermosa villa que tiene la ventaja de encontrarse en el mismo camino entre la estación y el puente del Cautín.

Ducassou fue reemplazado por Guillermo Wilson, contador profesional, y nuestra vida recobra su curso normal.

Aunque menos extensa que la anterior, nuestra nueva habitación es suficientemente grande, tanto más cuanto que no tenemos alojada a la familia Ducassou. Además de dos piezas para oficinas, disponemos de un comedor, un salón y seis dormitorios, uno que debe ocupar don Benjamín cuando está en Temuco. Las otras para mí, Fornés, Wilson y Alfred. Además una para alojados.

Hemos contratado a una excelente cocinera; yo he lamentado ahora que mi vieja doña Peta no se encuentre disponible. Wilson se encarga de la administración del mess.

Liberados de la presencia de Ducassou y su mujer, encontramos mucho placer en nuestras comidas en común. Alfred nos alegra con su verbosidad; Fornés y Wilson no cesan de hacerse bromas, amablemente, por supuesto, y en toda oportunidad.

Víctor Fornés, grande y hermoso muchacho, orgulloso de su barba negra tan bien cuidada, es un ameno conversador. Wilson, rubio, esmirriado, poseedor de un bigote corto tirado a colorín, le replica con su ingenio endiablado. Es chileno, hijo de un yanqui inmigrante.

La mayor cordialidad reina siempre en nuestro falansterio, y cuando está presente don Benjamín, se entretiene con nuestras animadas discusiones. Esto no sucede sino en las comidas de la noche, pues en el almuerzo, fuera de los domingos, yo estoy a menudo ausente y Alfred aún más frecuentemente.

* * *

Recibo la visita del doctor Rodolfo Lenz, filólogo alemán, profesor de idiomas en el Instituto Pedagógico de Santiago. Se ha dado por tarea el estudio de la lengua mapuche, y desde hace muchos años pasa sus vacaciones en una u otra región de Araucanía. Este año aprovecha sus vacaciones de Pascua para visitar las tribus de los alrededores de Temuco.

Es una feliz idea la del doctor Lenz, pues el curioso idioma indígena está llamado a desaparecer en un futuro cercano, al mismo tiempo que se extinguirá la raza, o se asimilará a la población chilena. Hasta aquí nadie se ha ocupado de este estudio sino los misioneros del tiempo de la conquista española, de los cuales uno, el padre jesuita Andrés Febres, ha dejado una gramática mapuche, que por lo demás es a menudo errónea.

El Dr. Lenz habla ahora corrientemente esta lengua, pero desea fijarla de manera enteramente científica. Busca entonces la ayuda de personas de buena voluntad en contacto frecuente con los indios, familiarizados con sus costumbres, y que tengan nociones suficientes de su idioma para ayudarlo en su investigación filológica.

Acepto con entusiasmo su proposición.

Para comenzar, me hace entrega de una lista de palabras usuales en español, cuya traducción debo preguntar a diferentes indígenas para luego anotar los pequeños matices que se puedan presentar en su transposición. La pronunciación exacta deberá indicarse valiéndose del alfabeto español. Para los sonidos que no puedan transcribirse, el Dr. Lenz ha imaginado letras y signos convencionales.

Me dicta una serie de frases que servirán para fijar la sintaxis indígena y otras preguntas preparadas de antemano, en español y en mapuche, que deberé presentar a indios suficientemente inteligentes, anotando sus respuestas, aun en los casos en que yo no las comprenda claramente. Me recomienda también tratar de reproducir los cantos, los relatos y los cuentos indígenas.

Esta misión, que cumpliré concienzudamente, me permitirá hacer rápidos progresos lingüísticos y adentrarme más profundamente en la mentalidad de los indígenas y en su intimidad. Hasta mi partida de Chile continuaré mis relaciones epistolares con el doctor Lenz.

* * *

En un "eltun", o cementerio abandonado, a medio camino entre el Cautín y el Quepe, había notado yo una especie de ídolo, más bien un monumento funerario, cuya posesión codiciaba. Como la línea alcanza ahora hasta la gran excavación de Quinquer, me encuentro a sólo cien metros del lugar y resuelvo aprovechar la ocasión para satisfacer mi deseo.

En una noche de luna clara trepo a un carro de mano, manejado por dos hombres. Llevamos palas y picotas. Dejemos el vehículo en la línea y nos dirigimos hacia el cementerio.

El ídolo es un enorme bloque de madera de roble pellín groseramente esculpido y plantado en tierra. Representa vagamente la figura de un hombre cuya gran cabeza redonda está coronada por una especie de sombrero de copa. Esta obra de arte primitivo nada tiene que recuerde las reglas armoniosas del canon escultural griego y sin embargo, son precisamente sus proporciones defectuosas las que le confieren un valor particular.

El claro de luna nos traicionó. Nos deben haber divisado mientras cometíamos esta profanación, pues, repentinamente, desde una ruca situada a cierta distancia, resuena la trutruca, el gran cuerno que da la alarma y llama a reunión.

Felizmente ya hemos terminado nuestro trabajo. Acarreamos rápidamente la estatua monumental hasta el carro y arrancamos a toda velocidad hacia Temuco. Los matorrales han debido disimular nuestra retirada y el enemigo no ha podido imaginar que transportamos nuestro botín por vía férrea.

Pero ¡ay! este robo sacrílego costó la vida de un desgraciado chileno.

Cerca del sitio donde operamos existe un camino que corta la vía. Es por allí, evidentemente, que han debido buscarnos los indios.

A la mañana siguiente, no lejos del lugar fue descubierto un cadáver atravesado por la espalda con una lanza. Un caballo ensillado pastaba en los alrededores.

La pesquisa hecha por la policía no llegó a ninguna conclusión.

En mi opinión las cosas han debido suceder en la siguiente forma:

Una vez los indios reunidos, han debido lanzarse rápidamente por el camino en persecución de los ladrones. El pobre diablo, espantado por el chivateo que hacían los indios debió arrancar a todo lo que daba su caballo. Los indios, tomándolo por uno de los profanadores, al darle alcance le atravesaron el cuerpo sin más trámite.

Pienso algunas veces con remordimiento en este desgraciado cuando miro el ídolo, ahora en Bruselas.

3. El trazado del ferrocarril

Mayo de 1896

La comisión del Gobierno nos entrega por fin el trazado definitivo desde el río Quepe hasta el río Toltén. Este retardo nos causa un perjuicio serio, pues antes de terraplenar, hay que proceder al roce o desmonte de la gran selva, y este trabajo será mucho más difícil y más costoso en la estación de las lluvias que comienza, que lo que habría sido en pleno verano.

Don Benjamín maniobra hábilmente en Santiago para obtener un mejor precio unitario para el roce y una prolongación del plazo de terminación de la línea, para el 30 de noviembre de 1898.

Creo una nueva faena al otro lado del Quepe. Una legión de leñadores va a invadir la selva que debe ser cortada en todo el largo de la línea en 50 metros de ancho.

Es verdaderamente curioso verlos trabajar.

Comienzan por desprender de los alrededores de los árboles las lianas. Después, a 60 centímetros del suelo trazan en el tronco, por medio de hachazos horizontales, un círculo según el cual será cortado el árbol. Encima del círculo atacan el árbol en bisel sobre dos caras opuestas, siendo desprendidas las astillas por golpes de hacha sobre el plano del círculo. Del lado en que el árbol deberá caer, el corte es más profundo y llega más allá del corazón del tronco. El corte es tan liso que parece cepillado.

Pero en esta selva, todavía virgen, los árboles están apretados, y la caída de uno sería detenida por los otros. Se procede por secciones, terminando donde la espesura se interrumpe por un claro natural, una quebrada, un río. Se cortan todos los árboles hasta que no se sostienen sino por un pequeño segmento de madera, de manera que todos caigan en una misma dirección.

Cuando está todo listo se echan abajo, simultáneamente, los árboles de la primera hilera, cuya caída arrastra la de los otros y todo un paño del bosque se desploma de un solo golpe, con crujidos y un estrépito espantoso. Es un trabajo gigantesco. Los troncos se retiran con la corteza, sin desbastar, y se transportan a los aserraderos que hemos instalado en la selva, o bien se transforman en durmientes en el mismo sitio. Los desechos se amontonan para ser quemados cuando estén suficientemente secos.

Cuando el terreno que debe ocupar el terraplén de la vía sea desmontado, se tratará de efectuar la "descepadura", o retiro de los troncos monstruosos que hay que sacar en los desmontes, y que no se pueden dejar pudrir bajo los rellenos. Será necesario hacer profundas excavaciones, cortar las raíces secundarias y después extraer los enormes troncos con gran cantidad de bueyes.

La organización de estas faenas sucesivas me van a obligar a numerosos viajes a caballo por senderos difíciles y barrancas peligrosas en la inmensa selva.

Junio y julio de 1896

Estamos en invierno. Los pasos de la cordillera están cerrados y la declaración de guerra que se esperaba no se ha producido. Al contrario, hay tranquilidad. Chile y Argentina han designado cada uno un perito o experto, que tratará de arreglar amigablemente la famosa cuestión de límites.

Cada uno de los peritos tiene bajo sus órdenes numerosas comisiones de ingenieros, a cada una de las cuales se le asigna cierta zona de los Andes. A principios del próximo verano, cada comisión chilena encontrará en el terreno la comisión argentina correspondiente para estudiar en común la región que se les ha confiado. Al final del trabajo de campo, los jefes de comisión deberán entregar sus planos y observaciones a los expertos, quienes tratarán de ponerse de acuerdo sobre la línea fronteriza.

Esta solución es la sabiduría misma, pero prácticamente no parece ser algo efectivo. Leyendo los diarios de Buenos Aires se aprecia que Argentina no abandonara su teoría de las altas cumbres. Pero para Chile es una cuestión de vida o muerte. Si la teoría de las altas cumbres fuera admitida, Chile no solamente perdería los ricos valles altos considerados como suyos en todo tiempo, sino que Argentina dominaría a Chile entero y podría invadirlo a su gusto por todos los boquetes excavados en las cadenas de gran elevación, por los numerosos ríos que, naciendo en su ladera este, desaguan sin embargo en el Pacífico.

Mientras tanto, los armamentos continúan por ambos lados.

Aquí se ha reorganizado la guardia nacional. Todos los chilenos en estado de cargar armas forman parte, ya sea en el activo, la reserva o la territorial.

En Temuco, la guardia nacional activa ha sido llamada bajo las armas por un período de instrucción de tres meses. Los jóvenes guardias nacionales están acuartelados. Los veo a veces maniobrar con su uniforme azul oscuro, y me asombro con sus rápidos progresos. Los chilenos son verdaderamente un pueblo de soldados.

* * *

Los pilotes y estribos del puente definitivo sobre el Cautín están ya terminados. Se anuncia que Creusot enviará pronto la parte metálica. La misma firma también debe proveer las partes correspondientes a los puentes sobre el Quepe y el Toltén.

Matías Provost está ocupado en la construcción de un puente provisorio de madera sobre el río Quepe. Es una obra importante.

Este año las lluvias son violentas, dificultan los trabajos y hacen más duras mis inspecciones más allá del Quepe.

Encargo a Alfred que me reemplace, él está muy aguerrido.

Agosto de 1896
La vía férrea está siempre detenida por la zanja de Quinquer que está lejos de terminarse. Envío a Alfred para activar los trabajos.

De una larga carta que él escribe una noche a María, extracto algunos detalles curiosos que le da de su alojamiento y sus ocupaciones.

«Afuera, el viento norte sopla con rabia y cuando se calma un momento es para dar lugar a una tromba de agua que cae crepitando sobre el zinc de mi techumbre. Acabo de envolverme en un amplio poncho así como en el humo de mi pipa, al tiempo que destapo una botella de cerveza. Aspirando aquél y bebiendo ésta (y algunas otras que me queda) espero alcanzar a escribirte por lo menos unas doce páginas antes de que se apague el brasero y se consuman las cinco pulgadas de vela que alumbran esta prosa.

Comencemos por hacer un viejecito alrededor de mi pieza, imitando a Xavier de Maistre.

Mi habitación es una caja cuadrada, de tablas, recubierta por ocho hojas de zinc yuxtapuestas. En esta caja existen dos aberturas. Una de ellas, que se cierra a voluntad por medio de una simple corredera de madera, sirve de ventana. La otra es la puerta, formada por cuatro tablas verticales, unidas mediante otras dos horizontales, el todo girando sobre un par de bisagras.

Una tranca cumple las funciones de chapa y cerradura por el lado interior. Al salir, desde el exterior cierro con un candado.

Pasemos a la inspección de la casa a la del amoblado.

A la derecha de la mesa en que escribo puedes ver un curioso pequeño andamio que yo denomino estantería. En la primera repisa guardo latas de conservas de toda especie: arvejitas, paté de foie gras, sardinas en aceite, atún, etc. En la segunda una gran provisión de cigarrillos, tabaco, fósforos, velas y otros ingredientes inflamables o combustibles. Por último, en la tercera, una botella de ajenjo Pernot para las visitas, otras de pisco (aguardiente nacional) y mi reserva de cerveza.

Bajo la estantería se encuentra el gran baúl traído de Europa. Algo más lejos mi cama de campaña flanqueada por un cajón que me sirve de mesa de noche. Encima coloco la palmatoria y un vaso de agua y en el interior, libros y periódicos. En el rincón, frente a la cama, un lavatorio portátil de fierro enlozado. En otro rincón un nivel con su mira, jalones y otros instrumentos del oficio. Sobre un caballete, mi montura y el enjaezamiento completo de mi caballo. En fin, colgados de clavos en las paredes, ropas, escuadras, un revólver, una cantimplora, dos pares de polainas y mis espuelas.

Ahora que ya estás como en tu casa, veamos lo que pasa afuera. Esto podría hacerse mirando por los intersticios de las tablas pero veremos mejor abriendo la puerta.

La lluvia ha cesado y el viento ha disminuido su violencia. Aprovechemos una salida de la luna para echar una ojeada al campamento.

Todo está tranquilo y dormido. El continuo croar de millones de ranas y el castañeteo de muchos sapos, semejante al que produciría una legión de zapateros batiendo suelas, turban solamente el silencio de la noche.

Aquella casita frente a la cual camina en este momento el sereno, armado de su gran sable y de una fusta corta, es la habitación del jefe de faena y del alistador. Frente a ella, la cantina y los almacenes. En el fondo, el vasto galpón en que duermen apilados los peones.

Si esperaras el amanecer, de lo que no debes tener muchos deseos ni yo tampoco, verías desarrollarse ante tus ojos un magnifico panorama. Al frente, la cordillera con el gran volcán Llaima que no está en erupción por el momento. A la izquierda el valle hacia Temuco, rodeado de un cinturón de colinas muy boscosas; a la derecha y detrás de tí, un amplio llano de donde surgen algunos montículos y al fondo, una selva interminable. A través de todo esto la línea del ferrocarril en construcción restándole día a día un poco de poesía a esta maravillosa naturaleza.

Si quieres conocer mi programa de mañana, que es el de todos los días en que no se presenta algún trabajo extraordinario:

A las siete me arrancaré de los brazos de Morfeo. Me pondré rápidamente mis botas, abrocharé mi cinturón y daré una pequeña vuelta a pie a los trabajos más próximos al campamento. Después volveré para tomar mi primer desayuno compuesto de café, pan y una de las latas de conserva de mi colección. Al salir encontraré mi caballo ensillado, y un mozo que me colocará mis pequeñas espuelas de 12 centímetros de diámetro. Una vez a caballo encenderé un cigarrillo y partiré al galope para una inspección sumaria de mi zona. Esta operación me ocupará hasta la hora de almuerzo; después de éste volveré a partir para cual o tal trabajo que, en mi visita de la mañana me habrá parecido necesitar una vigilancia especial.

En la noche, después de comida, daré órdenes para el día siguiente, después despacharé algún trabajo de oficina o dibujaré un croquis para una obra de albañilería, o bien redactaré en el más puro castellano, un informe al administrador general, señor don Gustave E. Verniory. Hecho esto, sacudiré las cenizas de mi pipa, y extenderé sobre mi lecho solitario mis miembros fatigados.

Esta vida me gusta, y no quisiera cambiar mi pellejo por el del más estirado burgués de Bruselas. Pienso de vez en cuando, con melancólico sentimiento, en la crema de café y otras cosas agradables que prepara tan bien María, o aun en los fréjoles princesa de la tía Elisa; pero esto es un recuerdo lejano que se borra completamente a la vista de una cazuela de perdiz o de loro, también de un valdiviano, dicho de otro modo, un caldo de charqui, esto es, carne de buey, secada al sol».

Septiembre de 1896

Ha vuelto la bella estación. Voy a poder empujar con vigor los trabajos. Tengo carta blanca y los fondos no me faltan. Lo que me interesa es mantener mi reputación y entregar la línea en el plazo fijado.

Las fiestas nacionales del dieciocho van a suspender esta actividad durante varios días. Aprovecho para hacer un viaje a Curacautín, donde he citado a Julien para tratar de liquidar definitivamente con don Ramón Barahona el pago del saldo de nuestra Empresa del Canal Subercaseaux.

Don Antonio Subercaseaux es un rico propietario, pero ha invertido demasiado capital en su fundo de Puerto Seco, y le cuesta mucho pagar los 2.000 pesos que aún nos debe. Sus últimos pagos no nos han sido hechos en dinero sino en vino y en pasto aprensado, que me ha enviado de su hacienda en el norte, y que yo he podido colocar sin pérdida y aun con una pequeña utilidad en Lautaro y Temuco.

Don Ramón es siempre el hombre agradable con quien hemos tenido tan cordiales relaciones, pero no tiene fondos disponibles, y su patrón don Antonio, ha decidido que el fondo Puerto Seco debe ser en adelante autosuficiente y cancelar sus deudas pendientes.

Celebramos un acuerdo con don Ramón que salvaguardará nuestros intereses.

Yo había conseguido en Curacautín hace tiempo cuatro sitios: dos a nombre de mis hermanos Georges y Alfred y el cuarto a nombre de Amadeo Heiremans. Estas parcelas han sido cerradas, pero para obtener el título de propiedad, falta construir una casa en cada una de ellas.

Don Ramón explota los bosques de Puerto Seco donde ha instalado dos aserraderos y dispone de carpinteros. Se conviene que él construirá cuatro casas de un valor de 500 pesos cada una de acuerdo con los planos que nosotros le entregamos, con lo que cancelará su deuda.

Cedo a Julien los sitios que figuran a nombre de mis hermanos mediante cierta indemnización y reembolso de los gastos de cierro. El se encargará de hacerlos transferir a dos de sus "palos blancos".

En cuanto a Heiremans, estará encantado de ser propietario en Curacautín y me pagará su cuota. Yo quedaré en posesión de una casa que Barahona se encargará de arrendar por mi cuenta.

Digamos por lo demás que todos estos compromisos serán cumplidos escrupulosamente.

Curacautín se ha desarrollado mucho desde que lo dejamos nosotros. El lugar está llamado a prosperar mucho más, pues se han mejorado los caminos que lo unen a Perquenco y a Victoria, y se acaba de decidir la construcción de un puente sobre el Cautín frente al fundo de Quinchol de Alfredo Rivera, justo en el punto donde se efectuó nuestra peligrosa travesía en bote que he relatado más arriba y que estuvo a un dedo de terminar trágicamente. Curacautín quedará así comunicado con Lautaro.

* * *

El 18 de septiembre terminaba el mandato de don Jorge Montt, que
después de la revolución de 1891 sucedió a Balmaceda. De acuerdo con
la Constitución chilena, el Presidente de la República no es reelegible
inmediatamente. El presidente es actualmente don Federico Errázuriz.

Octubre de 1896

Alfred está todavía en Quinquer, donde la excavación de la enorme trinchera continúa. Se excava hasta el nivel de la plataforma pozos de minas
que se hacen estallar con pólvora o dinamita.

Se produce un desgraciado accidente.

Un minero había puesto su carga de dinamita en el fondo de un pozo
de ocho metros de profundidad, y subía por una cuerda cuando ésta se
cortó. ¿Por qué no pensó en apagar la mecha encendida? Puede ser que
se haya herido en la caída y perdido el conocimiento. El hecho es que el
desgraciado fue literalmente despedazado y sus restos dispersados en
medio de una granizada de piedras.

* * *

Algunos días más tarde me sucedió una aventura que pudo ser peligrosa.
En la cantera de Cuyanquén había proyectado derrumbar de un golpe una
enorme masa de piedra. Una galería de unos diez metros de longitud había
sido perforada en la roca. Permitía justo la pasada de un hombre y en su
extremidad se había excavado una cámara en la cual fue depositada una
enorme carga de pólvora. La explosión causó un verdadero temblor, sin
que se derrumbara nada. Se produjo una fisura en lo alto de la montaña
por la cual se escaparon los gases.

Al día subsiguiente quise averiguar personalmente las causas de este
fracaso.

Era un domingo. Los canteros y talladores de piedras se divertían en
Lautaro. Envié a mi mozo a efectuar un encargo en la vecindad. Subí solo
a la cantera desierta. Amarrando mi caballo cerca de la entrada de la galería
que había sido despejada, penetré arrastrándome en ella, llegando así hasta
la cámara de la mina que también estaba limpia de escombros.

Examinaba las paredes y la fisura, cuando oí un ruido sordo detrás de
mí. Piedras dislocadas por la explosión se habían desprendido de la bóveda

de la galería obstruyéndola completamente. Estaba enterrado vivo en la profundidad de la roca. Me asaltó el recuerdo del pobre Luis.

Mi situación no era, sin embargo, tan crítica como me había parecido en el primer momento. La cámara en que me encontraba, formando martillo al final de la galería, tenía cerca de cuatro metros de largo por 1,50 de ancho y 1,25 mts. de alto. El aire que llegaba por la fisura no me faltaría. El mozo no tardaría en volver, y viendo mi caballo amarrado, sospecharía lo que había pasado. Acuclillado en mi antro, llené y encendí mi pipa; de tiempo en tiempo lanzaba gritos de auxilio a todo pulmón.

Al cabo de una hora, que me pareció un siglo, escuché gritos en respuesta a los míos. Mi mozo había vuelto, pero ni él ni yo podíamos comprender lo que gritábamos.

Después volvió el silencio. Saqué en conclusión que el mozo había ido a buscar socorro.

Otra hora pasó en la espera, después oí que se trabajaba en despejar el pasadizo. El trabajo era difícil y peligroso; un solo hombre podía trabajar a la vez, echando detrás de él los escombros. Poco a poco sentí acercarse el socorro; me llegaban gritos de aliento. El desmoronamiento se había producido sólo en la primera mitad de la galería. Cuando quedó libre la pasada me arrastré hasta salir de la tumba y me encontré bajo el cielo azul. ¡Estuve enterrado cerca de cuatro ho-ras!

Mis salvadores eran cuatro canteros que me aclamaban con entusiasmo. Vacié mi bolsa en sus manos y volví a montar a caballo.

Hasta aquí había conservado una calma perfecta, pero con la libertad vino la reacción y llegué temblando a Temuco.

Noviembre de 1896

La formidable excavación de Quinquer por fin está abierta, y el largo terraplén que la sigue está a su altura. Por otra parte, el puente provisorio sobre el río Quepe está terminado. Podemos entonces poner de un golpe los rieles hasta la estación de Quepe, al otro lado del río.

Es entretenido observar esta colocación de la vía. Aquí se fijan los rieles a las traviesas no con tirafondos sino con grapas cuyas cabezas vienen a apoyarse en el patín del riel. Con el golpe de un martillo corriente se hunde la grapa en su lugar y se mantiene parada. Detrás viene el "clavador".

Este está provisto de un martillo especial cuya doble cabeza tiene el ancho de la grapa. El clavador hace girar el martillo en un círculo completo y lo descarga sobre la grapa sin jamás errar un golpe. A menudo he tratado de dedicarme a este deporte, pero siempre la estrecha cabeza del martillo fallaba la grapa o la hundía de lado.

* * *

Ahora que podemos llevar la piedra de Cuyanquén al Quepe, hemos comenzado la albañilería del puente definitivo.

* * *

Se me acaba de ofrecer entrar al Comité de Administración del Club de Temuco. He declinado este gran honor, un tanto por modestia natural, pero sobre todo porque mis ocupaciones no me pemitirían asistir con suficiente asiduidad a las reuniones.

Diciembre de 1896

He recibido una carta que no esperaba, por cierto. Viene de Batty Weber, que fue mi gran amigo cuando hacíamos juntos nuestros estudios en el Ateneo de Luxemburgo. Desde hace muchos años nos habíamos perdido de vista. Batty Weber es ahora redactor del *Luxemburger Zeitung*.

Cuando los diarios belgas anunciaron la muerte trágica del ingeniero Verniory, él creyó que se trataba de mí, y había escrito para su diario un largo artículo en que elogiaba mis incomparables cualidades y evocaba los recuerdos ya lejanos de nuestra vida de Ateneo.

Un poco más tarde, pasando en bicicleta por Wellin, donde había ido en vacaciones donde mis padres, había encontrado antiguos conocidos delante de quienes se había lamentado de mi triste suerte. Es así como se había dado cuenta con alegría de su error. Había conseguido mi dirección y se había apresurado a escribirme para reanudar nuestras relaciones. Me envió el número del *Luxemburger Zeitung* donde apareció su artículo necrológico; desgraciadamente se extravió.

* * *

En la línea la actividad es intensa. El desmonte de la gran selva está muy avanzado como para comenzar importantes terraplenes en esa zona.

Han sido creadas dos grandes faenas, una en Quepe, donde actualmente está Alfred, y la otra más lejos, en Freire Ocupamos ahora más de 1.500 obreros.

Matías Provost, con sus carpinteros y demás personal, están ocupados en la construcción de los edificios de la estación de Quepe.

Enero de 1897
El año comienza bien mal para Alfred. Acaba de fracturarse tres costillas al caer del caballo. No teniendo mucha confianza en los médicos de Temuco lo mando al hospital de Concepción, donde será perfectamente cuidado. Me es imposible llevarlo yo mismo y es Victor Fornés quien se encargará de ello.

* * *

Miguel Cuevas, ingeniero primero de la comisión gubernamental, ha venido a instalarse con su familia en la construcción principal de la estación de Quepe. Es un edificio elegante, enteramente rodeado de una terraza cubierta y con varias piezas donde la familia se encontrará cómoda.

La estación misma, ya cerrada, mide 800 metros de largo por 125 de ancho. Como el terreno no pertenece a nadie, se puede usar sin medida. Estaba cubierto de bosques que ha habido que desmontar, operación que aún está efectuándose; el suelo está lleno de troncos caídos, y buen número de árboles se encuentran todavía en pie.

Cuevas y yo nos entendemos maravillosamente. Aunque defendemos intereses que a veces se contraponen, jamás hemos tenido un conflicto. Es cierto que ambos tratamos los asuntos con gran espíritu de conciliación.

La señora de Cuevas, doña Aurora, es acogedora y alegre. Sus cuatro niños me saltan al cuello en cuanto me ven; en resumen, me encuentro donde ellos como en mi casa.

Allí probé por primera vez un guiso que será uno de mis predilectos. Se presenta en la forma de una fritura de sesos, pero es aún más delicado. Temiendo una repulsión de mi parte, doña Aurora tuvo mucho cuidado de no revelarme con anticipación su naturaleza; en realidad se trataba simplemente de gusanos.

Ciertas orugas, en les grietas de los árboles viejos, ponen montones de huevos, que se desarrollan hasta formar una bola de la forma de un coco, pero más grande. Cuando los indios descubren uno de estos nidos, lo vigilan hasta el momento en que los primeros gusanos salen a la superficie; la bola está entonces a punto.

La sacan y se regalan con ella, a menos que la vendan a los gourmets que saben apreciarla. Yo seré uno de sus mejores clientes.

Gran discípulo de Nemrod, Cuevas organiza cada domingo una partida de caza, a las que rara vez dejo de asistir. Regularmente encuentro allí a dos grandes amigos, el notario Muñoz y el doctor Pedraza, y otros invitados venidos de Temuco.

Febrero de 1897

Alfred ha vuelto de Concepción casi repuesto de su accidente, pero debe cuidarse por algún tiempo. Se queda en Temuco, donde ocupándose de trabajos de oficina, puede gozar de un relativo reposo. Estamos en plena época de cosechas, y los trabajos en la línea están casi paralizados. Aprovecho esta calma para tomar vacaciones.

Mi intención es pasar dos o tres semanas tomando baños de mar en el océano Pacífico cerca de la desembocadura del río Imperial. Tendré como compañeros a dos franceses, los hermanos Chanceaulme, contratistas de obras públicas, pero uno después de otro, pues no pueden ausentarse juntos. Louis partirá conmigo y más tarde será reemplazado por Pierre, su hermano mayor.

Salimos de Temuco a caballo un domingo en la mañana, acompañados del mozo de los Chanceaulme, un tipo ingenuo y despierto a la vez, que responde al nombre de Candelario.

La ruta bordea el Cautín, a la derecha vienen a morir los últimos contrafuertes boscosos de los cerros de Ñielol.

Después de haber pasado frente a la desembocadura del río Quepe por la otra orilla, llegamos a Nueva Imperial, pequeña ciudad situada en la confluencia del Cautín y del Cholchol. A partir de aquí, los dos ríos reunidos forman el majestuoso río Imperial.

La ciudad, fundada en 1882 por el general Urrutia, entonces coronel, no tiene nada notable. Almorzamos en un hotel cualquiera y seguimos nuestro viaje.

A partir de Nueva Imperial, tenemos a nuestra derecha un llano inmenso donde la cosecha está en su apogeo. Como los brazos escasean, se les reemplaza por máquinas, segadoras y trilladoras mecánicas.

En Carahue nos alojamos en un excelente hotel. Nuestra primera etapa ha sido de 13 leguas chilenas de 4 1/2 kilómetros; habíamos pensado llegar en el día a Bajo Imperial, siete leguas más al oeste, pero nuestros preparativos nos retuvieron en Temuco hasta las 10 de la mañana, y ya es muy tarde para seguir adelante.

Carahue, pueblo menos importante que Nueva Imperial, fue creado en la misma época sobre el emplazamiento de la antigua ciudad de Imperial.

La antigua ciudad de Imperial fue fundada por el conquistador don Pedro de Valdivia en 1551, y llamada así en honor del emperador Carlos V. En medio siglo llegó a ser la ciudad más floreciente del país después de Santiago. La vida llegó a ser intolerable allí a causa de los frecuentes asaltos que hacían las tribus guerreras de los alrededores. En 1600 la ciudad fue evacuada y destruida hasta los cimientos por los araucanos. Su recuerdo se ha conservado en el nombre indio de Carahue (Cara-ciudad; hue-lugar), el lugar donde estuvo la ciudad.

Carahue es un puerto fluvial a 35 kilómetros del mar. Su desarrollo está dificultado por la terrible barra de la desembocadura del río.

Dejando nuestro equipaje en el hotel de Carahue, continuemos al día siguiente hacia Bajo Imperial.

El camino es encantador. Bordea el río Imperial, donde vapores de alto tonelaje remontan hasta Carahue. Nos entretenemos en tirar con revólver a las pollas de agua y a los patos; he llegado a ser de una seguridad muy respetable con esta arma, la que maravilla a mis compañeros.

Atravesamos en balsa el ancho río y llegamos a Bajo Imperial.

En Bajo Imperial, que no es más que una aldea, no existe un hotel. Nos alojamos donde Julio Cabeza, un comerciante que, aunque no es hotelero, aloja a los viajeros. Esto tiene para él la doble ventaja de no pagar patente de hotel y de desollar a su gusto a los clientes de paso.

Como llegamos cubiertos de polvo, nuestra primera idea fue la de lavarnos. Don Julio, que desde el principio tuvo el cuidado de precisar que su casa no era hotel, pero que estaba dispuesto a servirnos en vista de nuestra calidad de caballeros, nos lleva a la pieza que nos está destinada. Es una covacha con dos camas y un lavatorio. No hay jabón. Llamamos a don Julio. «¿Jabón? ¡Pero cómo! Tengo en el almacén desde un precio de 50 centavos hasta de dos pesos, ¿de qué marca quiere usted?»

Estamos obligados a comprar un jabón.

«¿Toallas? Vendo de todas clases a partir de 40 centavos».

Nos hacemos de una toalla de 40 centavos.

No osamos pedir una escobilla, pero estamos obligados a adquirir un paquete de velas, pues no se venden de a una. Costo: 60 centavos.

Tenemos que comprar también un saco de avena para los caballos.

Es la una, hora de almorzar. Se nos sirve un biftec con un huevo frito, rodeado de tajadas de cebolla a la manera del país.

Cerveza no hay. El único vino disponible es el Panquehue reservado, a tres pesos la botella. Hay que optar por el Panquehue reservado.

* * *

En la tarde nos dirigimos a la playa, a tres o cuatro kilómetros del pueblo.

Contemplamos la barra espumosa que hace tan peligrosa la desembocadura del Imperial. El gobierno ha enviado varias veces comisiones de ingenieros a estudiar el mejoramiento del acceso al río, pero hasta aquí todo ha quedado en proyecto.

Candelario, un buen muchacho de los alrededores de Collipulli, no ha visto nunca el mar. Su asombro nos divierte. Queriendo atrapar una jaiva se deja sorprender por una ola que lo moja de pies a cabeza y lo hace lanzar aullidos de susto.

No me atrevo a bañarme. El viento frío que ha soplado desde que salimos de Temuco me ha resfriado seriamente.

Nos ponemos a buscar una casa. Ya que pienso pasar por lo menos quince días a la orilla del océano vale más asegurarse una habitación fija, antes que quedarse donde el abusador de Cabeza.

No faltan casas que alquilar, pero en el pueblo, lejos de la playa.

En la desembocadura del río, frente a la barra hay una casita que haría mi felicidad. Está ocupada por un piloto. Entramos. El hombre está ausente, pero su mujer nos recibe. A pesar de una oferta tentadora, rehusa redondamente a cedernos la casa. Ensayamos con otra casa igualmente bien situada, pero sin mayor éxito.

Entonces tenemos una idea que yo califico modestamente de genial.

Algunas leguas hacia el sur, hay un gran barco naufragado. ¿Por qué no nos instalamos dentro de los restos?

El martes nos encuentra galopando a caballo a la orilla del mar hacia el barco náufrago.

La playa es arenosa, sin piedras. La arena mojada forma una excelente pista para los caballos; pero para evitar la arena seca, debemos seguir muy cerca de la orilla, y las olas a veces quiebran a los pies de los caballos, que se encabritan espantados. Nos agrada llevarlos lo más adelante posible cuando el flujo se retira, para gozar con su espanto cuando la ola los alcanza.

Atravesamos una pequeña laguna de agua de mar donde los caballos quieren beber. Los gestos que hacen cuando se dan cuenta de que el agua es salada no dejan de ser divertidos, pero nos morimos de risa cuando vemos a Candelario, bajado del caballo, tenderse de boca para beber un poco de agua. El pobre ignoraba las propiedades del agua de mar y su estupefacción es inmensa.

Vadeamos el brazo que lleva al océano las aguas del lago Budi. Este brazo tiene una anchura de cien metros, pero el agua no nos llega a la montura.

El Budi es un lago encantador donde me propongo ir a cazar más adelante. Mientras tanto tiramos con revólver a los cormoranes, gaviotas, cuervos de mar y pelícanos. Esto no es nada difícil, pues todos estos animales, salvo las gaviotas, dejan acercarse a poca distancia.

Las becasinas de mar abundan, pero son muy salvajes para tirarles con revólver.

Hay también unos pajaritos grises oscuros que pescan en bandadas siguiendo la ola cuando se retira y huyendo cuando vuelve. De lejos parecen una bandada de ratones que se divierten.

Sobre las rocas divisamos algunas focas, pero fuera de tiro con revólver.

He traído mi escopeta de caza y mi Winchester, pero han quedado por el momento en Carahue.

Admiramos la osamenta de una ballena, que, según nos contaron más tarde, se varó el año pasado. El feliz mortal que la descubrió sacó unos 3.000 pesos. Descansamos un instante sentados cada uno en una enorme vértebra. Nos cuesta muchísimo convencer a Candelario de que estos huesos monstruosos son los de un animal marino, como quien dice un simple pescado.

Más lejos encontramos unas diez indias jóvenes enteramente desnudas sacando mariscos de una roca. Nos sonríen con toda su blanca dentadura sin la menor vergüenza aparente.

Nos habían dicho en Bajo Imperial que el buque varado se encontraba a cuatro leguas; pero en Chile hay que desconfiar de las apreciaciones de distancias. Hemos recorrido ciertamente siete cuando llegamos.

El "Vlamstead", de la compañía "Lamport y Halt", que venía de Amberes, fue arrojado a la costa una noche de tempestad hace tres o cuatro años. Según lo que me cuentan, había fiesta a bordo; capitán y piloto estaban más o menos ebrios. Un solo pasajero, un portugués, se ahogó. La carga, de valor de más de cuatro millones de francos, fue casi enteramente salvada. Se ven todavía en la playa restos de grandes galpones construidos para salvar la mercadería, principalmente cemento. El barco mismo fue abandonado; no queda más, hoy día, que la imponente armazón.

Los muebles, el maderamen, las puertas, los pisos, fueron robados por quien quiso. Recientemente, carpinteros de Bajo Imperial sacaban las últimas piezas de madera.

El buque puede tener de 120 a 140 metros de largo. Ignoro su tonelaje, pero debió ser soberbio, tan grande como el "Potosí" en que yo me vine.

Cuando llegamos la marea está baja y ha dejado un costado del barco en seco. Una escala primitiva hecha por los saqueadores, de unos doce metros de altura, alcanza hasta una de las bordas.

Exploramos el barco, por lo menos en sus partes más accesibles. Creí poder encontrar cabinas, destartaladas por cierto pero en las que hubiésemos podido acomodarnos.

Solamente encontramos un inmenso conjunto de planchas oxidadas sin el menor rastro de maderas. La armazón es de tal manera sonora que a cada ola que golpea sus flancos resuena un estruendo ensordecedor.

Habría sido en todo caso imposible dormir allí. Decididamente mi idea "genial" no es realizable.

Un indio, atraído por la curiosidad, nos alcanza a bordo. Es un buen tipo, nada salvaje. A pesar de conocer algunas palabras de castellano, parece muy complacido cuando entablo la conversación en su lengua:

—¿Cheu mapu, peñi? (¿De qué tierra, hermano?, me pregunta).

—Temuco.

—¿Alimapu huinca? (¿Está lejos, extranjero?).

—May (Si).

En mapuche, huinca quiere decir a la vez extranjero y ladrón, lo que no resulta muy halagüeño para nosotros.

A mi vez, le pregunto:

—¿Cheu tuaimi, peñi? (¿Dónde vives, hermano?).

Nos indica su ruca, muy lejos, en el horizonte. Como buen indio, comienza a hablarnos de sus riquezas, de sus vacas, de sus ovejas, de sus caballos. No es cacique, pero es rico. Tiene cuatro mujeres.

¡Feliz peñi!

Le mostramos nuestros revólveres. Nos pregunta si con eso se puede matar leones.

Yo le cuento que con el mío he matado epu mari quechu, es decir dos, diez, cinco, o sea 25. Parece creerme. Como prueba en apoyo de esto, exhibo mi puñal, soberbia arma de hoja de diez pulgadas de largo, con la cual se supone que acabé con mis 25 fieras.

Esta vez se vuelve loco de admiración. Nunca ha visto un cuchillo tan lindo. Verdad que el arma es bonita. Se entretiene en blandirla, mata varios leones imaginarios, corriendo de un lado al otro del puente, riendo como un niño. Un instante temo que se lance de cabeza por encima de la borda para arrancar con mi puñal.

Para quitarle esas ganas nos ponemos a disparar a los cormoranes que filosofan gravemente en la arena. El alcance de nuestros revólveres, le inspira un evidente respeto.

Está loco por el puñal, me ofrece en cambio un cordero, después dos, enseguida tres, a los cuales agrega todavía una vaca. Rehuso noblemente. No cedería mi puñal sino por una "vita piri" (joven) que no haya visto más de quince cosechas.

Esto turba fuertemente a mi indio. El no tiene "ñaña" (hermana) pero buscará. Como le digo que volveré dentro de algunos días, dejaremos para más tarde la conclusión del negocio.

* * *

A la vuelta, una sorpresa desagradable nos espera. Está la marea alta y el brazo del Budi se ha agrandado considerablemente. Sin embargo, es necesario pasar.

Mandamos a Candelario adelante, arrodillado sobre la silla, buscando el vado. Pronto el caballo pierde pie; felizmente no hay corriente y Candelario queda libre mediante un baño frío.

No nos queda otro recurso que lanzar nuestros caballos a nado. Les sacamos los frenos, nos quitamos los zapatos, pantalones, calzones y nos amarramos las camisas más arriba de la cintura.

Luego volvemos a montar y pasamos felizmente, levantando con una mano nuestras vestimentas y con la otra guiando el animal, con la brida pasada bajo el cuello. En la otra orilla nos volvemos a vestir, y una hora más tarde nos encontramos en Bajo Imperial transidos de frío.

¡Buen modo de cuidar un resfrío!

Una vez fracasada nuestra esperanza de instalarnos a bordo del "Vlamstead", es preciso decidir al piloto a que nos arriende su casa, o renunciar a establecernos en la playa.

El miércoles en la mañana nos ponemos en campaña.

Esta vez nos entendemos directamente con el propio piloto. Resulta ser un alemán y es en este idioma que inicio las negociaciones. Termino por decidirlo, pero falta todavía convencer a su mujer, una vieja chilena poco sociable. Por fin, logro quedarme en la casa mediante diez pesos que les doy para que se instalen en otra parte más un peso diario de arriendo; sólo que no podré ocuparla sino a partir del domingo próximo.

Esto me conviene mucho. Louis Chanceaulme debe regresar a Temuco el jueves y sólo entonces podrá venir a encontrarme aquí su hermano.

Esto me significa pasar tres días solo. Como en Carahue hay un hotel confortable, lo acompañaré hasta allí para pasar cómodamente esos días de soledad y cuidar mi resfrío que comienza a tomar proporciones serias.

Este programa se ejecuta al pie de la letra y me encuentro casi repuesto cuando el domingo Pierre Chanceaulme se reúne conmigo en Carahue. El único almacén que existe en Bajo Imperial es el de don Julio y conozco por experiencia de qué manera este rapaz personaje explota su situación privilegiada. Compramos entonces en Carahue una cantidad de provisiones que enviamos a la playa en carreta. Conservas de toda especie, café, azúcar, manteca, aceite, vinagre, pimienta, velas, fósforos, sin olvidar por supuesto el tabaco, los cigarrillos, las botellas de cerveza, una gran damajuana de vino, coñac, en resumen todo lo que nos será necesario para una estadía de quince días en nuestra tebaida,

En la tarde tomamos posesión de nuestra nueva morada. No es ciertamente un palacio, pero estaremos a gusto en ella. Consiste en una casita de tablas cubierta de paja que cuenta, además de la cocina, con dos grandes habitaciones de las cuales una nos servirá de comedor y la otra de dormitorio. En éste hay dos somieres de los que el piloto se llevó las payasas. Esto entraba en nuestro trato de modo que Candelario ha traído de Temuco mi colchón plegable y el de Chanceaulme. He descrito antes estos implementos y lo fácilmente transportables que resultan. Ha traído también sábanas y en esta estación nuestros ponchos bastarán como cobertores.

La casa no brilla por su limpieza. Con la ayuda de Candelario procedemos a asearla a fondo y en la noche nuestra instalación es perfecta. Otra barraca aislada alberga a nuestros caballos y sirve de alojamiento al mozo.

Durante quince días vamos a vivir una vida ideal.

Candelario, promovido a cocinero, prepara nuestro comida con un talento insospechado. En los alrededores consigue aves, legumbres y hasta carne, a veces. Nosotros con nuestra caza proveemos las aves acuáticas que son deliciosas. No nos faltan los erizos, las jaivas, los choros y los más diversos moluscos. El piloto alemán nos trae pescado, sobre todo excelente congrio y también unas ostras pequeñas y exquisitas que vienen aglomeradas en racimos.

Cada día, Pierre Chanceaulme prepara para el siguiente, una ensalada de papas que es una verdadera obra maestra. También se encarga del café, que prepara sumamente cargado y del cual absorbe cantidades fenomenales.

Por mi parte despliego a menudo mis talentos de asador. Cada mañana tomamos un baño de mar; luego los días transcurren entre paseos, cacerías y excursiones.

No faltan los objetos de observación en esta región tan novedosa para nosotros.

La playa está sembrada de conchas extrañas entre las cuales algunas alcanzan dimensiones enormes. Gaviotas en innumerables bandadas giran alrededor de nosotros, aturdiéndonos con sus gritos discordantes. Las golondrinas de mar, de color gris perla, como gaviotas en miniatura, de cola ahorquillada, planean graciosamente para luego, con un brusco impulso lanzarse de cabeza al mar sobre su presa. Los albatros, los más grandes entre estas aves marinas, cruzan a baja altura sobre las olas, con sus potentes alas ampliamente extendidas y se zambullen bruscamente lanzando un grito ronco.

Los pelicanos con sus grandes cabezas, sus vastas alas plegadas, se pasean con un aire estúpido sobre sus patas muy cortas. Pero una vez en el agua nadan con facilidad. Bajo la mandíbula inferior de sus largos picos pende una amplia bolsa membranosa en la que almacenan los peces que han pescado para degollarlos luego y engullirlos apretando la bolsa contra sus vientres.

Hemos muerto muchos de estos palmípedos para observarlos mejor. Pierre Chanceaulme se ha interesado por ellos de tal modo que ha bautizado nuestra casita "Villa de los Pelicanos". Ha inscrito este nombre encima de la puerta con tiza en grandes letras.

La ribera del Imperial del lado en que nos encontramos es plana, pero el otro lado del ancho estuario está bordeado de rocas pobladas de animales extraños. Desgraciadamente para alcanzar hasta allá tendríamos que atravesar en bote y la barra es demasiado peligrosa. Nos limitamos a observar con nuestros gemelos a los habitantes del otro lado.

Mezclados con las focas ordinarias, cuyo pelaje brilla al sol, podemos distinguir a veces verdaderos monstruos. Leones de mar u otarios con melena, algunos de los cuales parecen medir más de tres metros de largo. También elefantes marinos o focas con trompa, de proporciones aún más gigantescas. Se ven, además, pingüinos, que aquí se llaman "mancos", de una altura de 80 centímetros a 1 metro; se colocan en círculo inmóviles sobre sus cortas patas, graves como si escucharon un sermón. Algunos muestran sus dorsos negros, otros sus vientres blancos. De pronto, corren rápidamente y se arrojan al agua, donde nadan remando con sus alas, reducidas a cortos muñones.

* * *

Nuestros paseos son a veces reemplazados por excursiones más prolongadas. Con Pierre Chanceaulme repito la visita a los restos náufragos del "Vlamstead", que antes hice con su hermano Louis.

Esta vez he traído mi Winchester. La punta del gran mástil está coronada por una gran bola dorada que brilla al sol. Nos entretenemos disparándole con nuestras carabinas hasta demolerla. Nos traemos algunos trozos como recuerdo.

Mi amigo indio no vuelve a aparecer y yo no tengo el menor deseo de visitarlo en su ruca. En caso de haber mantenido él su promesa me habría sido imposible cumplir la mía, pues olvidé traer mi famoso puñal. Esta vez el regreso se hace sin incidentes. Tomamos en cuenta la marea para cruzar la desembocadura del lago Budi.

* * *

El capitán Kiölge, viejo lobo de mar noruego, varado aquí no sé cómo, viene a ofrecernos sus servicios. Nos propone dar un paseo por mar en su vaporcito "Rio Bueno". Aceptemos entusiasmados pues estamos deseosos de conocer la famosa barra.

Una mañana a las seis, nos embarcamos en el muelle de Bajo Imperial. Bajamos el río y pronto llegamos a la barra. El agua burbujea y el barco se sacude fuertemente, pero la pasada no es tan terrible. Es cierto que el capitán ha elegido el momento propicio, pues la barra depende de la lucha entre la corriente del río y el movimiento de la marea. Como esta es la hora del reflujo la barra se hace menos dura de cruzar. Nuestro proyecto es llegar hasta alta mar para cinglar luego hacia la desembocadura del río Toltén distante unos 50 kms. hacia el sur y regresar en la noche bordeando la costa.

Navegábamos mar afuera desde hacía una hora y habíamos perdido de vista la costa cuando a lo lejos divisamos dos masas oscuras coronadas por un doble chorro de vapor condensado.

—¡Ballenas! —grita el capitán, cediendo la rueda del timón a uno de sus hombres y viniendo a juntársenos a proa.

Después de observar un instante a los cetáceos con su anteojo marino nos pregunta:

—¿Aceptarían, señores, regresar a Bajo Imperial a buscar mis arpones? Esta es una ocasión providencial que no quisiera perder.

Naturalmente aceptamos con entusiasmo. ¡Una cacería de ballenas! Es un deporte que no habíamos soñado practicar.

El "Río Bueno" vira de bordo. Al volver el capitán nos explica que está especializado en la pesca de la ballena, pero que no esperaba encontrarlas en esta estación, y tan cerca de la costa. Su barco, por lo demás, está equipado para estas operaciones. Nos muestra una base a proa que no habíamos notado y que sirve para colocar el pequeño cañón portaarpones.

Franqueamos nuevamente la barra que no está peor que esta mañana y atracamos en Bajo Imperial.

Una hora y media más tarde volvíamos a partir completamente equipados y bien preparados. La tripulación de cuatro hombres había aumentado ahora a nueve. El cañoncito había sido colocado en su lugar. A su lado, cuatro curiosos arpones amarrados a largos cables en cuyos extremos se ha colocado una especie de pequeño obús que estalla al penetrar en el cuerpo del cetáceo. En ese momento, las espigas metálicas que hasta entonces estaban dobladas a lo largo del arpón se abren como paraguas para hincarse en la carne del animal lo suficientemente como para que éste pueda ser arrastrado.

En el puente han colocado dos botes de reserva, provistos cada uno de un arpón de mano, fijado a una cuerda larga enrollada en la proa. En el suelo han colocado también rollos de cable delgado pero sólido.

Atravesamos la barra por tercera vez dirigiéndonos hacia el paraje en alta mar donde esperamos que los monstruosos animales sigan todavía recreándose.

Por desgracia aunque cruzamos el mar por horas en todo sentido, explorando el horizonte, no hay ni señas de las ballenas.

El capitán Kiölge maldice en todas las lenguas imaginables y eleva a su tripulación que nada puede hacer. Por milagro no descarga sobre nosotros también su mal humor. Finalmente, hay que rendirse a la evidencia. Toda esperanza está perdida. Tristemente, volvemos a tomar rumbo hacia el puerto. Esta vez si que la barra está en todo su apogeo. Ha caído la noche. Bailamos terriblemente entre las olas negras salpicadas de espuma burbujeante.

En el muelle, Candelario nos espera con los caballos. Regresamos a la "Villa de los Pelícanos" bastante más encantados de nuestra jornada, a pesar de nuestra decepción, de lo que debe estar con la suya el capitán Kiölge.

* * *

Otra excursión interesante fue nuestra exploración del lago Budi. Este lago es una inmensa sabana de agua aislada adentro que comunica al mar por un largo desaguadero cuya desembocadura hemos atravesado ya varias veces. Dista un par de leguas de la "Villa de los Pelícanos".

Hemos contratado a dos remeros y fletado un bote sobre dos carretas amarradas una detrás de la otra, ambas arrastradas por bueyes.

Partimos una mañana con Candelario quien regresará a casa con los caballos y volverá a buscarnos al día siguiente por la tarde.

Hemos traído víveres y bebidas en abundancia.

La enorme napa de agua del lago Budi es casi circular, de unos 15 kms. de diámetro. Está sembrado de islas cubiertas de una exuberante vegetación y rodeado de colinas boscosas poco elevadas.

Nos embarcamos y bogamos sobre las aguas tranquilas. Al interior del lago la profundidad es grande pero las orillas están cubiertas de cañas, juncos y hierbas acuáticas.

Lo que más llama la atención es la extrema abundancia de pájaros de toda especie: pollas de agua de un color verde oscuro, chorlitos de pico curvo, otros dorados, avefrías portadoras de largos penachos, martín pescadores de brillantes libreas, grullas y garzas paradas sobre sus largas patas y cantidades de otras aves que no conocemos. Los colibríes revolotean rayando el aire con sus vivos colores. En las orillas, bandadas de flamencos rosados buscan su alimento en los charcos, la cabeza bajo el agua, arrancando con sus curiosos picos curvos, hierbas y plantas acuáticas. Algunos, parados sobre una sola de sus largas patas, velan como centinelas. Al aproximarse el bote lanzan una especie de graznido ronco. De pronto, todos los cuellos se tienden y la bandada completa grazna como los gansos. Si el bote se aproxima aun más, toda la bandada vuela. Es un espectáculo maravilloso. Las inmensas alas de las grandes aves se destacan en el cielo como un resplandor de luz rosada. Pero lo que más nos interesa son los cisnes blancos de cuello negro. Flotan con una elegancia exquisita, sus largos cuellos describiendo una curva graciosa. De vez en cuando lo estiran para escarbar en el fango.

Es la época de la muda, y los cisnes están casi desprovistos de sus bellas plumas de un blanco tan puro. Las de las alas también están tan caídas que los pobres pájaros no pueden volar. Es una suerte para ellos pues desprovistos de su plumaje no tienen ningún interés para nosotros ya que su carne es aceitosa y coriácea.

Le damos caza tratando de alcanzarlos con la mano. Es un deporte entretenido en el cual nuestros remeros toman un gran interés, esforzándose en seguir a los cisnes en sus bruscos zigzagueos. Cogemos cuatro que soltamos enseguida.

Pasamos el día surcando el lago en todas direcciones, desembarcando a veces en la orilla o en las islas. Matamos una abundante provisión de patos salvajes, lo que no es muy fácil debido a sus rápidas zambullidas; chorlitos, avefrías y otros volátiles comestibles.

Al caer la noche tomamos posesión de una isla encantadora. Preparamos en ella nuestra comida que consiste en conservas y parte de la abundante caza asada sobre una fogata. Nos disponemos, enseguida, a pasar la noche.

Pero ¡ay! ésta será terrible.

No bien llegada la noche, somos asaltados por una nube de zancudos que sin el menor zumbido previo atacan ferozmente nuestras manos y caras. Llegan por todos lados. Para defendemos arrojamos hierbas en el fuego provocando una espesa humareda pero casi nos asfixiamos por tratar de mantenernos dentro de esa nube durante un tiempo demasiado largo.

Tendidos sobre la hierba, enrollados en nuestros ponchos que nos envuelven las cabezas, buscamos vanamente conciliar el sueño. A pesar de todas nuestras precauciones, los malditos bichos nos acribillan con sus picaduras candentes.

La llegada del día pone fin a nuestras torturas. Miro a Pierre Chanceaulme: tiene la cara hinchada. El mismo se muere de risa al ver la mía. Nuestros boteros, cuya piel curtida ha sido respetada, nos contemplan con aire malicioso.

Volvemos a surcar el lago y a ejercitarnos cazando, pero ya sin ningún entusiasmo. Es con una viva satisfacción que poco después de mediodía vemos aparecer al buen Candelario con nuestros caballos. Decimos adiós sin pena a este lago maldito que el día antes nos había parecido tan encantador.

Llegando a nuestra querida "Villa de los Pelícanos", nos metemos a la cama hasta el día siguiente para compensar nuestra noche de insomnio.

* * *

Durante algunos días todavía gozamos de nuestras vacaciones, y al fin del mes, con pena regresamos a Temuco, encantados de nuestros días de descanso que, fuera de la noche en el lago Budi, sólo nos dejarán gratos recuerdos.

Marzo de 1897

He vuelto a ponerme el arnés lleno de entusiasmo.

Los trabajos de terraplenes se concentran ahora entre el río Quepe y el río Toltén; en la faena de Freire hay más de 800 carrilanos.

Alexandre Adam ha terminado el canal Varela que había contratado a medias con Arthur Julien y ha venido a pedirme trabajo. Le he confiado un subcontrato importante en Freire. Adam es un muchacho inteligente y activo que saldrá adelante muy bien en su trabajo.

Es infatigable. Su naturaleza excepcional no le exige más que cuatro o cinco horas de sueño por noche. No sé si esto constituye una ventaja o si es a causa de esta vida anormal que sus cabellos están ya enteramente grises a pesar de tener él exactamente mi edad.

Como mis visitas de inspección me llevan hasta su zona muy a menudo, suelo alojarme en su casa. Allí pasamos veladas muy agradables aunque demasiado prolongadas para mi gusto, pues Adam nunca tiene apuro por acostarse a pesar de que antes de despuntar el alba ya ha salido.

Su mujer, por el contrario, es de naturaleza indolente y se abandona con gusto en brazos de Morfeo. La casa en que viven es de tablas y se oye fácilmente de una pieza a otra. Cada mañana, cerca de las cinco, la señora Adam llama a su sirvienta y ésta le responde en tono doliente:

—¡Mauricia!

—Señora.

—¡Levántate!

—Bueno.

Un cuarto de hora después se repite el diálogo: «Mauricia», «Señora», «Levántate», «Bueno». Después todo cae nuevamente en el silencio. Esto se repite unas cuantas veces y cuando salgo a las 6, ni Mauricia ni la señora se han levantado.

* * *

En la selva de Freire hay gran cantidad de zorros que todavía ignoran la existencia de los cazadores. No son nada esquivos, y permiten acercarse hasta diez pasos de ellos antes de huir. En los llanos en que pacen las ovejas de los indios, he visto zorros circulando apaciblemente en medio del ganado. ¿Será que desdeñan a los corderos? No hay que fiarse de las apariencias.

Es lamentable que mis conocimientos de historia natural sean tan rudimentarios, pues tendría curiosas observaciones zoológica que hacer.

Cuando el sol calienta el agua de los arroyos, puede verse a menudo agitarse a una especie de culebrina delgada como un cabello, de 50 a 60 centímetros de largo. Ignoro su nombre indio, pero los chilenos la llaman "pelo vivo". Jamás un indio o un roto se atrevería a tocar a este singular animal. Creen que es un cabello caído de mujer y que ésta, moriría al instante si el pelo fuese destruido. Así, cuando otra india o una mujer del pueblo, al peinarse algunos cabellos, se apresura a quemarlos para evitar que éstos cobren vida más tarde, en un charco o en un río.

Los he pescado a veces con una varilla. De inmediato se enrollan formando una bolita no mayor que la cabeza de un alfiler. Si se los deja dentro de un tiesto de agua fría permanecen enrollados, pero en cuanto se entibia el agua se estiran a todo su largo y comienzan a nadar nuevamente.

* * *

Un día en que descansaba a la orilla de un riachuelo, me llamó la atención una ramita minúscula que en lugar de descender la corriente, la remontaba. Para poder observar este extraño fenómeno quise coger la ramita, pero huyó sobre el agua con rapidez. Sin embargo logré alcanzarla. Pude constatar que en medio de ella se encontraba un insecto de alrededor de dos centímetros que había recubierto su cuerpo con raspaduras de corteza aglomeradas por medio de alguna secreción. Sus patas libres le servían de remos y le pemitían pasearse con facilidad sobre el agua para buscar los mosquitos necesarios a su alimentación.

* * *

Otro insecto extravagante es el que la gente de aquí llama "caballo del diablo". Le tienen un gran terror por creerlo muy venenoso, lo cual, por lo demás, es un error.

Estos extraños bichitos tienen la forma de un bastoncillo nudoso, delgado y largo, de 12 a 15 centímetros, con seis largas patas articuladas, separadas como ramitas. Su color gris café los hace parecer como una astilla de madera seca y cuando no se mueven es imposible distinguirlos de las ramas sobre las cuales se colocan. Entran a veces en las habitaciones. He matado muchos sobre las paredes de tablas con las que se confunden enteramente.

Supe después que su nombre científico era *phasme*.

Abril de 1897

A principios del mes hago un viaje de negocios a Concepción, y aprovecho para enviar a Bruselas, por medio de un agente en Talcahuano, una gran caja llena de curiosidades del país, a saber:

Tres hermosas pieles de puma.

Mis grandes espuelas de plata con sus taloneras; las he reemplazado por otras más cómodas.

Dos ejemplares del cruel freno usado en Chile.

Un "corvo", cuchillo corvo que es el arma preferida de los mineros chilenos. El golpe se da por medio de un movimiento circular del brazo en sentido horizontal, que tiene por resultado abrir el vientre al adversario y destriparlo limpiamente.

Una cantidad de joyas indias de plata: anillos, collares, pendientes, grandes agujas, etc.

Ponchos y cinturones de fabricación indígena.

Pipas indias (en mapuche "quitra").

Un huso muy pintoresco y primitivo ("nimkum") formado por una pequeña piedra redonda atravesada por un hoyo por donde pasa una varita de madera.

Una de esas curiosas cunas que los indios llaman "copulhue", en la cual las mujeres amarran a los niños, y que llevan a su espalda a modo de banasta, sostenida por una correa de cuero que les pasa por la frente.

Diversos objetos de cestería, tejidos con arte. Entre éstos, un gran plato para aventar trigo y un hermoso canasto redondo.

Artesas de madera groseramente talladas ("wampa").

Sacos formados con la piel de una cabeza de caballo o de ternero recién nacido.

Ubres de vacas endurecidas ("thruthru"), que se mantienen en pie sobre cuatro pezones. Las compré a las indias que venían a traernos huevos en ellas. Las usan también para cocer alimentos, llenándolas de agua y echando dentro piedras calentadas en el fuego. El agua hierve así rápidamente.

Una muñeca hecha de un grueso húmero, que figura un niño amarrado con cintas a un copulhue en miniatura.

Un "cultrun", o tambor sagrado que las machis o brujas emplean en sus ceremonias.

Una máscara de machi, de madera.

Una lanza india que en vista de su longitud, debió cortarse en varios pedazos que se unirán más tarde.

Una honda india.

Una hacha de piedra, una ollita de greda, un cráneo de niño y dos estribos de cobre que datan tal vez del tiempo de los conquistadores, proveniente todo ello de una tumba muy antigua descubierta en los trabajos de terraplenes.

Boleadoras usadas en la pampa al otro lado de la cordillera.

Calabazas para mate.

Numerosas fotos, sueltas y en álbumes. Etc., etc.

* * *

Arthur Julien, cuyo contrato con el gobierno ha terminado, parte a Europa sin pensar en volver. Ha vendido los baños de Tolhuaca a cierto Dr. Recalde, que hará fortuna con ellos.

Al partir, me ha dejado un poder general para vender las casas que posee en Traiguén, Temuco, Lautaro y Curacautín.

* * *

Las excavaciones y rellenos en la región de Freire avanzan. En un par de meses los rieles llegarán a Toltén; los trenes podrán llevar allí el material y las máquinas destinadas al gran puente de fundaciones tubulares, y hay que comenzar desde luego con los preparativos.

Como los trabajos deben durar más de un año, hago construir en la orilla del río una casa de tablas amplia y confortable donde Alfred se va a establecer a firme.

Una línea telefónica que sirve a las diversas faenas llega hasta allí, lo que le permitirá estar en comunicación constante conmigo, que estaré en Temuco.

Tendrá principalmente que ocuparse de acumular las innumerables vigas que van a entrar en el formidable andamiaje que atravesará el río para permitir la colocación en su sitio de los tubos de fundación.

Me alojo una noche en la posada de Pitrufquén al otro lado del Toltén.

A medianoche despierto con algunos clamores. Un gran resplandor alumbra las paredes de la pieza; un incendio se ha producido en los alrededores.

Me visto rápidamente y llego al lugar del siniestro. Un almacén arde totalmente. Ninguna esperanza de salvar algo. A alguna distancia, el propietario mira flemáticamente al fuego efectuando su obra destructiva. Con gran asombro reconozco en él a uno de los dos hermanos Stone que conocí cuando hice el inventario de la maderas del aserradero de Tolhuaca, mientras trabajaba con la empresa Albarracín y Urrutia.

Stone está completamente vestido; de su cinturón cuelga su formidable revólver. Para mi no hay duda; es él mismo quien ha incendiado el almacén después de haber encontrado en Temuco un agente de seguros ingenuo que le ha asegurado el negocio. Se me informa al día siguiente que su negocio marchaba muy mal, lo que confirma mi versión. Por lo demás, siempre he considerado a los hermanos Stone como unos verdaderos bandidos.

Mayo de 1897

Una mañana llega a mi oficina un comerciante alemán de Temuco que me trae un saquito minúsculo lleno de pepitas de oro.

El las había sacado del buche de unos pollos que un indio trae para venderle regularmente. Furtivamente siguió al indio y constató que los pollos picoteaban en la arena de un riachuelo que debe acarrear oro. Me propone revelarme el lugar de su descubrimiento con la condición de que yo le firme un compromiso de explotarlo en beneficio común. Examino los cristalitos que brillan en efecto como el oro, pero me parecen ser más bien piritas. Le prometo darle una respuesta cuando las haya hecho controlar.

Las llevo a un comerciante vasco amigo mío, Carlos Amunátegui, quien se ha especializado en la compra de oro en lentejuelas y en pepitas, que le traen los "oreros" de aquí. Se encuentra en efecto oro en muchos ríos, sobre todo cuando uno se acerca a la cordillera.

Los "oreros" forman una categoría especial de gente que se va por meses a lavar en bateas la arena de los ríos y vuelven con cierta provisión del precioso metal. Venden su oro al peso en Temuco, pasan unos ocho días en una juerga homérica y después vuelven a lo mismo de antes. Pueden vivir de su industria, pero no enriquecerse.

Amunátegui pasa las muestras por la piedra de toque; no se trata de oro sino de piritas, como yo creía, y el sueño de mi alemán se disipa. El no me cree por lo demás. Sé que le hace la misma proposición a varias personas, y sin duda se ha guardado bien de no volver al Río de Oro por el temor de que yo vaya a espiarlo para aprovechar solo su descubrimiento.

* * *

En la época que siguió a la conquista española se explotaban en Araucanía ricas minas de oro que no se han vuelto a encontrar.

La antigua reputación de la región ha sido aprovechada por don José Bunster, gran propietario de terrenos al sur de Angol. Hace unos dos años esparció hábilmente en Santiago el rumor de que su propiedad rebosaba de placeres. El mismo se paseaba luciendo en su alfiler de corbata una enorme pepita de oro nativo. Una verdadera fiebre del oro se produjo en Santiago. Numerosos capitalistas, entre los cuales se contaba mi antiguo amigo Carlos Altamirano, se lanzaron a la frontera y compraron a elevados precios los terrenos que don José Bunster había dividido en lotes. Hubieron de perder sus ilusiones, pues a partir de ese momento el oro desapareció totalmente.

* * *

Un grave accidente acaba de producirse en la sección de Freire. La vía llega ahora a la extremidad de una larga trinchera, que se continúa por un valle donde corre un río sobre el cual se ha construido un puente de albañilería. Sin embargo, el relleno no alcanza todavía a este puente. Los rieles están puestos en la parte ya hecha, y se los ha prolongado un poco más allá del extremo actual del relleno, apoyándolos sobre estacas provisorias. La locomotora empuja el vagón con tierra sobre esta parte en el aire, de tal suerte que se descarga directamente, prolongando el relleno.

Un vagón lleno de tierra con seis hombres encima, ha roto su enganche y se ha precipitado en el vacío, yendo a aplastarse sobre la mampostería del puente. Los seis hombres han sido literalmente despedazados por los trozos del vagón.

Yo estaba precisamente en los alrededores y corrí allí al sentir el estrépito y los gritos de los testigos del accidente. Cuando llegué, se recogían los restos con palas para juntarlos en una carreta, espectáculo que me horrorizó.

Junio de 1897

Los rieles llegan al Toltén, pero falta todavía mucho que hacer a lo largo de la línea. La palabra de orden ha sido hasta aquí la de empujar el trabajo tratando de llegar al Toltén con las máquinas y el material para la construcción del gran puente, obra capital de la empresa, pues no nos quedan más que 16 meses para su ejecución.

Es necesario entonces dar a las trincheras su anchura definitiva y hacer los taludes, ensanchar los rellenos y dar a los más elevados su altura normal, ya que para ganar tiempo se han atravesado valles por una pendiente seguida de una rampa en lugar del terraplén previsto a un nivel más alto. Quedan por construir los puentes y alcantarillas en mampostería en reemplazo de las obras provisorias; hay todavía que colocar aparatos de vía y desvíos en las estaciones, sin contar las terminaciones de toda clase.

El trabajo más importante será por ahora el enripiado. Para esto abrimos no lejos del Quepe una inmensa cantera de grava que nos dará todo el ripio necesario.

En la ribera norte del río Toltén, Alfred continúa el aprovisionamiento de vigas y maderas para el gran andamiaje y los preparativos necesarios para comenzar a fondear los tubos tan pronto como lleguen. Como ahora puedo recorrer la línea de un extremo a otro en carros de mano o en tren, lo veo todos los días. Muy a menudo voy en una locomotora.

* * *

Una mañana, en el momento que iba a partir, llega Karl von Roedern, a quien he conocido hace cierto tiempo en el club. Me pide que lo transporte al Toltén, lo que acepto con agrado.

Karl von Roedern es el prototipo del aristócrata alemán, grande, rubio, elegante y simpático. Su padre, el conde Van Roedern, ocupa la alta situación de Stalthalter, o gobernador de Alsacia-Lorena. Karl, que se había iniciado en la diplomacia y ha sido agregado en las embajadas de París y Londres, habla con igual facilidad el inglés y el francés como su lengua materna, y aunque ha llegado a Chile hace menos de un año, se expresa muy correctamente en español.

Lo que ha arruinado su carrera ha sido su inextinguible pasión por el juego. Cansado de pagar sus deudas, que renacían sin cesar, su padre lo ha enviado a la América del Sur y le da una pensión suficiente para permitirle vivir en forma decente.

En Santiago ha conocido a un chileno rico que, en los remates de hace dos años, ha adquirido a orillas del río Allipén unas dos mil hectáreas que ahora se han valorizado. Ha contratado como director de su nuevo dominio a Von Roedern, quien ahora vive en el fundo, o más bien dicho se supone que vive, pues se le ve más a menudo en las salas de juego del Club.

Apenas nos hemos instalado más o menos cómodamente sobre el montón de carbón del ténder, cuando Von Roedern saca de su bolsillo un paquete de naipes y me propone jugar una partida. Cuando la locomotora llega a su destino, me ha aligerado de cerca de tres pesos.

Digamos desde luego que esta invencible pasión le será fatal. Cuando un año y medio más tarde me voy de Chile, Von Roedern está en prisión por haber despilfarrado en el juego todos los fondos que le había confiado su patrón.

* * *

Encontramos a Alfred desayunando con un franciscano alemán, el R.P. Von Cassius. Hay que hacer notar que desde el punto de vista de las misiones, Chile depende de la provincia de Baviera.

Hacemos las presentaciones. Los dos nobles alemanes se hacen mutua acógida calurosa.

El padre Von Cassius reside habitualmente en Valdivia, pero desde hace años recorre como verdadero apóstol la Araucanía en todos sentidos, predicando a los naturales del país en su lengua.

A pedido de él, Alfred ha convocado para la tarde a todos los indios de la región. Llegan en gran número y el padre les hace su sermón en el tono grandilocuente que usan los caciques en sus discursos oficiales. Sus auditores escuchan la prédica con una indiferencia por lo menos aparente, sin protestar ni discutir. El padre termina su alocución recomendándoles reflexionar bien en lo que les ha dicho, y convocándolos para el domingo próximo en la estación de Quepe, donde él presidirá el bautismo de los que no lo han recibido aún. A escondidas del padre Von Cassius, tengo el cuidado de recomendar a los caciques que conozco que no falten a la reunión, pues el aguardiente será distribuido en abundancia.

Alfred ha ofrecido hospitalidad al religioso y a Von Roedern, quienes la han aceptado: todos alojaremos aquí.

Nos reunimos a la hora de comida, la que es regada con vino; el padre bebe solamente agua. Para pasar la velada Alfred trae whisky y cigarrillos.

Von Roedern, que se ha hecho gran amigo del franciscano, le pregunta si cree en la eficacia de su apostolado. El padre confiesa que son bien pocas las semillas que él siembra que estén llamadas a germinar, pero el punto capital es bautizar al mayor número posible de paganos porque desde entonces pertenecerán a la comunidad cristiana y Dios, en un momento dado, podrá tocarlos con su gracia.

La conversación, que se lleva en alemán, termina por animarse. El padre hasta aquí muy taciturno, se deshiela poco a poco y nos cuenta sus numerosas aventuras.

Acepta un cigarrillo y enseguida, presionado por su compatriota, se deja tentar por el whisky. Su voto de sobriedad sufrirá algunos desgarrones.

Al día siguiente Von Roedern regresa a su fundo de Allipén en un caballo prestado por Alfred, mientras que el padre parte a pie a la caza de catecúmenos.

* * *

El domingo, esto es 4 días más tarde, no falto a la cita en la estación de Quepe. Cerca del mediodía llega, siempre a pie, el padre Von Cassius. Almorzamos donde Cuevas en compañía del notario Muñoz, del doctor Pedraza, del "Quichua" y de otros invitados venidos de Temuco.

En la tarde, hombres y mujeres indígenas llegan de todas partes; pronto hay 250 indios agrupados en el recinto de la estación.

El padre les arenga de nuevo e invita a los que no han sido bautizados y deseen recibir el sacramento, a que se adelanten. Todo el grupo avanza. Se ordena a los candidatos en dos largas filas, frente a frente, los hombres a un lado, las mujeres y los niños al otro. La señora Cuevas será la madrina y yo el padrino.

Doña Aurora ha preparado desde la víspera una lista de nombres cristianos. Para los hombres: Juan, José, Pedro, Pablo, Jesús, Vicente, Ramón, Urbano, Manuel, Marcos, etc. Para las mujeres: María, Juana, Julia, Carmen, Dolores, Concepción, Aurora, Mercedes, Inés, Agata, Felicidad, Rosa, Flora y otros.

Un mozo acarrea un gran cubo con el agua bautismal, otro lleva un plato con sal.

El Oficiante comienza por la hilera de los hombres. Con un vaso saca el agua del cubo y lo vacia sobre la cabeza del cliente, pronunciando las palabras sacramentales, mientras la señora Cuevas, y yo damos las respuestas rituales. La madrina, siguiendo el orden de su lista, indica el nombre del santo correspondiente; cuando la lista llega a su fin, se vuelve a comenzar.

El silencio es solemne; nadie se mueve.

Volviendo en sentido inverso, se bautiza a las mujeres con el mismo ceremonial.

Por fin todo está terminado. El padre pronuncia todavía una pequeña alocución y enseguida toda la tropa se lanza sobre los barriles de aguardiente.

Cuevas ha hecho las cosas en grande, pero ¿cómo contentar a un indio a menos de dejarlo totalmente ebrio?

Cuando los barriles están vacíos, me acerco a un viejo cacique amigo mío, y le pregunto si está contento de ser cristiano.

—Sí —me responde—, pero la última vez que fui bautizado se nos dio mucho más aguardiente.

Doña Aurora y yo hemos, según creo, batido el record mundial del padrinazgo. En adelante no nos llamaremos mutuamente sino compadre y comadre.

* * *

Los misioneros protestantes hacen a los franciscanos una fuerte competencia.

En Temuco existe desde hace tiempo una capilla evangélica, en Queno otra. El reverendo Mr. Sadleir ha instalado hace unos meses una a la orilla del Quepe.

Publica mensualmente un boletín que envía a Inglaterra. En el primer número contó que unos ladrones le habían robado sus dos caballos. Una vieja *miss* inglesa, conmovida por su infortunio, le envió una letra de cambio por £ 50 para renovar su caballeriza. Esto subía el valor de cada caballo a 600 pesos, cuando los dos animales robados valían en total a lo más 80 pesos.

Julio de 1897

El pago en las faenas debía tener lugar un sábado. La sucursal del Banco Nacional de Temuco tomó mal sus medidas, y no podrá poner los fondos a nuestra disposición hasta el lunes.

Gran efervescencia entre los carrilanos.

El domingo en la mañana, cerca de las siete, cuando me encontraba todavía en cama, el mozo me vino a avisar que me llamaban por teléfono.

El jefe de faena de Freire me avisa que todos sus hombres, muy excitados, han partido en dirección a Temuco. Una hora y media más tarde, el jefe de la faena de Quepe me comunica que sus equipos se han unido a los de Freire y que la banda reforzada continúa su éxodo. Sin duda a su pasada se juntarán los trabajadores de Quinquer, y más de 1.500 hombres en disposiciones hostiles, van a marchar sobre Temuco.

Aviso al intendente, quien me convoca a la oficina con urgencia. Lo encuentro muy agitado. Obsesionado por el recuerdo de las desastrosas escenas que se produjeron en la revolución, está convencido de que la ciudad va a ser saqueada. Se propone mandar un escuadrón de caballería para bloquear el camino a los asaltantes.

Yo lo disuado como puedo. Conozco el humor belicoso de los rotos chilenos. Se va a producir un encuentro sangriento, y si los carrilanos llegan a pasar, entonces sí que la ciudad estará destinada al pillaje y al incendio. Le propongo ensayar yo mismo de tomar a los turbulentos rotos por el lado bueno. Sus costumbres me son familiares y espero salir bien debido al prestigio personal de que gozo entre ellos. Se conviene de todos modos que la guarnición acuartelada estará alerta, y que irá rápidamente a socorrerme a mi primera llamada.

Vuelvo entonces a la oficina y tomo algunas precauciones. Hago levantar presión a tres locomotoras que esperarán mis órdenes en el depósito. Telefoneo a los tres jefes de faenas que preparen como de costumbre las raciones de porotos. Fornés, Wilson, Alfred y los mozos, se mantendrán bien armados en el interior de la casa, con prohibición de mostrarse y más aún de hacer algún disparo sin orden mía.

Tomadas estas medidas, esperemos los acontecimientos.

Me quedo solo en la escalinata: no me he puesto el cinturón, pero tengo el revólver en el bolsillo.

Son las once cuando oigo las vociferaciones de la horda que llega siguiendo la vía férrea. La cabeza de la columna desemboca pronto frente a las oficinas y se amontona en la calle. La puerta del jardín frente a la casa está abierta, pero nadie entra.

Viéndome solo y sin armas, fumando apaciblemente mi cigarrillo, los rotos parecen desconcertados. Los gritos han cesado.

Avanzando algunos pasos, pregunto con tranquilidad:

—Y bien, niños, ¿qué es lo que pasa?

De inmediato se levanta el tumulto. Todos aúllan a un tiempo. En la confusión oigo algunos gritos de "saqueo".

Levanto la mano: el silencio se restablece como por encanto.

—Veamos. No hablen todos al mismo tiempo. Si tienen algo que reclamar, mándenme algunos hombres con quienes pueda discutir.

Pero nadie quiere avanzar. La gran calma que reina en las oficinas, que ellos estaban lejos de esperar, les parece que oculta alguna trampa.

Finalmente, una media docena de hombres empujados por los otros penetran en el jardín. Les tiendo mi cigarrera y la conferencia empieza. De la calle pueden oír nuestra conversación, que tengo cuidado de mantener en alta voz, y que se transmite de grupo en grupo hasta el extremo de la columna.

Ahora que podemos hablar tranquilamente, díganme con toda franqueza lo que ustedes desean.

En una perfecta unidad, me responden:

—Ser pagados.

De la multitud sale un grito:

—¡Pago! ¡pago!

Con un nuevo gesto con la mano, traigo la calma. Explico que si el pago no ha tenido lugar, no es culpa mía, sino del banco. Me doy cuenta de que he cometido un error, pues un nuevo grito estalla:

—¡Al banco! ¡al banco!

La situación se pone crítica. Felizmente nadie se mueve. Usando todos mis medios de persuasión, expongo el caso que personas inteligentes como ellos deben comprender. El pago se hará sin falta el lunes. Mientras tanto, los espera un almuerzo listo al volver a las faenas, porotos con doble ración de ají y un pan suplementario. Es domingo, y su caminata ha debido producirles apetito. Para que mis "corderitos" (término amistoso entre los carrilanos) puedan volver al aprisco sin cansancio, voy a poner trenes a su disposición. Daré orden por teléfono, a los despachos, de venderles vino y licores contra bonos que les dará el alistador.

Poco a poco sus caras se distienden; terminan por despejarse los semblantes enteramente. Estallan aplausos. Sin saber todavía de que se trata, la cola lejana de la columna lanza gritos de alegría.

La batalla está ganada.

Llamo por teléfono al depósito y llegan las tres locomotoras, arrastrando un tren de carros planos cada una. Saltando como escolares de asueto, los carrilanos se amontonan sobre los carros. Parte el primer tren, seguido por los otros dos. Al partir los buenos rotos gritan a pleno pulmón:

—¡Viva el patrón! ¡Viva el gringo cuatro ojos!

Nunca más seré objeto de semejante ovación.

Tengo la feliz idea de contestar con un «¡viva Chile!» retumbante. Una inmensa aclamación me responde:

—¡Viva Chile mierda!

El entusiasmo llega a su culminación.

Durante todo el tiempo que ha durado esta peligrosa conferencia, Fornés se ha mantenido en comunicación telefónica con el intendente, quien, tan pronto como ha pasado el peligro, me pide ir a su casa.

En la Intendencia encuentro reunidas a las personalidades más importantes de Temuco. Me felicitan, me proclaman salvador de la ciudad. Se destapa champagne, y naturalmente los brindis se suceden, más laudatorios los unos que los otros. Se me considera como un héroe, pero francamente confieso que bajo la profunda sangre fría aparente, he tenido un susto terrible.

4. El puente del Toltén

Agosto de 1897

El puente del Toltén tendrá 450 metros de largo con nueve tramos metálicos de 50 metros cada uno, reposando sobre dos estribos y ocho pilares o machones.

Las bases de estribos, por importantes que sean sus cubos de albañilería, no ofrecerán dificultades especiales, pues reposarán en las orillas del lado norte, se encontrará un suelo bueno relativamente pronto; al lado sur la excavación será muy profunda, pero se hará en seco.

El primer tramo franqueará un pequeño brazo permanente; más allá, una vez pasado el invierno, el lecho del río estará seco en más o menos 150 metros de ancho, lo que permitirá construir los tres primeros pilares de albañilería, vaciando las excavaciones con bombas a vapor como en el caso del Cautín. Más lejos se llega al brazo principal, que en tiempos de aguas bajas tiene aún cinco o seis metros de profundidad. Allí habrá que emplear fundaciones tubulares con aire comprimido; esta será la parte más importante y más arriesgada de la obra.

Las lluvias del invierno felizmente fueron este año menos violentas que de costumbre, lo que permite activar los preparativos.

Sobre el brazo secundario se ha colocado un puente de poca altura reposando sobre pilotes. Un largo plano inclinado excavado en la ribera llega a él, partiendo del extremo actual de los rieles, que se han prolongado sobre el plano inclinado y sobre el puente. Desde que la isla esté seca se los continuará, de manera de llevar directamente al pie de la obra las piedras para las pilastras y también hasta el borde del brazo principal del río los pilotes de rieles y la madera de construcción destinada a los andamiajes de las fundaciones por medio del aire comprimido. La madera y los pilotes ya están listos y pueden ser colocados en la obra tan pronto como el tiempo lo permita. Puede decirse que estamos listos.

* * *

Sigo los trabajos de cerca y a menudo me alojo en el Toltén. En compañía de Alfred y a veces de algunos amigos, entre ellos Cuevas, hacemos partidas de caza a lo largo del río.

Matamos garzas, cuyos hermosos *aigrettes* se los obsequiamos a la señora Cuevas; coipos, especie de castores cuyas pieles son muy estimadas, y que nosotros transformamos en bajadas de cama. Cazamos también nutrias, pero solamente al caer la noche, cuando salen de sus cuevas, donde han dormido todo el día. Es muy fácil dispararles cuando se las sorprende, lo que es muy raro, en la orilla, pues andan con dificultad sobre sus cortas y grandes patas. En el agua nadan con rapidez en persecución de los peces de los que se alimentan, y entonces es difícil alcanzarlas. Sin embargo, recogemos un buen número, cuyas valiosas pieles nos repartimos. Les hacemos depilar por los indios los pelos largos que sobresalen. Queda entonces una piel lustrosa muy hermosa. Enviaré las mías a Bruselas, donde tendrán un gran éxito.

En invierno hay una presa cuya persecución es entretenida. Es una especie de enorme ganso silvestre, pero con pico curvo. Muy esquivos, retozan en medio de los llanos desnudos donde en esta estación las lluvias han formado lagunas. Sería inútil tratar de acercárseles a pie. Para llegar a ponerse a tiro hay que estar a caballo.

Cuando se los divisa, siempre lejos de los árboles o matorrales que bordean el llano, se avanza silenciosamente al paso del caballo, hasta el momento en que el centinela da la alarma. Entonces se parte al galope.

Los gansos (llamémosles así a falta de su nombre propio) se ponen a correr batiendo las alas hasta que logran dejar el suelo. Pero para emprender el vuelo deben primero hacer algunas vueltas en espiral hasta ganar altura. Se llega generalmente a tiempo para dispararles sin bajar del caballo. El animal alcanzado cae con un "pluf" resonante.

Si se la come fresca, la carne es dura e insípida. Se entierra el gran volátil en el suelo. Al cabo de dos o tres días, se lo retira, se corta, se lo guisa en estofado. Se obtiene así un guiso negruzco cuyo gusto, cosa extraña, recuerda el de la liebre, animal desconocido aquí.

* * *

Cazamos también a veces en la selva. En invierno está hermosa a causa de los copihues, enormes flores de un rojo fulgente que produce una planta trepadora natural de la Araucanía.

* * *

Hemos tenido un momento la esperanza de hacer una caza extraordinaria.

Algunas personas han visto varias veces, a una legua más o menos, en la misma orilla de nuestro río, un monstruo fabuloso al que han bautizado como "la gran bestia". La descripción varia según los testigos. Unos la han visto arrastrándose sobre los guijarros, otros saliendo del agua. Sus dimensiones varían de dos a diez metros según las diversas declaraciones. El único punto en que todos están de acuerdo es que su cuerpo es grande, negro y lustroso. Se ha formado una leyenda entre la gente simple; el monstruo habría devorado ya a muchos hombres, y el terror se esparce.

Organizamos muchas expediciones para descubrirlo, pero no tuvimos éxito. No conoceremos jamás la identidad de la gran bestia.

Me inclino a creer que se trata de una de esas enormes focas de la clase que he visto en la desembocadura del río Imperial, que hubiera remontado el río y que, terminadas sus vacaciones, habría vuelto al mar.

Septiembre de 1897
La isla está ahora en seco.

Se trabaja activamente en las fundaciones de los tres primeros machones. Las grandes bombas a vapor funcionan día y noche. Se procede también en la parte seca a golpear los pilares de fierro gemelos, soldados en punta en sus extremos, llamados a soportar la plataforma, de 12 mts. de ancho, que atravesará el río de una orilla a otra, y servirá primero para hundir los tubos y más tarde para el montaje, por el personal de Creusot, de los tableros metálicos.

No hay tiempo que perder si queremos terminar antes de la grande pero corta crecida de invierno, que se producirá dentro de tres o cuatro meses. Independientemente de la balsa pública, hemos instalado una lancha privada, sólida y de dimensiones imponentes, que permite las comunicaciones y el transporte de los materiales de una orilla a la otra.

Las gruesas planchas curvadas han llegado. Un equipo de remachadores las juntan en largos tubos cilíndricos, calafateando cuidadosamente las uniones. Una vez preparados, forman en la orilla un conjunto de diez gigantescas chimeneas colocadas una al costado de la otra. Es de un efecto imponente.

No tenemos más que esperar la llegada de las compresoras, las esclusas de aire comprimido, y dos especialistas ingleses, contratados en Santiago por don Benjamín.

* * *

Alfred se ha convertido en el verdadero señor de la región. Es él. quien administra justicia, enviando a los delincuentes al cepo o haciendo que se les aplique un número determinado de garrotazos.

Es él, quien arregla los diferendos entre los indios de los alrededores. Dos veces por semana, en días y horas fijas, vienen los litigantes a someterle sus asuntos. Con una paciencia de ángel, escucha los largos discursos de los denunciantes, que le traduce un intérprete, enseguida los argumentos de los acusados. Habiendo escuchado la causa, hojea un almanaque de *Hachette* ilustrado que reemplaza al código e inspira a los indígenas un respeto supersticioso. Deteniéndose en una página cualquiera, hace como que lee un instante, reflexiona profundamente, y después pronuncia su sentencia. Jamás uno de sus fallos, dignos de Salomón, es apelado por los interesados.

Octubre de 1897

En Europa, los griegos están ocupados en dejarse batir por los turcos, pero esta guerra no apasiona a nadie aquí. Lo que les interesa más son los acontecimientos trágicos que suceden en la isla de Cuba.

Desde hace dos años los cubanos están en plena insurrección. España ha enviado tropas en cantidad imponente a la isla, pero no logra dominar a los rebeldes. Por el contrario, éstos, cuyos jefes principales son Máximo Gómez y Maceo, infligen a los españoles frecuentes derrotas.

Al principio de la revuelta, el general español Martínez Campos trató de domesticar a los insurgentes, pero su política conciliadora fracasó. Fue reemplazado por el general Weyler, que hace una guerra salvaje a los rebeldes, contra la cual, en los Estados Unidos, se protesta vivamente en nombre de la humanidad.

Cosa curiosa, aunque parece que los chilenos debieran desear el triunfo de los patriotas cubanos que –como ellos lo hicieron a principios del siglo– desean sacudirse del yugo de España, sus simpatías están con los españoles.

Esto se debe probablemente a que aquí se detesta a los norte-americanos, que sostienen casi abiertamente a los rebeldes. New York es la sede de la junta insurreccional de Cuba. Es allí donde se encuentran las oficinas de reclutamiento y su centro de abastecimiento de armas y dinero.

En nuestro *mess* de Temuco los asuntos cubanos son el tema principal de nuestras conversaciones. Fornés es partidario encarnizado de España, y Wilson, hijo de americanos, se abandera por los insurgentes. El duelo oratorio es a menudo muy vivo entre los dos rivales.

Cuando Wilson estigmatiza las atrocidades del general Weyler, For-nés le responde que los rebeldes han cometido muchas otras; que por lo demás, el general Weyler ha sido desaprobado oficialmente y reemplazado por el general Blanco, cuyo humanitarismo es reconocido. Que además, los norteamericanos han masacrado cobardemente a casi todos los indios que vivían en su territorio. Para él, los norteamericanos son un montón de desechos europeos que no han alcanzado todavía un nivel suficiente de civilización, mientras que los españoles tienen tras ellos un patrimonio secular de gloria militar, literaria y artística. A lo que Wilson replica que si España brilló antes, ya no es más que una nación degenerada y llamada a desaparecer, mientras los Estados Unidos son un pueblo joven, sano, emprendedor y vigoroso, llamado a subsistir a las viejas razas europeas; que por lo demás, si los americanos sostienen a la insurrección, es por puro espíritu de humanidad hacia una población cruelmente esclavizada por los españoles.

Ahí Fornés ríe burlonamente. ¡Qué farsa de desinterés norteamericano! Si ellos arrojan aceite sobre el fuego, es porque quieren comerse la ostra cubana cuando los litigantes estén completamente agotados.

Felizmente, aunque la discusión es acalorada, no degenera jamás en disputa, pues Wilson es de naturaleza más conciliadora que su adversario, y gracias a su espíritu finamente irónico, el debate termina con una explosión de risa.

* * *

Las compresoras de aire han llegado, como también los dos especialistas ingleses.

Los machones de albañilería están terminados. Pasando sobre ellos, el gran puente-andamio sobrepasa ahora el emplazamiento del primer machón tubular dentro del río. Se va a poder comenzar la perforación con aire comprimido.

En el brazo grande del Toltén, el apisonado de los pilotes continúa. Los martinetes y sus motores a vapor están montados en lanchas o balsas chatas, que son mantenidas por cables en el medio de la corriente.

El enorme andamiaje formará un puente provisorio continuo de cerca de 500 metros de largo. Arriba su plataforma tiene 12 metros de ancho.

Dos grandes puentes rodantes podrán circular de un extremo a otro sobre rieles puestos a una distancia de diez metros, y permitirán el transporte y colocación de los tubos en su sitio, la esclusas de aire y las piezas pesadas en general. Al medio del puente corre una vía normal por la cual ruedan las vagonetas llevando la arena, la grava, el cemento y los demás materiales necesarios.

En la orilla se instalan las compresoras y sus máquinas a vapor en un edificio cuyo acceso estará rigurosamente prohibido. Los dos ingleses hacen el montaje.

Estos ingleses son poco simpáticos. Desde el primer momento juzgo que serán rebeldes a toda disciplina y preveo que nuestro relaciones serán muy tensas.

El primer tubo se pone al alcance del puente rodante y es transportado al lugar indicado por Cuevas, que en su calidad de ingeniero del gobierno, lo ha determinado cuidadosamente. Se lo ha bajado de lo alto del puente hasta el suelo, guiado por una disposición de piezas de madera que lo mantendrá en posición vertical.

Estando las aguas muy bajas, la ubicación del primer machón tubular está en este momento en seco, lo que facilitará las operaciones.

Cada machón se compone de dos tubos de tres metros de diámetro. Tendremos que colocar diez, de los cuales ocho iran en plena corriente.

Este primer tubo tiene diez metros de altura.

Una vez en su lugar, se cierra su parte superior con una tapa bien estanca, atravesada al medio por una puerta que se cerrará cayendo verticalmente en el interior del tubo. Encima se instala una chimenea de planchas de acero de un diámetro menor, en la cima de la cual se colmará la esclusa de aire. Alrededor de esta chimenea se apilarán bolas de fundición y trozos de rieles, peso enorme que forzará al tubo a descender a medida que se excavará el suelo en el interior.

Gruesas cañerías traen el aire comprimido al tubo y a la esclusa. La presión del aire en el interior, graduada de acuerdo con el nivel del agua contra la que tiene que luchar, rechaza a ésta por debajo de la base del tubo, dejando en seco la cámara circular en la que excavarán los obreros. Bajo el peso de las bolas y de los rieles, el tubo se hundirá a medida de lo excavado. Los desechos se sacarán por medio de un montacarga hacia la esclusa.

Para penetrar en el tubo bajo presión se debe pasar por la esclusa de aire que en ese momento está a la presión atmosférica; la tapa en lo alto del tubo se mantiene cerrada por la presión interior.

En la esclusa se encuentra un montacarga en el cual dos hombres de pie pueden estar cómodamente. Puede contener hasta cuatro hombres apretándose unos con otros. Se cierra entonces la puerta exterior de la esclusa y se abre una llave que comunica con el cuerpo del tubo. La presión aumenta progresivamente hasta el momento en que se establece el equilibrio. La tapa se abre y el montacarga desciende hasta el fondo del pozo.

Para subir se procede a operar en la forma contraria. El montacarga ha subido hasta la esclusa, se cierra la tapa y se abre una llave hacia el exterior, hasta el momento en que se llega a la presión exterior normal. Cuando se trata simplemente de vaciar un montacarga lleno de material de desecho, se puede cambiar la presión bruscamente, pero para la salida de hombres hay que actuar con prudencia. Es que esa transición no deja de ofrecer peligro.

Para resistir a las molestias fisiológicas que provoca el aire comprimido, es indispensable tener los pulmones sanos y el corazón robusto. En Europa los obreros pasan por un examen médico previo de lo más severo. Aquí nos limitamos a elegir hombres de 20 a 30 años, en apariencia bien constituidos.

Los candidatos son numerosos. Para ellos existe la atracción de la novedad y del riesgo, después la pequeña gloria de salir de rango de obreros vulgares. Además, no trabajarán sino dos veces cuatro horas en las veinticuatro, mientras que los peones de superficie, menos bien pagados, trabajan doce horas diarias. Tienen además la agradable perspectiva de recibir un cuarto de aguardiente a la salida del tubo. No tenemos pues sino que elegir entre muchos interesados.

Bajo el punto de vista del efecto del aire comprimido, hay que considerar tres fases:

Primero, el período de compresión en la esclusa, pasando del aire libre a la presión que reina en el tubo. Se experimentan zumbidos y dolor de cabeza y oídos, y vértigo. Cuando un hombre penetra allí por primera vez, se tiene cuidado de aumentar muy lentamente la presión. Si encuentra que no puede soportar la prueba, el candidato golpea con un martillo la pared de la esclusa, y se reduce suavemente la presión para que salga.

Después está la estadía en el tubo bajo presión constante que depende de la profundidad alcanzada bajo el nivel del agua. Aquí se vive en una especie de ebriedad alegre; se trabaja cantando; la voz adquiere una sonoridad argentina. Cosa curiosa, el gusto y el olfato están casi enteramente embotados. Las bujías que alumbran la escena, se consumen dos veces antes que al aire libre.

Enseguida la tercera fase, la de la descompresión en la esclusa antes de la salida, es la más peligrosa. Los zumbidos en los oídos son mucho más pronunciados que a la entrada, la vista se oscurece, se sienten hormigueos en los miembros; a menudo se produce sangre de narices. En resumen, no son sino sensaciones desagradables, pero a veces se producen accidentes más graves: ruptura del tímpano con hemorragia en el canal auditivo, que produce la sordera; vómitos de sangre, desvanecimientos y aun congestión cerebral. Varias veces se ha sacado de la esclusa a hombres desvanecidos, y dos veces no se les pudo volver a la vida.

En el primer caso yo estaba con Alfred en la oficina cuando se nos avisó que un obrero, que por primera vez había penetrado en la esclusa, acababa de ser sacado sin conocimiento y llevado a una casita vecina. Lo encontramos tendido sobre pieles de oveja, en coma, con estertores y rodeado de una multitud de gentes afanadas en socorrerlo. Un hombre le insuflaba humo de su cigarrillo para despejarle los pulmones; alternándose con él, una mujer le echaba aceite por las narices para suavizarle la respiración.

Comencé por expulsar a los curiosos, ventilé ampliamente, solté su vestimenta e hice levantar el busto del enfermo. Mandé a Alfred a consultar el almanaque de *Hachette* para saber qué otros cuidados convenía hacerle. De acuerdo con sus indicaciones, desgraciadamente muy sumarias, se le colocó en la cabeza compresas de vinagre renovadas frecuentemente; a falta de sinapismos, se le envolvieron los pies con una tela de lana calentada. El almanaque preconizaba la sangría detrás de la oreja, pero yo no sabía cómo hacerlo. Todos los cuidados fueron inútiles, y el desgraciado entregó su alma en una hora.

Para los que resisten la primera prueba, el acostumbramiento no tarda en venir. Por mi parte, tanto yo como Alfred, hemos penetrado impunemente en el tubo.

* * *

Un día, después del pago, Alfred me avisó por teléfono que cierto número de carrilanos borrachos se mostraba agresivos, y querían a la fuerza entrar al cerco sagrado que rodeaba las oficinas. El trataba de calmarlos por la persuasión, pero temía ser atropellado.

Hay que notar que los días de pago, la policía se hace con un cierto número de obreros escogidos entre los más temperantes, que se manejan muy bien en su misión, pero al día siguiente es su turno de divertirse y la faena queda sin protección.

Llevando cuatro hombres macizos, salté inmediatamente sobre una locomotora. Al bajar en el Toltén, encontramos a Alfred quien, al oír el pitazo anunciando nuestra llegada, discurrió abrir la puertas del muro exterior, y lanzarse junto con dos hombres a bofetadas sobre la banda. Esta se dispersó por lo demás al acercarnos, pero un desgraciado roto quedó en el suelo aullando, mientras Alfred sacude la mano jurando. Aunque muy versado en el arte del boxeo, ha cerrado mal el puño y se le ha dislocado el pulgar: la extremidad ha alcanzado a su adversario en un ojo, que cuelga fuera de su órbita. Se le lleva al hospital de Temuco, pero quedará tuerto.

Noviembre de 1897

Los dos malditos especialistas ingleses han dado bastante hilo que retorcer al pobre Alfred. Son arrogantes, insolentes y además abusan del whisky. Los obreros, a los que tratan mal, los odian cordialmente, y por rencor tratan de sabotear la obra.

Era evidente que tal situación no podía durar mucho tiempo. Desde el principio yo me había dado cuenta y había recomendado a algunos ayudantes chilenos observar bien todos los métodos de trabajo, de manera de poder, en un momento dado, reemplazar a los dos gringos cuando la ocasión se presentara.

Acaba de producirse.

Cerca de las nueve de la noche, los dos ingleses, muy borrachos, entran en la sala de las compresoras, donde un mecánico y un ayudante chilenos vigilan la marcha de las máquinas. Arrogantes y altaneros como siempre, injurían al mecánico que les responde. De un formidable puñetazo en plena cara, uno de los ingleses lo derriba al suelo, donde queda tendido sin conocimiento. El ayudante pide socorro. Acuden algunos obreros. Una terrible sesión de boxeo se produce y termina con el *knock-out* de los dos energúmenos, que son debidamente amarrados.

Llega Alfred, a quien se ha avisado, y hace meter en el cepo a los ingleses. Después me da cuenta por teléfono de la trifulca.

Felizmente, don Benjamín se encuentra en Temuco. La metida al cepo de dos súbditos de Su Graciosa Majestad la reina Victoria es una medida atrevida que podría provocar un incidente diplomático. Corremos a visitar al intendente, quien nos aconseja arreglar el asunto amistosamente. En la mañana don Benjamín y yo llegamos al Toltén; hacemos comparecer a los dos ingleses los que se presentan despejados ya, pero furiosos. El aspecto imponente de don Benjamín los tranquiliza. Ellos lo conocen, pues es él el que los contrató en Santiago.

Con mucha calma les explica que después de tal escándalo, él está en la necesidad de renunciar a sus servicios. Los deja elegir entre dos soluciones: renunciarán voluntariamente a su contrato y recibirán una indemnización que les será entregada en la estación de Temuco en el momento que suben al tren del norte. Si rehusan, sus contratos se considerarán como rotos de oficio, y podrán hacer valer sus derechos ante la justicia, pero antes serán entregados a la policía de Temuco con la acusación de golpes y heridas graves al mecánico, que ha debido ser llevado al hospital.

Sin gran vacilación los dos ingleses optan por la primera alternativa. Los llevamos a Temuco, donde la policía los vigilará hasta su partida. La alegría estalla en toda la cantera cuando se esparce la noticia. Alfred es objeto de una cálida ovación.

Debo quedarme en el Toltén para reorganizar el trabajo. Los ingleses son reemplazados por dos chilenos que se habían preparado de antemano para su nueva labor.

El trabajo vuelve a empezar en una atmósfera de buena voluntad y de cordialidad.

* * *

La instalación del segundo tubo del primer machón está muy adelantada. Cuando un tubo ha alcanzado el suelo firme, convoco a Cuevas quien entra conmigo al fondo del pozo para verificarlo. Habiéndose efectuado la recepción, se empieza a llenar el tubo con concreto bien apisonado, siempre bajo presión de aire, hasta que se llega sobre el nivel del agua. Entonces se saca la tapa del tubo y se termina el relleno al aire libre. Se le da al tubo la altura exacta que debe tener, y después recibe una coronación de piedras talladas que soportará el tablero del puente. Cada pilar está formado así por dos columnas de concreto revestida por su cubierta metálica y apuntaladas entre ellas.

Como no disponemos sino de una sola esclusa de aire, no podemos hundir sino un solo tubo a la vez. Por supuesto, el trabajo se continúa sin interrupción día y noche.

* * *

Aunque se trabaja a lo largo de toda la línea, Toltén ha llegado a ser el verdadero nudo de la empresa. Vengo entonces a instalarme casi a firme mientras que don Benjamín se quedará dos meses en Temuco.

Nuestra instalación es de lo más confortable. Nos hemos arreglado con Alfred una verdadera propiedad campestre de una media hectárea.

A un lado, a la izquierda, da sobre un acantilado al pie del cual corre el brazo secundario del río Toltén. Un sendero en zigzag desciende hasta el río, donde podemos dedicarnos con agrado a la natación. En el fondo termina en un talud boscoso que accede a un riachuelo afluente del Toltén. Los otros dos lados están cercados, lo que nos aísla de los talleres. Sobre la meseta en ángulo entre el arroyo y el río, en medio de un bosquecillo, Alfred ha construido una glorieta provista de bancos, donde podemos descansar conservando la vista de los trabajos del puente.

La casa, bien construida de tablas y cubierta de planchas acanaladas, tiene además de la oficina, tres dormitorios y un comedor; la cocina, las caballerizas y el alojamiento de los mozos están en anexos. Las comidas son preparadas por una cocinera que sin valer lo que la irreemplazable doña Peta, no deja de ser excelente. Todos nuestros gastos, incluyendo las bebidas, son de acuerdo a lo convenido, de cargo de la empresa. En la noche dormimos arrullados   por el ronquido sordo de las compresoras que funcionan sin cesar.

Diciembre de 1897

El espectro de la guerra con Argentina se levanta siempre amenazante. He tomado la firme decisión de regresar a Europa cuando la línea esté concluida. Además del dinero que envío regularmente a la familia, transfiero ahora todos los fondos de que dispongo, los que invertirá Georges en colocaciones en Bruselas. Desde la conversión metálica el peso vale 1,875 francos.

También envío a Arthur Julien el producto de la venta de sus casas, a medida que las voy realizando.

En el Toltén trabajamos ahora en el segundo machón tubular en plena corriente. El gran andamiaje ha alcanzado la orilla izquierda, atravesando enteramente el río.

Las piezas del puente metálico del río Cautín han llegado. El ingeniero de Creusot, Mr. Camus, comienza el montaje. Las de los puentes de Quepe y Toltén vendrán enseguida.

* * *

El fin de año será marcado por una gran alarma. El rumor de que los indios preparan un levantamiento se ha esparcido bruscamente.

El pánico se ha producido en los nuevos fundos que borden el Allipén. Sobrecogidos por el recuerdo de los terribles "malones" de antaño, los inquilinos abandonan sus ranchos y huyen con sus familias llevando lo que tienen de más precioso. Llegan muchos a la línea, suplicando que se les lleve a Temuco. Sus carretas están cargadas de los objetos más heterogéneos, pero en todas figura una guitarra y muchas bacinicas esmaltadas. Estos utensilios les sirven para toda suerte de usos. En ellas, las mujeres se lavan la cabeza, recogiendo cuidadosamente los cabellos desprendidos, que ellas queman para evitar que se transformen en uno de esos "pelos vivos" de los que ya he hablado.

Interrogo a los fugitivos. Ninguno me puede decir cómo nació el rumor del levantamiento, pero todos están convencidos de que el peligro es inminente. Hago venir un tren de Temuco para que los lleve, y me pongo en contacto por teléfono con don Benjamín, quien va a informar de la situación al intendente.

Por consejo de éste, envío mensajeros a convocar a los caciques de los alrededores a un "mollin", al cual yo los invito personalmente para el día siguiente. Atraídos por el incentivo del aguardiente, ninguno de mis ocho invitados faltará a la llamada. Yo los había advertido que la fiesta era para los jefes, pero que cada uno de ellos podría traer uno de sus "mocetones" o guerrero para que le sirviera de mozo.

Son dieciséis en total. Les he hecho preparar en nuestra glorieta un pequeño banquete, que riegan con mi aguardiente. Cuando el extraño garden party toca a su fin, les hablo del malón proyectado. Ellos parecen no saber de qué se trata.

Les digo que he recibido orden del intendente de retenerlos hasta que el asunto sea aclarado. Serán bien tratados, y el aguardiente no les faltará.

Ninguno protesta. Los mocetones son enviados a las tribus para avisarles que sus caciques están momentáneamente prisioneros.

Mientras tanto, un destacamento de caballería ha llegado de Temuco, y se acantonará en el Toltén. Otros recorren todo el territorio indígena.

Mis huéspedes son conducidos con todas las consideraciones debidas a su rango a la barraca puesta a su disposición; se la ha rodeado rápidamente de un cerco y los prisioneros están vigilados por la tropa. No podrán comunicarse con nadie.

Invito al teniente que mande a los jinetes a comer con nosotros y a alojarse en la pieza para invitados de nuestro palacio. Es un muchacho amable, pero como todos los chilenos, desprecia profundamente a los indios, y los trataría brutalmente con todo gusto. Insisto sobre el hecho de que su función se limita a vigilar a los detenidos, pero que su mantenimiento me corresponde a mí.

Voy todos los días a visitarlos, llevarles cigarrillos y conversar con ellos. Ellos hacen una verdadera cura de sobrealimentación, y reciben cuatro botellas de aguardiente diarias para repartirse.

Están encantados con su suerte.

Al quinto día recibo orden de soltarlos. La calma más perfecta reina en todas las tribus. Los rumores que han provocado el pánico son manifiestamente falsos.

Mis amigos indios habrían prolongado con gusto su detención. Se despiden apenados colmándome de agradecimientos

Enero de 1898
El mismo día de Año Nuevo recibo la visita del profesor Louis Cousin. Como él dicta el curso de Ingeniería Civil en la Universidad de Chile, se interesa vivamente en las fundaciones con aire comprimido. Hace tres meses me había enviado una copia del capítulo de su curso, que trata la materia, pidiéndome verificarlo en la práctica.

Así pues, yo había comprobado que los coeficientes de resistencia al hundimiento que él indicaba según los datos tomados en Europa para un subsuelo análogo al del Toltén, eran en realidad demasiado débiles.

Yo le había dado cuenta de mis observaciones. El me había contestado pidiéndome que procediera a nuevas experiencias de las cuales necesitaba conocer precisamente las condiciones. Los resultados habían sido idénticos.

Aprovechando sus vacaciones, M. Cousin ha venido hasta el fondo de la Araucanía, para verificar él mismo mi prueba. Hundimos actualmente el primer tubo del tercer pilar. Procedemos a efectuar nuevos ensayos en su presencia.

La práctica gana decididamente a la teoría, y el profesor Cousin deberá modificar su curso.

* * *

Recibo una carta de Arthur Julien.

Ha vuelto a Puentes y Caminos como ayudante temporal encargado de la inspección de un viaducto ferroviario que debe reemplazar un paso a nivel cerca de Waremme. Echa de menos la vida libre y de abundancia en la Araucanía.

Sus maletas que había enviado al salir de Chile, le han llegado llegado intactas con siete meses de atraso.

Emile Bodard ha entrado también a Puentes y Caminos y está ocupado en levantamientos topográficos cerca de Vielsalm.

Febrero de 1898

Estamos en plena cosecha.

Si los trabajos a lo largo de la línea no avanzan sino a medias, los del puente Toltén continúan de firme. Este año no puedo tomar vacaciones, pero no me faltan agradables holganzas.

En Quepe, Cuevas organiza frecuentes partidas de caza. Cazamos muchas perdices, tórtolas, cachañas, choroyes (variedad de loros), zorzales y sobre todo torcazas, que abundan en los bosques.

La torcaza es una especie de paloma torcaz, de color gris azulejo, cambiando hacia abajo en rojizo. Es un ave delicada de carne muy fina. Viven en bandadas en los árboles, donde se confunden de tal manera con las hojas, que es casi imposible distinguirlas. Tienen un vuelo silencioso que no denuncia su presencia.

Se las caza más fácilmente cuando se ven desde lejos descender sobre un árbol aislado. Aun así hay que acercarse con grandes precauciones, pues sobre la rama más alta una de las aves, apostada como centinela, da la alarma desde que divisa al cazador.

Estos pájaros son tan esquivos, que no se pueden cazar varios a la vez, pues cada uno entra por su cuenta a la selva. Organizamos concursos de quién cazará más de ellos.

Un día vagaba por la selva desde hacía más de dos horas, y se aproximaba el momento de cerrar el concurso. Varias veces había percibido el vuelo fúnebre de las torcazas sin poder disparar; una sola vez la suerte me había favorecido y pude matar dos. Como botín era pobre y mis amigos se iban a reir de mí. Bastante corrido me dirigía al lugar de reunión, cuando me crucé con un hombre de "medio pelo", que volvía de cazar trayendo como veinte torcazas. Mediante algunos pesos, me convertí en dueño de ellas, y gracias a este poco honrado subterfugio, fui el vencedor en el torneo.

* * *

Estoy lejos de ser como Cuevas y sus otros amigos, un cazador fanático.

Cuando la partida comienza en la mañana, al cabo de unas dos horas me retiro al lugar donde los mozos preparan el almuerzo. Me intereso mucho en la cocina campestre, y tengo disposiciones especiales para asar carnes.

«Se llega a cocinero, pero se nace asador», ha dicho el gran gastrónomo Brillat Sararin.

No tengo rival en el arte de asar a fuego lento un costillar de carne de cordero "al palo", esto es, ensartado en una caña de bambú que se planta en el suelo. Cada uno de los cazadores hambrientos se acerca para cortar su chuleta bien dorada, si se trata de un asado de vacuno, tengo talento para cogerlo desde el principio de modo que la sangre quede en el interior. Luego, lo hago girar lentamente presentando todos sus lados a la acción del fuego y untando de vez en cuando con aceite la carne para darle un dorado apetitoso. No pongo sal hasta el final de la cocción para evitar que el jugo se escurra durante la operación.

Por unanimidad, he sido proclamado gran *chef* del departamento culinario.

* * *

Cuando vamos a almorzar donde Cuevas, doña Aurora nos regala con platos preparados por ella misma. Su gran especialidad es la cabeza de ternera. Es un plato raro en este país donde el ternero no se vende en las carnicerías. Si uno desea comer mollejas o una cabeza de ternera, debe comprar la vaca al mismo tiempo. También es cierto que con esto nada se pierde, pues tanto la carne de la madre como la de su cría son vendidas con utilidades en las faenas.

He aquí como procede doña Aurora:

Se cava un hoyo cilíndrico en el suelo. En el fondo se acumulan brasas ardientes que se recubren de una capa de guijarros sobre el cual se coloca la cabeza sin sacarle la piel. Encima se pone otra capa de piedras y después nuevamente brasas.

Luego, se recubre todo de tierra. Al cabo de cierto rato, se retira la cabeza; ésta parece un espantoso montón negruzco de aspecto repugnante. Se le saca la piel y se deshuesa, retirando los sesos, la lengua, los ojos (partes particularmente delicadas), y el resto. El todo se sirve con una salsa especial, muy picante, de la cual doña Aurora guarda el secreto.

Es un plato digno de Lúculo.

* * *

A veces somos muy numerosos los que nos reunimos en las cacerías.

Nuestras comidas al aire libre suelen ser regadas demasiado copiosamente y los espíritus se exaltan.

Un día estalla una disputa entre dos invitados que quieren arreglar su querella con un duelo a revólver. El doctor Pedraza de inmediato, se ofrece para establecer las condiciones del lance.

«Cada uno de ustedes debe entregarme su reloj», dice a los duelistas. Estos, un poco sorprendidos, le obedecen. El doctor cuelga los relojes en dos ramas, mide gravemente diez pasos delante de cada uno de ellos y enseguida, colocando a cada combatiente frente al reloj de su adversario, dice:

«Tiene cada uno seis tiros para disparar a voluntad».

Comienzan los disparos. Al tercer tiro un reloj vuela hecho astillas.

El honor está satisfecho y la fiesta continúa.

* * *

Don Benjamín ha regresado a Santiago.

En nuestra mesa continúan las discusiones entre Formés y Wilson. Ha surgido ahora un grave incidente que las provoca aún más. El crucero "Maine" de la marina norteamericana, que se encontraba en la rada de Santiago de Cuba, acaba de ser volado. Centenares de hombres perecieron.

Para Wilson se trata de un golpe a traición de los españoles; para Fornés: un accidente debido a la incapacidad de los marinos norteamericanos. Por lo demás, esta misma polémica prosigue en la prensa tanto española como norteamericana. En los Estados Unidos la opinión pública está muy exaltada. El gobierno español, muy correcto, admite que se lleve a efecto una investigación en aguas españolas de Cuba, hecha por comisionados norteamericanos, a quienes se les asegura toda suerte de facilidades.

Marzo de 1898

En el Toltén se está colocando ahora el primer tubo del cuarto pilar. En el mess de Temuco, Wilson y Fornés riñen a firme.

Las conclusiones de la investigación norteamericana sobre el desastre del "Maine" son que no ha habido negligencia de parte de los oficiales ni de la tripulación; que una mina submarina ha hecho saltar el barco, pero que no se ha conseguido prueba sobre ninguna persona.

De allí, un cambio de notas entre los dos países. La última, entregada por los Estados Unidos, puede ser calificada de ultimátum. Ella exige que España acuerde un armisticio a los insurgentes cubanos, lo que *ipso facto* transformaría a los rebeldes en beligerantes. En Madrid, el primer ministro Sagosta la rechaza.

Abril de 1898

En la línea continuamos el ripiado, relevamiento y rectificación de la vía. En el Toltén se entierra el segundo tubo del cuarto machón.

* * *

Cediendo al ultimátum norteamericano, los españoles han ofrecido un armisticio a los insurgentes, quienes lo han rechazado. La presión americana no disminuye. La opinión pública reclama el empleo de la fuerza para echar a los españoles de Cuba.

El soberano pontífice León XIII propone su arbitraje. España lo acepta; Estados Unidos lo rechaza.

El presidente Mc Kinley pone el asunto en manos del Congreso, que vota la intervención.

La guerra estalla el 21 de abril. Los norteamericanos proclaman el bloqueo de las costas cubanas. Al día siguiente, el puerto de Matanzas, al norte de la isla, es bombardeado.

Inútil es decir que en el *mess* Fornés y Wilson están cerca de venir a las manos.

* * *

En Chile, la conversión metálica parece amenazada. Los enormes gastos de armamentos han dejado en seco al Tesoro. Los grandes propietarios, partidarios del papel moneda, levantan cabeza. Remito a Europa todos mis fondos disponibles.

Mayo de 1898
El puente metálico sobre el Cautín está terminado. El ingeniero Camus con los colaboradores de Creusot pasan al Quepe.

En el Toltén estamos en el primer tubo del quinto y último pilar.

* * *

Se creía que los primeros golpes de la guerra serían lanzados sobre Cuba. Se anuncia siempre un desembarco inminente de tropas norteamericanas pero no se ve venir nada. Los yanquis son prudentes y los españoles tienen un ejército de 200.000 hombres en la isla.

Es la escuadra del Pacífico la que conseguirá en las Filipinas la primera victoria. La flota española del almirante Montojo estaba en la gran bahía de Cavite, a unos quince kilómetros de Manila, la capital, cuando el comodoro Dewey vino bruscamente a atacarla. El armamento de los barcos norteamericanos era en tal forma superior, que los españoles no pudieron contestar. Hundieron sus buques para no dejarlos caer en poder del enemigo, y se retiraron al interior de la isla.

El comodoro Dewey va enseguida a colocarse frente a Manila, pero la ciudad está bien fortificada. Esperará para bombardearla a que los insurgentes filipinos vengan a tomarla por detrás, y solamente entonces cae la plaza.

En los Estados Unidos el entusiasmo fue delirante y Dewey se convirtió en el héroe nacional.

En el *mess*, Wilson triunfa, mientras Fornés rabia.

Junio de 1898

El almirante Sampson esperaba frente a Santiago de Cuba a la flota española que venía de Europa, pensando atacarla en alta mar.

Burlando su vigilancia, el almirante Cervera consiguió penetrar en la rada, poniéndose bajo la protección de los fuertes.

Con esta noticia, el entusiasmo estalla en Madrid.

En nuestro *mess*, Fornés está feliz y abruma a Wilson con pullas. Pero pronto Wilson tomará su revancha.

La vasta bahía de Santiago se abre al mar por un estrecho gollete. El almirante Sampson consigue introducir allí un gran navío que lo obstruye completamente. ¡La flota española está embotellada! Gracias a la superioridad de su artillería, Sampson la destruye desde lejos y enseguida demuele las fortificaciones.

España, cuya marina está aniquilada, decididamente está perdida.

Fornés se arranca los cabellos bajo la mirada irónica del amigo Wilson.

* * *

La recepción del segundo tubo del quinto pilar, el último de todos, dio lugar a una escena dramática.

Había llegado al suelo duro y como de costumbre yo debía bajar con Cuevas para comprobar la solidez de la base. Un obrero nos esperaba al fondo del pozo.

Ya he dicho cuán penoso resulta soportar la descompresión a la salida de la estrecha esclusa de aire. La sensación es mucho menos desagradable cuando uno está en el gran cilindro en el momento en que se le vacía completamente de su aire comprimido. Cuando es ese el caso, los obreros en el fondo se colocan dentro del montacarga, que es izado hasta encima del nivel que el agua puede alcanzar. Se descomprime entonces totalmente y luego el montacarga se eleva hasta la salida de la esclusa.

Cuando después de haber hecho la verificación, el ingeniero gubernamental autoriza el comienzo de la colocación del concreto, se produce forzadamente una interrupción del trabajo. Se suspende la inyección de aire y el agua sube en el tubo, la que será nuevamente sacada cuando se comience a concretar.

Habíamos decidido evitarnos la dura prueba de la esclusa y habíamos convenido con el personal del exterior que, si el fondo era reconocido como sólido, daríamos la señal con tres golpes de martillo en la pared del cilindro y nos colocaríamos dentro del montacarga, que debería subir inmediatamente mientras se abría las llaves de escape de aire del tubo.

El fondo del pozo había sido limpiado y mostraba un suelo de conglomerado bien duro. Para aliviar su conciencia, Cuevas ordenó probarlo con la picota. El obrero dio tres golpes con su herramienta; saltaron chispas con la punta: la prueba era suficiente.

Pero el montacarga que estaba colocado en el centro del círculo de la base molestaba los movimientos del obrero. Al levantar la picota, el fierro golpeó el tubo. Involuntariamente y sin que nos diéramos cuenta él había dado la señal convenida.

De repente, el montacarga comenzó a subir; el agua surgió bajo los bordes del tubo. ¡Se había dejado de inyectar aire, y se había abierto las llaves!

Las dos velas que habíamos dejado en el suelo se apagaron. Estábamos en una oscuridad absoluta.

Fue un momento de pánico. La profundidad del río en este lugar era de cinco metros y el tubo estaba enterrado seis metros bajo el suelo. ¡Nos íbamos a ahogar bajo once metros de agua!

El alto total del tubo era de 15 metros. Una escala de seguridad estaba bien adherida en lo alto, pero era muy corta y el último escalón quedaba a cuatro metros del suelo; una cuerda se había amarrado en él y colgaba hasta el fondo del pozo.

Instintivamente todos se dirigieron a la cuerda. El obrero ya la había cogido, cuando lo tomé por el cuello y lo eché hacia atrás gritándole:

—¡Primero el señor Cuevas! ¡Él tiene mujer y niños!

Cuevas se iza a fuerza de puños, alcanza el escalón y sube la escalera. Como el obrero gritaba: «yo también tengo mujer y niños», lo dejé pasar primero que yo.

El agua me llegaba a la cintura. Me apresuré a saltar tras de él. El pobre diablo asustado subía penosamente; a un metro del escalón se había detenido agotado.

El agua, de la que me había escapado un instante, me alcanzaba de nuevo. Debía subir más rápidamente a medida que la presión disminuyera.

Por un momento me vino la idea de tirar al hombre de las piernas para tomar su lugar, pero la rechacé muy pronto. Felizmente, en un supremo esfuerzo logró agarrarse del último escalón.

Estuvimos los tres suspendidos, uno encima del otro, en lo alto del tubo donde el agua no podía alcanzarnos. El montacarga debía estar colgando en alguna parte más o menos a nuestro alcance, pero no podíamos verlo. Nos envolvía una oscuridad profunda.

Estábamos fuera de peligro y no teníamos más que esperar el socorro del exterior.

Por fin, el silbido del escape de aire cesó; habíamos vuelto a la presión atmosférica. La tapa de arriba cayó; el montacarga volvió a subir a la chimenea. Oímos exclamaciones horrorizadas de la gente que acababa de abrir la esclusa y se había encontrado el montacarga vacío.

Una vaga claridad nos llegaba desde lo alto. Gritando con todas nuestras fuerzas expusimos nuestra crítica situación. El montacarga descendió nuevamente. El hombre que lo ocupaba ayudo a subir primero al obrero. Le cedimos el paso pues estaba medio loco de terror y temíamos que soltara su apoyo y se precipitara al fondo del pozo.

Regresaron a buscar a Cuevas. Luego vino mi turno.

Estábamos salvados.

No me sentía demasiado impresionado. Pasado el primer momento de estupor, había recuperado mi sangre fría. Mi aparente abnegación, por lo tanto, no tenía gran mérito pero me valió un agradecimiento sin límites de parte de doña Aurora.

* * *

El montaje del puente metálico de Quepe por el personal de Creusot toca a su fin. El del puente del Toltén va a comenzar pronto. Los trenes se suceden trayendo innumerables piezas de acero y montañas de piezas de remaches. El ingeniero Camus vigila personalmente la descarga. Admiro la precisión del etiquetaje y numeración de los diversos elementos del puente, así como el elemento racional que sigue en su colocación.

Julio de 1898

Los rumores de guerra con Argentina toman mayor consistencia, y por otra parte el régimen monetario de Chile está en peligro.

Al principio del mes hago un viaje a Concepción para remitir a Europa el dinero líquido de que dispongo. Aprovecho la ocasión para enviar a Bruselas cajones de vino Panquehue, Urmeneta y Subercaseaux, los mejores de Chile, como también una caja de miel de palma de Ocoa. Esta miel es un postre muy apreciado aquí. Se la sirve en vasitos al final de la comida, o como aderezo de panqueques.

Me ha venido muy bien el cambio de mi moneda chilena por buenas libras esterlinas, pues la crisis provocada por los anticonversionistas estalla bruscamente.

Es el Banco de Chile el que va a sufrir el primer asalto.

Desde hacía varios días circulaban rumores inquietantes en Santiago respecto a la estabilidad de ese banco. El diario *La Tarde*, órgano de los grandes propietarios de tierras, anunció que el vapor "Oropesa", de la "Pacific Steam Navigation Company", que partió el día anterior, llevaba tres millones de pesos en oro, e insinuaba que el presidente del Banco de Chile había retirado de él los fondos de su propiedad.

Desde la mañana los depositantes asaltaron el banco. Este pagó todo el día. En la tarde, había reembolsado dos millones de pesos.

Era evidente que si el pánico continuaba al día siguiente, y sobre todo si alcanzaba a las provincias, lo que no podría dejar de suceder, un desastre financiero general sería inevitable. A la noche, el gobierno decretaba una moratoria y ordenaba el cierre de todos los establecimientos de crédito. No es todavía la caída del régimen metálico, pero esta es ineludible. El oro ha desaparecido súbitamente, y todas las transacciones se han detenido.

* * *

En el Toltén, pilares y machones están ya terminados. Cedemos el lugar a Creusot.

Camus ha venido a instalarse en la casa desmontable traída de Francia. Es verdaderamente hermosa y confortable, y puede armarse en algunas horas.

La instalación de la faena es perfecta. Hace gran honor al espíritu francés de precisión y de método. Camus, convertido en nuestro vecino, es un hombre de lo más simpático y mantenemos con él las más cordiales relaciones.

El se ha formado en l'*Ecole Centrale* de París.

Uno de sus ayudantes, llamado Leverrier, es un muchacho agradable pero tiene un pasado inquietante.

Cuando hacía su servicio militar en un regimiento de dragones, regresó al cuartel una noche, completamente bebido. El oficial de servicio fue a los dormitorios para verificar su estado. Leverrier lo insultó groseramente y, acto seguido, poseído de un furor ciego, desenvaino su sable y lanzó una terrible estocada de punta contra su superior que seguramente lo habría atravesado de no haber éste dado un rápido salto de lado. La hoja fue a quebrarse contra el muro. Llevado a la corte marcial, Leverrier fue enviado a una compañía disciplinaria al Africa. Después de algunos meses logró evadirse y llegar a Chile.

Antes de su servicio militar trabajaba en Creusot. Cuando Camus inició el montaje del puente de Cautín, Leverrier le ofreció sus servicios que fueron aceptados. Desde entonces su conducta es irreprochable. Es él quien dirige los equipos de remachadores cuyos martillazos nos ensordecen todo el día.

* * *

Continuamos el enripiado y diversas terminaciones a lo largo de la línea.

También hemos colocado rieles más allá del Toltén, hasta la estación terminal de Pitrufquén, cuyos edificios están en construcción.

Tan pronto Creusot termine el puente, la línea será entregada definitivamente para su explotación.

* * *

El viejo general don Gregorio Urrutia acaba de morir en Santiago.

* * *

Agosto de 1898

Como era de prever, las comisiones chilenas y argentinas que debían trazar el límite entre los dos países no se han podido entender. Argentina no quiere salir de su teoría "de las altas cumbres", y Chile se afirma en el "divorcio acquorum". Todo se ha roto. El espectro de la guerra se levanta más y más amenazador en el horizonte político.

Desde hace largo tiempo se arman en ambos lados. Argentina ha comprado acorazado tras acorazado. Chile, que no tiene un centavo, no ha podido seguirlo por esta vía, y está sensiblemente atrás en tonelaje de barcos y en número de cañones. Es cierto que la marina chilena tiene la ventaja de estar mejor instruida y ser más aguerrida que la de su rival. Los dos ejércitos de tierra han sido muy reforzados, y en ambas partes se movilizan las guardias nacionales.

Si estalla la guerra, estoy bien decidido a volver a Europa. En cuanto a Alfred, persiste en su intención de ingresar al ejército chileno.

* * *

Se ha firmado la paz entre Estados Unidos y España, con gran desesperación de Fornés e intenso júbilo de Wilson.

España renunció a todos sus derechos sobre Cuba y las Filipinas que, hasta nueva orden, serán administradas por los norteamericanos. Puerto Rico ha sido simplemente anexado a los Estados Unidos, contra pago de veinte millones de dólares. El imperio colonial español ha sido aniquilado.

* * *

Aquí, el régimen metálico ha caído. Volvemos al curso forzoso del papel moneda. El peso, que tenía un valor fijo de 1,875 francos, ha bajado a 1,40.

Septiembre de 1898

Aprovechando un viaje de negocios que hacían en el sur, Amadeo Heiremans y Jules Cousin, han llegado hasta aquí y son mis huéspedes en el Toltén.

Se sabe que el Presidente de la República debe venir a inaugurar la línea y se esparce el rumor, entre las tribus de los indios, que es él quien acaba de llegar de incógnito.

Con gran asombro de todo el taller, una imponente tropa de caciques y guerreros vienen a agruparse una mañana frente al cercado de nuestras oficinas.

Heiremans entra inmediatamente en el juego. Es él quien representará al Presidente de la República. Por lo demás, su aspecto imponente se presta para este papel. Jules Cousin será su secretario. Se hace entrar a los caciques al cercado. Después de las zalemas acostumbradas, a las cuales yo he tenido cuidado de iniciar a mis dos amigos, los jefes indígenas exponen, por medio de un intérprete, sus quejas y reivindicaciones. Heiremans escucha seriamente mientras Jules Cousin, libreta y lápiz en mano, toma notas febrilmente.

Afuera, los obreros, que han suspendido el trabajo, al principio miran la escena con un aire burlesco, pero luego dudan que se trate de una comedia.

Terminada la conferencia, los indios nos ofrecen el curioso espectáculo de sus evoluciones y danzas guerreras. Les hago distribuir aguardiente, y los caciques se retiran con su séquito, encantados con las promesas que el presidente les ha prodigado.

Yo no dejaba de tener alguna preocupación por la acogida que las autoridades de Temuco reservarían a esta mistificación, pero ellas tomaron la broma en buena forma. En el Club ha sido motivo de mucha risa.

En cuanto a Heiremans y Jules Cousin, están orgullosos de la aventura que, naturalmente van a contar en Santiago, donde nadie les creerá.

* * *

Una feliz noticia nos llega al final del mes. Argentina admite la proposición que le hizo Chile de someter la cuestión de límites al arbitraje de la reina Victoria. La pesadilla de la guerra desaparece. Se desmovilizan en ambos lados de los Andes.

Octubre de 1898

Camus ha montado el gran puente con una rapidez que me causa admiración. El 10 de octubre la pintura estaba terminada. La grandiosa obra que es el puente sobre el río Toltén ha sido cumplida en 14 meses.

Por otra parte, nosotros acabamos con las últimas terminaciones, y el 16 de octubre comenzábamos la entrega al gobierno de la línea Temuco-Pitrufquén, más de un mes antes de la expiración del plazo fijado.

Alfred y yo hemos dejado el Toltén y hemos vuelto a la oficina de Temuco para proceder a efectuar los cálculos de la liquidación.

Noviembre de 1898

El 10 de noviembre, la ciudad de Temuco ofreció un gran banquete «Al señor Benjamín Vivanco y a sus colaboradores en la construcción del ferrocarril de Temuco a Pitrufquén, señores Gustave Verniory, Guillermo Wilson y Victor Fornés».

No insistiré sobre el banquete mismo y los innumerables discursos de que fue complementado; se parece a todos aquellos a que he asistido en Chile.

Mencionaré solamente el menu, que también se parece a todos los otros y que está redactado en francés, como se usa aquí, pero que ofrece la particularidad de estar lleno de faltas de ortografía. Se puede juzgar por la reproducción textual siguiente:

MENU

Soupe

Potage a la Ruanssance (leer Renaissance)   Xérès

Hors d'oeuvre

Lange écarlate

Janbon glacé   Urmeneta blanc

Paté de fois gras truffé

Poisson

Congre sauce mayonaise   Panquehue blanc

Entrées
Bouchées aux huitres
Coteletes de mouton a la Périqueux   Subercascaux et
Poilet à la marengo   Urmeneta rouge

Ligùmes
Asperges en branches   dº

Roti
Dinde trufé   San Fuentes
Salade

Dessert
Nouga Corbeil de frut
Millefuille   Champagne
Té - Café - Liqueures - Cigars

debe decir:

Hors d'Oeuvre
Langue écarlate
Jambon...
... foie aux truffes

... sauce mayonnaise
Cotelette de mouton a la Périgueux
Poulet a la Marengo

... Légumes
Dinde truffée
Dessert

Nougat
Corbeille de fruits
Millefeuille
Liqueurs - Cigares

A este banquete asistía don Miguel Urrutia, hijo del difunto general.
Me hace una proposición.

El gobierno pronto va a pedir propuestas para la prolongación del ferrocarril Central, esto es 48 kilómetros de vía de Pitrufquén a Loncoche. Los trabajos durarán alrededor de cuatro años y costarían más o menos 2.500.000 pesos de 18 peniques. Los proponentes deberán depositar previamente 300.000 pesos.

Don Miguel me propone una sociedad.

Su influencia es considerable y sería una gran ayuda para la empresa.

Como su calidad de diputado no le permite figurar en un negocio de obras públicas, este figuraría a mi nombre. Yo tendría la dirección absoluta, y las utilidades se repartirían por mitad. Conservaría mi sueldo de 7.000 pesos.

Don Miguel dispone de los 300.000 pesos exigidos como depósito. En caso que la propuesta nos fuera adjudicada, esta suma quedaría bloqueada como garantía. Falta procurarse los fondos de explotación, estimados en 250.000 francos oro, cantidad ampliamente suficiente, dado que los aprovisionamientos y los trabajos serían liquidados cada mes a los precios unitarios del contrato, con retención del 10%. Debido a la crisis, es imposible en este momento procurarme los fondos en Chile. Los capitalistas deberán venir de Europa. Yo tendría que conseguir por mi parte estos 250.000 francos.

Como competidores hasta ahora conocidos, tendríamos a los siguientes:

Mr. Frame, mi antiguo jefe en la empresa Albarracín y Urrutia.

Guillermo Fonck, mi ex colega en la comisión gubernamental, representando a un sindicato alemán.

Mi compatriota Guillermo Otten, con capitales extranjeros, posiblemente belgas.

Por fin, don Benjamín Vivanco, que se presenta con sus propios recursos. También me ha propuesto la dirección de los trabajos, pero él quiere adjuntarme a su hijo Carlos, recientemente titulado de ingeniero civil; previendo conflictos he rechazado su oferta.

Escribo a Georges de inmediato para que pregunte a Mr. Brunner si en principio, en el caso que yo obtenga el contrato, estaría dispuesto a facilitar los capitales. Georges debe contestarme por cable «si» o «no» antes del fin de diciembre. Si la respuesta de Mr. Brunner es afirmativa y salgo victorioso en la propuesta, partiría por vía rápida a Bruselas para arreglar los detalles con el capitalista.

* * *

Con Wilson hemos liquidado la contabilidad de la empresa.

El monto total de los trabajos fue de 1.408.297 pesos. Después del reembolso del capital invertido por los socios y los intereses correspondientes, queda una utilidad neta de 346.294 pesos, esto es más de un 25%. Me corresponde por mi parte 2% o 6.925 pesos.

5. Inauguración de la línea Temuco -Pitrufquén

13 noviembre de 1898
La inauguración solemne de la línea ha sido fijada para el 13 de noviembre.

El Presidente de la República, don Federico Errázuriz, ha llegado tarde y sin aparato la noche anterior a Temuco.

En la mañana a las 8, sale de la estación un tren empavesado. Toman lugar en él el presidente, el ministro Carlos Palacios Zapata, los generales Koerner y Vergara, el coronel Fidel Urrutia, su sobrino Miguel Urrutia, el coronel Gatica Lira del 6° de línea, senadores, diputados, las autoridades locales y el personal superior de la línea.

En Pitrufquén se bebe champaña.

A las 11 el tren está de regreso en la estación de Temuco, donde tiene lugar la recepción oficial de presidente por el intendente, que es ahora don Zenón Vicuña. Truena el cañón; la banda del 6° de línea toca el himno nacional. Gran trastorno en los andenes, pues no se ha organizado ningún servicio de orden.

Deshaciéndose con gran dificultad de la muchedumbre, el presidente toma asiento en un landau abierto en compañía del intendente. Sigue una escolta de lanceros y después una larga fila de coches llevando al séquito presidencial. Las tropas primero, los indios a caballo enseguida y por fin los niños de las escuelas, forman un cerco a lo largo del recorrido.

El presidente, chico y flaco, no tiene ninguna prestancia. Mis amigos los caciques, que lo vieron en el Toltén encarnado por Amadeo Heiremans, no lo habrán reconocido por cierto.

En el hotel de France ha sido preparado un banquete de 70 cubiertos, número insuficiente. La mayoría de los invitados de Temuco ceden sus lugares a los de afuera. Es lo que yo también hago. Almuerzo en un hotel cercano y entro a la sala a la hora de los discursos.

El intendente abre la serie de los *toasts*.

Don Ventura Blanco Viel, senador por Santiago, responde a nombre del Presidente, quien no parece ser un orador; su discurso, muy bien compuesto, promete ferrocarriles, caminos, puentes, canales, protección al comercio, a la industria, a la agricultura, en resumen, la vuelta a la edad de oro. Maravillados los asistentes aplauden estrepitosamente.

Enseguida se levanta Julian Voigt. Es un viejo alemán muy excéntrico, que se ha convertido casi en chileno, quien posee en Lautaro un molino importante. Gracias a algunas frases de efecto y a alusiones hábiles a la conservación de la paz, obtiene un éxito increíble. Califica al presidente de «vencedor en la paz».

Después del discurso de un diputado, el intendente levanta la sesión, con gran molestia de numerosos oradores que habían esperado poder desplegar su elocuencia delante del jefe del Estado.

Subido ya en el coche, el presidente pide que le presenten a Julian Voigt; llama mucho la atención que mientras el presidente se ha descubierto, el alemán se queda con el sombrero puesto. Esto causa escándalo, pero el original viejo no tiene aspecto de haberlo notado.

El desfile de coches vuelve a tomar el camino de la estación escoltado por los lanceros y los jinetes indios.

El séquito presidencial toma colocación en los compartimentos.

El presidente sube en su vagón particular pero vuelve a bajarse por la vía contraria y se refugia en un vagón vacío, que según indicaciones que me ha trasmitido don Miguel Urrutia, he hecho colocar en una vía paralela.

Se da la señal de partida. El tren arranca a los sones del himno nacional, en medio de los disparos de cañón y de los vivas. Mientras los viajeros y los curiosos se imaginan al presidente confortablemente instalado en su vagón-salón, éste espera tranquilamente que la muchedumbre se haya retirado.

Pronto llega Miguel Urrutia y otros amigos íntimos del presidente, con sus caballos y mozos que traen los equipajes. La caravana parte al fundo que posee don Miguel a orillas del río Imperial. Para esta escapada él me ha pedido prestada una valija que no volveré a ver jamás.

La ilustre compañía pasará tres días de festejos en el fundo, después el presidente llegará a la desembocadura del río; un buque de guerra que lo espera frente a la barra lo transportará a Valparaíso.

Los diarios anunciarán que el presidente, siempre preocupado del interés del país, ha querido darse cuenta de visu e incógnito, de la importancia de los trabajos proyectados para suprimir la barra que hace tan peligroso el acceso al río Imperial. Lo compararán con Harun al Raschid, califa de Bagdad, que recorría secretamente sus estados para conocer mejor las necesidades de su pueblo.

Diciembre de 1898

La liquidación de la línea me llama a Santiago, donde no he ido desde hace cerca de cuatro años. Temuco está ahora unido directamente a la capital, a la que podría llegar en un día, pero habría que tomar el expreso a las cuatro y media de la mañana. Prefiero hacer el viaje en dos días y voy a alojar en San Rosendo.

¡Qué cambio ha habido en diez años entre Temuco y Victoria! Lloro interiormente al atravesar a sesenta kilómetros por hora la ex selva virgen del Saco donde sufrí tanto pero cuyo esplendor pasado me maravilla todavía. Hoy día, ¡qué triste banalidad!, se ha procedido al roce en todas partes.

El roce consiste en cortar el boscaje inferior y entresacar los árboles durante el invierno. Cuando el sol del verano ha secado todo, se quema la selva para enseguida cultivar el suelo. El humo natural centenario y las cenizas forman un terreno excelente para producir trigo durante varios años sin otro trabajo que la siembra. Los grandes árboles que han resistido el incendio están muertos y semicalcinados, pero permanecen de pie. No se echa abajo a estos gigantescos esqueletos que no obstruyen el aire ni el sol. Es una devastación funesta que hará pronto que la Araucanía, antes tan exuberante, tome el aspecto desnudo y desolado de Chile Central.

Capítulo VIII

Regreso a la Patria

Paso tres semanas en Santiago. He debido hacer un número incalculable de visitas tanto de cortesía como de negocios. El ajuste de las cuentas de la empresa ha dado lugar a muchos trámites que absorben la mayor parte de mi tiempo.

La caída del régimen metálico ha enrevesado todo. Aunque el contrato haya sido firmado en el tiempo en que circulaba el oro y el peso tenía un valor fijo de 1,875 francos, el gobierno no piensa pagar sino en moneda corriente. Pero el peso ha caído hasta 1,20 franco, de donde provienen enérgicos reclamos de nuestra parte. Existe un gran atraso en los pagos que puede conducirnos a un proceso.

Es de suponer que, si éste tiene lugar, será ganado por la empresa, pero duraría largo tiempo. Para no mezclarme en complicaciones de esta especie, he preferido transigir a razón de 1,55 franco, lo que me permite entrar en posesión de mi parte inmediatamente.

Como ya lo suponía, la respuesta de Mr. Brunner ha sido negativa. En el fondo estoy contento, pues deseo volver a Europa.

Un grupo chileno que está dispuesto a presentarse a la propuesta, me ha hecho una proposición ventajosa para los futuros trabajos: sueldo de 600 pesos oro por mes, todos los gastos pagados y 15% de las utilidades. He contestado que no aceptaría sino bajo las siguientes condiciones: 800 pesos oro (1.500 francos) mensuales, mis gastos pagados y 20% de las utilidades. Se me ha ofrecido una solución intermedia, pero me he mostrado intransigente y las tramitaciones han quedado interrumpidas. Los trabajos durarían cuatro años. Pero desde hace algún tiempo no tengo ya mi antigua resistencia y tengo necesidad de recuperarme. A mi vuelta a Europa, espero encontrar otras oportunidades.

1. Viaje a la cordillera desde Santiago

Mi estadía en Santiago fue interrumpida por una interesante excursión a la cordillera. Mi diario de viaje proporciona un relato detallado que reproduzco abreviándolo considerablemente.

Martes 14 de diciembre de 1898

He almorzado hoy día donde Amadeo Heiremans. El esperaba para mañana el regreso de sus suegros, Mr. y Mme. Brockmann, quienes partieron hace siete meses para volver a visitar Polonia, su país natal, que habían abandonado hacia veinte años. Regresan vía Buenos Aires y la cordillera.

Nos levantábamos de la mesa cuando llega un telegrama. Ha nevado mucho en los Andes y los viajeros están bloqueados hace dos día en Mendoza. El matrimonio Heiremans decide ir a encontrarlos y me invitan a acompañarlos.

Miércoles 15 de diciembre de 1898

Tomamos el tren a las ocho de la mañana. He traído mi nueva máquina fotográfica, una "Cartridge Kodak" comprada hace tres días y todavía virgen.

Almorzamos en el *buffet* de Llay-Llay donde no reina ya nuestro compatriota Godferdom, el original personaje que encontramos en nuestro primer viaje hace diez años.

Cambiando de tren partimos a Los Andes.

La línea sigue el valle del Aconcagua; al fondo, el río, agrandado por la crecida de verano, arrastra sus olas barrosas. Este valle, el más rico de Chile, es un verdadero paraíso terrenal. Se ven en él grandes pastizales cercados por tapias o muros de barro cubiertos de tejas, y donde pacen numerosos rebaños; grandes viñedos admirablemente cultivados, entre los cuales se encuentra el célebre Panquehue, vastos vergeles de duraznos, cuya producción alimenta las fábricas de conservas, un mar de trigo maduro y campos de alfalfa, donde trabajan los segadores. Los caminos están bordeados de álamos y eucaliptus.

En Los Andes, terminal de los Ferrocarriles del Estado, llegamos al "Hotel del Comercio".

Los Andes, cuyo nombre completo es Santa Rosa de los Andes, es un hermoso pueblecito, punto de partida del ferrocarril transandino, llamado, cuando lo terminen a unir la vía del Transcontinental, de 1.400 kilómetros de largo, que conectará directamente Buenos Aires con Santiago y Valparaíso.

El ferrocarril transandino propiamente dicho, juntando las línea del Estado chileno a las de la compañía argentina, de Los Andes a Mendoza, tiene una vía de un metro. Tendrá 233 kilómetros, de los cuales 69 en el lado chileno y 169 en territorio argentino.

Del lado argentino, 140 kilómetros son explotados entre Mendoza y Punta de Vacas. En Chile, un servicio regular funciona de Los Andes al Salto del Soldado, en el kilómetro 26. Quedan pues por terminar 69 kilómetros, de los cuales 38 en Chile, pero estos son los más difíciles, los que deben franquear las altas montañas.

Desgraciadamente, la Empresa Clarck, que construye la línea, ha agotado sus capitales y los trabajos están suspendidos, con gran detrimento de la economía chilena, pues el Transcontinental desviará de Magallanes a los viajeros y mercaderías livianas, y acortará el viaje en trece días.

Las dificultades, sobre todo en el lado chileno, son considerables. Curvas y contracurvas de las cuales algunas tienen cien metros de radio, se siguen casi sin interrupción; en muchos puntos la vía debe subir cuestas con cremalleras con una rampa de 8 centímetros. Acercándose a la cumbre, se suceden cinco túneles, en un largo total de 13.080 mts. El último, el más largo, de 5.065 metros, pasará bajo la cumbre, a 3.180 mts. de altura, haciendo en las rocas, extremadamente duras una vuelta de caracol completa. Para mo-ver las perforadoras, se han utilizado dos caídas de agua y se han instalado dos usinas eléctricas. Por desgracia, todo está paralizado por el momento.

Jueves 16 de diciembre de 1898

A las 6 de la mañana nos instalamos en el tren del ferrocarril transandino.

La línea remonta el valle del Aconcagua que poco a poco se angosta y termina por convertirse en una garganta estrecha entre dos paredes rocosas salpicadas de escasa vegetación, en que dominan los cactus con sus agudos dardos. A la izquierda, el tornente salta entre espumas en su lecho sembrado de enormes bloques. Atravesamos muchos túneles de los cuales el último, muy largo y en curva, desemboca en el Salto del Soldado, término provisorio de la via férrea.

Son las siete y media; hemos puesto una hora y media en franquear los 26 kilómetros de explotación. De la altura de 818 metros en Los Andes hemos subido a 1.262 metros.

El torrente ruge al fondo de una grieta de casi cien metros de profundidad; un puente en arco de unos quince metros está colocado sobre el abismo.

Unos veinte viajeros, en su mayoría europeos, bajan del tren. Aparte de nuestro pequeño grupo, todos viajan con destino a Europa. Van a atravesar la cordillera para alcanzar el otro tramo del transandino en Punta de Vacas y continuar su viaje vía Buenos Aires. La empresa "Transportes Unidos" organiza la pasada de los Andes, vehículo y mulas que les pertenecen, esperan a los viajeros.

Heiremans ha reservado un coche que nos va a transportar hasta Juncal, punto extremo que pueden alcanzar los coches.

El camino carretero sube sin cesar. En Guardia Vieja cambiamos caballos. Seguimos zigzagueando entre las rocas, de donde descienden numerosas cascadas. Ofrecen una gran variedad de colores, gris, azul, verde, amarillo, rojo. No hay vegetación, solamente algunos líquenes amarillentos o verdosos.

A las seis y media llegamos a Juncal, donde encontramos las primeras nieves. Tengo el placer infantil de librar un combate con bolas de nieve con Heiremans.

Estamos a cerca de 3.000 metros de altura. Heiremans se sofoca. Tengo la satisfacción de constatar que soporto tan bien este aire enrarecido como el aire comprimido de los tubos del Toltén. Tengo un corazón sólido.

Toda la caravana va a pasar la noche en la Posada de Juncal. Comemos pasablemente en un comedor primitivo, que no tiene otro cielo que el fierro ondulado de la techumbre. A pesar de los braseros, el frío es intenso.

Los dormitorios no tienen el menor confort. Son pequeñas cajas que contienen cuatro camas cada una, y que se comunican por huecos sin puertas. Gracias a mis cobertores y a mi sobretodo, no sufro de frío.

Viernes 17 de diciembre de 1898

A las cuatro de la mañana, despertado general.

Los viajeros que van a atravesar el paso de la Cumbre, de 3.900 metros de altura, deben montar sus mulas a las cinco. Nos quedamos en cama, pero el alboroto no nos permite cerrar un ojo.

Nos levantamos a las seis. Después del café, Heiremans y yo partimos a lomo de mula con un guía, para visitar la famosa Laguna Negra del Inca. La señora Heiremans se queda en la Posada.

El camino pasa al lado de bodegas del transandino. Hay zanjas, terraplenes, túneles comenzados y abandonados: mucho material, rieles, vagonetas, cables, tubos, yacen abandonados. El camino ha sido recientemente despejado, y a veces pasamos entre dos altos muros de nieve. La subida es pesada y a veces peligrosa.

Llegamos a El Portillo. Allí se encuentra un viejo hotel que va a ser refaccionado.

Dejando el camino de la Cumbre, cortamos a través de la nieve hacia la laguna.

La sagacidad de las mulas es asombrosa. Parecen sentir los peligros ocultos. El guía va adelante. A veces su mula se detiene, olfatea la nieve y busca otra pasada; nadie duda que ha evitado una grieta invisible. Nuestras dos mulas siguen prudentemente, poniendo los pies en las huellas de la primera. Heiremans salta por encima de la cabeza de su montura, que se ha detenido bruscamente y se tiende en la nieve. La mula del guía se hiere en la punta de una roca y deja una huella roja sobre la sabana blanca.

Llegamos a la Laguna Negra del Inca, vasto lago engastado en un círculo de rocas desnudas. Si no fuera por algunos patos que nadan en las negras aguas, la impresión de soledad sería absoluta. Hacemos algunos disparos de revólver cuyo eco queda repercutiendo de montaña en montaña.

El sol es quemante; su reverberación sobre la nieve provoca quemaduras en la piel. He olvidado traer anteojos ahumados y me duelen los ojos.

En el camino de bajada nos cruzamos con largas recuas de mulas, encabezadas por una "madrina" con su campanilla. Van cargadas de maderas elaboradas, con destino al "Hotel Portillo".

El tiempo se descompone; súbitamente sopla un viento glacial. Entramos cerca del mediodía a la Posada de Juncal, justo en el momento en que la lluvia comienza a caer.

En la tarde, después de una siesta, nos agrupamos en el comedor, y entablamos una conversación con dos franceses, uno de los cuales es el propietario y el otro, el futuro gerente del "Hotel Portillo". Nos hablan de la "puna" o mal de las montañas, que comienza a sentirse a la altura de Guardia Vieja. Aquellos cuyo corazón no funciona bien son los más afectados. Experimentan náuseas, vómitos, somnolencia; se parece mucho al mareo. Los esfuerzos musculares, a esta altura, también la provocan. En esta época en que los trabajos del transandino estaban en pleno desarrollo, una cuarta parte de los obreros contratados abajo, en el plan, debían regresar al día siguiente de su llegada.

Como remedio preventivo se recomienda la cebolla, evitar el alcohol, excepto el vino.

Los dos franceses, familiarizados con esa zona, nos informan de numerosos accidentes.

Este invierno fue muy duro. La "Posada del Inca" estuvo más de una semana sepultada bajo dos metros de nieve. Se creía que los habitantes estaban perdidos. Al otro lado de la Cumbre, en Las Cuevas, cinco empleados postales y tres italianos perecieron en la posada aplastados por una avalancha. En el otoño último, un guía que acompañaba a unos viajeros, se emborrachó con una botella de ajenjo robada. Quedándose atrás se acostó al borde del camino; poco después fue hallado con las manos y los pies helados. Debió ser amputado en Los Andes. Debe recordarse que si bien la cordillera puede ser cruzada durante todo el año, la travesía; en invierno, sólo puede llevarse a efecto a costa de grandes peligros.

De distancia en distancia se han construido refugios de albañilería muy sólidos, abovedados y bajos, que sirven para resguardar a los correos.

Nuestros dos franceses, muy parlanchines pero interesantes, nos relatan aún otras historias.

Hace dos años, un inglés llamado Fitzgerald, emprendió la ascensión del Aconcagua, la montaña más alta de la cadena de Los Andes, que levanta no lejos de aquí su cima a 6.953 metros de altura. Era él entonces un joven de 25 años, grande y delgado, muy conocido como alpinista. Había escalado casi todos los picos de los Alpes, el Etna, el Himalaya y otros. Acompañado por un guía suizo, vino a establecerse al pie del volcán. Tres veces intentaron el asalto de la cima hasta entonces inviolada; sólo el guía lo consiguió.

El año pasado un sueco realizó la ascensión siguiendo las huellas del guía suizo. Algunos miembros del Club Gimnástico Alemán de Santiago, muy bien entrenados, arriesgaron también la aventura; los que lograron subir más alto descendieron sangrando por narices y oídos.

Hacia el atardecer cesa la lluvia. A pesar del viento, Heiremans y yo bajamos hacia los Ojos de Agua, lugar hasta donde fluye el agua de la laguna del Inca, por conductos subterráneos. Allí, el agua surge en abundancia entre rocas pintorescas.

Sábado 18 de diciembre de 1898

El tiempo continúa incierto. Trabamos íntimo conocimiento con las nubes que remontan la garganta del Juncal; sobre nosotros las cumbres de las montañas resplandecen al sol.

Por la tarde llegan los viajeros que vienen de la Argentina, entre los cuales están los suegros de Heiremans. Abrazos y presentaciones. Mr. y Mme. Brockmann traen la cara roja como tomate por la insolación. El descenso es rápido. Nos alojamos, en Los Andes y al día siguiente, a mediodía estábamos de regreso en Santiago.

2. Preparativos de viaje

Enero de 1899

De vuelta a Temuco, me dedico a mis preparativos de viaje. Esta vez estoy decidido a pasar todo el verano próximo en Europa y regresar cuando los primeros fríos me hagan huir de allá.

Cuando regrese a Chile es probable que ya no sea en esta región de Araucanía en la que encuentre ocupación. Decido, por lo tanto, deshacerme de toda mi impedimenta. Vendo mis muebles, mis armas, mis libros, mis caballos, etc. Doy poder a Gustavo Melin, mi amigo sueco, para cobrar los arriendos de mis propiedades y venderlas si es posible.

En Santiago he comprado maletas, baúles de camarote y todo lo necesario para hacer un largo viaje. Mi cinturón está provisto de cincuenta hermosas libras esterlinas contantes y sonantes.

He conseguido un trabajo provisorio para Alfred que le permitirá percibir buenas utilidades en espera de encontrar un puesto fijo.

Se trata de la demolición, por cuenta del gobierno, de los puentes provisorios y de los andamiajes sobre el Cautín, el Quepe y el Toltén. El contrato ha sido conseguido por don Luis Adán Molina a Alfred y a Carlos Vivanco en comunidad. ¡El monto es de 8.800 pesos sobre el que se puede obtener una utilidad de 5 a 6.000 pesos!

El 27 de enero de 1899, diez años justos después de mi embarque en el "Potosí", dije adiós definitivamente a la Araucanía y también a Alfred a quien ya no volvería a ver más. El pobre muchacho moriría en Santiago, de fiebre tifoidea, el 23 de julio de 1908, a la edad de 33 años.

Mi viaje de regreso a Europa, vía Panamá, será objeto de un relato especial.

Índice